George Washington

世 界 名 人 传

华盛顿传

〔美〕华盛顿·欧文／著
孙虎／译

内蒙古文化出版社

图书在版编目（CIP）数据

华盛顿传 /（美）华盛顿·欧文著；孙虎译．—呼伦贝尔：内蒙古文化出版社，2018.6

ISBN 978-7-5521-1499-7

Ⅰ．①华… Ⅱ．①华… ②孙… Ⅲ．①华盛顿 (Washington, George 1732-1799) —传记 Ⅳ．① K837.127=41

中国版本图书馆 CIP 数据核字 (2018) 第 141060 号

华盛顿传

【美】华盛顿·欧文 / 著 孙虎 / 译

总 策 划 丁永才 崔付建

责任编辑 王 春

特约编辑 文 樞

出版发行 内蒙古文化出版社

（呼伦贝尔市海拉尔区河东新春街 4 付 3 号）

印刷装订 三河市华东印刷有限公司

开 本 710 毫米 ×1000 毫米 1/16

印 张 26 字 数 400 千

版 次 2018 年 6 月第 1 版

印 次 2021 年 1 月第 2 次印刷

书 号 978-7-5521-1499-7

定 价 58.00 元

目　录

第三部分　独立战争　巩固成果

第四部分　战争胜利　担任总统

第五部分　跨界政坛，为国尽忠

第一部分　英法战争，崭露头角

第一章　历史悠久的华盛顿家族

英格兰有一个历史悠久的华盛顿家族，其根源可从“诺曼征服战争”时期说起。首任胜利者威廉强力打压了诺森伯兰郡的反抗，亨伯赛德郡以北的地区也被他严重破坏。威廉慷慨地和他的拥护者、上层诺曼人以及教士分享胜利的果实，让他们成为土地拥有者和特权者。他还不满足现状，在英格兰不断地增加他们的权利和利益。当时，达拉谟是英格兰最富饶和最关键的地区。这块土地是当地人的心头肉，他们时刻想把它夺回去，苏格兰人也对这块沃土虎视眈眈，想从中分一杯羹。为了保住这块土地，威廉需要一个德才兼备并忠诚的人帮助他打理，解除他的后顾之忧。选择贵族主教还是世袭的贵族来担当此重任呢？威廉是一位睿智的统治者，他毫不犹豫地选择了前者，因为他清楚地知道，作为管理者，前者更安全、更值得信任。

威廉很快就把自己的想法付诸行动，他将贵族的封号赋予主教，并赐予他们至高无上的权力。从那时起，达拉谟的主教对其教区开始了长达几个世纪的独裁。他们的生活如皇族一般，拥有自己的大臣、侍从、秘书、干事、司库和马夫，还有一批管事的官员。他们要向君主行使自己分封领主的义务，战时的全部土地和财产都用来作为国家的军费开支。

主教还可以根据战功大小把土地分封给他们的男爵和骑士。不管什么时候，骑士都必须无条件为主教效力。他们有时候会出现在主教的宫殿里，向主教提出关于打仗的想法和策略，并供给作战的兵马。骑士们一般住在作战范围区，常常会感受到战争带来的困扰，还会遭到苏格兰人出其不意的袭击。威廉·赫特是受封骑士之一，他就是华盛顿的先人。威廉·赫特的名字其实大有来历，“威廉”证明他是诺曼人，而“赫特”是他的辖区中一个村庄的名字。那时候，诺曼的贵族教士喜欢把自己得到的封地或者城堡作为自己的姓氏，这是他们标榜身份的一种习惯。对于赫特家族是什么时候、因为什么事情受到分封，人们对此了解甚少。有传言称赫特家族最早只是罗伯特·布鲁斯的跟班，罗伯特既是诺曼底的贵族骑士，也是第一批受到征服者威廉分封土地的人，他获得了北方的土地，并拥有无限的荣耀。

一本记载1183年教区土地所有权的土地契约中，华盛顿家族被首次记录在案。书里提到威廉·赫特用他所在的村庄换取威星顿的庄园和村庄。随后，威廉·赫特家族的姓氏也因为土地的变更改成“威星顿”。人们赫然发现邦德·威星顿和他的儿子威廉的名字依然登记在1257年的地契上，由此可见，“威星顿”家族70多年来一直拥有该地区的所有权。不久，男爵战争爆发，为了感激国王的厚爱，威星顿家族在男爵战争中英勇无畏，誓死捍卫王权，成为保卫王权的一把利剑。1264年，男爵战争结束，亨利三世由一代君主沦为了俘虏。保王党的骑士名单里，威廉·威星顿名列其中。这次保王运动虽然失败了，但威廉·威星顿家族有勇有谋，用行动诠释了骑士精神，他们并没有因为这一次的失败土崩瓦解，反而通过这场战争赢得了赞誉。

爱德华一世当权时，英格兰成功攻陷苏格兰。那时候，达拉谟的主教是安东尼，德·威星顿家族是安东尼的骑士，人们猜测他们也参与了那场战争。1346年，英格兰国内人心不定，局势动荡，苏格兰国王趁机攻打诺森伯兰，英格兰女王菲丽帕号令手下的军队奋起抗击，誓死捍卫国家领土。女王和众将士无畏的精神感染了北边的贵族教士，他们纷纷参与到抗争中来，其中达拉谟主教统领的骑士军在战场上的表现出类拔萃。德·威星顿家族在此次战争奉献自己的力量，赢得了极大的赞誉。200多年来，威星顿家族在国内一直享有盛名，拥有各种特权，他们可以和其他贵族教士一起参与捕猎活动，共同投身于各种战争中。但这个家族最后渐渐没落，威廉·威星顿是这个家族最后一位男性继承人，也是庄园的最后一位接班人。威廉·威星顿没有儿子，只有一个女儿，1400年，他的女儿嫁给了戴恩，庄园也随着这段婚姻改姓布莱克斯通。从这时起，威星顿家族的名字消失，不再出现在领地骑士的名单中。

虽然威星顿家族在骑士名单中消失了，但他们在修道院中还有一隅之地。1416年，约翰·德·威星顿成了修道院院长，这是罗马教皇七世任命的。然而征服者威廉曾规定，达拉谟的贵族教士不仅可以享有封地、特权，还有管理教会的权力。自此，各种风起云涌的权力斗争在教区里风行，这种情况持续了3个世纪之久。修道院院长几次险些被执事长挤出教会。然而约翰·威星顿并不是凡夫俗子，他和当地的贵族主教、副主教进行了激烈的辩论，为争取自己的权益发出了强有力的声音。约翰·威星顿的努力得到了大多数教徒的拥护，他通过自己的才智在教会中争得一隅之地，奠定自己在教会中的地位，也在教会中赢得广泛的赞誉。1446年，约翰·威星顿去世，直到去世为止，他任职修道院院长有30年之久。约翰·威星顿去世后，教会给他举行了隆重的葬礼。为了让后人能够更好地纪念这位伟大的院长，教会把他的遗体埋葬在教堂北侧的大门边，邻近圣·本尼迪克特圣坛。

这时，华盛顿家族已经变得非常庞大，他们的祖先形成不同的分支在英格兰这片土地上繁衍生息。他们有些成了学界的巨匠，有些依然保持着贵族头衔成为上层人士。不管什么时候提起他们的名字，人们总是竖起大拇指，对他们为国家增添的荣光赞赏不已，对他们的英勇事迹吟诵不止。时间流逝，沧海桑田，华盛顿这个悠久的姓氏也发生了翻天覆地的变化，直到演变为今日的华盛顿。

这本书的主角华盛顿是曾任北安普敦郡郡长的劳伦斯·华盛顿的后裔。1538年，劳伦斯获封北安普敦郡的庄园及附近的土地，这些土地是圣·安德鲁的僧侣充公得来的。劳伦斯获得的庄园被后世的人们称作“华盛顿庄园”，他们在这片土地上生活到1620年。在肯特郡，有一个叫威廉·华盛顿的爵士和查理一世的宠臣白金汉公爵的妹妹结了婚，威廉也是华盛顿家族的后辈之一。正是因为这次联姻，华盛顿家族偏向支持斯图亚特王朝，这也为这个家族日后悲惨的命运埋下伏笔。詹姆斯·华盛顿是这个家族的成员之一，他在保护查理国王的一场战争中失去了宝贵的生命。亨利·华盛顿是威廉·华盛顿的法定继承者，他为王子鲁伯特效力，在1643年的一次战争中，他带领一队人马，在敌军守卫薄弱的城墙砸开一个洞，让战马得以通过，他这种英勇机智的行为也为此次战争的胜利作了很好的铺垫。之后的战争中，亨利的表现更为神勇。1646年，伍斯特的司令官成了俘虏，亨利因出色的表现晋升为伍斯特的司令官。当时的英格兰人心不稳，皇室风雨飘摇，到处都是奋起反抗的起义军。战争一触即发，国王乔装打扮离开牛津逃到纽沃克。此时，亨利上校收到一封劝降信，这是近来连连胜利的起义军华莱上校写的。深思熟虑后，亨利回信表示自己会为了国家坚守到最后一刻。收到亨利的回信后，华莱上校率领5000名士兵把伍斯特团团围住。亨利连发了好几封信给国王，等待国王下达奋起反抗的命令。但3个月过去了，国王的回信犹如石沉大海。此时，城中的供应也变得紧巴巴，战士们的心情犹如惊弓之鸟，所保存的兵力根本没办法抵抗华莱上校每隔一个小时的进攻。但亨利没有放弃，始终坚定地等待国王的回信。最终，国王回信了，却是让他投降。1646年7月19日，亨利顺从国王的命令投降。在这场战争中，华盛顿家族“不抛弃、不放弃”的革命精神不得不让人钦佩。也正是秉承这种精神，乔治·华盛顿才能领导美国人民走出革命时期的那段暗淡的时光。

查理一世被处决后，他的继承人也被迫颠沛流离。在克伦威尔的统治下，英格兰的保王党们知道之前舒适的日子已经一去不复返了。1655年，英格兰的贵族们发起一场起义，这让克伦威尔怀恨在心。有些没有参与到起义的贵族也逃往国外，以免受到牵连，其中就有华盛顿庄园的继承人约翰和安德鲁两兄弟，他们是亨利上校的曾孙。

1657年，两兄弟来到了美洲的弗吉尼亚州，而且在位于波托马克河和拉帕哈诺科河中间的北峡地区的威斯特摩兰县扎了根。约翰和本县的安妮·波普小姐成了婚，在布里奇斯河畔定居下来，成了该地非常出名的农场主。约翰的名气越来越大，他被委任为市政官员，并出任国民议会的议员。从他身上，我们可以看出华盛顿家族具有优秀出色的军事领导才能。他曾经率领弗吉尼亚的军队和马里兰的军队合作，打退了印第安人的侵犯。为了缅怀他，人们在他去世后把他生活过的教区改名为华盛顿教区。他被埋葬在布里奇斯山顶，那里是华盛顿家族的专用墓地。

约翰的孙子奥古斯丁继承了他的农场，他是本书男主角的父亲。奥古斯丁在1694年出生，他一共结过两次婚。1715年，他的第一次婚姻开始，对象来自威斯特摩兰县，是巴特勒先生的女儿简。他们一共有4个孩子，生存下来的只有劳伦斯和小奥古斯丁。1728年，简去世，并被安葬在家族墓地。1730年，奥古斯丁同鲍尔上校美丽动人的女儿玛丽再婚，婚后他们生了4个儿子和2个女儿。1732年2月22日，本书男主角华盛顿出生在布里奇斯。

华盛顿出生后不久，他的父亲举家搬迁到附近斯塔福县的一个新农场里，华盛顿就是在这里长大的。那时候，弗吉尼亚的教育水平非常落后，当地的富裕家庭都喜欢把儿女送到英国接受优良的教育。华盛顿的哥哥劳伦斯在15岁时被送到英国。因为华盛顿年纪尚幼，他父亲让他留在弗吉尼亚接受早期的教育。在学校里，华盛顿学会了写作、读书还有算术；在家里，父亲教会了他很多做人的道理。父亲的教育培养了华盛顿崇尚真谛、大方正直的性格。华盛顿8岁时，他22岁的哥哥留学归来，他们两兄弟感情笃厚。华盛顿的品格得到了哥哥的肯定。在哥哥眼中，弟弟是个诚实、正直、具有潜力的孩子；在弟弟看来，哥哥是个英姿勃勃的值得学习的榜样。这两兄弟的感情也给华盛顿未来的军事经历产生了重大的影响。

1740年，西印度群岛爆发战争，22岁的劳伦斯响应征兵要求入伍，加入了海军上将弗农和温特将军的部队。他传承的家族军事才华在战争中得到了充分的体现，他优秀的才能也赢得了两位长官的信任。战争间隙，劳伦斯逮住各种机会给自己的弟弟写信，他给弟弟讲述每次战争中发生的故事。阅读哥哥的来信成了华盛顿最喜欢的事，他被哥哥描述的战争场景深深地折服了。他非常希望自己可以参与到战争中，他给学校的小伙伴们复述哥哥在战场上的事迹，甚至组成一支小分队，在学校里进行模拟军事演习。他具有出色的领导才能，所以总被小伙伴们选为首领。1742年，西印度群岛战争结束，劳伦斯随弗农上将与温特将军返回英格兰，并在那里作短暂的停留。劳伦斯原计划是留在部队继续晋升，但发生了一件事让他不得不改变了自己的计划。他爱上了安妮，安妮是德才兼备的威廉·费尔法克斯先生的女儿，随后他们订了婚。就在这对心心相印的爱人准备婚礼之际，1743年4月12日，劳伦斯的父亲突然去世，他不得不回家处理父亲的丧事。奥古斯丁去世后给子女们留下大笔遗产，劳伦斯得到了波托马克河岸的产业，其中包含地产和铁矿的股票。华盛顿长大成人后继承了拉帕汉诺克河边的房产及庄园。1743年7月，劳伦斯和安妮举行了婚礼。婚后的劳伦斯放弃了回归部队的想法，他打算留在家乡打理庄园。为了纪念弗农上将，他把自己的庄园起名为弗农山庄。由于奥古斯丁第二次结婚生下的孩子尚小，华盛顿的母亲便成了孩子的监护人。她众望所归，是一个优秀出色的家长，从来不溺爱孩子。华盛顿是她最喜爱的长子，但她从来不表露自己对华盛顿的独宠。她在世之时都庇护着他，华盛顿也传承了母亲高雅、勤勉、克制的品格。

父亲病逝后，华盛顿搬到了哥哥小奥古斯丁的庄园。小奥古斯丁的庄园在布里奇，此地的教育水平要好一些，不过基本都是以实践性教学方式为主。学校对学生提出了抄写账本和法律文书的要求，这为他驰骋商界和法律界奠定了坚实的基础。同时，他在学校积极参与各项运动，在跑步、摔跤、掷铁饼等项目上都显露出优秀的运动能力。关于他优秀的投掷能力，还有一个传言，据说他曾经在一个叫弗雷德列克的码头，将一块小石头从拉帕汉诺克河的这一头扔到了对岸。在马术方面，他也具有杰出的才能，他总可以让烈马变得乖巧。他强壮的身体、正直的品格、卓越的领导才能赢得了同学们的喜欢。对于华盛顿决定的事情，同学们都无条件表示支持与拥护。他从小就表现出的卓越的领导才能，为他未来事业的成功奠定了坚实的基础。

哥哥劳伦斯对华盛顿的喜爱日益增加。他常常邀请弟弟到家里做客，并给予弟弟无微不至的关怀。在哥哥家做客的日子，华盛顿有幸见到哥哥的岳父威廉·费尔法克斯先生。这位老先生21岁参军，在东西印度群岛战争中曾立下显赫战功，他到很多地方游历过，见闻广博，也乐于接受新思想，并不故步自封，他还是一个极具个人魅力的老先生，有着自己独特的世界观。他曾经做过新普罗维登斯的州长，离任后便在弗吉尼亚定居，自主经营广阔的农场。他的子女也接受了高等教育，都是家教良好的人。费尔法克斯先生质朴又高雅的品格深深吸引了华盛顿，对他造成了深远的影响。华盛顿迫切地想融入他们的圈子，他给自己制定了一个做人的准则，这个守则叫“言行守则”，到现在依旧保存完好，是华盛顿自律自爱的最好体现。在弗农山庄，华盛顿也和哥哥以前的战友有了接触。华盛顿常常入神地坐在他们中间，听他们讨论战场上的战况，这也让华盛顿对军旅生活产生了向往。那时波托马克河码头经常停泊着一些军舰，14岁的华盛顿到了参军年龄。他的哥哥和费尔法克斯先生鼓励他去参加海军，但华盛顿的母亲非常反对。经过一番努力，华盛顿才说服了母亲。可轮船即将起航的时刻，华盛顿的母亲一想到以后再也难见到心爱的儿子，马上急切地呼唤起华盛顿的名字，让他放弃这次计划。在母亲的强烈要求下，华盛顿只好放弃了这次机会，重新返回学校学习。接下来的两年时间里，华盛顿学会了勘测技术。每次勘测，他都要求自己的勘测数据要做到十分精确。他勘测学校周边的地形并做了严谨的笔记。就现在看来，华盛顿的勘测数据也是相当精确的。华盛顿一生都保持着这种尽善尽美、不轻言放弃的习惯，不管多大的艰难险阻，他都要求自己把手头的事情从一而终地做到最好。

他的性格让人感觉他是一个成熟稳重的小伙子。在他的一本回忆录里，我们却发现华盛顿出现了与前面所描绘的性格相反的另一面。他提到自己为一位姑娘着了迷，他殷切地希望可以得到那位姑娘的回应。但他的愿望落空了，那位姑娘对他不以为意。他在日记里表达了自己为那位姑娘神魂颠倒，还有自己饱受的单相思之苦。他写道："一颗可怜的心就这样被丘比特的箭射中了，我的心为你流血，你却视而不见。我这么悲伤，应该对你说出我的爱。"可见，华盛顿并没有把自己的爱恋和这位姑娘明说，而是自己默默忍受着单相思之苦。这种痛苦让他变得害羞，他几乎不敢和女孩说话。初恋的痛苦一直伴随着他搬到弗农山庄。由此可见，早熟的华盛顿和普通男孩子一样是一个感情丰富的少年。

16岁时，华盛顿搬到弗农山庄，这时的他身材高大、英姿飒爽，言谈举止诚恳礼貌，眉宇间还带有那个年纪特有的一股忧郁气质。很多女孩都向他表示好感，他却独独对费尔法克斯家里的凯里小姐情有独钟。从他写给朋友的信中就可以知道他对凯里小姐的迷恋。他写道："费尔法克斯爵爷家有一个年轻漂亮的小姐，我认为我一定是爱上她了。每次看到她，我都不知道该做什么，内心十分煎熬。上次的失恋之后，虽然我一直都在想方设法避开年轻女孩，却无法解除我对她的思念。如果我把这份爱埋在心底，恐怕很快就要被悲伤吞噬了。"在弗农山庄，年轻的姑娘让他的恋爱抑郁得到了一定的缓解，然而真正让他快乐的是陪同费尔法克斯爵士去野外狩猎。

费尔法克斯先生酷爱打猎，他也愿意把狩猎的乐趣和勇敢的华盛顿一起分享。费尔法克斯先生家里饲养着英式的骏马和猎犬，他非常喜欢猎狐的活动。狩猎季节也是弗吉尼亚人山人海的时候。然而，猎狐行动需要更勇猛的猎手以及高超的马术。很快，华盛顿身上意气风发的骑士精神就显露出来，他骑马如履平地，迅猛快捷。费尔法克斯爵士果断决定带上华盛顿，让他陪同自己猎狐。其实，此次猎狐活动还有其他的目的。费尔法克斯爵士拥有辽阔的土地，这也为他的管理带来难处，一些不法分子在费尔法克斯爵士家的土地开垦耕种，趁机侵占地产。费尔法克斯爵士希望通过这次的猎狐活动对森林做一次彻底严谨的勘测，打击不法侵入者。华盛顿对费尔法克斯爵士的邀请显得异常兴奋，他在学校学习的勘测技能终于派上用场了。他对自己强壮的体魄、出色的勘测技能感到信心十足，坚信自己可以克服狩猎过程中遇到的各样困难。因此，爵士一向他发出这个邀请，他马上兴奋地接受了。不消几天，他就作好了此次活动的准备，迎接他人生中第一次野外探险。

第二章　华盛顿的年轻时代

1748年3月，年满16岁的华盛顿跟随威廉·费尔法克斯先生开始了自己人生中第一次野外勘测。

在学校时，华盛顿就学习过实地勘测，本次的野外勘测对他来说也是轻而易举的。他从低处开始进行勘测工作，沿着河岸测量了几百英里。

勘测任务结束后，华盛顿跟着大队准备回家。4月12日，他们按原计划重返弗农山庄。华盛顿在这次勘测工作中的出色表现赢得了费尔法克斯爵士的赞赏。勘测的时候，华盛顿发现蓝岭地区土地肥沃、气候宜人，建议费尔法克斯爵士把家搬迁到那里。华盛顿在那里生活了四年，那是他最快乐幸福的时光，在这期间，他也常常去弗农山庄探望哥哥。总而言之，这次野外艰辛的勘测锻炼了华盛顿坚强刚毅的性格，也让他具备了很强的野外生存技能。与此同时，费尔法克斯爵士以及哥哥劳伦斯又潜移默化地影响着他，让他成为一个有情调又文雅的人。

在华盛顿进行勘测任务的同时，英法两国正着手准备进行一次殖民地开拓计划，华盛顿后来也参与到这项艰苦卓绝的任务中。欧洲战争结束后，双方在拉夏贝签订了停战协议，却在美洲殖民地的分割问题上产生了分歧，双方都各怀心思，想占据殖民地。在这些土地上，阿勒格尼山脉西边，上自大湖区、下到俄亥俄河的广袤土地是最吸引人的。法国人以首先发现这块土地为理由，想将其占为己有。早在1673年，两名法国探险家在皇帝的指派下来到美洲大陆，随着独木舟顺着密西西比河而下，途经阿肯色，他们依据当时的法律，把发现的河岸和土地都列为法国的领地。他们不仅把经过的土地列为本国所有，密西西比河支流、俄亥俄也被他们收入囊中。根据这样的土地分配，法国几乎把半个美洲据为己有。

然而英国人和易洛魁人也作了交易，以400英镑的价格购买了宾夕法尼亚、弗吉尼亚的土地，他们不承认法国人在美洲的殖民地的所有权。关于美洲殖民地的归属问题，英法两国一直存在分歧，他们甚至通过武力来抢夺地盘。激烈的战争结束后，英国失去了大部分的美洲殖民地，法国也失去了全部殖民地。当时俄亥俄只有一个混合部落，这些都是从加拿大地区迁徙过来的明戈人、特拉华人和肖尼人。伴随着越来越多的宾夕法尼亚皮货商迁入此地，法国渐渐失去了自己的权威性。这些皮货商都是些没有家教的人，他们喜欢动刀动枪。他们受雇于一些商人，用毛毯、有花纹的布料、火药、子弹、朗姆酒与印第安人交换珍贵的动物皮毛，商人们散布在印第安人的村落。慢慢地，宾夕法尼亚人垄断了这里的皮毛贸易，如果弗吉尼亚和马里兰的商人想在这个地方扎根，就要加入这些贸易。很多明智的种植园主也对这个地方垂涎三尺，其中就有华盛顿的哥哥奥古斯丁和劳伦斯。他们为了在阿勒格列建立居民点，便联合伦敦的富商约翰，从英国政府手中获得了土地使用权。为了和法国政府抗争，英国政府爽快地答应了他们的建议。1749年，英国政府特许成立了“俄亥俄公司”，并将50万亩的土地交给这个公司管理。英国政府还允许这个公司随便挑选2/5的土地，10年内免交免役税，还可以在7年内安排100户居民，还可以设立自己的边界，并提供大量的兵力，让他们免受印第安人的骚扰。

这个公司的首任掌管人是弗吉尼亚行政委员会主席托马斯·李先生，他去世后，劳伦斯·华盛顿接管了该公司。劳伦斯思想开通，做事不拘一格，负责这份工作也是得心应手。劳伦斯打算建立一个德国人的居民点，并想办法减轻他们经济和宗教上的负担。公司积极地推进殖民计划，为了换取印第安人的信任，他们从英国运来大批适合印第安人用的货物，并给酋长送去了贵重的礼物。他们的努力没有白费，印第安人同意做他们在俄亥俄的护卫军及向导。看着英国人和印第安人的关系越来越密切，法国人十分恐慌，还下了严禁印第安人和英国人打交道的命令。为了表示抗议，法国人把法国徽章印在铅制的盘子上，并将盘子钉在树上，显示这是法国的地盘。印第安人对这些盘子感到恐惧，他们觉得法国人要偷走他们所有的土地。于是，他们向英国人寻求帮助。有一次，法国人抓了一些和印第安人做交易的宾夕法尼亚人，将他们遣送回宾夕法尼亚，并向他们的州长詹姆斯·汉密尔顿发出警告，严禁英国人在他们管辖的地盘进行交易，一旦再次发现，他们将对此严惩不贷。

这封信引起了州长的注意，没过多久，一位迈阿密印第安人带来了一个好消息，他们表示愿意和英国人建立友好关系，为了表示诚意，他还带来了3串贝壳串成的项链。州长知道获得印第安人情谊的重要性，10月份，他派出了外交官回访迈阿密的印第安酋长。同一年的秋天，俄亥俄公司派出代理商，前往俄亥俄考察地形、河流流域和土著部落的分布。他们派出的是一个具有印第安部落生活经验的人——斯托弗·吉斯特，他经验丰富，是最佳人选。他带领两名随从，翻山越岭到达俄亥俄。他把散落在村落里的商人们全部集中到明戈人和怀安多特人居住的村子里，并在该地区插上英国国旗。印第安人对吉斯特的到来表现出极大的热情，因为不久前，法国人逮捕了3个英国商人和1个印第安人，这让法国人和印第安人之间的关系跌入冰点。这件事使印第安人对法国人反感，再加上之前法国人为了划分领域在树上钉盘子的事情，更拉近了他们和英国人的距离。他们也要求吉斯特在他们的村落里面建立居民点，并且派军队驻扎在这里保护他们。吉斯特顺应印第安人的提议，迅速在该地建立了一个居民委员会，并凭借着弗吉尼亚总督的头衔邀请酋长到访弗吉尼亚。同样，吉斯特在特拉华人和肖尼人居住的地方建立居民委员会，他通过这种方式逐渐扩大英国人在俄亥俄的权势。吉斯特在俄亥俄进行勘察的时候，发现这里是一片非常肥沃的土地。这里水土肥美，特别适合动植物生长，这里不仅有长满山坡的胡桃树、岑树、白杨树、糖枫树和野樱桃树，还有成群的麋鹿、野鹿、野水牛以及野火鸡，它们在这片牧场上欢快地奔驰，好不热闹。这一切让吉斯特兴奋不已，他知道这块等待开垦的土地将来必定会是一个美丽富饶的国家。

皮奎镇由四个部落组成，它是迈阿密西部最强盛的重镇，其巨大影响可以扩展到密西西比河地区。皮安克沙王是这个联盟重镇的首领。克罗根是吉斯特的助手，他和当中两个部落签订了联盟协议，并邀请皮安克沙王一同参加罗格斯顿的联盟会议，当然，这一切是以弗吉尼亚总督的名义进行的。在英国人和印第安人友好交流之际，法国政府派了两名渥太华使节出访皮安克沙王，他们带着法国总督的信，想和印第安人重归于好。他们受到印第安人的款待，他们没想到款待的背后却有另一种含义。他们为了收买印第安人的人心，还带来了牛奶、烟草等作为礼物，然而皮安克沙王的回答让他们狼狈万分，皮安克沙王说："以前，我们的确真心地把你们当成我们的亲兄弟，对你们也一直友好恭敬，但你们亲自把我们的人投进监狱，你们的行为已经深深伤害了我们的友谊，现在和我们交好的是英国人，他们才是我们的亲人，请你们以后也不要再来骚扰我们。"两名使节顿觉颜面尽失，气急败坏，他们灰溜溜地走了，走前还扬言要扫荡位于迈阿密的印第安部落。

吉斯特完成了自己的任务，准备返回家乡。因为沿途还有一些和法国人友好往来的印第安人埋伏着，所以他时刻需要注意自己的生命安全。他经历各种艰难险阻，穿山越岭，终于回到了自己的家乡。让他心痛的是，他的家乡刚刚被印第安人进行了一次洗劫，他的房子和邻居的房子都被印第安人一把火烧掉了。他心急如焚，到处寻找家人的下落，同村的老者告诉他家人安全的消息后，他才放下心来。在吉斯特踏上回家的路途中，两位出使法国的使节也返回至加拿大总督府，他们添油加醋地向总督描述了自己在迈阿密的不公遭遇，还添砖加瓦地讲述了英国人用各种手段和印第安人缔结友好关系的事。法国人对这件事感到非常不满，他们当即决定不惜任何代价挑拨英国人和印第安人的关系。他们派出乔凯尔再次出访皮奎。乔凯尔伶牙俐齿，对印第安人非常熟悉。乔凯尔还是一个睿智的人，他向酋长表达了自己最诚挚的敬意，还婉转地传达了法国想和印第安人重修旧好的信息，为表诚意，他还带来了一串形状大小不一的贝壳项链。通过他的努力，有一些印第安部落和法国人重归于好。印第安人万万没想到的是，法国和英国在自己的领地上各自为王，使印第安人几乎没有落脚的地方。看来，愚蠢的人还是摆脱不了当奴隶的命运，他们只有失去了自己的扎根之地的时候，才会明白什么才是真正的友谊。

为了防止万一，法国人作好各种准备迎接战争。他们的军舰驻扎在安大略湖。他们的行动稳固了自己在尼亚加拉贸易的地位，也加强了自己的防备能力。这时候，英国也不甘落后，也作好了各种迎战的准备。最后，两国都只能通过武力的方式来解决美洲殖民地的问题。英法两国相争在弗吉尼亚形成剑拔弩张的局面。弗吉尼亚被分成几个军区，每个军区都有一名副官长，他们都配有少校军衔。劳伦斯一直都很疼惜自己的弟弟，他为自己的弟弟谋取了其中一个副官长的职位。虽然，华盛顿当年只有19岁，但他的性格和能力向大家表明他完全可以胜任该职位。在新职位上，华盛顿已经考虑周全，作好了全面迎战的准备。在弗吉尼亚，华盛顿邀请了许多老兵作为自己的军事教练，这些老兵和他的哥哥是老相识，而且参加过西班牙战争。在这些老兵中，有一名擅长剑术的荷兰籍老兵，他叫雅各布，他退役后成了一名剑术老师。在雅各布的帮助下，华盛顿的枪法和剑术都取得了长足的进步。然而天有不测风云，华盛顿的哥哥得了重病，他只能放弃军事训练。

第三章　顺利出使法军司令部

俄亥俄的印第安人部落和弗吉尼亚即将在罗格斯顿镇进行联盟会议，这些印第安人包括明戈人、特拉华人和肖尼人。到了联盟签约的那天，六国联盟的酋长却拒绝出席此次大会。他们认为在罗格斯顿镇这样的小地方签订协议，有失自己的身份，也不符合他们的传统。他们要求签约地点改为纽约州的奥尔巴尼，并希望纽约州长也一同出席。最后，他们还是在这里签订了一份协议，出席的酋长担保不再骚扰俄亥俄南部的英国移民。

为了抵御法国人进犯，印第安领袖亚王提议英国人在莫农加西拉的分岔口建立要塞。为了加强防范，吉斯特奉命在克里克设置了一个居民点。同时，为了存放英国的货物，俄亥俄公司还在威尔克里克（今坎伯兰镇）建了一个贸易根据地。

法国人多次侵占印第安部落位于俄亥俄的领地，印第安人对法国人的可耻行径发出了强烈的抗议，但他们的抗议像沙子掉进大海，没有得到任何回应。无奈，亚王只能亲自和法国军队谈判。他说："你们法国人在我们的国土肆意妄为，任意侵占我们的土地。这片土地是我们的国土，我希望你们能够循规蹈矩。如果你们能像英国人那样文质彬彬、讲究情理，我们愿意和你们缔结友好关系，并继续进行商业贸易合作。但如果你们一而再再而三地侵占我们的土地，我们绝对会为了维护国土而奋起反击。"然而法国人却无视亚王的建议，他们蛮横地把代表友谊的贝壳项链扔在亚王身上。亚王只能带着满心伤痕返回自己的部落。法国人傲慢无理的态度把亚王的心伤透了，加上种族被分裂，在这巨大的痛苦驱使下，他只好将希望放到英国人身上，企图让他们帮助自己改变现状。

虽然印第安人一部分部落和法国人关系紧张，但也不是所有的部落和英国的关系都是友好的。传言称，法国人为了把英国人围困在阿勒格尼山，他们秘密从路易斯安那沿着密西西比河往上布防，在路易斯安那和加拿大建立自己的军事脉络。他们可耻的行为遭到俄亥俄公司的强烈指责，他们向弗吉尼亚副总督罗伯特·德威迪提出抗议，此外，还派出威廉·特伦特出使俄亥俄河畔，和法国人进行交涉，让法国马上停止一切侵犯行为。然而让他们没想到的是，特伦特并没有能力和勇气去谈判。他没有前往法国，而是在中途改变路线到了皮奎，而当时，他距离目的地只有160英里。这时的皮奎已经成了法国人的地盘，法国人和印第安人到处抓英国商人，还杀了反抗的印第安酋长皮安，这个曾经安宁的小镇已经变得动荡不安。这种状况把胆小的特伦特吓得半死，他偷偷溜走了。这时候，德威迪总督迫切需要一名人才来担任此次谈判的代表。这个人必须深谙谈判之道，而且聪明睿智。这时，有人向他举荐了华盛顿。华盛顿虽然还不满22岁，但他的表现和能力都得到大家的赞赏。华盛顿还有熟练的野外生存技能，这也为他赢得总督的信赖锦上添花，很快，他就成了总督心中的不二人选。

首先，华盛顿第一时间去了罗格斯顿的印第安人聚居地。他明确地向各个酋长传达了英国政府的友好。他阐明自己这趟旅行的目的，并委托酋长派人把自己送到法国军队处。他随身携带德威迪总督的信，这封饱含英国政府诚意的信助了他一臂之力，酋长们最终答应华盛顿的要求。除此之外，华盛顿还要执行一个隐藏的任务，他需要用尽各种方法弄清楚法国军队在俄亥俄河附近的军事部署状况。1753年10月30日，华盛顿正式接到任命书，他即刻从威廉斯堡出发。路上，他经过亚历山德利亚，并在此地购买了此次出行所需的全部物品。到达温彻斯特时，他又购置了马匹、帐篷还有其他装备。11月14日，他在坎伯兰镇遇到了吉斯特先生。华盛顿盛情邀请吉斯特和他们一同前往，他的诚意打动了吉斯特，他答应和他们同行，此外，还有一位叫约翰·戴维森的人也表示乐意跟随。15日，他们往目的地进发，走到一个村子的时候，因为恶劣的天气，乡村的道路差不多全部被破坏。他们在乌龟溪遇到了商人约翰·弗利泽尔。这个商人告诉华盛顿，这一带的法军指挥官已经死掉，很多法国主力军已经返回本部营地度过冬季了。天气变坏，马匹不能通过溪流，华盛顿当机立断把自己的行李交给两名随从，让他们顺着莫农加西拉河顺流而下，并且和他们约定在莫农加西拉河和阿勒格尼河的汇合处碰头。他在日记里曾提到："我发现这里的地形非常适合建立要塞，这里比河水高25英尺，周围还长着各种各样的木材，这些木材都适合用于建造房屋。"俄亥俄公司的打算和华盛顿有点儿出入，他们打算在距离此处2英里的地方建立要塞，而华盛顿却提出不同的见解，他建议地点应设在河汉口。他的建议后来被法国的军事工程师证明是可行的。

特拉华人的酋长辛吉斯居住在这两条河的汇合处。华盛顿一人前往，盛意拳拳邀请辛吉斯参加罗格斯顿会议。华盛顿真诚的态度打动了辛吉斯，让这位一向不满英国政府的酋长爽快答应了他的邀请。11月24日，华盛顿他们抵达达罗格斯顿镇，而此时的亚王却在距离小镇15英里之外的猎屋。为了第二天会议的顺利召开，华盛顿派人前去猎屋诚意邀请亚王和其他领袖。第二天上午，四个法国人进了村子，他们是从新奥尔良逃亡来的。华盛顿从他们那里知道法国人在新奥尔良的军事布置情况，并把自己了解到的情况记在日记中。亚王于下午3点到达罗格斯顿。华盛顿通过翻译戴维森和亚王在自己的帐篷里进行了交涉，言谈中，他知道亚王是一个智慧的、热爱国家、还具有强烈维护国土完整愿望的人。第二天早上9点，所有的酋长都到达罗格斯顿。华盛顿向各位酋长表明英国政府的立场，还有他们的诚意。他还请求各位酋长对英国施予援手，为表诚意，他还献上了一条象征友谊的贝壳项链。华盛顿的讲话结束后，各位酋长们都沉默了一会儿，他们好像在思考华盛顿的话语，其实这是他们的一个习俗。随后，亚王代表所有酋长发言。他多次强调英国和印第安人的友好情谊，并答应抛弃法国，一心一意和英国建交。为了表达部落和英国建交的诚意，他还承诺派一批由明戈人、肖尼人和特拉华人组成的护卫队护送华盛顿一行前往法国军队。但按照当地习俗，如果要和法国人断绝来往，就需要给对方几天思考的时间，所以亚王需要三天的准备时间。华盛顿对延迟时间这一举动表达了强烈的不满，但亚王坚持自己的传统，没有屈服，加上护卫的年轻人在外狩猎，需要几天的时间返回部落。

这次正面交锋，华盛顿见识到印第安人的办事风格，他觉得印第安人固执己见、喜欢铺张排场。为了顾及印第安人的颜面，华盛顿只好放弃自己的坚持，答应延迟出发日期。其实这件事别有内幕，法军上校乔凯尔曾召集其他部落开会，并告知他们，法军已经撤回大本营，第二年他们就要过河对英国发起军事进攻，他还威胁道，如果印第安人参与进来，法国军队将会把他们杀光，强占他们的土地。这些传言在亚王和酋长们之间私下流传，他们忧心忡忡，但他们还是明确了和法国绝交的决心。华盛顿非常理解他们，他们夹在英法两国之间，左右为难。因为担心庞大的队伍会引起法国人的戒心，他们决定选三个人跟随华盛顿一起前往法国军队营地。最后，陪同华盛顿一起前往的是亚王、酋长杰斯卡和另外一名酋长。

因为前进的道路被暴雨冲垮，他们一行人的行程再次被耽搁，12月4日，他们终于到达法国军队营地。这段只有不到70英里的路程，他们走了多日。华盛顿从三位法国军官口中得知，这里的负责人正是乔凯尔。华盛顿表明了自己的身份，并希望他们代为通传。

乔凯尔邀请华盛顿一行人共进晚餐。晚餐的时候，法国人傲慢不可一世的态度让年轻的华盛顿感到不满，但他没有显露出自己的情绪，他向乔凯尔敬酒，对他的款待致以感谢。法国人狂妄自大，为了吓住羽翼未丰的华盛顿，他们不停吹捧自己在此地的驻军数量，还有军用物资的来源；但他们万万没想到，这正向聪明的华盛顿透露了自己的军事情况。

第二天，乔凯尔派人邀请亚王到总部做客。华盛顿深知乔凯尔的计谋，他劝亚王不要接受乔凯尔的邀请，但亚王还是被乔凯尔的花言巧语迷惑，他答应出席宴会。乔凯尔是个聪明的人，他深谙印第安人讲究排场的做事风格，他用自己的拥抱迎接亚王，还为他准备了厚重的礼物。他屡屡提起法国和印第安人的深厚情谊，还表示法国人永远不会对这种情谊背信弃义。乔凯尔的甜言蜜语让亚王沉浸在其中，他甚至忘记了法国人曾经对他们犯下的恶行。亚王此时已经完全被乔凯尔迷惑，忽略了坐在一旁心急火燎的华盛顿。第二天，亚王完全清醒，他无精打采地走到华盛顿的帐篷里，为自己昨晚的放纵悔恨不已。华盛顿提醒亚王把要和法国断交的意图直接传达给法军司令官，而不要泄露给乔凯尔。但亚王没有接受华盛顿的建议，他表示一定要在晚上的会议中透露断交的决心。无奈，华盛顿只好出席了晚上的会议，亚王在会议上意气激昂地陈述了断交的理由，华盛顿也目睹了全过程。

果然不出华盛顿所料，乔凯尔趁机表示断交的事宜需要请示法军司令官，毅然拒绝了印第安人断交的提议。接着，乔凯尔和他的手下用各种方法想挽留各位酋长，但都遭到了酋长们的拒绝。12月7日，华盛顿准备继续他们的旅程，各位酋长也被他解救出来。乔凯尔派了一位名叫拉夫斯的特使以及3名士兵陪同他们前往目的地。拉夫斯相貌堂堂，实则诡计多端，他是法国的一名间谍。四天后，他们终于到达法国边防总部。边防总部位于法国溪以西，与伊利湖相距约15英里。总部是由4栋房子包围，形成一个圈，外围是一个12英尺高的碉堡，里面设有大炮和枪支。里面的建筑包括士兵宿舍、小型的铸造车间以及一个小教堂。这里由瑞帕蒂上尉管理，直到一周前，雷伽蒂尔·德·圣·皮埃尔爵士才来接任。

法国军队郑重招待了华盛顿他们一行人，法军副指挥官亲自迎接他们，并且按照礼节，把他们引见给总指挥官。这位法国指挥官已经白发苍苍，他有些死板，却风度翩翩。华盛顿文质彬彬，不失礼仪地回应了法国的款待，通过范布拉姆的翻译，他表明了此次出行的目的，并递上委任书和总督的信函。爵士确认了他的身份后，要求等他们的前任指挥官瑞帕蒂上尉从另外一个哨卡回来再作决定。上尉于下午2点钟到达总部。瑞帕蒂上尉阅览了华盛顿的委任书和信函，就同指挥官进入了密室中。因为上尉懂英语，他也充当了翻译的角色。过了一段时间，他们把自己的译文展示给华盛顿和范布拉姆看。

在这封信里，德威迪总督对法军非法侵入俄亥俄地区的行为进行谴责，他责备法军不应在该处驻扎军队，也不应该在弗吉尼亚西边设置居民点。他提醒法军指挥官，必要时刻，他们一定会对法国这种不齿行径进行反击。同时，他表示愿意和法军保持友好关系，前提是法军答应悄悄撤军。最后，德威迪总督希望法国政府善待华盛顿，给予他足够的尊重。

接下来的两天，法国指挥官都在研究并商讨信件内容，没有足够的精力去应付华盛顿，而华盛顿正借此良机对法国总部的军事部署进行勘测。华盛顿拥有过目不忘的记忆力和敏锐的嗅觉，他把法国的要塞地形、兵力部署和武器装备情况深深地记在脑海中。后来的事实证明，华盛顿此次记住的情报对来年的战争起到了重要的作用。这几天天气阴暗，华盛顿和他的同伴们都感到筋疲力尽。华盛顿只好先派遣一个随从返回威南戈，并打算在那里和他们会合。

这时的法国间谍仍然不死心地游说亚王亲近法国、背弃英国，精明的华盛顿发现了这件事。华盛顿立即采取措施，他不断催促亚王表明和法国断绝关系的意图。

法军司令最后还是答应和亚王进行面谈。但在会晤过程中，法军司令官对亚王提出的断交要求并不支持，他表明愿意和印第安人保持良好的贸易关系，并称已经派出商队前往俄亥俄。然而，华盛顿却了解到这个所谓的商队不过是法国派去抓捕俄亥俄英国商人的间谍。华盛顿当着亚王的面质问瑞帕蒂上尉去年被他绑架的英国商人和印第安人的事，瑞帕蒂上尉一直狡辩，但铁证在前，他不得不承认曾经逮捕过这批商人的事实。

亚王的摇摆不定让华盛顿担忧万分，他怕自己最终完成不了任务。此刻，他和随从如何能安全逃离敌军的中心成了最重要的事情。14日晚，法军终于派人送来了回信。按照当时复杂的状况，这封信的内容华盛顿已经猜到八九分。因为送信的任务已经完成，华盛顿计划15日启程去威南戈。但狡猾的法国人再次使出诡计，拖延他的行程。他在日记里写道："他们为我们准备了厚重的礼物，表面上是友好客气，但私底下却在打着自己的小算盘。"华盛顿必须要保障亚王的安全，让他和自己一起撤退，但亚王这时显得犹豫不定。原来，法军答应亚王送他火枪作为礼物，而亚王就是在等待这批火枪。让亚王没想到的是，这其实是法国人为了延误他们的行程而设下的圈套。华盛顿把法国人的阴谋诡计告诉亚王，亚王如梦初醒，答应和华盛顿即日上路。16日，华盛顿和亚王起身离开的时候，法国人仍然不死心地想让亚王停留。但华盛顿对亚王建议道，既然表明了态度就要早早离开。亚王听从了华盛顿的提醒，断然拒绝了法国人的邀请。然而他们返程的时候，环境比较恶劣，到处都是浮冰，为他们返程增添了不少麻烦。好几次，他们乘坐的独木舟差点触礁被撞碎。溪水里都是浮冰，他们不得不放弃乘舟前行，抬着船走了大约1英里的路。22日，经历了那么多艰难，他们终于抵达威南戈。

他们在威南戈和各位酋长分开。连日来的奔波，华盛顿还是病倒了，然而他在病中依然为国事忧心，他害怕乔凯尔不甘心，仍然要用尽各种方法说服亚王改变主意。为了防止自己的担心成真，他坚持要把亚王带在身边。亚王向华盛顿表明了自己的心志，他向华盛顿许下承诺，表示永远不会再轻易相信法国人。他还表示任何诱惑都没法动摇他们和英国建交的决心。看到亚王信誓旦旦，华盛顿只好放弃把亚王带在身边的想法，他们在威南戈分别了。

12月25日，华盛顿带领着自己的小分队从威南戈起身返回弗吉尼亚，他们跋山涉水，经过一个漫长的冬季后终于到达目的地。路上，由于运货的马匹筋疲力尽，华盛顿带头下马徒步而行，让马匹有喘息的机会。他的随从也效仿他的做法。天气寒冷，华盛顿穿上了一身印第安猎人的衣服，可是队伍的步伐越来越慢。为了尽快完成任务，华盛顿决定抄近路先走。他只带上信函、文件以及几件衣服，就和吉斯特走进森林，前往俄亥俄河口，而翻译范布拉姆则负责马队。华盛顿和吉斯特只在晚上做短暂的休息，凌晨两点他们又继续前行。

当天他们就走到了河狸溪的东南岔口处，那个地方又叫谋杀镇，因为那里曾经发生过印第安人大屠杀。华盛顿根据自己拟定的路线，一直走小路前往谢南坪镇。这个镇在俄亥俄河口2英里处，他们本来计划踩着冰直接过河，因为河水已经结冰。在谋杀镇，一群印第安人得到他们要经过的消息，早就在小镇等候他们。其中有一个印第安人，他总是对吉斯特表现出过分的热情。这引起吉斯特的警觉，他记得自己好像在法国军营见过这个人。如果吉斯特猜想得没错，这个人应该是法国的间谍。同样，华盛顿也表示自己对这个人感觉似曾相识，法国间谍已潜伏到自己的身边，危险似乎已经在向他们逼近。

此时，唯一安全的方法是抓紧时间离开，但前往谢南坪镇要穿过一片荒芜的荒野。他们对这个荒野一无所知，只好花钱请了一个印第安人带路。这个印第安人很乐意一同前往，他积极地扛上他们的行李，带领他们出发。走了大约七八英里路，华盛顿已经筋疲力尽了，他只能放弃前行。当夜晚来临的时候，他们要求在原地休息，但华盛顿隐约觉得不对劲，那个向导总是把他们带向偏东北的路。而向导却以在原地休息会遭到渥太华印第安人的偷袭为理由，拒绝了他们提出的建议。向导保证到了他在前方的小木屋就可以休息，他们只好继续前行。路上，北边树林突然传来了枪声，华盛顿隐约觉得周围埋伏着很多印第安人。他们加快步伐，让华盛顿他们没想到是，在他们到达一个小河边的时候，他们的向导忽然朝他们开枪射击。华盛顿敏捷地避开子弹，但他心系吉斯特的安危，不断呼唤他的名字。幸运的是，吉斯特也躲过了一劫。华盛顿一脚踢飞了这个印第安人的枪，并把他死死按在地上。其实，他们一早就怀疑这个向导了，但万万没想到他的手中还有枪。他们把这个狡猾的向导绑在树上，试图问出他的企图。但印第安人直接狡辩，并不承认自己是法国人派来的。吉斯特建议把这个阴险狡诈的印第安人处死，可华盛顿却建议放了他，华盛顿担心杀了这个印第安人会给自己前行的路带来麻烦。吉斯特无奈之下只好听从了华盛顿的建议。这个印第安人被他们仁慈的举动感动，他道谢后就离开了。

他们两个人继续赶路，经过弗利泽尔的大本营的时候，他们听说了一家白人老小遭到渥太华部落的印第安人屠杀的消息。游弋河口住着一位土著印第安女王，华盛顿他们经过这里的时候知道了这个消息。华盛顿是个聪明的人，他知道和印第安人缔结友谊的好处，他便特意登门拜访了这位女王，并送她一瓶朗姆酒。1月16日，华盛顿终于返回威廉斯堡，他把法国人的回信交给德威迪总督。他的这个艰巨的任务总算告一段落了。

华盛顿圆满地完成了这个艰巨的外交任务，他也在这次任务锻炼了自己的胆识。可见，华盛顿是一个大无畏、英勇、爱国、不为险阻的人。仅有22岁的他，不仅令总督折服，还让公众对他刮目相看。这次远征不仅给弗吉尼亚带来了新的希望，也为华盛顿将来的军事生涯奠定了基础。

第四章　出战不顺利

法军司令官圣皮埃尔爵士是这样回信的："总督大人，我们只是听命于上级的指令，关于撤军的问题，您最好还是和我们的上级进行商讨。"这个回复不出大家所料。这封回信中，法国人为了拖延时间装作谦卑的丑陋面目一览无遗。华盛顿还把自己在法军军营得来的军事信息告诉总督，大家都推测法军为了强夺俄亥俄的土地，一定会在第二年春天和英国开战。华盛顿把自己在法国军营得来的地形图描绘出来，分发给所有的军官和士兵，让他们对敌军有深入的了解，同时也明晰自己即将面临的危险。

当下，修筑俄亥俄河汉口的要塞成了重中之重的任务，总督把这个任务交给特伦特上尉，并给了他100名士兵。怯懦的特伦特可以接到这么重要的任务，全靠他的姐夫华盛顿·克罗根。克罗根负责和印第安人进行贸易，西边部落的印第安人都很喜欢和他打交道。1754年6月，华盛顿接到了为亚历山德亚修筑边防、筹备军需用品的任务；此外，总督还任命他为两个地区的边防统领。

华盛顿到达前线后，就迫不及待地召集克罗根和翻译安德鲁，和他们商讨印第安人的事宜。同时，德威迪总督也聚集其他省的州长，呼吁他们同心协力抵抗法军。他希望借着和南部印第安部落结盟的力量，通过卡托巴布族和切罗基族的帮助，和亲法的齐佩瓦族、渥太华族对抗。然而总督想结盟的愿望不过是一厢情愿，那里的殖民地人心涣散，根本就聚合不起来。他们有些人想借着本次结盟获利，要求增加军事开支；有些人不信任英国，对本次结盟的动机提出质疑；有些则袖手旁观，对总督提出的结盟意图不予理睬。无奈之下，德威迪总督只好召开会议，筹备军用资金。但此时的一些省份已有独立意识，他们想自立门户，因此对总督的提议也是不爱搭理。虽然德威迪总督还没遭到各地省份的公然挑衅，但独立门户的意识已经悄悄在他们心中生根。他们有些有自己的农庄、家庭、奴隶，根本不需要依赖制度而生存。他们有强烈的自主意识，喜欢自由自在的农家生活。当总督提出要和法国抗衡的消息后，他们不少人表示怀疑。总督被这种质疑气恼，他说"感到一种反叛的力量"。也有些人担心，本次战争会威胁密西西比居民的生命安全。为了消除这种顾虑，总督当即保证，他将会保障每一位居民的人身安全。长时间的争论终于有了结果，议会筹得杯水车薪的1万英镑，但总督也没有完全的支配权。他们成立了一个专门的委员会管理该项基金，对于这种行为，德威迪总督觉得自己颜面尽失，他在议会上抱怨，表示弗吉尼亚州将来会越来越难管理。

议会结束后，德威迪总督决定增加边防驻军的数量，驻军增至300人，分成6个连队。毕竟华盛顿年幼，德威迪总督担心他不能服众，便任弗利上校为统领，华盛顿为副官。但征兵的进展并不顺利。很多离乡背井的流浪汉也跑来参军，这个情况让华盛顿感到诧异。事实上，部队的士兵大多数都是一些无家可归的流浪汉。部队发给士兵的薪酬是非常少的，这样的条件想要招募自耕农是非常困难的，加上自耕农在这个地区本就可以自力更生，无须依靠当兵的微薄薪酬养活家庭。目前，最有效的方法是改善当兵的生活条件，才能吸引更多的人参军。德威迪总督对这个情况也是非常了解，他想到了一个妙方。他把俄亥俄河边一块20万公顷土地让出，分给那些自觉参军的人。这招果然高明，很多垂涎土地的农民纷纷报名参军。最后，华盛顿负责管理这些新兵。还好，翻译官范布拉姆留在他的身边。华盛顿立刻上书总督，恳请总督把陆军上尉的头衔授予范布拉姆。

4月2日，华盛顿带领了两支连队约150人从亚历山德亚前往俄亥俄河汉口，他要在那里修筑新的要塞，剩下的连队由弗利上校带领，前往伯托马克河。途中，华盛顿遇到了亚当斯蒂芬上尉带领的分遣队。后来，斯蒂芬上尉跟着华盛顿出生入死多年。华盛顿在温彻斯特征集车马等运输工具，但他们遇到了阻碍，后来，华盛顿通过动用弗吉尼亚的《民兵法》，强制性完成了筹备任务。虽然是强制性征用，但获得的车马还是屈指可数。一个星期，他们只能得到10辆破旧的马车，但没走多远，那些拉车的马就倒下了，士兵们只能扛着车轮前进。环境恶劣，他们的装备质量又不够好，但华盛顿的部队没有因此放弃，他们翻越崇山峻岭，为后面的炮兵保驾护航。华盛顿向士兵们承诺，过了威尔斯溪的货运中转站，他们就可以拥有特伦特上尉准备的良驹了，华盛顿这番话大大地鼓舞了士气。然而在途中，他们听说特伦特上尉和他的手下已经成了法国人的俘虏了，但这个传言在20日就被击破，因为他们在威尔斯溪遇到了特伦特。让人愤怒的是，特伦特竟不知士兵是否被俘，因为他只是独身一人在威尔斯溪。特伦特把工程交给了手下的弗里兹来跟进，之后就离开了河汉口，万一特伦特的手下真的成了俘虏，那他就犯了失职罪。华盛顿如坐针毡，恨不得插上翅膀飞到河汉口了解情况。可特伦特连一匹可用的马都提供不了。原来法国人曾经夸下海口，表示他们会最先抵达俄亥俄。法国军队早就在康特勒库上尉的带领下乘着快艇到达了目的地，跟随他的还有1000名士兵和300枚野战炮。到达后，他们用炮弹威胁英军，要他们马上投降。那时，指挥官特伦特和副官弗里兹都不在俄亥俄，碉堡的驻守兵不超过50名，大家都被这种阵势吓呆了。因为没有负责的长官，刚好在河汉口的亚王建议一个叫霍德的少尉向法军指挥官求情，请求延迟日期递交投降书。亚王陪同胆战心惊的霍德一起前往法军处提出他们的请求，但法国指挥官对他们的请求不屑一顾，他以炸平河汉口为威胁，要求英军马上投降。最终，法军指挥官允许霍德少尉带着几个士兵前往威尔斯溪，但他们失去了河汉口的要塞。亚王派出了两名印第安护卫陪同少尉到威尔斯溪去，他们给华盛顿献上了代表友谊的项链，表达了忠于英国的诚意。华盛顿立即写信把情况反馈给总督，并要求增援。同时，他让印第安护卫帮他带一个口信给亚王，他希望亚王尽早和他会合。

此刻，战争一触即发，这让华盛顿感受到巨大的压力。在这片土地上，华盛顿的队伍和敌军相比，无疑是以卵击石。他还听说，一支从威南戈尔出发的法国军队已经在路上，600名由齐佩瓦人和渥太华人组成的军队正打算和他们在肖托溪会合。然而，越是处于不利的境地，就越不能自乱阵脚。害怕退缩的情绪不仅会动摇印第安人同盟的信任，还会让军心涣散。最让华盛顿头疼的是特伦特的手下不服管教，他们自称不受《弗吉尼亚民兵法》的束缚，这在一定程度上也影响了华盛顿手下的士兵。进退维谷之际，华盛顿召开了一次军事会议。会议上，为了等待援军到来，华盛顿决定在红石溪建立防御工事。在红石溪，他们可退可攻，还可以密切关注敌军的动态。会议结束后，华盛顿派出60个人前去探路，同时给总督写恳请援助的信。当时宾夕法尼亚州和马里兰州正在召开议会，华盛顿考虑周全，也给这两个州的总督都发去求援信息。现实却让华盛顿失望无比，华盛顿的求助虽然得到总督的赞同，却遭到了议会的反对，两周内，华盛顿没有看到任何援军。初上战场，这位年轻的战士就饱受议会制约的痛苦，此后的几年里，这种制约依旧是他在战场上最大的障碍。出发前，华盛顿命令特伦特涣散的部队在原地等候弗利上校的调遣。但华盛顿前脚一走，这些人后脚就四处哄散了。

4月29日，华盛顿和160名士兵朝威尔斯溪出发，他们很快就和修路的先头部队会合。为了方便弗利上校部队的大炮通过，他们要在旷野上修一条宽广的道路。但修路的进展不尽人意，他们用尽全部人的力量也只能一天修4英里的路。5月9日，他们到达离威尔斯溪20英里的地方，那个地方叫“小草地”。关于俄亥俄，每天都有一些负面信息传入他们的耳中。从俄亥俄逃出来的商人告诉他们，法军的援军已经抵达，华盛顿猜测，法国人在他之前就看中了河汊口，并想在那里建立要塞。这些商人中，一个商人虽然提供了拉弗斯的情报，但他还是引起了华盛顿的怀疑。这个人过去在月桂山那边吉斯特的新居民区活动，现在又带着4个士兵在这一片地方四处游窜，华盛顿怀疑他是法军安插在印第安人中的间谍，借着在此处抓捕逃兵的名义在为法军搜集军事信息。还有传言称，法军为了收买俄亥俄下游的印第安人的心，向他们赠送大量的礼品。虽然到处都是流言蜚语，但最让华盛顿振奋的消息是亚王正准备来和他会合，并带着50名士兵一同抵抗法军。几天后，他们终于抵达尤吉奥格尼河，他们计划在这里建一座小桥。在这里，华盛顿终于得空写信，他把现在军队面临的窘境向总督汇报。弗吉尼亚议会所提供的军费数量有限，相对于前线的开销，那只是杯水车薪，这必然会影响前线工作的顺利开展。不过，华盛顿在信中却表明自己忠于职守、忠于国家的态度，他表示即使到手的薪水微薄，他也不会离弃自己的职位，他将抗争到底。在给朋友费尔法克斯的信中，他也表示了同样的决心。可见，年仅22岁的华盛顿的情操是多么高尚，这也是他一生的真实写照。

修筑小桥工作进行得如火如荼，但此时华盛顿的感觉就像被一盆冷水泼了下来，因为有印第安人告诉他开水路通往红石溪的方法是不可行的。于是，华盛顿决定往前勘察路径，他带着1名少尉、3名士兵和1名印第安人出发，但他们没走多远，印第安人就拒绝前行。印第安人说："有钱才好办事啊，虽然我们缔结友好关系，但是我们的劳动也不能白白付出。"华盛顿顿时明白了他的意图，为了让印第安人继续前行，他把自己的衬衫和一件军大衣送给了他们。勘察结束后，华盛顿决定走陆路。

23日，华盛顿收到亚王的信，亚王告知法军人数不明、已经行军两天且军心浩荡、表明要痛击英国人，他和其他酋长们在5天后将和华盛顿会合。晚上，华盛顿收到法军正在大约18英里以外的尤吉奥格尼河渡口渡河的情报，他马上安排士兵在"大草地"准备一个"方便交战的战场"。士兵们都加强了防备，因为他们的营地处于森林当中，容易遭受偷袭。吉斯特发现拉弗斯带领50名士兵在营地出现过，25日，他赶到营地。在华盛顿看来，拉弗斯是一个狡猾阴险的人，因此他安排75名士兵专门搜寻拉弗斯的部队。9点钟，华盛顿得知亚王他们已经在6英里外的地方驻守。华盛顿把营地安顿好后，马上带领40名士兵去会见亚王等人。凌晨，华盛顿一行到达目的地。亚王热烈欢迎华盛顿，并承诺和他一起携手共进退。亚王一直派人追踪法国人的行迹，他们在一个岩石与树林包围的低地发现了法国兵营。华盛顿和亚王决定左右包抄敌人，华盛顿和他的手下从右侧堵截，亚王与他的士兵从左侧围剿。意外发生了，华盛顿的部队围剿的时候不小心暴露了踪迹，他们和法军进行了持续15分钟的激战。华盛顿部队处于不利的地理位置，牺牲了1名士兵，还有3名士兵受了伤，还好有印第安士兵的帮助，他们最终还是取得了胜利。法军伤亡惨重，四处逃亡。华盛顿俘虏了21名法军士兵，只有1名加拿大人逃回俄亥俄河边的要塞通风报信。

这次战争，法军10人死亡，1人受伤，21人成了俘虏。华盛顿部下1人牺牲，还有3人受了伤。激战的时候，华盛顿正处于火力中心，他第一次站在生死边缘，觉得自己能存活是一个奇迹。法军俘虏中，有一个叫德鲁的军官，还有一个就是华盛顿在搜寻的拉弗斯。拉弗斯和他的同伙狡辩，称自己只是接受指令要求华盛顿他们离开的，并不是奸细。然而华盛顿很快就证实他们在撒谎，他在一个青年军官朱蒙威尔的身上找到一份指令。这份指令的内容主要是该地区的地图，法军利用这份地图到处搜集情报，并用快马把收集到的信息发回总部。铁证如山，拉弗斯无从抵赖。1754年5月29日，华盛顿给德威迪总督写信，向他详述了本次战争的情况。在信中，他揭穿了这些俘虏的丑恶面目，并恳请总督对他们从重处罚。

虽然，这场战役以胜利告终，但华盛顿他们的处境依旧险恶。法军指挥官康特库尔已经率领1000名官兵驻守要塞，此外他们还有印第安人同盟、法国援军的帮助。康特库尔估计早就已经从朱蒙威尔口中得知英军驻防数量薄弱的情况，华盛顿因此加强了驻防工作。华盛顿写信给弗利上校请求增援，并表明了自己抗争到底、不放弃一寸土地的决心。亚王也马不停蹄地各处奔走，他希望征召更多的士兵加入战争。初战告捷，华盛顿意气飞扬，29日给总督写信，信中他意志高昂、意气风发。他说：“我们时刻都准备着迎战敌人，他们的拖延，正好为我们的充分准备争取了更多时间。”

营地里的粮食储备眼看着越来越少，华盛顿和士兵们把希望都压在面粉贸易商克罗根身上。然而过了6天，克罗根那边还是渺无音讯。同时不幸的消息传来，弗利上校在前线病逝，他的职位被一位来自北卡罗来纳的军官英尼斯上校填补，他们驻扎在温彻斯特。印第安盟军队伍的加入，使华盛顿部队缺粮的状况更加严重。华盛顿觉得事情越来越棘手了。在此绝境中，华盛顿得到一个好消息，英尼斯上校曾是他哥哥劳伦斯在迦太基战争中的战友；但让华盛顿失望的是，英尼斯上校不曾对自己的部队施予援手，也不曾参加到这场战争中。如果这场战争有他们的参与，结局肯定会被改写。

自从弗利病逝，华盛顿就担负起指挥全团的重担。弗利上校的文件中有一张空白的少校委任状，华盛顿把它给了有能力的亚当·斯蒂芬上尉。考虑到人事的变动，华盛顿给总督写信，他在信中称赞范布拉姆，并表示范布拉姆经验十足，足可以胜任指挥一职。不久，要塞工事完成，它被称为“困苦堡”，因为它是士兵们挨饿修筑成的。弗利手下的士兵和华盛顿的队伍在“困苦堡”聚合，他们的队伍人数增至300人。在这些人中，有华盛顿这一生中最忠诚的知音，他就是詹姆斯·克雷克医生。同时，华盛顿得知，德威迪总督也派了麦凯上尉带领的100名士兵来援助他。但麦凯上尉和华盛顿在决策上产生了分歧，因为他们是同级关系，互相不受牵制，对于这支军队的管理，华盛顿多少有些为难。华盛顿原来的军事课程老师缪斯上尉也给华盛顿带来了子弹和火药。为了巩固同印第安人的关系，华盛顿建议开一个印第安人酋长表扬大会。会上，华盛顿给这些酋长颁发了奖章，并对他们的出色表现表示肯定。同时，为了表达对彼此的喜爱和尊重，他们还互送了名字。在艰苦的环境中，华盛顿一边要带领队伍提防敌军的进攻，另一边要时刻保护印第安妇女和孩子的安全，在恶劣的环境中他身先士卒，和大家同心协力、团结一致。

有消息透露，有90名法国士兵正朝着他们走来。华盛顿即刻带领150名士兵迎战，指挥官缪斯留守原地并架设回旋炮。华盛顿到后才发现并没有90名法国士兵，只有9名逃兵而已，华盛顿本希望再次大胜而归，但他没有如愿，他们从逃兵身上得到重要的情报：法军在俄亥俄河口的碉堡已建成，并命名为“杜凯斯纳堡”；现在碉堡守军没有500人，但有200名援军时刻会到来，两个星期后他们还会有900名援军。当天，麦凯上尉率领南卡罗莱纳独立连和他们会合。麦凯上尉文质彬彬，讲究繁文缛节。他是国王直接委任的，不愿服从地方长官的调遣。华盛顿担心的事最终还是发生了，麦凯上尉带领着士兵单独扎营，不服从华盛顿的管理。面对麦凯上尉无端的指责和无理的质疑，华盛顿为了避免矛盾激化，他始终言行谨慎、态度诚恳。但华盛顿在给总督的信中要求明确规定他们的级别和权力，他在信中提到，不服从管理的麦凯上尉的到来只会让现状变得更加糟糕。

6月11日，华盛顿他们继续进军红石溪。此次行军，华盛顿单独前往，因为他和麦凯上尉因修路的问题产生分歧，所以他们兵分两路，麦凯驻守在

“困苦堡”完成修路工程。在路上，华盛顿遇到了各种麻烦：道路破烂不堪，耽搁了他们的行程；还有些印第安援军欲壑难填，做任何劳动都要求得到报酬。在吉斯特居住点，华盛顿得知杜凯斯纳堡的法国援军已经到达，他们随时准备开战。华盛顿当即在原地驻守，并发信通知麦凯上尉和他会合。会合后，他们开了一个会议，华盛顿建议在原地等待迎战，大家对这个提议并不赞同。因为兵力不足，大家强烈要求撤退，华盛顿拗不过大家，只好放弃自己的计划，答应撤退。7月1日，他们到达“大草地”，但一路上，都是华盛顿的士兵拖着大炮前行，道路泥泞坎坷，他们已经精疲力乏，而麦凯的士兵自称为“国王的亲兵”，不愿意施予援手，士兵间的矛盾日益尖锐。华盛顿只好选择就地扎营，为了补充军需品还有等待援军，他派快使前往威尔斯溪。

此时，被俘虏的法军军官朱蒙威尔的堂兄德列维上尉为了复仇，带人围困了“困苦堡”，发现里面没有一个人，他们判定英军已经撤退到居民点。他准备撤回杜凯斯纳堡，撤退之际，他遇到了一个英国逃兵，得知华盛顿他们驻守在“大草地”，而且兵马疲乏。上尉立刻向“大草地”进军，一场战斗一触即发。

华盛顿在“大草地”修建的碉堡约100英尺，还有战壕和木栅掩护。一条小溪在它旁边，周围还有小山围绕。华盛顿没有要求傲慢的麦凯和自己一同修筑碉堡，而是以身作则和士兵们一起劳动。因为英军修筑的防御工事薄弱，亚王想把自己的妻儿护送到更安全的地方，所以在危急关头，他抛弃了华盛顿。绝大多数的印第安士兵都撤走了，留下来的只是一些单身汉。

3日早上，正在加固碉堡的华盛顿得知，法军已经距离这里4英里了。华盛顿马上调遣士兵，等待法军。大约11点，法军从高处向华盛顿他们射击。为防敌军只是佯装进攻，华盛顿马上命令士兵退入战壕，并命令等法军靠近才开枪。白天，法英双方都是小范围对射。法军和印第安人藏身树丛，已经逼近距华盛顿60码的位置。天公不作美，此时下起了大雨，士兵们泡在战壕里，痛苦不堪。晚上8点，法军要求协商。华盛顿担心这是敌军的阴谋，一直举棋不定，这时华盛顿手下唯一会说法语的工程师已经死亡。华盛顿只好派他的老部下范布拉姆执行这个任务。

大雨倾盆，范布拉姆最后带回了法军的书面投降要求。范布拉姆英文差劲，华盛顿和军官们好不容易才弄懂条款意思。法军的投降条款大概意思是：英军只要答应不再骚扰法军和印第安人的居民地，同意他们安全返回居民地；英军可以带着物资离开，但必须摧毁大炮；英军可以暂存物资在一个安全的地方，以后再取走；英军需要承诺一年内不再冒犯法国的领土和财物；必须释放朱蒙威尔的士兵，并留范布拉姆做人质。

第二天，华盛顿他们只能投降，他们一从堡垒出来，印第安人就哄抢他们的行李，出来后，华盛顿下令把大炮、火药和其他军需物资全部销毁。本次战役，305名士兵中有12名死亡，受伤43名。麦凯上尉的连队死伤人数不清楚，据说，法军和印第安人的死伤人数更多。

随后，华盛顿和麦凯上尉一起向总督作了报告，虽然他们在战争中战败了，但总督还是赞扬了他们英勇的行为。但有两名军官遭到了指责：一名是懦夫斯托波，一名是犯有叛国罪的范布拉姆，他被指控为蓄意误译投降条款。

第五章　重新投入部队怀抱

8月初，华盛顿返回亚力山德亚军队，德威迪总督写信要求华盛顿再次招募新兵，并在威尔斯溪与英尼斯上校会合。麦凯上尉带领的独立连和两支纽约州的独立连也在那里奉命修筑坎伯兰碉堡。此时的法军还沉浸在喜悦中，俘虏斯托波趁他们放松之际，托印第安人把一封情报信交给指挥官克罗根。他对法军的驻军数量了如指掌，他还希望和外面的英军内外夹攻拿下杜凯斯纳堡。德威迪总督收到情报后，当即决定执行斯托波的计划。然而华盛顿提出了不同的意见，他认为，河水上涨，他们无法通过溪流，行军困难；还有，路上的积雪已经融化，战士们需要在泥地露营，条件艰难。然而，总督此刻已得到国王1万英镑外加一批枪支的资助，正对自己的实力信心十足，他没有听从华盛顿的建议。总督将兵团增至10个团，并把王家和地方部队都变为独立连。这样，地方军官的级别都在上校下面，华盛顿对此安排表示强烈不满。过去，立法委员会曾表彰华盛顿"担任上校时表现突出"，现在要对他的军衔进行降级，这是对他人格的侮辱。

抗法部队总司令、马里兰省督夏普很看重华盛顿的能力，他托菲茨希尔上校写信邀请华盛顿担任军队临时指挥官。华盛顿在信中拒绝了省督的邀请，他在信中对省督的好意表示感谢，但同时他也表达了不满，他觉得让他担任一个没有军阶又没有相应薪酬的职务，对他来说是一种侮辱。他还表明连队降级的做法不是王命，而是德威迪总督的缓兵之计。他在信中对省督的信任表示了感谢，还表示自己拒绝担任此职是为了自己的荣誉，并说明自己不会退出军界，乐意为省督效劳。没过多久，英国政府颁发了一条规定：英王属下的全体军官地位都在省督委任的地方军官之上；此外，地方上尉和英王委任的军官共同服役的时候，地方军官不能拥有任何军阶，而且地位也要低于英王委任的军官。或许，在正直的华盛顿的心中，这种条例明显瞧不起各殖民地同胞，只会削弱美利坚人对英国的尊重，这种歧视也为美利坚人的独立作了铺垫。

同时，德威迪总督以英国俘虏还在加拿大为由，不按投降条约释放法国俘虏，这种做法也让华盛顿感到非常不满。法国人一口回绝了德威迪总督以俘虏换俘虏的建议。华盛顿试图说服德威迪总督不要做出如此不诚信的行为，但总督对他的建议不以为意。德威迪是一个极其执拗的人，他很少会改变自己的主意。

华盛顿到达威廉斯堡后，发现拉弗斯作为一级罪犯被关押在这里。拉弗斯还曾经越狱，但因英语不熟练被人识破，再次被投入监狱。被关押在加拿大的英国人质斯托波和范布拉姆也曾试图越狱，斯托波最后成功越狱，但范布拉姆失败了，他从魁北克被遣返回英格兰，再也没回到弗吉尼亚。其实，范布拉姆确实没有投敌之心，他不过是愚钝罢了。对他来说，被冠以叛国罪真是天大的冤枉。

法军在俄亥俄为所欲为，这引起英国政府的强烈抗议，英国政府派出使节向法国政府表达强烈的不满。法国政府表面假意求和，但背后却派出舰船、军队开往美洲，准备实施侵占美洲的计划。法国大使对自己成为傀儡的事情大发雷霆，此时，英国也在积极备战，自称抵抗侵略。

英国政府在积极地筹备作战，英军总司令坎伯兰公爵受命组织战役，并任命爱德华·布雷多克少将为总司令，负责筹备战争的事宜。1755年，他们制定了四项计划：让法国人从新斯科舍省土地上离开；把法国人从香普兰湖畔王冠角堡垒中赶走，因为这属于英国领土，是由英国人修筑的堡垒；把法国从安大略湖和伊利湖当中的尼亚加拉修筑的碉堡中驱逐出去；把法国从宾夕法尼亚和弗吉尼亚边境驱逐出去，同时收复俄亥俄河。

布雷多克将军有40多年的战斗经验，他的部队纪律严明。坎伯兰公爵对他的军事指挥才干表示充分的肯定，但在处理官职和军官级别方面，尤其在如何规定和调整王军的军官级别同地方军军官的级别方面，布雷多克将军专制强横，处理这些事情的时候缺乏艺术性，他的不懂变通也成为他在战场上最大的败笔。

华盛顿辞职后，一门心思扑在家庭上。他计划安心地在弗农山庄做一个农场主。当他全身心准备投入新生活的时候，爆发的新战争点燃了他那颗报国的心。开往波托马克河的军舰和运输舰上载着光芒四射的大炮，使华盛顿的心再次激荡。他的斗志又被激发了，他非常热切地希望自己可以重返部队参加战争。

德威迪总督对华盛顿的品格和丰富的经验表示充分的肯定，并把他推荐给布雷多克少将。于是布雷多克少将让副官罗伯特上尉给华盛顿写了一封信，希望他可以加入参谋部。在信的最后，罗伯特上尉对华盛顿表示诚挚的欢迎，他诚恳的邀请得到了华盛顿的回复，他们在以后的日子里也建立了深厚的友谊。

华盛顿在布雷多克将军的参谋部担任志愿者，没有薪酬，也没有实权，常要牺牲个人的利益，但他还是乐此不疲。在这支纪律严明的队伍里，华盛顿有自己的尊严，不仅可以做自己喜欢做的事，还可以充实自己的人生经验。华盛顿的母亲得知儿子要重返部队，虽然她为华盛顿的安危感到忧心，但她还是尊重儿子的决定。她一方面希望儿子可以陪伴在侧，让她安享晚年；另一方面更希望华盛顿家族的精神可以在儿子身上发扬光大。

华盛顿的到来让奥姆上尉和莫里斯上尉非常高兴，他们还结成了患难之交。布雷多克将军是一个脾气暴躁，但不失为一个刚正仁厚的人，他也对华盛顿表达了自己的喜爱。在亚力山德亚，德威迪和四位省督还有将军一同制定作战计划。马萨诸塞省督雪莱、纽约省督德兰、马里兰省督夏普和宾夕法尼亚省督莫里斯都出席了此次会议。他们早就久闻华盛顿的事迹，这次，华盛顿才以真面目在他们面前现身。四位省督中，华盛顿尤其敬佩雪莱省督，他曾是一名律师，儿子是布雷多克将军的军事秘书。

4月14日，他们召开了一次大会，并在大会上宣布了将军的委任书，布雷多克将军、海军准将凯波尔和四位省督都出席了这次大会。省督对委任状提到要在各省筹集军事资金的问题作出回应。军事资金的筹备需要经过议会的同意，而议会对这个议题一直存在不同的意见。四位省督表示自己已经在各省进行资金招募，但没有取得实际的进展，他们建议将军利用实权向议会施加压力。各省督都提议把具有水路优势的纽约作为指挥中心，但将军否定了这个提议，因为王命要求将军夺取俄亥俄的根据地。杜凯纳斯堡的战争同尼亚加拉和王冠角战争一同开战。雪莱省督和他的儿子联合部分纽约省的军力负责前者，而威廉·约翰逊上校率军负责对抗后者；6月底，他们计划攻进法军根据地，把法国人从新斯科舍省驱逐出去的任务交给了副省督劳伦斯上校，他曾成功地打败过法国人。

会议结束后，布雷多克将军需要用马车把大量的军用物资运到马里兰的弗雷德里克镇。华盛顿看到数量庞大的军用物资，感到非常吃惊，他曾经试过把九门大炮还有少量的物资运出山，但遭遇了很大的困难。华盛顿表示了自己的担忧，但将军不以为意，只是投以轻视一笑。克莱尔上校回到前线后不禁气急败坏，因为坎伯兰堡的道路还没开始动工修筑。克罗根和其他专员刚好到达营地，看到了克莱尔上校发怒的一幕，克罗根描述他是“一只愤怒的狮子”，宾夕法尼亚省没有启动修路这一大事，让他们面临随时被法国人消灭的风险。这些专员们被吓得心惊胆战，他们给莫里斯省督去信要求他抓紧修筑道路。这时，克罗根接到了莫里斯省督的另一项任务，让他带领奥魁克的印第安人同布雷多克将军的部队会合，并补充军队所需的弹药。克罗根立即招募了一批印第安人，这批人不仅对地形了如指掌，还任劳任怨。克罗根在给省督的信件中对这批印第安人给予充分的肯定，他提到，如果整个队伍都像这批印第安人一样不计得失，他们一定会如虎添翼的。

4月20日，布雷多克将军带领部队赶往亚力山德亚，华盛顿将在马里兰的弗雷德里克镇与将军会合。5月10日，华盛顿担任将军的副官一职。此时，华盛顿之前的担忧不幸被言中了，这也让布雷多克将军头痛不已。首先，弗吉尼亚的承包商不守承诺，他们只运来了15辆车和100匹驮马，这批马车不足以运载军用物资；其次，军粮的数量和质量都让人大失所望。无奈之下，将军只好派人去采购牲畜充当口粮。幸运的是，这时一位救星赶到了弗雷德里克镇，他就是本杰明·富兰克林。他当年49岁，是宾夕法尼亚省议会的议员，同时也是邮政部部长。由于将军对宾夕法尼亚省议会的消极怠工十分愤怒，他们就派富兰克林到将军身边协助将军。为了方便各省省督中间的信件可以精确传达，富兰克林是以邮政部长的身份来的。将军对富兰克林的到来表示热烈的欢迎，并常邀请他到参谋部做客，一同讨论作战计划。富兰克林在回忆录里提到，将军想在三四天之内拿下杜凯纳斯堡，然后向尼亚加拉进发。据富兰克林了解，英军想要拿下杜凯纳斯堡必须通过一条狭窄的道路，这会延长部队行军的步伐，而已经侵占了伊利诺省的1500名法国士兵也是英军一个强有力的阻碍。但面对意气风发的将军，富兰克林只能说熟悉地形、身手矫健的印第安人可能会袭击英军，给他们的部队带来威胁。然而将军对富兰克林的话不以为意，他觉得英国王军训练有素，而印第安人不过是门外汉。碍于将军的情面，富兰克林没有再和将军争辩。运输工具一直供应不上，富兰克林建议将军从宾夕法尼亚当地农民处采购驮马。将军对华盛顿的提议表示赞同，并让富兰克林负责采购。富兰克林的任务是采购150辆马车，并为每辆马车配4辆驮马，还需要在5月20日前到达威尔斯溪。富兰克林马上着手去准备了。

富兰克林前脚一走，将军就动身前往威尔斯溪。可是，波托马克河北边的道路尚未修筑完成，他们这趟旅程走得异常艰辛，华盛顿的战马走到半路就倒下了，他只好又购买其他战马。华盛顿在部队中没有薪酬，购买新马的开销对他来说是一笔巨款，还好，他好朋友住在附近，借钱给他解决了马匹的事。将军抵达坎伯兰堡，为了表示欢迎，驻军部队鸣枪17响。

在坎伯兰堡的这几天，华盛顿从这支由议会批准组建的军队上学到了很多军事知识以及军事策略。布雷多克将军管理部队严明：他要求军队每天早中晚随时检查士兵的武器军装；他特别重视弗吉尼亚军团，并把它交给苛刻的海军少尉艾伦管理；他严明整顿士兵违反纪律的行为，对酗酒、偷窃的士兵绝不宽恕；他还要求每个军营周日晚上都要做礼拜。华盛顿被这支纪律严明的军队深深地震撼了，他看到一位士兵因偷盗被严惩。军队对牺牲的军官给予厚待，华盛顿被一场隆重的军营葬礼折服了，那是一位军官的葬礼。

他们不得不在坎伯兰堡多待几天，因为费城的道路没有如期修好。将军对这些省份的表现非常不满，每天都在华盛顿面前抱怨。克罗根召集的150名印第安人也赶到了坎伯兰堡，布雷多克将军对他们的到来表示热烈的欢迎，并表达了对已去世的亚王的缅怀。这里很多人都认识华盛顿，白雷是其中一个，他曾经在大草地战役中向华盛顿施以援手。晚上，印第安人举行了篝火晚会。他们穿起民族盛装，野性十足，跳舞狂欢。第二天，观看英军的操练时，他们纷纷被英军的英姿飒爽折服。年轻军官的赛马尤其招他们的喜爱，没想到的是，印第安人的女家眷们很多都对英军年轻的军官表示好感。这些年轻的印第安女人身姿妖娆，让那些年轻的英军浮想联翩，其中白雷的女儿“闪电”魅力十足，不少英军军官都折服在她的石榴裙下。因为这些女人偏爱英国军官，印第安士兵们嫉妒万分。为了避免不和，印第安首领禁止印第安女人进入英军营房，但这并不奏效。无奈，他们只好把这些女眷送回奥魁克。

这些女家眷由白雷和其他三位特拉华酋长护送，他们本来承诺召集完俄亥俄地区的印第安士兵之后就返回，但他们失信了。后来，华盛顿从克罗根那里知道了他们失信的原因，他们觉得英军没有给予他们足够的尊重。在华盛顿眼中，印第安人在这场战役中的作用极大，他试图说服布雷多克将军留住这批印第安人。但布雷多克将军对自己的军队力量胸有成竹，觉得自己不需要印第安人的帮助也能大获全胜，他拒绝了华盛顿的提议。没多久，这批印第安军队因英军的不重视，陆陆续续解散了。布雷多克将军的一意孤行不仅引起华盛顿的不满，也招致秘书威廉·雪莱的非议。华盛顿在给莫里斯省督的一封信中这样评价将军：“我们的将军很喜欢重用一些没有真本领的人，这些所谓的良将，爱自我吹嘘，不过是徒有虚名。”将军一直在为运输工具的事情而苦恼，华盛顿提议他尽量使用驮马，但布雷多克将军没有听取华盛顿的建议，他觉得华盛顿是在掺和自己的军事决策。

富兰克林采购的马匹和马车终于到达，天知道他为了从宾夕法尼亚农民手中购得物资付出了多大的努力，连补偿这些农民的欠款也是他独立承担的。在很长一段时间里，他都在偿还这笔欠款，日子过得甚是拮据。

第六章　法国大捷

6月10日，布雷多克将军率领他的副官和其他参谋人员以及轻骑卫队从坎伯兰堡出发。彼得·霍尔基特爵士的部队也于6天前出发，负责打头阵的查普曼上校和克莱尔上校的部队已经出发。华盛顿担忧的事情还是发生了，部队跨过大山，必须要忍受艰难险阻。道路险峻难行，大批的车马很快失散。万一印第安人突袭，部队肯定会土崩瓦解。在华盛顿看来，在山林里作战必须要轻装上阵。最恼人的是，部队很多军官用车马来为自己运行李，加重了车马负担，拖慢了部队的行军步伐。华盛顿是一个以集体利益为重的人，他对那些娇气的军官感到恼怒不已，甚至怀疑他们连仗都打不了。终于，他们翻过了两座大山。6月16日，他们终于抵达大草地。克莱尔上校在大草地建立了临时军营，这时，布雷多克将军的态度由傲慢转为谦虚，他才惊觉现在面临的战场和以前经历过的欧洲战场有天壤之别。他谦虚地向华盛顿了解前线的问题，为战争作好准备。将军态度急转，让华盛顿感觉有点儿意外，但他还是有条不紊地为将军解答。

此时，一个最佳的时机到来，如果把握好这个机会，英军就会有大胜的可能。这时气候炙热，法军的援军和补给品因为河流水位下降而耽搁了路程，此时在杜凯斯纳堡防守的法军人数较少，是英军一举拿下杜凯斯纳堡的最佳时机。这时华盛顿提了一个建议，他的提议也得到将军的首肯。他建议将军把部队分两批，一批带补给品、行李和粗重物品按原计划前进，一批由将军亲自率领，抢先于敌军的援军到达杜凯斯纳堡，并一举攻破杜凯斯纳堡。第二天，将军率领1200名士兵和10门野战炮率先出发，邓巴上校带领着另一支队伍继续前进。然而，先遣部队的军官们的表现不尽人意，他们坚持要带厚重的个人物品，这样只会拖慢部队的行军速度，华盛顿强烈要求他们轻装上阵，但他的提议没有被采纳，最终，为了满足他们搬运自身行李的私欲，不得不为他们分配了212匹驮马。华盛顿身先士卒，他留下的衣物不超过半个皮箱，行军困难的时候，他甚至献出自己的坐骑来当驮马。

19日，布雷多克将军带领部队率先出发。他预计自己一定可以很快抵达杜凯斯纳堡，但他没想到路途中出现了各种状况，拖慢了他的行程。他虽然采纳了华盛顿的提议，但在细节的执行上，他还是我行我素。面对行军路上出现的各种小意外，布雷多克将军不会变通处理，依旧按照在欧洲战争中形成的思维处理一些细枝末节。他们沿路都要搭桥，才过了一个小山就要休息，4天过去了，他们也才走了12英里。在途中，华盛顿不幸染病。随着病情加重，他甚至忍受不了骑马的颠簸，需要躺在平稳的马车里。23日，华盛顿的病情好转，但艰辛的路途对他来说依然是一个不小的挑战，但他坚持要跟随部队。将军为了华盛顿的健康着想，只好下命令让克雷克医生陪着华盛顿在尤吉奥格尼河大渡口休息。虽然华盛顿极其不愿意接受这样的安排，但身体不允许，他只好眼看着部队离开。这个遗憾，华盛顿一直记在心里。他曾开玩笑说，500英镑和参与战争，他还是会毫不犹豫地选择后者。

24日，布雷多克将军他们发现了一个被弃置的印第安人的营地。从现场可以判断，一共有170名印第安士兵。印第安士兵在去掉皮的树上给布雷多克将军留下下马威。第二天早晨，英军3名士兵被杀害，残忍的印第安士兵还把他们的头皮剥掉，将军下令搜林，并作好了和印第安士兵进行恶战的准备。白天经过大草地和困苦堡的时候，他们发现了几个印第安士兵的身影，但很快他们就消失在森林里，英军的轻骑士兵拿他们没辙。晚上，他们在离困苦堡2英里的地方休整，遇到了法国士兵和印第安人的偷袭，但他们的偷袭以失败告终。7月4日，他们到达一片开阔的白松树林，此地叫润木丛。按照将军的推测，杜凯斯纳堡离此地约30英里。将军先后派了几名印第安人和吉斯特前去探路。两天后，印第安人带回情报，他们在杜凯斯纳堡附近发现少量的法国士兵，他们的防御很薄弱。之后回来的吉斯特验证了印第安人的情报，他还在一个山谷里发现了法军士兵的营地，但想前往侦察的时候被发现了，他拼尽全力才逃出来。

有几个在部队后面的士兵被残忍地剥去了头皮。这种事情明显是印第安人做的。为了发泄心中的愤怒，后续部队里的几个士兵不明就里，他们把自己遇到的几个印第安人杀害了。但他们的发泄对象很明显就是被冤枉的。为了弥补士兵们犯下的过错，布雷多克将军向蒙冤者的家属致以诚挚的问候，并用军礼厚葬了几位印第安死者。将军的真诚赢得了死者父亲的谅解，也顾及了自己的颜面。将军对待印第安人的态度来了一百八十度转弯，其实他本来就是一个善良、懂得为人处世的人。

此时，在康复中的华盛顿心情郁闷。让他懊恼的不仅是远离了部队，更让他担心的是他的士兵约翰·奥尔顿也病倒了。还好，华盛顿焦灼的心情随着奥姆的来信渐渐平息，奥姆在来信中详细地介绍了行军路上发生的各种状况。对于法军偷袭和剥头皮的丑陋作为，华盛顿分析这是法军为了延误英军的行军而采取的险恶行径。最让华盛顿欣慰的是，现在士兵们信心十足，对拿下杜凯斯纳堡胜券在握。7月3日，病情好转的华盛顿跟着一支运输队伍追赶将军的部队。只用了5天，他就赶到了目的地。这时，杜凯斯纳堡不过离他们约15英里的距离。其实，并不是华盛顿的速度太快，而是将军他们一行人的速度太慢了：1个月的时间，他们走了不到100英里。

大家都对华盛顿的到来感到异常兴奋，奥姆和威廉·莫里斯尤其欣喜若狂。华盛顿来得正是时候，布雷多克将军决定在第二天对杜凯斯纳堡发起攻击。为了防止意外状况发生，布雷多克将军派出了士兵进行详细的勘察，并制定了严密的作战计划。根据计划，盖奇中校率领部队渡过莫农加西拉河，首先占领重要位置，以便主力部队顺利通过。盖奇中校率领的队伍主要由160名步兵和一支炮兵连组成。因为一路以来和这些军队长久相处，华盛顿对这支先头部队的能力抱着很大的怀疑。他向布雷多克将军提出，应该派熟悉地形的印第安人作为先头部队。但将军一口回绝了他的建议，并且对华盛顿不自量力的提议感到怒不可遏，觉得他在干涉自己的作战计划。7月9日凌晨，盖奇中校部队先行出发，约翰·克莱尔少校率领的250名工兵部队紧跟其后。途中，他们遇到了袭击，还好损失不大。士兵们在出发前夕就穿上了整齐统一的军装，每个人都神采飞扬，但面对残酷的战争，他们更像是来参加聚会的。

盖奇的队伍做领头羊，将军紧随其后，地方军在最后跟着。他们行军的地方其实就是一片大森林，约半人高的草长满了宽约12英尺的道路，灌木丛和树木也不甘落后地挤在路的两旁。路两边的溪谷全部都被草木遮挡住了。这样的环境下，如果熟悉地形的弗吉尼亚地方军在前开路，他们很快就能在森林中开辟出一条供主力军通过的道路，但可惜，布雷多克将军没有听取华盛顿的建议。因为不熟悉地形，这段短短的路，他们用了2个小时来走，耽误了行军进程，布雷多克将军为他的傲慢付出了代价。前脚刚出森林，他们就听到了前方传来枪响。华盛顿猜想是前面的先头部队遭到了袭击，很快，他的预感被证明是正确的。

前方部队果然遭到了偷袭，将军亲自带了800名士兵前去增援。前方传来激烈的打斗声，枪声、惨叫声不绝于耳。将军抵达的时候，发现前方部队正和沿途埋伏的印第安人展开了激烈的战斗。

弗吉尼亚的士兵分散成小部队，他们躲在树后朝着印第安人射击，他们对印第安人的作战策略比较熟稔，在一定程度上为主力军保驾护航。华盛顿建议将军把正规军分成几个分队分散前进。但此时令将军十分愤怒的是正规军非常胆怯，而且不愿意继续前进，他甚至对一名逃兵就地正法。

华盛顿在意外的灾祸面前表现得果敢镇定。战争开始的时候，他的两名副官莫里斯和奥姆就中枪了，于是他一个人担起了传达将军命令的重任。整个战役中，他牺牲了两匹战马，4颗子弹从他的大衣擦身而过，侥幸的是，他丝毫无损。华盛顿在刀光剑影的战争中传达作战旨意，但战争形势越来越严峻。布雷多克将军处于战争中心位置，他一直想力挽狂澜，但掩护他的士兵非死即伤，他的秘书雪莱也倒在了枪林弹雨中。他站在高处，试图想让士兵们撤退，但他不幸中枪，子弹从他的右胳膊直插他的肺，他马上倒下了。负责保护他的士兵用一辆二轮马车把他运出战场。此时英军已经溃不成军，大家四处逃散。幸运的是，偷袭他们的那批野蛮人只顾着抢夺英军遗留在战场上的行李、物资和枪支弹药，双方的伤亡人数并不多。

几天前，在莫农加西拉河口，英军还雄心勃勃，怀着必胜的信心，现在他们却落败而逃。这次战争，国王军26名士兵死亡，36名士兵受伤；弗吉尼亚地方军伤亡最惨重，一个排全部牺牲了，有些士兵的尸体甚至都没找到。布雷多克将军的伤口已经被克雷克医生包扎好，华盛顿也在他身旁悉心照料着。此时，布雷多克将军还抱有希望，他打算在这个地方等待援军的到来，再和敌军大战一场。但部队中大部分士兵的心思都不在打仗上了，他们只想早日逃离这个鬼地方。布雷多克将军只好宣布继续撤退，不久，盖奇中校他们就和将军会合了，他的部队只剩下80名残兵。

撤退过程中，将军发现华盛顿虽然经历了一场失败的战争，但他依旧神采奕奕，非常有军人的风范，而且办事效率极高。于是，将军把骑马赶往40英里以外邓巴上校驻扎的营地追讨物资供应的任务交给了华盛顿。这是一个艰巨的任务，华盛顿就算是骑马，也要一天一夜才能到达。傍晚时分，华盛顿抵达营地，并传达了将军的指示，很快就得到了响应。第二天一早，华盛顿马不停蹄带着运输物资的部队出发了。没想到，华盛顿在吉斯特的种植园遇到了盖奇中校和他的残余部队。布雷多克将军在斯图尔特上尉和弗吉尼亚轻骑兵的保护下平安抵达了邓巴上校的营地，并作了短期的休息。13日晚上，他们终于抵达大草地。

战争结束后的第一个晚上，一向骄傲的布雷多克将军坐了一夜，这次战败让他变得有点颓废。13日晚，他带着遗憾和悔恨离世。传言称，他在弥留之际向华盛顿表示了自己的歉意，后悔自己没有听从华盛顿的建议，还向一直照顾他的斯图尔特上校表示感谢。最后，他还把自己的坐骑和贴身随从赠送给华盛顿。天亮之前，将军的葬礼开始了，华盛顿代替受伤的牧师宣读对死者的祝福语。为防止喧闹招来野蛮人，葬礼是一片沉默的。

葬礼结束后，部队继续向后退。因为有克雷克医生的帮助，受伤的奥姆和莫里斯得到了很好的照料，华盛顿的重担也卸下来不少。兵疲马累，华盛顿只能派人去坎伯兰堡为他们准备休息的营房。17日，这支大败而归的部队终于抵达坎伯兰堡。几天前，传言满天飞，传言他们全部在战场上被屠杀了。华盛顿担心谣传会让家人担心，他分别给弟弟和母亲写了信报平安。在写给弟弟的信中，他详细描述了自己在战场上的种种风险，写子弹怎样从他的大衣里穿梭而过，写自己的战马是怎样在枪林弹雨中倒下，写他是怎样在枪雨中躲过印第安人疯狂的子弹。他还在信中告知弟弟，等身体康复后，他将从坎伯兰堡回家乡看望他们。

过了很长时间，人们才知道敌军没有一鼓作气追击英军的原因，不过这个原因让英军更无地自容。原来，伏击英军的只是一支由德波热上尉率领的72名正规军、146名加拿大人和637名印第安人组成的分遣队。布雷多克将军率领3000名武装精良的正规军出发的时候，法国指挥官康特库尔就作了弃堡而逃或投降的打算。万万没想到的是，英国3000名武装精良的正规军败在了他们的一支小分遣队手中，他们只在河边设了一个埋伏，英军就落败而逃了。

这次战争，法军死伤人数不到70人。当他们带着胜利品凯旋的时候，在杜凯斯纳堡里的康特库尔指挥官还大吃了一惊，随后，他们就全部沉浸在打赢这场以少胜多的战役的喜悦中，当晚，他们就在堡内举行了隆重的欢庆仪式，还鸣炮祝贺。

这场布雷多克将军指挥失败的战争被称为“历史上最厉害的战役”，它动摇了各州对英国政府俯首帖耳的态度，给英国政府一记沉重的耳光。富兰克林曾写道：“这场战争让我们不得不怀疑英国王军的实力。”

26日，身体虚弱的华盛顿回到弗农山庄。这场战争不仅使他损失了财产，还摧毁了他的健康。华盛顿给哥哥奥古斯丁写信总结了这次战争。信中，华盛顿表达了自己的悲伤，他参军两年，每次都是打败仗，而这次让他更是颓败。可是，华盛顿没想到，这些失败的战争，正为他日后的战争作了很好的铺垫，失败乃成功之母，这些失败深深影响着他的人生。华盛顿没有颓废很久，他很快就从战争的阴影中走出。当法英战争再次爆发的时候，他奋不顾身地投入了战场。不过，他是以上校的身份参战的。

8月4日，德威迪省督召集议会商议如何抗敌。或许是上次战争失败了，议员们这次表现积极，战争所需的物资在几天之内就筹备完毕，运往战场。14日，华盛顿正式担任殖民地地方军总指挥官。他的助手副总指挥是亚当·斯蒂芬上校。温彻斯特地理位置极佳，道路非常畅通，是连接各个殖民地以及通往前线的重要基地，华盛顿的根据地就设置在这里。华盛顿准备出发去威廉斯堡，亚当·斯蒂芬从坎伯兰堡发来消息称，印第安人在坎伯兰堡到处作恶，肆意抢夺，还屠杀当地居民。同时，他收到消息，称印第安人正朝着温彻斯特出发。整个地区都笼罩在一片恐惧中，居民躲在蓝岭后的居民点不敢声张，美丽的神娜多河一片死寂。

综合考量后，华盛顿决定先去坎伯兰堡。他的到来让大家士气十足，在他的带领下，他们成功拦截了一群印第安人。局势在星期日再次变得严峻起来。一群印第安人抵达距离城镇12英里的地方。华盛顿立刻加强了防卫的能力，并派人盯紧印第安人。这些印第安人基本上是特拉华人和肖尼人，他们在布雷多克将军兵败后就归顺了法国。

印第安人得到战利品后很快就撤退了。这给华盛顿有足够的时间去思考下一步的军事计划。布雷多克的失败，使攻打尼亚加拉的远征计划进入停滞状态，全国人民对此也是惶恐不已。

第七章　改良民兵法

华盛顿从过去失败的战争中总结经验，他发现民兵法存在需要改进的地方，因此，他踊跃地想要改良民兵法。华盛顿的努力终于有了回报，弗吉尼亚立法会启动军事法庭，将会严惩那些在战场上不听从指挥的士兵。这项改革提高了军队军官的威望，在危急时刻还可以通过征用个人财务和劳力为部队增添力量。很快，华盛顿就在自己的部队执行了这项改革。新法律规定对那些参与赌博、斗殴等不良行为的士兵将予以严厉的惩罚。除了正规军要严格遵守这套法律，印第安人也要遵守。

此外，还有一件事一直困扰着华盛顿，那就是地方军官的权力与王军的权力冲突。以坎伯兰堡的道格华斯为例，他只是一位手下拥有30名士兵的队长，但他自诩受英王任命，不把地方官放在眼里，即使是高于他的军阶的地方官，他也不以为意。上校英尼斯调走后，他自以为是、目空一切，对地方官更是不屑一顾。他的夜郎自大导致王军和地方军的矛盾越来越深，甚至到了不可救药的地步。

马里兰省督认为这个堡垒在马里兰省，因此属于他管辖的范围；弗吉尼亚省督觉得这是弗吉尼亚奉王命建造，因此归弗吉尼亚管辖，他们两者因这个堡垒闹得不可开交。华盛顿也有自己的看法，他认为如果弗吉尼亚总指挥官的权力低于英王任命的小队长，一个军官的荣誉和尊严并没有得到足够的尊重，他将再次辞职。两个省督也各不相让，最后，只能请雪莱少将帮忙解决这个问题。

于是，华盛顿便前往波士顿询问雪莱少将的看法，陪同他的还有副官斯托尔特，华盛顿还打算和雪莱少将谈谈自己的军事见解。华盛顿他们在费城和纽约逗留了几天，那时英法战争刚结束不久，这场战役依然是人们茶余饭后的话题。很多人都对他们南方军官的打扮感到好奇。华盛顿虽然是第一次到达纽约，但他的英勇事迹早就传遍了全国。纽约城的老百姓看到心中的英雄，每个人都喜出望外。华盛顿雄姿勃勃、英姿飒爽的形象给纽约城的人们留下了不可磨灭的印象。

华盛顿和雪莱将军会面后，少将亲自写了一封信明确说明道格华斯级别低于华盛顿，华盛顿感到非常满意。华盛顿还了解到，为了确保纽约的安全，英军准备切断加拿大和路易斯安那之间的道路。另外，英军将派出一支部队从肯纳贝河直攻魁北克。

华盛顿在波士顿逗留的10天里，参加了马萨诸塞议会，并和大家共同商讨作战计划，之后，他便重返纽约。在纽约，他遇上了自己的老朋友贝弗利·罗宾逊，还有贝弗利·罗宾逊的妻子，她是大地主阿道夫·菲利普的侄女兼继承人。华盛顿自然而然成了老朋友家的贵客。在朋友家，华盛顿遇到了让自己心动的姑娘，她就是罗宾逊夫人的妹妹玛丽·菲利普小姐，这位小姐不仅出身富裕，还美丽动人。但他是否向那位姑娘表达心意，众说纷纭。前面我们知道，和女人打交道，华盛顿比较腼腆，所以他主动追求菲利普小姐的传闻并不可信。那时的华盛顿正值大好年华，不少年轻漂亮的小姐内心都倾慕他。比较可信的一种说法是，他因突然有要事离开纽约，因为那时他刚好有一个弗吉尼亚的军事会议，而来不及向这位小姐表明心意。华盛顿正忙得不可开交的时候，他收到了朋友的来信，朋友在信中告诉他，莫里斯的上尉（此人曾经是他的手下）正在疯狂地追求菲利普小姐，并督促他赶回纽约。而华盛顿刚好有要事要到温彻斯特，就这样，他和玛丽·菲利普小姐擦肩而过，让莫里斯上尉近水楼台先得月。

赶到温彻斯特的时候，华盛顿发现那里一团糟。法国人指使印第安人在那里奸淫掳掠、无恶不作。印第安人把神娜多河谷团团包围，华盛顿的好朋友费尔法克斯爵士也遭到劫难，法国人重金悬赏他的头皮。大家都非常担心爵士的安全，他的侄子马丁上校提议他暂时躲到蓝岭后面的居民点。然而爵士却拒绝了侄子的一番好意，他视死如归，他说："我是将死之人，并不畏惧死亡，但如果我们这时撤退，这个地方很快就会被法军拿下，那我们多年来的心血就要毁于一旦。"他的侄子也被他的话感动，决定和爵士共同抗争到底。

华盛顿发现，温彻斯特的居民人心惶惶。他马上组织当地民兵团还有从坎伯兰堡调来的士兵组成一支队伍，他担起团长的重任，对埋伏在温彻斯特周围的印第安人进行地毯式的搜索。但地方辽阔、人手不足，华盛顿向费尔法克斯爵士请教怎样才能短时间征集更多的士兵。费尔法克斯爵士建议华盛顿在温彻斯特进行一次招募演说，让他呼吁更多的人参与到保家卫国的战争中。

4月15日，华盛顿举行了一场公开演讲，当时，很多人都被他的演讲感动，但真正报名参军的人数却仅有15个人。更糟的在后头，华盛顿曾发快报到坎伯兰堡，请求增援，坎伯兰堡回信说兵力已经分散到前线，无法调遣增援部队到温彻斯特。信中还提到，一大批熟悉温彻斯特的印第安人正在路上，他们打算晚上攻下温彻斯特。居民们被各种消息吓破了胆，今日这家人被杀、明天那家人被烧等等，各种不利的消息满天飞，人心惶惶。这时，华盛顿成了大家心中的救世主，女人们和孩子们把他紧紧围住，哭着请求华盛顿拯救他们。看着围在自己身边的这群可怜的人们，华盛顿心里恨不得把那群野蛮人碎尸万段。华盛顿只好向德威迪省督求救，然而弗吉尼亚的报纸却认为温彻斯特情况并没有华盛顿所说的那么危险，而是责备华盛顿办事不力。这种无谓的指责让华盛顿非常愤怒，他发表声明称，如果不是前线情势危急，他宁愿马上辞去这个劳而无功的职务。各界要务纷纷来信劝慰华盛顿留下，并叫他不要理会那些无谓的指责，用心去保家卫国。大家对华盛顿表现出来的爱国精神表示充分的肯定，这让他得到一定程度的慰藉。

很快，议会又筹得两万英镑军费，扩充了1500名地方军以支持华盛顿的工作。议会打算用这笔军费从波托马克河上修筑一条防线，一直延长到北卡罗来纳州边界。然而，华盛顿本身是反对这个修筑任务的。华盛顿认为，以目前的兵力和财力去修筑防线，是劳民伤财的一个工程。他提出，如果碉堡的间隔不在15—18英里之间，印第安人很容易从中间不为人知地穿过去。另外，每个碉堡的兵力至少要有80—100人才能保持兵力平衡。这条防线需要至少2000名士兵驻守，但也不能安若泰山。堡垒的一端一旦被攻破，如果援军不能马上抵达，敌军采用出其不意的作战方式很快就可以击破防线。修筑碉堡、维修费用、维持供给的数目更是一笔庞大的开支。华盛顿建议在交通发达的温彻斯特修筑一个稳固的堡垒，可以在短时间内实现物资运输、情报递送以及增派援军等。不管什么时候，温彻斯特都可以充当堡垒和后方补给驿站的作用。他还建议在距离适中的位置修筑3—4个堡垒围着碉堡，驻重兵防守，随时监测前线时事进展。华盛顿的建议得到议会的首肯，议会派出100名绅士志愿者联盟进行碉堡位置的考察。听到要去前线，这些绅士们热情高涨，但他们前进的速度太慢，耽搁了很多时间。华盛顿给德威迪省督的信中对他们的速度表示不满："非常感谢您给我们派出的援助队伍，但是他们的速度实在是慢得可怜。"

1756年这一个夏季，华盛顿都在为前线的安全四处劳碌奔波。尽管志愿者到来的速度拖慢了温彻斯特堡垒修筑的进度，但总体来说，整个工程进展得还算顺利。人们把这个堡垒命名为劳顿堡，是为了纪念总司令。堡垒四周各个要塞的地理位置经过华盛顿和同事们的细心考察也确定了，修筑工事也相应展开。

堡垒修筑期间，华盛顿常冒着生命危险去视察工程进度，那里很容易遭到印第安人出其不意的袭击。有一次，他和一名向导、一名随从经过森林，他们离开不久，印第安人就在他们经过的地方残忍地杀害了225人。秋天，他和朋友休·莫赛上校去前线考察。这次，华盛顿再次意识到新修订的民兵法的效力并不大。华盛顿在一个地区招募士兵对抗印第安人，几天才招到5个人。在另一个地方，他向三个连下令，要求他们去援助一个堡垒，结果听从他指令的人少得可怜，只有1个上校、1个中尉和7个士兵。可见，即使州议会通过了民兵法，但服从民兵法管理的士兵少之又少。在一个堡垒，驻守的士兵居然对自己辖区内有孩子被印第安人杀害的事件毫不知情。在他们去往另一个堡垒的途中听到枪声，他们误以为堡垒遭到袭击，没想到却是士兵们在放枪玩耍，那些士兵根本没意识到这是一种浪费。同时，他们在小镇上筹集军需物资的工作也进展得不顺利，很多人不信任民兵法，对他们的筹备置之不顾。还有更让华盛顿郁闷的事情，30名印第安军官护送他从卡托巴布族到其他的堡垒，这些人根本没受过正规的军事训练。他们一路上大吼大叫，一点也不像军人。幸运的是，华盛顿在这8天的行程中没和敌人进行正面冲突，要不以这些军官的做派，他恐怕早去见阎王爷了。

这一年里，最让华盛顿为难的就是德威迪省督的态度。这位老先生写给华盛顿的回信总是含糊其辞，让华盛顿摸不清他的意思。华盛顿在其中一封信里说道，德威迪省督的信让他摸不清是进攻还是防御，他就像荒野里孤独的流浪者，得不到省督的指路。

省督对华盛顿的回信还只是略显敷衍，但在处理坎伯兰堡垒事件上，他似乎在有意为难华盛顿。坎伯兰堡在马里兰省境内，同时在印第安进攻路线之内，短期内很难获得情报，华盛顿一直反对把它当作边疆上的储存站。但省督的回答却让他摸不着头脑，他是这样说的："坎伯兰堡应该归弗吉尼亚政府管辖，因为它是奉王命修筑的。"对于省督风马牛不相及的回答，华盛顿一直摸不清他的意思。

其实，省督对华盛顿的言行早就有微言。在处理坎伯兰堡的问题上，他的意见是撤退其他要塞的兵力，派重兵驻守坎伯兰堡，这和华盛顿的建议完全背离。他在写给劳顿勋爵的一封信里表明了他的不满。他在信中提到，自己对华盛顿的意见并不赞同；而且对于华盛顿不赞同他撤走其他堡垒的兵力，他也颇有微词，他说华盛顿是"一意孤行，不接受任何人的意见"。

在明眼人看来，德威迪省督的建议错得离谱，他把兵力都放在敌军很少出没的地方，反而减少那些容易遭偷袭的堡垒的兵力，后果是不堪设想的。华盛顿对德威迪省督的利欲熏心感到无语。他在给罗宾逊的信中提到，他没有想到自己的一片赤诚之心被认为是假公济私、自己提的意见被认为是目光短浅，连他手下管理的士兵也被认为是庸俗不堪。对于省督的非议，华盛顿作了相应的解释；但省督不买账，他处处刁难华盛顿，想让他主动离职，好让英尼斯取代他坐上总指挥官的位置。如果华盛顿不是拥有广阔的胸襟，恐怕他早就被这些小人逼走了。华盛顿希望当着劳顿勋爵面解释清楚，让勋爵了解他的一片赤子之心。

攻打加拿大的事情在弗吉尼亚边疆闹得沸沸扬扬，伦敦却迟迟不发兵。英国内阁要求增添兵力和联盟，所以年初要攻打加拿大的计划一再被延迟。7月12日，前方传来安大略堡和奥斯威戈堡即将被法军攻下的消息。这两个堡垒兵力薄弱，但存有一定数量的军用物资。29日，劳顿勋爵带来1万人到达奥尔巴尼。劳顿勋爵是希望派兵增援奥斯威戈堡的，但是纽约州和新英格兰州的代表不赞成这样的做法，最后，还是决定让韦伯将军率兵前去援助。8月12日，韦伯将军从奥尔巴尼动身，还没到达，奥斯威戈堡就已经被法军攻克了。法军新到任的陆军统帅蒙特卡姆在战场上是一位风云人物，他才思敏捷，征战大江南北，几乎百战不殆、所向披靡。他率领一支由法国人、加拿大人和印第安人组成的队伍从圣·劳伦斯河抵达安大略湖，并命令舰队封锁了奥斯威戈河口的出口，架起大炮炮轰奥斯威戈堡和安大略堡，还打死了英军指挥官莫赛尔上校，最终取得胜利。他们还缴获了121门大炮、14门迫击炮、4艘战舰、大量的弹药和3大箱子的钱，英军损失惨重。回到蒙特利尔的时候，为了纪念此次胜利，他们把缴获的英军军旗高挂在教堂。此时的季节已经不再适合作战，劳顿勋爵只好把北伐的计划推到来年。他加强了防御工事，又作了一些其他安排就返回纽约过冬去了。

第八章　英法抗战落幕

鉴于目前的局势，华盛顿不得不重新思考自己的处境。他推测劳顿勋爵受到了德威迪省督影响而对自己存有成见。尽管华盛顿对这些偏见不以为意，但这会影响到弗吉尼亚下一步的军事行动，这是关乎全局的事情。于是，他希望通过和勋爵的会面，把误会解释清楚。3月份，费城要召开军事会议，他得知勋爵和南方的省督都会参会，就马上写信给省督要求一同参会。省督的态度却闪烁其词，但最后还是屈服了。通过这件事，华盛顿可以肯定就是省督在旁挑唆勋爵和自己之间的关系，但他没有把这个想法透露出来，而是深埋在心底。

会议召开前的一个月，华盛顿就把自己负责的军事行动详细地向勋爵作了报告。在信中，他明确表示现在的民兵法约束力薄弱和省督在防务工事上的错误指示以及因此造成的后果。他还诉说了身为总指挥官，权力与职位极不相称的难堪局面。他表示想当着勋爵的面澄清一些关于他的谣言。

华盛顿的这封信给他带来了转机，一到达费城，他就受到了勋爵的热情接见。勋爵也肯定了他的能力和正直的品格。他在费城逗留了很短的时间，勋爵从他身上了解到详细的前线情况，并听取了他大部分提议。不过，勋爵对于他提出同时攻打加拿大和杜凯斯纳堡的建议并不赞同。勋爵有着自己的打算，他计划让中部和南部各省进行军事防御，并从弗吉尼亚省调拨400名官兵增援南卡罗来纳。另外，最让华盛顿遗憾的事情是他希望把自己的部队编入正规军得到英王授命的愿望付诸流水，这也成了他军事生平中的一大憾事。最让华盛顿高兴的是，在坎伯兰堡的问题上，勋爵站在他这边。德威迪省督的决定被否定，劳顿堡成为弗吉尼亚边疆的物资储存站。同时，华盛顿根据指示，在日后的军事行动中，他将与斯坦威克斯上校携手共进。斯坦威克斯上校不仅有着丰富的作战经验，还是一个品格高雅的人。他们两个成了好朋友，在肩负保家卫国的责任中，两个人惺惺相惜。

因指挥官犯了严重的错误，导致北部作战计划再次以失败告终。他们攻打王冠角的计划筹备了很久，但他们放弃了这次攻打，转攻路易斯堡。如果占领了路易斯堡，英军将如虎添翼；但路易斯堡远在布雷顿岛，不易被攻破。

7月份，勋爵带同6000名士兵乘船往哈利法斯，他们在那与海军上将荷尔伯恩会合。荷尔伯恩上将有11艘舰船、1艘纵火舰、1艘运输舰和6000名海军。两支队伍合并后，劳顿勋爵信心大增，他想轻松搞定路易斯堡。

此时，法军指挥官蒙特卡姆把威廉·亨利堡垒当成了自己的攻击目标，这是威廉·约翰逊爵士在华盛顿湖畔修筑的要塞。这个堡垒处于重要的地理位置，在英国的堡垒中处于紧要地位。目前，这个堡垒只有老将蒙诺上校和500名士兵驻守。8月1日，蒙特卡姆将军派出一批印第安人乘着独木舟在前方探路，他随后带领8000名士兵浩浩荡荡地向威廉堡出发。在堡垒周围，蒙特卡姆命手下向堡内驻守的士兵喊话，让他们投降，否则炮轰堡垒。然而堡内的英军不打算投降，他们作好了迎战的准备。双方展开了激烈的炮火激战，激战持续了5天，英军拒不投降。蒙诺将军向驻守在15英里之外的韦伯上校请求增援，然而韦伯忌惮法军的实力，拒绝增援，反劝蒙诺上校投降。法军截获了他的劝降信，但蒙特卡姆将军依然把信转交给蒙诺上校。两天后，英军已经到了山穷水尽的地步。万般无奈，蒙诺将军只好有条件地提出投降。蒙特卡姆再次凯旋，他携着胜利品高兴地返回加拿大。

劳顿勋爵同荷尔伯恩上将蓄势待发、准备朝路易斯堡进攻的时候，法军上将德波娃抢先抵达路易斯堡。劳顿勋爵担心自己打不过法军，因此拒绝了一些将领提出的火拼建议，他下令撤兵返回纽约。荷尔伯恩上将愚昧地朝法军逼近了两英里，看到法军舰队的大炮，他吓得赶紧逃跑。他准备第二次进攻法军的时候，却遇到飓风，结果损失惨重，1艘战舰丢失了，另外5艘战舰也被吹断了桅杆，最后不得不灰溜溜地撤回英格兰。北方军事行动的再次失败让英国政府颜面全无，同时也助长了法军的气焰。

此时，华盛顿正驻军在温彻斯特。他的手下仅剩700名士兵，因为他的士兵大部分被调到南卡罗来纳。奥斯威戈堡的失守造成的损失不可估计，5个印第安土著部落全部命丧法军枪下，法军和印第安人不断侵犯宾夕法尼亚、马里兰以及弗吉尼亚的边疆。美丽高贵的神娜多河再次变回荒芜之地，华盛顿痛心不已。

一年过去了，带着一支散漫的部队，还要时刻提防敌军的袭击，华盛顿身心俱疲。同时，他和德威迪省督的关系越来越恶劣。华盛顿得知，一直有人在恶意中伤、破坏他和省督的关系。他为自己辩护，说他从来也没有把个人的私欲带入工作中，他的爱国之心从未改变；如果能有人公然站出来指责他的不是，他也愿意接受一切惩罚；同时，他要求举行听证会来洗刷冤屈。然而，德威迪省督对华盛顿成见已深。德威迪是一个锱铢必较、财迷心窍的人，或许他早就知道自己误会了华盛顿，只是他一直不愿承认自己的错误罢了。他滥用职权，常把气撒在边关将士身上。他一直瞧不起华盛顿，觉得他不过是一个蒙昧无知的低级官员。他常常刁难华盛顿，华盛顿的心情非常黯然，加上长期操劳，他的身体每况愈下。无奈，华盛顿只能在克雷克医生的建议下回到弗农山庄休养。这时，德威迪省督的任期时间快到了。1785年1月，他回到了英国。然而，人们并不痛惜他的离去。人们对他也没有好感，在他们眼中，他是一个中饱私囊、目空一切、庸碌无为的人。

回到弗农山庄后，有好几个月，华盛顿的身体都不见好转，还有恶疾合并一些其他的病症折磨着他。在病魔的折磨下，华盛顿觉得自己再也无法重返战场了。4月份，华盛顿的心情随着身体的好转而变得明朗起来，他于4月初重返劳顿堡任指挥官一职。此时弗吉尼亚省督由德威迪改为弗朗西斯·福基尔。在福基尔先生之前，行政委员会主席约翰·布莱尔先生暂任省督一职。布莱尔先生非常赞赏华盛顿，对他的军事建议也表示支持。不仅如此，当时英国国内形势也非常振奋人心。当时的内阁是威廉·皮特，他干练果敢，渐渐把英国将士从低沉带向光明。劳顿勋爵无所作为，他被免去总司令一职，由艾博克少将接任。其实，或许不是勋爵不作为，他的很多军事计划还没开展，就因与各州政府意见不合而被扼杀在摇篮里。睿智的富兰克林一语中的——“拖泥带水的性格截断了他的政治道路”，他把劳顿勋爵比喻成徽章上的圣·华盛顿，“一个虽然骑着马但却不会前进的将军”。艾博克少将把队伍分成三支：一支由阿姆赫斯特带领的队伍负责攻占路易斯堡；一支由艾博克将军率领的部队则准备进攻王冠角；一支由福布斯准将统率的队伍负责拿下杜凯斯纳堡。

同时，皮特将军还为地方军配备了武器、弹药以及其他军用物资，并规定地方军指挥官地位不低于上尉。联合作战的时候，王军和地方军不存在军阶高低之分。这一举措，大大提高了地方军的地位，也化解了王军和地方军之间的敌对矛盾。华盛顿一直有攻打杜凯斯纳堡的愿望，现在这个愿望将要成真，华盛顿暗下了要留在军队中的决心，他决定在军队中大施拳脚。他给当时担任陆军准将的朋友斯坦维斯去信表示自己对福布斯将军信心十足。福布斯将军也曾听说过华盛顿的军事能力，尤其对他随同布雷多克将军作战时的英勇事迹印象深刻。华盛顿依旧是弗吉尼亚部队的总指挥，他的军队增加到两个团，每团有1000人。华盛顿和伯德上尉各带一个团。这两个团都由福布斯将军带领，即将参与争夺杜凯斯纳堡的战争。华盛顿对这次战争豪情万丈，他给老战友弗兰西斯·霍吉的信中可见他的热忱。他在信里诚邀朋友与他共同作战，并表达了自己急切地想要踏上征途的心情，他表示要用实力向敌人证明他们是有勇有谋的英国军人。

除了华盛顿带领的部队，我们来了解下其他两队的情况。5月底，阿姆赫斯特少将率领着1.2万人的大军从哈利法克斯出发，一同前行的还有詹姆斯·伍尔夫准将。伍尔夫是战功赫赫的伍尔夫少将之子，不要看他年纪轻轻，他已经拥有多年的作战经验。6月2日，阿姆赫斯特将军到达路易斯堡以西7英里的加波路斯湾。路易斯堡有士兵2500人，还有300名民兵、400名加拿大人以及印第安人正在赶来支援的路上。法军还有6艘战舰、3艘护卫舰。由于天气原因，英军几天里都没法靠岸，法国军队正好趁着这个机会加强防御工事。他们架起大炮，挖深战壕，随时作好迎战的准备。6月8日，英军部队分成分别由伍尔夫、怀特莫尔和劳伦斯3位准将率领的分队。他们选择在路易斯堡防守薄弱的西面登岸，其他两支队伍掩护伍尔夫带领的部队。他们兵分三路，伍尔夫带领的部队在西边登陆，其他两支部队在其他地方上岸，以分散敌军的注意力。法军架起大炮抵抗，伍尔夫的船差点被打翻了。成功上岸后，他率领部队攻下法军的炮兵，并把他们赶出岸。

此次战役中，理查德·蒙哥马利成了头号功臣。他英勇善战，伍尔夫在结束战争后，马上把他提拔为尉官。理查德·蒙哥马利年少就在战场上声名远播，他注定要被写入史册。部队终于成功登陆靠岸，围攻路易斯堡的战争拉开帷幕。天气恶劣，没办法把重型武器携带上岸，但阿姆赫斯特果断谨慎，他带领部队选择最佳的进攻时期，绝不冒失唐突。

路易斯堡的指挥官是德鲁克爵士，他和自己的部下早已下定了和英军决一胜负的决心。他在港口设置重兵防守，抵御英军。夜晚，伍尔夫带领部队成功在路易斯堡东北角进行偷袭，以掩护阿姆赫斯特的进攻。7月21日，英军摧毁了2艘法军战舰。25日，英军海军中队冲上岸，把法军海军赶出了海湾。法军指挥官德鲁克尔也相当顽强，他抵抗到最后一刻，直到自己所有的船只被毁才放弃了抵抗。但他依旧以英军劝降条件太苛刻为由，拒绝投降。最后，在他的部下还有当地居民的劝说下，他才不情愿地选择了投降。打完胜仗后，伍尔夫回到英格兰，英国举行了盛大的欢迎仪式，迎接他的归来。

攻打王冠角的军队指挥官是艾博克将军，他率领7000名正规军，以及9000多名来自新英格兰、纽约和新泽西等地的地方军。英国少校以色列·帕特南曾经成功击败了法国的迪斯高上校，一举夺下王冠角。

和前面两场战役相比，华盛顿参加的第三场战役的行动显得略为缓慢。因为负责杜凯斯纳堡战役的福布斯将军因琐碎军务被滞留于费城，延误了几天时间。布凯上校带领一支正规军作为先头部队，集结在雷斯顿等着其他部队与他会合，有3000名费城士兵、1250名南卡罗来纳士兵以及几百名其他地方的士兵聚集在这个地方。同时，华盛顿手下集合了两个民兵团，满员的时候有1900多名弗吉尼亚士兵，另外还有700名印第安士兵，他把这些士兵都集合在温彻斯特。地方行政委员会把征用当地居民物资的任务交给了华盛顿，以支持前线工作。但华盛顿为了避免矛盾激化，他并没有过多地向当地居民征用物资。华盛顿觉得年轻军官应该爱民护民，不应该在动荡的年代再增加农民的负担。但战争一触即发，他们急需弹药、帐篷和其他生活必需品来支持这次战争，于是，克莱尔上校让华盛顿去威廉斯堡筹集物资。

华盛顿马上出发前往威廉斯堡。后来可以看出，这次旅途对华盛顿来说意义非凡。在帕摩凯河渡口，他遇到了家在渡口边的查勃兰先生。天已经全黑了，华盛顿无法拒绝查勃兰先生的盛情邀请，便答应前往查勃兰先生家和他们共进晚餐。查勃兰先生家里还有一位叫斯蒂斯夫人的客人，她是约翰·卡斯蒂斯的遗孀。3年前，约翰在战场上去世，给她留下2个年纪尚幼的孩子，还有大笔的遗产。她保养得非常好，尤其那双乌黑的眼睛，好像可以摄人心魂。很多人都拜倒在她的石榴裙下，连华盛顿也都被她征服了。尚且不讨论他们在那时经历了什么，但后来事实证明，他们的姻缘是早已注定的，两个人成了灵魂伴侣。华盛顿这些年一门心思都扑在战场上，完全没时间考虑自己的婚姻大事，如上次纽约的菲利普小姐，就是因为他太匆忙而擦肩而过。华盛顿这一次表现果敢，他没作过多考虑就向卡斯蒂斯夫人求婚了。卡斯蒂斯夫人也很喜欢华盛顿，有传言说他们当即就订下了结婚的盟誓。返回温彻斯特前，华盛顿和约翰·克莱尔爵士以及布凯上校进行了会面。华盛顿从他们口中了解到最新的前线信息，并下达了勇往向前的命令。他回到温彻斯特后发现士兵们都非常焦虑，居民们长期被侵犯，也变得非常急躁。如华盛顿推测的那样，那些印第安人早就溜得没影了。7月2日，他接到率领部队前往坎伯兰堡的命令。

布凯上校打算让一支正规军偷袭敌军的营地，但华盛顿提出不同的意见。他认为，正规军喜欢随身带着笨重的行李，很容易暴露目标，一旦被敌人发现，他们的计划就徒劳无功了。结合后面的事情，华盛顿的这个反对意见似乎带点奥妙。开战前夕，伯吉斯议院议员选举大会在温彻斯特召开，华盛顿因积极推进民兵改革而被选为议员。为了华盛顿的前途着想，布凯上校特给了华盛顿两天假期，让他去参加会议，然而华盛顿却拒绝参会，选择坚守岗位。最后，他派代表出席，以多数赞成票数被选为议员。这是战争前夕发生在他身上的一个小事件。

7月21日，阿姆赫斯特少将和博斯科恩上将打胜仗的消息传来。士兵们士气十足，对将要到来的战争也充满信心。对华盛顿来说，这也是一个极大的鼓舞，他暗下决心，为了自己心爱的人，一定要在战场上扬名立万。所以，当他听说总司令想派出先遣部队的时候，便毛遂自荐。

后来，华盛顿听说，这次行军不走他熟悉的道路，他感到非常意外。他一再向上级反馈走旧路的好处。但指挥官从布雷多克将军的失败中了解到，那条旧路险峻难行，还有急流和险滩；但新路不一样，要比旧路近50英里，但需要重新修筑，指挥官还是选择了后者。他马上派出了1600名士兵前去修路。华盛顿对他这种削足适履的做法感到无可奈何。直到9月1日，修路工作还没有结束，华盛顿手下的士兵很多都无精打采了。此时，他的侦察兵告诉他，8月13日之前，杜凯斯纳堡的驻守军队不足800人，如果按照华盛顿的部署，他们早就一举拿下杜凯斯纳堡了。9月中旬，修路工作还在继续，耗费了大量的人力物力，他们的军队才向前走了45英里。

在部队行进到距离杜凯斯纳堡50英里的地方时，布凯上校决定先派一个部队去查探军情，对于这个行动，华盛顿表示强烈的反对。格兰特上校负责带领这支部队，但他不安心于查探军情，他犯了一个愚蠢的错误。刘易斯上校率领着弗吉尼亚兵团，还肩负带领被派出去的侦察团。他们到达杜凯斯纳堡的第二天就被敌军发现了。但敌军为了麻木他们，没有马上还击。英军觉得是法军胆小懦弱不敢迎战，他们挑衅性地吹起了起床号角，向敌军示威。正当他们趾高气扬、丧失警惕的时候，敌军突然把他们团团围住，埋伏在两边树丛中的印第安人也参与到围剿他们的行动中。格兰特和刘易斯被打得屁滚尿流，只好投降。他们似乎就是在重蹈布雷多克将军的错误。战争结束后，他们一共牺牲了21名军官、273名士兵，华盛顿的部队牺牲了6名军官、62名士兵。

这次行军结果不幸被华盛顿言中，他没有因此自鸣得意，而是深入配合福布斯将军攻打杜凯斯纳堡。冬天快来了，在寒冷的天气里行军，显得十分艰难。这时，英军收到一个有利的情报，此时杜凯斯纳堡内驻军很少，此刻进攻一定可以一举拿下杜凯斯纳堡。英军士气顿时大增，他们丢弃了大部分行李，马上向前进发。比起上次攻打杜凯斯纳堡，这次拿下这个要塞简直就是易如反掌。法军因连败两场战争，士气比较颓靡，加上他们的援军迟迟不来，他们很快就缴械投降了。

华盛顿带领部队攻下了杜凯斯纳堡，为了纪念主张这次行动的彼得上将，他把城堡改名为彼得堡。杜凯斯纳堡被攻下后，法国完全结束了俄亥俄地区的统治。印第安人这次毫无意外地屈服在胜利者英军脚下。

阿姆赫斯特少将在战争中表现优秀，受到大家的一致赞扬。因此，他替代了艾博克将军，成了英军在美洲的总司令。按照1759年的战争计划，伍尔夫将军和阿姆赫斯特将军将要合力攻打魁北克，队伍由伍尔夫将军带领的8000人以及攻打王冠角后的部队组成。7月，伍尔夫和他的三位准将蒙克顿、唐斯亨德和穆瑞带领8000士兵乘船出发。7月底，他们在奥尔良岛驻扎部队，那里靠近魁北克，还有广阔肥美的农田。魁北克是法国在加拿大的总部，防守严密，它的指挥官蒙特卡姆也是一个经验丰富、士兵数量庞大的将领，英军想要攻克魁北克难于上青天。

伍尔夫克服重重困难，顺利在奥尔良岛的西部和列维角建了两座炮台，这样，炮弹就可以打到魁北克了。伍尔夫希望轰轰烈烈地大打一场。7月9日，他率领部分英军横渡劳伦斯河，驻扎在蒙莫朗西河下游。此处离魁北克不远，但两地之间植物星罗棋布，并不是一个合适的驻扎地。7月18日，他带领两艘步兵运输船打算进一步勘测，但敌军的防守实在太严密，他只好放弃计划。伍尔夫决定孤注一掷，不管敌人有多强大、地势有多险峻，他都要放手一搏。蒙特卡姆方面也不敢有丝毫的松懈，时刻抵抗英军的进攻。后来，为了击垮英军的斗志，法军干脆挂起了免战牌。时间一天天飞逝而过，法军还是防守不进攻，让好战的伍尔夫气急败坏，但一时间他又想不出诱敌出战的好方法。

伍尔夫让唐斯亨德和穆瑞分别带领一个旅的兵力，在瀑布的下游朝着渡口前端猛烈炮轰，蒙克顿则率领部分士兵从列维角强行渡河。因为这次严密的计划，他终于如愿进驻魁北克。

手下的军官取得胜利让伍尔夫汗颜无地，因为他是一个比较敏感的人。这时阿姆赫斯特将军的援军也迟迟没到达，这让他的心情更加低沉。双重压力下，他生了重病，几乎不能带兵打仗了。生病期间，他召开了一个会议，并重新更改了作战计划。

大部队迁移到列维角，另一部分士兵驻守在奥尔良岛的炮台。为了防止英军从北边的海滩登陆，法军指挥官蒙特卡姆命令德列维率领1500名士兵时刻监视那里。9月4日晚，豪上校率领一支分遣队历经艰难，在敌军不知情的情况下攻下魁北克城的最高点。蒙特卡姆得知此消息，顿觉挨了当头一棒。此时他们兵力旗鼓相当，但一部分人是地方军和印第安人，而英军大部分都是正规军，他赶紧派人向德列维请求帮助。同时，为了把英军的左翼逼到悬崖，他命令印第安人去攻击英军的左翼。

9点钟，蒙特卡姆显得非常急躁，因为他等待的援军迟迟未到。他决定和英军正面开战。法军朝英军胡乱开枪，英军蓄势待发，当法军进入距离40码的地方之后，英军开始猛烈地朝法军开火。英军本想把法军一扫而光，但不幸遭到印第安人的偷袭，连伍尔夫也中了枪。他只是简单地包扎一下，就马上投入到战斗中。他拿着刺刀和敌人展开死拼，忽然，一颗子弹穿过他的胸部。他忍着巨大的疼痛，不让自己倒下，依旧站在前线。此时的法军被英军的气势吓倒，他们丢下武器四处逃散。此刻的伍尔夫已经危在旦夕，他在生命的最后一刻作了一个重要的指示，他命令韦伯上校赶到查尔斯河，炸毁敌人撤退的桥梁，把敌人全部消灭。这次战争也如伍尔夫所愿，他一雪前耻，最终带领部队赢得战争胜利。

在海军上将赫尔姆斯的帮助下，穆瑞准将率领1200名士兵摧毁了敌军的舰船，成功拿下了尼亚加拉堡和王冠角，此时，阿姆赫斯特率军从水路逼近蒙特利尔。9月6日，阿姆赫斯特到达蒙特利尔岛，他沉重打击了敌人的几个战斗队，并包围了法军统帅德福得利尔。还没等到救援部队到来，法军就投降了。这也表示整个法占加拿大的投降。英法两国夺取美洲的战争终于结束。没有了法国牵制，英国的殖民地也不再对本国政府百依百顺，一场新的变革即将拉开帷幕。

第九章　抵制美洲印花税

英法战争告终，华盛顿的军事生涯暂时结束，虽然他的健康遭受严重的损害，但他的家乡恢复了正常秩序，实现了他的目标。那年年底，伴随着战友的热烈欢送，他光荣地回到了家乡。没多久，他就如愿和卡斯蒂斯夫人踏入了婚姻的殿堂。1759年1月6日，他们按照弗吉尼亚老式的习俗举行了盛大的婚礼。

婚后3个月，华盛顿一直住在新娘家，在这段时间，他还去威廉斯堡担任议员。人们对华盛顿充满敬意，并为他举行了隆重的就职仪式。华盛顿还和新娘去了弗农山庄。新娘的第一任丈夫给华盛顿夫人和孩子留下了高达45000英镑的遗产，婚后，华盛顿成了孩子的监护人。和孩子们相处的时候，华盛顿一直努力想充当好一个父亲的角色。

在弗农山庄的日子，华盛顿感到非常快乐，因为这里给他留下了很多美好的回忆。他在这里度过了无牵无挂的童年，而且年少时，他还跟随费尔法克斯爵士一起去打猎和勘测。此时的弗农山庄不仅具有朴素的田园气息，还具有高品质生活品位。弗吉尼亚的庄园主都喜欢把孩子送到英国接受高等教育，这些孩子学成后把英国的生活习惯也带回了弗吉尼亚。以弗农山庄为例，哥哥劳伦斯生前从英国带回很多名贵的花草种在庄园里。夏天的时候，娇嫩鲜艳的花开满庄园，仆人们还用鲜花装点客厅、前厅和走廊，顿时，一种浪漫温馨的气氛弥漫了整个庄园。婚姻也让华盛顿感受到家庭的温暖，结束了四处劳碌奔波的生活，华盛顿再次回归安宁。他写信告诉朋友，他的生活过得有滋有味，比在荒郊野外好多了。在弗农山庄当一个农场主，其实也是华盛顿的理想。早些年，华盛顿就打算和兄弟一样做一个农场主。多少次，华盛顿都梦见自己成了弗农山庄真正的庄园主。这个庄园景色优美，因为哥哥的原因，他觉得这个地方非常亲切，他在这里感到轻松自在。庄园在半山腰上，被茂盛的森林围绕，站在窗前，可以一眼看穿伯托马克河的优美风景。庄园分成不同的农庄，按照英式风格设计，还有黑奴在干活。庄园里大部分都是野生的树林，不时有野鹿和狐狸出没。这片森林一直蔓延到伯托马克河畔，是一个自然的猎场。

弗吉尼亚人一直很喜欢打猎，打猎对于弗吉尼亚的贵族来说甚至成了一种生活习惯。弗吉尼亚的农场主很多都和英国传统家庭有关系，他们也很乐于把自己的子女送到英国接受更高的教育。弗吉尼亚的省督也来自英国上层社会，沿袭了英国贵族的生活方式。所以，在弗吉尼亚，他们像英国贵族一样品茶、狩猎、聚会、议论时事。安纳波利斯市常举行庆祝议会召开的庆典，华盛顿和夫人常赶到那里参与这样的活动。议会举行期间，每晚都有很多宴会和舞会，有时还会有戏剧，其中，华盛顿对戏剧最感兴趣。那几年是华盛顿这一生中最温馨祥和的日子。

因为他品格高尚、影响力大，很多人都上门拜访他。华盛顿的弗农山庄有两个常客，他们是休·塞尔上校和克雷克医生。战争把他们三个紧密相连。他们常常到农庄和华盛顿一起品下午茶，华盛顿用英国进口的高档瓷器招呼他们，这种久违的上层生活方式让他们感到随意又轻松。

弗吉尼亚人酷爱马，富裕的人更以纯种马来衬托自己的身份与地位的高贵。华盛顿本就是一个富有的人，加上妻子的财产，他名下的财产更是资藉豪富。他常和费尔法克斯爵士以及其他上层社会的军官们交往，这让他的生活品位也渐渐像上层社会的人。华盛顿为自己添置了一匹纯种马作为坐骑，还给自己的夫人和女眷准备了一辆四轮马车。他的马厩里几乎都是训练有素的上等马，非常讲究。他把每匹马的名字和年龄都记在自己的笔记本上。华盛顿的房子也非常豪华，就如总统套房一样，设有厨房、吸烟室、书房以及休息室。他庄园里的黑奴也分工有素，有的负责打理内务，其他的负责干农活。黑奴的住处是一个个搭建起来的棚子，年轻的黑奴常在天清气朗的日子聚在一起打牌。

弗农山庄应有尽有，庄园中有种植小麦和玉米的耕地，以提供粮食；庄园中还种有烟叶，这些烟叶都贴着自己的商标，委托利物浦或布里斯托尔的经纪人出口国外。农庄还有各施本领的黑奴，如木工、裁缝、铁匠、鞋匠、车匠等，除了奢侈品，农庄自产粮食和生活用品。

除了打理农庄，华盛顿还喜欢参与公益事业。任职期间，为了把沼泽地变为耕地，他和同僚一同改善大沼泽的排水状况。沼泽长约30英里、宽约10英里，生长着雪松、松柏及其他落叶灌木，苔藓爬满了树干和树枝。在沼泽地中央，还有一个6英里长、3英里宽的水湾，叫“德拉蒙德水塘”。华盛顿为治理沼泽提供了有效的措施。华盛顿认为可以成立大沼泽公司，通过有效的治理把沼泽地变成为大家谋福利的宝地，他在再次举行的弗吉尼亚议会中提出了自己的建议。

1763年，英法两国签署了和平条约，殖民地的人们载歌载舞，他们非常向往平静安宁的生活。虽然美洲此时还是穷乡僻壤，但他们坚信它一定会变得富丽斑斓。但5月份，他们的梦想还没实现就被扼杀在摇篮里。那个月份，特拉华人、肖尼人和其他游牧部落发动了历史上有名的波西亚战争。他们中有些还是华盛顿抗法战争中的盟友，此刻，他们也选择和英国政府抗争。

印第安人一直在悄悄筹划着这个战争。他们偷袭了从底特律到彼得堡的要塞，一些小城堡很快就沦陷了，城堡附近的居民也遭到了灭顶之灾。宾夕法尼亚、马里兰以及弗吉尼亚的边疆并没有驻守的士兵，印第安人在这些地方对居民进行残忍的掠夺，连过往的商人也不能幸免。辛吉斯带领着特拉华武士，封闭了彼得堡，眼看着底特律也要沦陷了。此刻，如果印第安人的部落联盟都参加到这场战争中，边疆将永远没有安宁的日子。幸运的是，华盛顿没有卷入这场战争，因为他正处于复员时期，那时的他正把大量的精力都投入到沼泽的治理上。他专心于公务，连家庭的舒适生活都没有时间享受。每当有变革来临的时候，华盛顿总是站在前端，时刻作好迎接挑战的准备。

英法两国争夺美洲土地的战争虽然结束了，但英国和殖民地之间的矛盾却愈演愈烈。和平协议刚签好，英国和殖民地之间因贸易问题产生了矛盾。华盛顿对这种苗头感到非常焦虑，他曾写文章评论道，这些无谓的争吵肯定会让这个国家再次陷入战火中。殖民地的人们对英国政府一直唯命是从、俯首帖耳，但对待殖民地的态度上，英国明显有失公允。伯克曾经肯定地表示，英国运用苛刻的商业政策明显是把殖民地作为谋取商业利益的摇钱树。实际上，英国只是在操控殖民地。如英国的《航海法》规定：殖民地的港口不准对外开放；只能向归属英国政府的国家出口商品；只能从英国进口商品，并且必须要用英国商船来运输商品；殖民地之间的贸易也管理严厉，需要征收关税；殖民地的制造业也被严苛禁止，严令禁止殖民地进行危及英国国内利益的商品制造行为。殖民地尤其是新英格兰对英国政府这种严苛的条例感到越来越反感和愤怒。

共和主义的想法慢慢成了英格兰的潮流。詹姆斯一世时，英国国王和公共利益产生了强烈的冲突，这种共和主义的思想就是在那时候萌芽的。1620年，为了抗议国王的刻薄统治，一些清教徒来到荒蛮的美洲大陆，这些清教徒追求自由自主，随之而来的移民也具有这些品性，因此独立自主成了新英格兰的特点。在新英格兰，他们尽心尽力追求自己的利益，他们推崇“自由合法的权利”，共和主义已经成了他们的一种趋势。但有些殖民地偏向臣服于专制政府，对于那些苛刻条例，他们没有表现出强烈的反对。这些殖民地受新英格兰潜移默化的影响，对英政府的不满日益增加，他们在州议会上勇敢地向英政府提出抗议。

在这些冲突中，最重要的矛盾主要集中在英国政府企图向殖民地征税的行为。罗伯特·沃波尔在担任英国首相期间，曾经战战兢兢地避免税收矛盾进一步激化。当征收美洲印花税的条例颁布后，他表示这是一个风险极高的事情。

1760年，波士顿试图向经过这个港湾的蔗糖和蜜糖进口贸易收取关税，他们的理由是战争。海关还专门向英国政府请求援助令。英国商人凭借着宪法坚决反对这项援助令。詹姆斯·奥蒂斯更是通过热血沸腾的演讲，呼吁美洲人民为自己的利益而战。约翰·亚当斯评论这是美洲第一次公开反对英国政府。那时，美国独立意识便产生了。此外，英国政府还有一项法令让美洲殖民地非常反感，它规定各省总督可以根据“国王的喜好”任免法官。

纽约人民首先站出来表达了自己的不满，因为这项决议会影响司法独立。为了扩大抗议的影响力，纽约律师通过媒体表达对英国政府干涉司法独立的强烈不满，他们的呼吁得到了其他省份的响应。英法战争结束后，为了打击走私活动，英国政府命海军军官驻守沿海各地。长期以来，英属殖民地和西班牙属居民地之间形成了走私贸易的密切关系，英政府取缔走私的法则尤其损害了英属殖民地人民的利益。对于走私或貌似走私的活动，英军一律予以严查；殖民地人民草木皆兵，担惊受怕。殖民地人民为了还击，一致决定自产纺织品，不再从英国进口纺织品。波士顿从英国进口的纺织品急速降到每年少于1万英镑。1764年，英国政府首相乔治·克伦威尔采取了一些不理智的措施。3月初，他们就开始讨论是否向殖民地征集税务，而他们的讨论结果是决定对殖民地人民征集一定的印花税。同时，他们还决定长期对蔗糖和蜜糖进行征税，需要征税的还有殖民地从外国进口的商品。为了让殖民地人民没有异议，英政府以加强殖民地的安全为理由，就算他们的理由被修饰得再富丽堂皇，明眼人一眼就看出来英国政府虚伪地把美洲殖民地当成了自己牟利的工具。据博克斯的统计，从1660年至1764年，英国在征税方面颁布的条例达29项之多。

首先站出来反对税收制度的殖民地是新英格兰人，他们抨击这些法规损害了他们的利益，并对英政府伪善的行径给予强烈的谴责。为了表示自己坚决反对的态度，他们还向英王、上下议院递交了请愿书和抗议书，随后，纽约和弗吉尼亚也递交了抗议书。他们联合了宾夕法尼亚、康涅狄格和南卡罗莱纳的代表在伦敦召开会议，富兰克林就是请愿者之一。会上，富兰克林怒斥了英国政府卑鄙的行径，他们还给克伦威尔写了一封理正词直的抗议书，但他们的抗议成效并不大。1765年3月，英国议会规定所有英属殖民地的契约必须贴上英政府颁发的印花才能生效，这个法令也直接导致弗吉尼亚站出来抗争。弗吉尼亚虽以农业为主，在商业贸易上远不及新英格兰；但这个南方大省中很多人民都在以英国人的生活方式过日子，这里的人们把自尊心看得比生命还重要，英国政府这项法令的颁布直接触动了他们的自尊心，他们觉得这是英国政府对他们的一种侮辱。5月29日，华盛顿也参与了在弗吉尼亚举行的关于印花税讨论的会议。以前，他更关注军事及农业，但这次会议让他的爱国精神再次受到震撼。议会上，一名年轻的律师因在维护教会权益的工作中表现突出而被推选为议员，他叫帕特里克·亨利。他在会上强烈反对英政府征税的行径，在他看来，只有弗吉尼亚人有自己征税的权力。议会上爱国激情到处弘扬，副省督福基尔慌忙解散了议会。但革命的种子已经种下，众多美洲公民已经决定反抗不合理的规定，为自己的自由民主而战。

帕特里克·亨利在议会上慷慨激昂的演说激励了很多人，10月份，来自马萨诸塞、康涅狄格、纽约、新泽西、宾夕法尼亚、特拉华、马里兰及南卡罗莱纳各个州的代表汇聚在纽约，他们在这个地方举行了一次大会。会上，各地的代表们对英国政府征收印花税还有干扰殖民地司法独立的行径进行了强烈的谴责。他们起草了一份请愿书致英国议会和国王，要求更改征收印花税的法令。同时，各地反对征收印花税的活动也在如火如荼地进行着。在波士顿，愤怒的人们把印花税执行官的头像吊上绞架，他们还疯狂地放火烧了象征征收印花税的行政办公室的房子。总督、大法官和郡长企图平息暴乱，但全部遭到了人们的抗议。其他各地，各种反抗活动也进行得轰轰烈烈。乔治·莫赛尔刚被任命为弗吉尼亚的印花税执行官，他立马就辞职了。某种程度来看，人们已经取得一定程度的新胜利。

11月1日，印花税执行的日子拉开帷幕，然而这天，人们的反抗声不绝于耳。新英格兰的人们敲起了丧钟，焚烧了印花税的图案以示反抗；波士顿的船只停开，店铺关门来表抗争；纽约大街上到处贴满了印花税实行的法案复本，供人们公开指责。纽约省督柯登被强烈的抗议声吓得带着印花税文件逃到碉堡里去了。愤怒的人群冲到他的住处，拿出他的肖像，并放在马车上游街示威，还在中央公园焚烧了他的肖像。在万民愤怒的情况下，没有人敢执行印花税法令。所有和印花税相关的合同都被停止了，法庭也不得不闭门。费城、纽约、波士顿和其他殖民地的商人约定从11月1日起，不再从英国进口任何商品，除非英国政府取消印花税。

1765年过去了，伴随着殖民地强烈的不满，华盛顿这一年里没有在这些公开的活动中起到积极的作用。虽然他没有直接参与到活动中，但他一直留意着局势的变化，他性格谨慎、考虑周全，时机一到，他就会奋不顾身地参与到变革中。华盛顿身边的朋友对于印花税的问题也各执一词，有些支持王室，有些崇尚自由，但他们都把目光投向王室，想看王室下一步的措施。克伦威尔在伦敦被迫递交了离职申请书，形势暂时有好转。在印花税的问题上，就数富兰克林的贡献最大了。据1766年议会的一次会议纪要记载显示，富兰克林用他能言善辩的能力为殖民地争取了利益。他在演说中表达了要抗争到底的决心。1766年的3月18日，迫于现实的压力，英国政府终于取消了征收印花税的法案。但他们的一个附加条件再次把人们的希望之火熄灭，条件就是在议会首肯的情况下，国王可以制定殖民地的法律；同时，议会颁布的其他法案也同样引起人民的愤怒和不满。特别是一条民兵法案，再次深深伤害了纽约的人们。

英国内阁把波士顿当成叛乱的聚焦点。英国内阁通过征税来增加财政收入的行为引起了马萨诸塞议会的抗议，他们通过印发传单联合其他各州一同抵抗这一条例。

第十章　两次大陆集会

1773年，英国政府颁布了《救济东印度公司条例》，旨在倾销东印度公司积存的茶叶。

这项条例规定东印度公司可以免缴昂贵的进口关税，只需缴纳少量的茶税，就可以在北美殖民地销售积压的茶叶，但殖民地是严禁贩卖“私茶”的。东印度公司因此独占了北美殖民地的茶叶贸易，它们的茶叶要比“私茶”便宜百分之五十。该条例遭到北美殖民地人民的极力反对，人们饮用的走私茶占消费量的十分之九。纽约、费城、查尔斯顿等地的人民反对装卸茶叶。波士顿还组成了茶党，以青年人为主，为首的是汉考克和塞缪尔·亚当斯。1773年11月，波士顿港停泊着东印度公司装载342箱茶叶的船。12月16日，波士顿8000多名群众聚众集会，要求茶船开出港口，但遭到东印度公司的拒绝。当晚，反英群众在波士顿茶党的协助下，伪装成印第安人，把东印度公司3条船上的342箱茶叶（价值18000英镑）全部倒入大海。1774年，英国政府先后颁布系列法令，内容包括：封闭波士顿港口，取消马萨诸塞州的自治，在殖民地自由驻军等。英国政府的这种强压的政策引起殖民地人民的强烈抗议，英国政府与北美殖民地的矛盾越来越尖锐。

东印度公司为了打压本地茶叶的价格倾销，把公司进口的茶叶价格定得很低。当时的美国人崇尚自由的愿望特别强烈，他们知道一时的低价格反而会打压本土的茶叶市场，导致很多走私的人以及本地种茶商无法生存，从而痛失茶叶贸易市场；他们并不愿意看到茶叶市场落入东印度公司手中，那时的茶叶价格或许会更有失公允。如果北美人民都饮用了东印度公司的茶叶，北美本土茶叶销售就会受影响，这也直接损害了北美人民的利益；此外，东印度公司是英国扶植的，假如北美人民饮用东印度公司的茶叶，就等于他们还愿意当英国殖民者的奴隶。

殖民地反英的呼声日益高涨，英国政府为此感到头疼不已，他们做出了一系列的事情来发泄怨气。英国议会出台了一项法令，宣布所有的货物自1774年6月1日起，禁止在波士顿港口卸载、停放。不久，他们又明例规定该地区所有的议员、法官和郡长都由国王任命。波士顿的反英浪潮愈演愈烈，为了抑制这个势头，第3个法案规定严惩所有反抗的罪犯，并将他们押到大不列颠接受审判。

后来，华盛顿发现自己与运动有着无法脱离的关系。1774年4月5日，他在给乔治·梅森的信中就表达了自己的建议。信中，他表示支持新近在波士顿、康涅狄格和纽约发生的抗英运动。他表达了渴望美洲人民独立自主的强烈愿望。不得不承认，虽然华盛顿是现行英国政策的受益人，但他还是愿意为了革命而努力。他觉得美洲当局应该根据实际情况，对不同阶层人民采取相应的解决措施。在他眼里，英国政府在对待波士顿人民的态度上反应过激，英国政府这几年推出的法律都是把美洲人民当成奴隶一样来奴役。

8月1日，华盛顿和来自弗吉尼亚各地区的代表齐聚威廉斯堡，他作为费尔法克斯县的代表在大会上提出了本县民意所向的几项决议。这次会议，华盛顿不再像过去那么沉默，他侃侃而谈，并提出了很多有用的建议。大会进行了6天，全会一致推选了理查德·亨利·李、佩顿·兰道尔夫、乔治·华盛顿、本杰明·哈里森、帕特里克·亨利、埃德蒙德、理查德·布兰德、潘德尔顿为代表，代表弗吉尼亚州人民出席全国大会。1774年9月5日，第一次大陆会议正式展开。

这次会议通过了一项决策，众人认为英国议会侵占了马萨诸塞人民的权利，同时，大会也表示美洲人民将会坚决抵制强制法案。此外，会议采集了每个州报请的决议，然后汇总编撰成殖民地的共同誓言。这份誓言注明了美洲人民的权利，其中包括生存、自由、财产等。大会还采取下面的举措：第一，要签署抵制进口、消费和禁止出口的条约；第二，拟定两封信，一封给大不列颠人民，另一封给英属殖民地国民；第三，就是再次给国王写请愿书，美洲人民希望通过以上举措来表达自己争取自由、平等的决心。代表们针对大会提出的每一个问题都进行了深入的讨论，大会持续了51天，代表们的办事态度一点儿也不比其他国家的议员差。这次大会，华盛顿全身心地付出，它激发了华盛顿的爱国热情，它让华盛顿看到新的希望，帮助他更清楚地了解民族独立这个问题。

殖民地与英国政府的矛盾越来越深。在波士顿民兵法执行后，波士顿军队人数迅速超过4000人。这时，英国政府怀疑波士顿藏有火药。1775年4月18日午夜，全美英军指挥官盖奇命令手下史密斯偷袭了波士顿20英里外的康科德火药库。他以为自己的行动非常隐蔽，却不知早就被人发现了。1775年4月18日晚，两匹快马从波士顿向康科德方向奔驰而去。骑马的人是保尔·瑞维尔和威廉·戴维斯。他们都是北美秘密组织“自由之子社”的民兵战士，他们都是为了自由而战。他们得知盖奇要偷袭反英秘密组织的军火仓库和抓捕爱国话事人的消息，为了提醒各地的民兵，他们连夜骑马通知这个消息。很快，他们到达莱克星顿村，并把消息告诉了当地的民兵们，然后马上奔向康科德。民兵们听到消息后，马上集合起来设下埋伏，等待英军来临。

19日清晨，少校指挥官史密斯带着800名穿着赭红色军装的英国轻步兵，悄悄来到了莱克星顿村边。他们正准备进村，突然发现前方站着十几个手握钢枪的村民，史密斯顿觉形势不妙，指挥英军向前冲。双方立刻开始了猛烈的交战。这一仗，英国士兵一共死伤247人，北美民兵取得了辉煌的胜利。这次战争也唤醒了很多美国人的爱国心，义勇军们接二连三地奔向主战场。

得知莱克星顿战事的时候，华盛顿正匆忙地赶往费城，他要作为代表参加第二次全美大会。那时，费尔法克斯爵士和盖茨上校正在他的家里做客，他们都表示这场战争会引起新的变革，但对于事态的发展，他们的态度却截然不同：费尔法克斯爵士是保王派，他觉得最终他都会失去和华盛顿的友谊，因为他反对英国战争；盖茨的态度比较乐观。华盛顿也非常矛盾，一边是强烈的爱国之心，一边是他对英国军官挑起这个战事的痛恨，他把这次战争比喻成哥哥和弟弟的战争，他认为这次战争就是哥哥把剑刺进了弟弟的心脏。可想而知，这件事对他的伤害是多么大！

第二年5月10日，第二次全美大会举行，地点在费城。大家对华盛顿的军事能力表示充分的肯定，于是他被推选为军事委员会的主席。大家都非常愿意向他请教军事方面的问题，并听取他的建议。军事委员会最需要解决的是新英格兰军的归属问题，这支军队将面临解散，如果再没得到国会的认可。如果这支军队被解散了，想要再次招募就成了一个难题，如果军队解散，也就没有合适的军队去抵抗英军了。经过激烈的讨论后，人们都一致赞成要保留这支军队，但在军队指挥官的问题上，大家产生了不同的分歧。南方的代表觉得这是南方的军队，应该由南方的军官来接任，他们的首选人就是华盛顿；而马萨诸塞和新英格兰想让汉考克来接任。汉考克本人也乐意接替这个职位，但即使他有处理政事的能力，大家对他的健康状态也持怀疑态度。此时，还有一个优秀的人选，他就是目前也在费城的查尔斯·李将军。但他外国人的身份决定他不能担任这个最高指挥官的职位。最后，大家的最终目标人选还是偏向华盛顿，但此时没有一个人来促进这件事。亚当斯说，不仅军方代表，华盛顿自己也没有主动表示要担任此职位。最后，还是通过国会投票决定。

那天的会议进行了一半，亚当斯简单分析了一下当前局势，然后他建议推选一位总司令。他知道在座的每个人都有自己心目中的人选，所以即使那时候不是提名的最好时机，他还是不假思索地推荐了华盛顿。当时华盛顿一听到提自己的名字，站在门边的他低调地离开了会场。亚当斯的日记记载，大家听到有人提名华盛顿后，众说纷纭，特别是汉考克，前一刻还是笑意盈盈，下一刻就愁眉苦脸了。当大家正讨论得如火如荼的时候，有几位代表提出了不同的意见，他们觉得这支军队出自新英格兰，应该由来自新英格兰的将军进行指挥，他们的理由和汉考克先生的私心不一样。因为意见相左，会议暂时停止对这件事的讨论。散会后，议员们费尽思量，都想说服对方和自己达成一致。随后，华盛顿的支持率越来越高。6月15日，大会终于承认了这支军队，并任命华盛顿为总司令，军俸是每个月500英镑。此后，为了和盖奇领导的政府军区分，他们把波士顿的军队改为大陆军。

大会宣布华盛顿成为大陆军总司令后，华盛顿作了简单真挚的发言。华盛顿说："非常感谢大家对我的信任，并对我予以重任，我本人不胜惶恐，自认为能力不足以担任这个职位。至于军俸，我恳请把它留给国会，我并不是为了金钱而担此重任的。"亚当斯对华盛顿的这一行为给予了高度的评价，他称赞华盛顿是一位真正为国家的利益、不为一己私欲的绅士。大会还任命了查尔斯·李将军、米福林将军、菲利普· 斯凯勒将军和以色列·普特南四位少将，任命了赛思将军、理查德·蒙哥马利将军、大卫·伍斯特将军、威廉将军、约瑟夫·斯宾塞将军、约翰·托马斯将军、约翰·苏利凡将军、纳撒尼尔·格林将军8位准将。华盛顿推荐了自己的老朋友霍雷肖上校，他被任命为民兵指挥官，级别为陆军准将。尽管李将军和盖茨将军两个人有军事才华，但亚当斯并不喜欢他们加入大陆军，因为他觉得这两个人没有美国军人的素质。亚当斯担心他们会在日后的战场上惹来繁杂多余的麻烦。

华盛顿当上陆军总司令后，不得不告别弗农山庄恬静的生活，重新奔赴残酷的战场。他最放心不下的是自己的妻子，他在写给妻子的信中提到，他不怕残酷的战场，他最担心的是妻子要一个人留在农庄。他还承诺秋天将平安回来和妻子相聚。信的最后，他还希望妻子一个人学会坚强、快乐。华盛顿给弟弟约翰·奥古斯丁也写了信："我不得不和你暂时告别，还要告别农庄安逸的生活，但我一定会再次归来；我现在是为了自由而战，虽然我不一定会凯旋，但我一定会尽我所能。”

1775年6月20日，华盛顿拿到了由大会主席授予的委任状。第二天，他就出发赶往波士顿。在这之前，他视察过几个步兵连和骑兵连，每到一处，他都受到了人们的热烈欢迎。此时的华盛顿刚年满43岁，他性格沉稳、英姿飒爽、理智沉着，他总能给人一种稳操胜算的信心。和华盛顿一起的还有李将军和斯凯勒将军。斯凯勒将军是一个正直、诚信的人，华盛顿很信任他，他后来也成了华盛顿的得力助手。斯凯勒出生在纽约州的荷兰移民家庭，通晓数学、经济以及军事理论。他是个本土的美国士兵，参加过英法战争。22岁时，他在威廉姆·约翰逊爵士的部队里担任士官，这让他可以和莫霍克族的印第安人打交道，也深入了解了他们的生活习惯和作战方式。1758年，他作为军需官和豪爵士的部队出征迪贡德拉。爵士不幸在战争中牺牲了，斯凯勒将他的遗体从乔治湖边带回奥尔巴尼，并为他举行了隆重的葬礼。英法战争终止后，他又积极参与到殖民地的自由民主斗争之中。独立战争打响后，他作为大会的代表，协助华盛顿组建军事委员会并拟定军事制度，他正直的性格及对独立战争的远大抱负都令华盛顿非常赞赏。他们两个人默契十足，积极地推动了他们的工作。斯凯勒和华盛顿都是农场主，华盛顿在弗吉尼亚有一个弗农山庄，斯凯勒在纽约州有一个大庄园，那是他从叔叔那里继承来的，他们年纪相仿，都热衷于乡村生活，也擅长种植业。斯凯勒将军的婶婶曾经救过在迪贡德拉战役中负伤的李将军，她是一名上层人士。没想到17年后，李将军居然同这位女士的侄子在军队中携手并进。华盛顿他们三个人走了大约20英里，遇到了一支拿着班克山战役情报的信使队伍。当华盛顿他们从这支队伍中得知班克山战役美军大获全胜的时候，他们激动得差点跳了起来。华盛顿紧握斯凯勒将军的手，激动地喊道：“美国的自由有保障了！”班克山战役的好消息传遍了全国，人民兴高采烈，恭迎华盛顿他们的到来。华盛顿最担心的是纽约州的情况，因为那里居住着很多英国贵族和商人，让他们背叛祖国、加入独立战争是要耗费一定的时间和精力的。他们中最了解纽约的就是斯凯勒将军，李将军趁着在纽约逗留的时间，也到处走了走，以便了解更多纽约的情况。但他们发现纽约是一个比较复杂的地方，需要了解的情况有很多。纽约的移民来自各地，他们身上有很多优点，也有很多缺点。老荷兰移民和雨格诺教徒是纽约最早的移民，而且占有不少的数量。他们是虔诚的教徒，并且崇尚自由、民主。1664年，荷兰政府倾覆后，纽约又涌入一批效忠英国王室的来自英格兰和苏格兰的移民。他们赞成和其他国家的移民通婚，因此他们的后代在性格上也相对复杂。殖民地和国外建立贸易关系后，他们之间的关系更加密切了。他们和清教徒完全相反，他们喜欢繁华、追求享乐的生活，而宾夕法尼亚的清教徒则更愿意过安静而勤俭的生活。

纽约州还有一个叫约翰逊的家族，这个家族十分庞大。威廉姆·约翰逊就是这个家族的后代。这个家族家财万贯，是当地出名的贵族。年轻的时候，斯凯勒将军就随约翰逊爵士东征西讨，积累了丰富的经验。1774年，约翰逊爵士去世，他的儿子约翰·约翰逊以及女婿盖伊·约翰逊上校继承了他的财产，但并不赞成他的军事宗旨。为了保卫家族的利益，他们两个人斥巨资组建了一支苏格兰高地人军队。纽约州的州长特莱恩接受了英国政府的任命，他早已不露声色地离开纽约去执行隐秘的任务去了。如果纽约州长和约翰逊家族联手，那么纽约很快就会落入英国政府之手，而且联盟东部和南部的联系就要被截断。华盛顿把自己的忧虑告诉了斯凯勒将军，没想到他们的意见高度一致。25日，新泽西州议会乱得不可开交，华盛顿他们刚好到达这里。特莱恩州长和华盛顿都即将上岸，众议员对此感到非常头疼，因为他们不知道该派谁去迎接这两位紧要的客人。激烈的争论后，他们决定派一支民兵团前去迎接，为那个最先到达的人举行欢迎典礼。纽约议会议长利文斯顿将军为华盛顿一行举行了隆重的欢迎典礼，因为他们比特莱恩早到几个小时。华盛顿在纽约详细了解了班克山战役的情况，26日，他和李将军一同前往马萨诸塞，马萨诸塞的州议会代表早就在那里静候他了。

第二部分　临危受命　扭转局势

第一章　美国大陆军的新司令

1775年7月3日，华盛顿在司令部附近的广场上举行了一场军事演习。老百姓们没有见过军事演习，纷纷跑过来观望。这场演习声势浩荡，士兵整齐划一，让民众们看到了美国军队的英姿和实力。广场上最显眼的是旁边的一棵老榆树了，这棵数枝繁叶茂、高大挺拔。华盛顿就是在这棵树下被正式授予大陆军总司令的职位。当时，华盛顿挥动宝剑，民众都感受到将军的威武。亚当斯夫人记载了当时的情况，她说华盛顿就像一个战神，看上去英姿焕发、战无不胜。亚当斯夫人还说，华盛顿是所有美国大陆军中最出色的司令官，他的气质无人可比。长得像查理斯二世的李将军虽然看上去粗犷豪放，但是，华盛顿对这位老将军十分信任。华盛顿在老榆树下接任大陆军总司令的委任状之后，第一件事情就是去打探敌军的情况，在李将军的陪同下，前往前线的哨所，他们希望从这里了解到波士顿目前的情况。

在巡视前线哨所的途中，华盛顿在瞭望山附近停下休息了一会儿。瞭望山地处高势，在作战上有非常重要的军事地位，从山上可以清楚地看到波士顿和周围地区的具体情况，驻守瞭望山的就是帕特南上校。帕特南上校认为，驻守瞭望山是一个十分艰难的任务，但是他并没有放弃，积极地修筑防御工事，尽自己的努力将这些军事工事做到最好。他陪同华盛顿视察了这里的军事情况，使华盛顿对这个地方的地形和军事准备有一个具体的了解。距离这里1英里就是班克山，那里是英国军队驻守的阵地。高高飘扬的英国国旗就像是对美国军队发出的挑衅。华盛顿知道豪将军此刻就在那里。从瞭望山上可以清楚地看到英国军队的行迹，英军在山的另一侧搭建了许多白色的帐篷，他们身上穿的制服是显眼的朱红色，这让华盛顿想到了邦克山战役的战火。昔日繁华喧嚣的查尔斯顿小镇被英国军队践踏得不成样子。现在，豪将军的军事范围已经扩展到150码以外的地方。在河谷和波士顿的交界处有一个神秘的港口，港口里停泊了20艘英军的战舰。此时，盖奇将军仍然驻守在波士顿城，可是，城里面已经没有英国军队的影子了。他根本没有可以调动的部队，因为大部分军队都被困在波士顿的隘口。

为了对英军进行严密防守，华盛顿从冬山到杜切斯特都安排了驻守兵力，整个美军分散开来，将英军包围，英军的一举一动都在美军的监视下。但是华盛顿仍然不放心，因为英军的防御工事十分完善，碉堡修筑和士兵排列都十分科学，就连军队的管理也井井有条，相比于纪律松散的美军，英军占据了绝对的优势。华盛顿本来想招募两万左右的精兵，然而目前美军只招募到不到15000人的兵力，而且绝大多数都是没有作战经验的民兵。除了兵力数量和质量不及英军外，美军目前的军事工事也十分落后，唯一能对敌人起到震慑作用的就是几门手动大炮。为了改善情况，他向托马斯将军和帕特南将军提出了一些整改意见，如重新修筑碉堡，建立防御工事等。然而由于美军的战线被拉得太长了，相互之间缺乏接应，不像英军兵力集中。华盛顿知道，如果这个时候英军来进攻美军，美军根本没有还手之力。硬件上的不足是美军无法忽视的缺陷，美军目前的唯一优势就是士兵高涨的气势，在华盛顿的带领下，每个美国士兵都有必胜的信念，他们在战场上是为了自由、为了国家独立，因而虽然他们装备不够精良、素质不高，但是仍然不屈不挠地与英军抗衡着。

据了解，这支美国官兵大部分来自马萨诸塞州，其余士兵来自周边的各个州；士兵被分成若干个阵营，每个阵营都配有一名指挥官，这些指挥官都是由士兵自发选举产生的。军官和士兵们住在一起，虽然条件艰苦、物资不足、战事紧张，但是他们丝毫没有退缩的意思，他们身上体现了不畏艰难的反抗精神，他们认为他们所做的一切都是为了独立。阵营里有一些牧师，他们将阵营里的生活记录下来，他们在笔记中写道："军营条件艰苦，但是士兵们仍保留了自己的风格和特点，他们的帐篷体现了他们的性格，每一个帐篷都是独一无二的，有的是木头做的，有的用水手服装饰着，有的是用军旅布包裹着的，他们不喜欢约束的感觉，就像他们所倡导的为独立而战。部队中甚至有英式风格的帐篷，因为那些士兵曾经是格林准将的部下，他们接受过正规训练。"格林准将出生于一个农户家庭，他的父亲是个磨坊主，他本来是要继承父业，一辈子与面粉打交道，可是他却选择了参军，他的父亲也支持他，把他送去军校接受军事训练。后来，他在波士顿观看了一场英军军事排练，他瞬间被英军气势所征服，他希望自己以后也能成为一个训练有素的军队统领。通过自己的努力，他做到了，他成了罗德岛的指挥官，现在他是3个民兵团的总指挥，为了让自己的部队像正规军，他对士兵们进行了严格的训练。当华盛顿来到他的兵营视察时，格林准将用士兵的礼仪接待了他，这让华盛顿对他印象深刻，后来他也成了华盛顿的左膀右臂。

经过巡视，华盛顿得知目前军营中最紧急的问题是缺少经费，于是他向大陆会议写信请求调拨军费。他还向大陆会议提议，为了增强士兵的归属感，给士兵配制制服，这样会让军队士气大增。华盛顿一直对马萨诸塞州的士兵抱有歉意，因为这支部队在前线牺牲最多，但是他们却没有得到相应的物资匹配，甚至是所有军队中最差的。而且马萨诸塞的士兵内部矛盾十分激烈，在美国东部的这个地区，东部士兵被南方士兵轻视，他们看不起东部落后的原住民。为了消除误会，华盛顿向马萨诸塞的士兵们进行公开道歉，希望大家能够和睦相处，因为所有美国士兵在华盛顿心里都是平等的，没有高低贵贱之分。

美国独立战争期间有一个贯穿始终的灵魂人物，那就是乔纳森·杜姆布尔，他深受华盛顿器重。他目前是康涅狄格州的总督，从小就接受过高等教育，他做事老到沉稳，有着十分丰富的公共事务处理的经验。虽然他经历了窘迫的童年，但正是困苦的遭遇锤炼了他顽强的斗志。如今他已经是65岁高龄了，但是看上去精神焕发，他倾尽毕生心血去谋求殖民州人民的幸福。就在华盛顿刚刚担任总司令的时候，他写信给华盛顿表达了他对国家的忠心，以及他对华盛顿的期待。他写道："大陆会议委任您为总司令是一件让全国欢欣鼓舞的好事，希望您能带领美国人民走向和平和自由。”

华盛顿的司令部设立在以前保皇党官员的住所，也就是现在州议会市政厅。这座官邸拥有非凡的过往，官邸里设有私人的花园和果园，官邸的主人曾经每天下午都会在这里举行舞会，战争开始后，政府便将这栋房子没收，并拍卖给一名富豪，他的名字叫克里奇，这也就是为什么这栋房子曾经被称为克里奇宫的原因。克里奇去世之后，他的遗孀继承了他的遗产，并在这里生活了15年。她是一个不可思议的女人，思想很偏激而且很固执。当果园里长满虫子时，她不仅不去杀灭这些虫子，还放任他们肆意生长，她认为这是这些虫子该有的宿命，结果果园里大部分果树都被虫子吃掉了。后来爱德华·艾弗雷特、斯巴克斯、伍彻斯特、朗费罗这些名人也曾在这里生活过，朗费罗还对这栋房子进行了加固改造。这栋位于水塘街的官邸因为他的历任主人们变得具有传奇色彩。

当华盛顿在前线为了军队事务劳碌奔波时，大陆会议对将帅职务作了不合理的调整，这让美国大陆军议论纷纷。经过调整，帕特南的军衔位于斯宾塞之上，普罗伊的职位也位于托马斯将军之上。这让斯宾塞和托马斯耿耿于怀，斯宾塞甚至愤然离开军队，但是后来又被劝说回来。为了平息军营中的不满，华盛顿以他无私公正的人格魅力征服了军营中的异端言论，最后军营所有人都服从大陆会议的安排。自从华盛顿担任大陆军总司令以后，马萨诸塞州就对他的生活起居进行了详细安排，他们将华盛顿生活中大大小小的事务都安排得十分妥当，然而华盛顿婉言谢绝了这些礼遇，他崇尚勤俭朴素的生活。华盛顿交际广泛，每天都有许多朋友前来拜访，他们在一起吃饭、谈论时事。可是，华盛顿每天公务十分繁忙，他要处理军队和国家的事情，这些琐碎的社交让他感到疲惫。有时候实在太忙了，他会在礼节性地接待对方之后，便让其他人代替他招呼客人。华盛顿身边的约翰·杜姆切尔就经常替他接待客人。约翰十分敬仰华盛顿先生，能够为华盛顿工作让他感到荣幸，然而他似乎并不善于这类交际，他自己也清楚他可以通过社交认识许多社会上流人士，但是他最终放弃了这份工作；华盛顿同意了他的要求，将他与一位少将进行调换，约翰最后也调离了司令部。

里德是华盛顿的秘书，他生于费城，正是因为他的不懈努力才让费城人与波士顿人达成合作关系。他跟约翰一样，对华盛顿充满敬仰之情。华盛顿十分器重里德，他对待里德十分随和，正是因为双方的相互认同，里德迅速成为华盛顿身边的军事顾问。华盛顿特意让他与李将军在一起处事，相比李将军性格直爽、喜欢意气用事，里德为人稳重大方，任何时候都保持理智。华盛顿认为他们在一起必能相辅相成，成为美军的智囊团。盖茨先生也是华盛顿看好的军事顾问，他们很早就认识了。华盛顿对盖茨先生敬重有加，盖茨先生似乎懂得军事上的所有事情，每当华盛顿遇到难题都会找盖茨先生商讨。然而，自从华盛顿到了司令部，他们的关系就变得有些微妙了。民间有很多种关于盖茨和华盛顿的传言，有说是盖茨埋怨华盛顿没有在大陆会议为他进言，导致他没有成为民兵指挥官；也有说是华盛顿身边有许多可靠的军事顾问，再加上他平日里事务繁忙，所以他逐渐跟盖茨有些疏远了。

美军发觉自己的包围战略有较大漏洞，虽然这样能够对英军进行全方监测，但是没有实际防御能力。为了加强军事防御能力，华盛顿将军官召集起来讨论接下来的行动方案。通过讨论，美军将部队分为左翼、右翼和中间部队，希望通过这3股力量牵制英军的行动。驻守在冬山河附近的左翼部队由李将军统领，驻守在洛克斯波利的右翼部队的指挥官是沃德少将，作为主力的中间部队的营地在剑桥，他们的指挥官是帕特难和海斯准将。约瑟夫·杜姆布尔是康涅狄格省督的大儿子，拥有丰富的带兵经验，因而深受华盛顿的器重，华盛顿让他做兵站总督。在李将军的帮助下，华盛顿还对其他军务进行了整顿，经过这次改革，美国大陆军焕然一新：士兵和军官的责任更加明确，军队纪律更加规范，军队编制更加科学。李将军为了让军队纪律落实到位，建立责罚制度，一旦发现有人不遵守规则就施行杖罚，这让他在部队的威望很高。经过欧洲战役的洗礼，李将军更加信服只有严厉的惩罚才能束缚人的行为。而华盛顿则更人性化，他希望通过军令的方式来解决问题，他让所有官兵在周日接受宗教的洗礼，希望士兵们能够得到更多的人文关怀。

美国大陆军的镇军之宝是来福枪队，这支枪队总人数是1400人，他们经过层层选拔，从全国各地的枪手中脱颖而出，他们的平均身高有6英尺，身材矫健，即便是在杂草丛生的密林里也能游刃有余地穿梭自如。平时，他们统一穿来福衬衫、头戴标志性的圆帽。经过集中训练，他们的枪法变得精湛，可谓是百步穿杨，准确率极高。正因为如此，许多人慕名前来参观军营，其中丹尼尔·摩根上尉是来福枪队分队的指挥官，他率领的分队效率特别高，据说他们能在3周的时间里穿越600英里的复杂地形。就在华盛顿在策划围攻波士顿的时候，马萨诸塞州和康涅狄格州省督均向华盛顿请求支援，他们的沿海兵力不足，十分惧怕英国军队的进攻。省督杜姆布尔甚至直言担忧所管辖的地区的安全。华盛顿此时十分理解他们的处境，但是他并没有答应派兵前去支援，而是婉拒了他们的请求，并向他们解释了原因：他认为现在派兵过去只能起到一时的抵抗效果，然而，如果英军此时来犯，美军处境将危险，他希望马萨诸塞州议会和康涅狄格州省督能够体谅他的安排。华盛顿的做法确实很有道理，但是他的决定还是让省督对他产生不满。事后证明华盛顿的决定是正确的，他长远的眼光让他能够很好地掌控大局。

目前最困扰华盛顿的问题是波士顿城里的英国士兵，他想尽一切办法要将他们驱逐出境。为了断绝敌军的蔬菜供应，华盛顿下令切断波士顿周边的交通道路，并将城镇的所有牲畜迁移到边境，这样英军的肉食供应也被阻断了。华盛顿的措施取得了很好的效果。由于英军得不到蔬菜的供给，身体变得虚弱，有些甚至患上了疾病。华盛顿希望通过这些办法让英军丧失战斗力，然而敌方意志也很坚强，丝毫没有要缴械投降的意思。正当华盛顿准备继续围困英军时，另一个新的问题出现了——美军的火药供给不足。美军不断招募新的士兵，然而火药供应跟不上，每个士兵目前只能够拥有9发子弹。华盛顿得知这一情况后，迅速向罗德岛发出增援请求，他希望罗德岛的士兵能够冒风险将百慕大岛上的弹药运输过来。然而，他的请求没有得到回应。正当他为此犯愁时，驻守在班克山的英军得知了美军的情报，班克山地势较高，他们能够清楚地观察到美军的情况。华盛顿为了等待军需物资的到来，白白耗了两个星期，华盛顿一般不会采取这种做法，但是他没办法。攻打敌军的计划如箭在弦，可是因为弹药不足而导致计划停滞，这简直让华盛顿觉得不可理喻。直到新泽西的部队将弹药运送过来才让华盛顿喘了口气。

美军得到补给的消息立刻被英军知晓，但是英军认为这是华盛顿的障眼法，美军不可能在短时间内补充军需用品。华盛顿的弹药问题算是得到了缓解，但是他的心仍然悬着，因为弹药数量仍然有限，在向英军发起最后冲锋之前，要尽量节约使用。激烈的战争就要正式上演了，可是新的问题又出现了——部队内部产生了分裂。李将军和伯格因将军曾经在西班牙战场结下了深厚的情谊，西班牙战场上，伯格因将军作为李将军的上级对李将军照顾有加。如今他们虽然身处不同阵营，为各自的国家效命，但是仍然会通过信件进行交流。当伯格因将军率领英军来到波士顿的时候，李将军就向伯格因写信，他将英国政府在殖民地的暴行一一列举，并进行了深刻的批评，他希望能够与伯格因将军见面，当面将事实阐述清楚。大陆会议对李将军的信进行了审查，之后才将信寄往伯格因将军。伯格因很快就给予了回复，他在保证双方的安全的前提下同意与李将军在一个英军哨卡见面。马萨诸塞议会批准了李将军的申请，但是他们还是担心其他人会认为李将军与伯格因通敌。最后，议会让格里上校陪同李将军前往，并且要求记录两人的谈话内容。正当李将军准备前往赴约时，他突然意识到这个严肃的政治问题，他经过再三斟酌，最终决定放弃这次见面的机会，他给伯格因将军写信，称为了避嫌，拒绝会面。

除了李将军和伯格因将军的事情，华盛顿与英军总司令盖奇在战俘的问题上也产生了较大分歧。盖奇将军和华盛顿将军曾经是感情深厚的战友，他们一起经历了英法战争的考验，在盖奇心中，现在的华盛顿是一个叛军总司令，他认为美军的所作所为是对英国政府的背叛、是对英国主权的亵渎，所以盖奇主张严惩美军俘虏。华盛顿写信给盖奇将军，希望英军能善待俘虏，他写道："这些美国士兵是为了美洲的自由和独立，他们热爱自己的故乡，并没有违背叛国的罪名。你们现在将战争的俘虏关押在一级战犯的监狱，并对他们实施不人道的惩罚是不对的。如果英军不能善待俘虏，那么美军也将对英军的俘虏进行残酷的惩罚。"然而这封信并没有起到积极作用，相反，盖奇认为这是华盛顿对他的挑衅和威胁。他给华盛顿回信，写道："大英帝国向来坚持宽容善待俘虏，英国军队一直都是人性化管理的部队。你自称的自由和独立其实是对大英帝国的背叛，如果你们不反叛，就不会挑起战争，更不会有士兵牺牲。你会为你所做的一切承担所有后果。"盖奇的回信让华盛顿感受到英军的蛮横，英美两军有关战俘的谈判失败让华盛顿感到心灰意冷和愤怒，于是他决定将这些英国战俘押入北汉普顿监狱，以示惩戒。

第二章　波士顿的命运

就在美国准备向波士顿发起进攻的时候，斯凯勒将军给华盛顿写了一封信，他告诉华盛顿，司令部里出乱子了。纽约西部的印第安人在约翰逊兄弟的怂恿下开始背叛美国政府，他们想加入英国军队，这让华盛顿大惊失色，他开始反省自己的做法。光把注意力集中在阵地前线而忽视了后方的叛乱，才导致如今的场面，他准备改变自己的作战方案了。

7月18日，斯凯勒将军一到迪贡德拉就给华盛顿写信汇报阵地情况。在信中，他向华盛顿抱怨康涅狄格州的士兵目无法纪、不服从安排、个人素质太差，他管理起来特别费力。华盛顿看到信件后，立刻给他回信，他对斯凯勒将军的处境十分同情，并向斯凯勒将军描述了自己也曾经遇过这类事情，但是经过交流沟通，所有问题都会迎刃而解的。斯凯勒将军看到华盛顿的回信十分感动，同时也感到很惭愧，他心想华盛顿面对的困境比他还要险恶，但是华盛顿仍然在积极克服，自己的这点儿烦恼又算得了什么呢？于是斯凯勒将军重拾起信心，更加乐观地操练起自己的士兵，他准备在攻打加拿大的战争里再立下汗马功劳。

根据前线的情报，目前驻加拿大的王军共有700余名，其中圣·约翰有300兵力，驻守魁北克的兵力有50名，其余士兵主要分布在蒙特利尔和其他周边的驻点。蒙特利尔的军事守卫由盖·约翰逊负责，此外还有那些被他说服的印第安人；圣·约翰为了巩固防御工事，在据点搭建了两座炮台，此外，为了强化整体军事实力，约翰兄弟还准备修造两艘军舰。而此时英国政府的做法引起了加拿大人的不满，他们正准备武装造反。斯凯勒将军认为这是一个好时机，如果这个时候向加拿大发起进攻还能赢得加拿大人的拥护。于是他向华盛顿请命攻打加拿大。华盛顿仔细思考了当前局势，他让斯凯勒少安毋躁，先对土著部落进行调查，看英国政府对这些土著部落到底是什么态度，如果此刻贸然进攻加拿大，那么会将英军的火力吸引到蒙特利尔。他还向斯凯勒建议派一支1500人的先遣队渡过肯尼拜克河，深入到敌人腹地。斯凯勒将军十分赞同华盛顿的意见，他也打探到了关于印第安人部落的新情报，随后，他给蒙哥马利将军写信称，大战在即，希望蒙哥马利将军能够作好战前准备，他自己也将以最快速度前往迪贡德拉。

波士顿的英国士兵不知什么原因，丝毫不理会美国的宣战，这让华盛顿十分为难，因为美军已经施行了好几周的包围战略，长时间的拉锯战让美国士兵的士气大不如前，华盛顿认为这样下去只会贻误战机，于是他当机立断准备组织一场突击战。他下令让1400名战士向查尔斯顿发起进攻，希望通过突袭能够让英军与美军来个了断。天刚刚破晓，英美双方展开了一场战斗，但是这次战斗并没有取得预期的效果。美方的军事装备相比于英军实在落后太多，英军似乎不想与美军发动大规模战争，战斗没多久就结束了。虽然战斗不是很激烈，英军的一艘军舰也被美军摧毁，但是英军根本没有大规模地对美军进行反击，这让华盛顿感到困惑。他一直在揣测英军的目的，可能是英军目前兵力不足在等待支援，也可能是英军对自己太过于自信，不屑于跟美军小打小闹，或者他们认为美军都是没有经过训练的民兵，不用等英军进攻，美军就会自取灭亡。不论什么原因，华盛顿还在想方设法让英军与美军大战一场。

华盛顿之所以急于与英军发生战斗，是因为天气越来越寒冷，如果美军一直这么拖下去，那么在营地里修筑房子，添置军需用品的费用将让华盛顿无力负担；本身美国士兵的素质就不高，这样下去，难保士兵会坚持到最后，他们可能还没等到战争结束就先逃跑了。华盛顿现在天天为这件事情犯愁，有时候为了缓解情绪，他会一个人骑马围绕着英军的阵地转转，他希望能够发现英军防守的薄弱环节，好展开进攻。在侦测了一段时间后，华盛顿召集了所有的少将和准将，举行一场军事会议，他希望集大家的力量想到突破英军的办法。9月11日，军事会议如期举行，沃德少将、托马斯准将、帕特南都来了。华盛顿试图向大家讲解他的进攻思路，然而到场的军官都一致认为现在并不适合攻打英军。华盛顿虚心地接受了大家的建议，通过讨论，大家一致将目光转向加拿大，因为目前英军一直按兵不动，对美军也没有太大威胁。不久，剑桥广场召集了1100名士兵，他们雄赳赳、气昂昂，准备奔赴加拿大战场。这个大部队中包括了10个来自新英格兰的步兵团、弗吉尼亚和宾夕法尼亚的来福枪队以及其他的志愿兵，其中丹尼尔·摩根被任命为其中一支来福枪队的队长。

此时在剑桥的还有阿诺德，马萨诸塞安全委员会正在对他进行调查。尽管阿诺德过去常常犯错，但是安全委员会认为他在香普兰湖战役中战功赫赫，长年累月的作战经历让他拥有丰富的作战经验，再加上他对加拿大的地势比其他军官熟悉，所以他是加拿大指挥官的不二人选。华盛顿也特别了解阿诺德的为人，他同意委任阿诺德为加拿大远征军的指挥官。此外，他还特意给阿诺德写了一封信，叮嘱阿诺德一定不要与印第安人结下仇怨，争取与他们成为朋友，路上要保证蒙特利尔和魁北克人民的生命安全，不要做触犯底线的事情；他还强调，如果美军抓获了查塔姆勋爵的儿子，一定不能处决他，要给他最礼貌的待遇；最后，他祝愿阿诺德凯旋归来。阿诺德又拥有了一次建功立业的机会，他无比开心。9月13日，阿诺德率领部队踏上了征途。之后，华盛顿每天都翘首以待阿诺德的消息，因为这次的远征时间十分紧迫，他希望阿诺德能够占据先机。不久，斯凯勒将军写信给华盛顿，他向华盛顿汇报了前线的情况。

原来，斯凯勒将军占领诺克斯岛之后就让两名少校前往索瑞尔河与劳伦斯河附近进行侦察。等他们发现前方一切都妥当的时候，斯凯勒再坐船向圣·约翰进发。但是他们的行迹早就被英军掌握，斯凯勒还没走多远，就遭到了英军的袭击，一场激烈的战斗在这片沼泽地里爆发，死去的士兵倒在泥泞中，血流成河。这场战斗一直持续到夜晚，斯凯勒命令士兵临时修筑了一个战壕，抵御敌人的进攻。英军的炮火没有停歇过，靠着这个战壕，美军再没有伤亡人数。当天晚上，有一个神秘人来给斯凯勒将军报信，他说加拿大的防御工事已经修筑好了，而且有1艘战舰已经向加拿大进发，只要3天左右的时间便可以到达，当地加拿大人并不想卷入战争，他们仍然在观望。斯凯勒将军对这些情报半信半疑，经过一番思索，他最后还是决定回到诺克斯岛，在那里等候援军到来。没过几天，美国的援军就到了，此外，爱伦告诉斯凯勒将军加拿大的兵团现在同意协同美军作战了，而且他们还自备武器弹药。这真是个令人兴奋的好消息，斯凯勒将军认为圣·约翰已经是囊中之物了，但是天有不测风云，就在这个关键时候，斯凯勒将军得了疟疾，几经忍耐之后他的身体实在吃不消，无奈之下斯凯勒将军让蒙哥马利代替他临时指挥作战。

爱伦被派去协助蒙哥马利将军，在前进的途中，他跟布朗上校会合。布朗上校告诉爱伦，蒙特利尔其实只有30人左右的兵力，爱伦突然想到一个计划，他跟布朗上校商量了一会儿，两人不谋而合，于是开始执行计划。按照计划，爱伦将部队撤回郎盖尔，然后连夜渡过圣·劳伦斯河，他们准备从河的下游发动进攻；同时，布朗上校则率领部队渡河，并从上游进行攻击，接下来他们准备夹击蒙特利尔。他们所做的一切，蒙哥马利都不知道。爱伦这个时候显得十分骄傲，他把自己看作是司令官，对这次进攻满怀期待。然而，爱伦在河的下游等了一天都没有看见布朗。显然，这次的计划出现问题。爱伦十分丧气，他不知道为什么布朗没有按照计划执行，正当他准备返回河对岸的时候，他的队伍已经暴露了，敌方派出一支护卫队追击爱伦的部队。此外，印第安人也在协助英军进行进攻，爱伦被打得措手不及，他的加拿大盟军不堪打击而弃甲逃跑了。渐渐地，爱伦扛不住敌人的进攻，英军将领告诉爱伦，只要他缴械投降，那么英军不仅不会杀他，还会给予他优厚的待遇，而且爱伦与他存活下来的38名士兵将被押到普利斯科特将军的军营中，爱伦投降了英军，于是他和他的部队成了英军的俘虏。然而，英军并没有遵守承诺，他们将爱伦和他的部队送到了泰伯恩，那里环境恶劣、条件艰苦，爱伦没有放弃挣扎，他将他所遭受到的不公待遇写成信件向英国军官表示抗议。他在信里说，美国军队对待英国俘虏如同自己的亲人，没有虐待也没有责罚，然而如今英国却如此对待自己，他希望这封信能够改变英军对他的态度。遗憾的是，英军根本没有将爱伦的信当一回事，就算他的信被发表在当地的英国报纸上，爱伦的处境也没有得到丝毫的改变。爱伦的事情让整个美国军队感到震惊，无论是斯凯勒将军还是华盛顿都对爱伦感到失望。华盛顿还针对爱伦事件发表公开演讲，他将爱伦的行为评定为目无军法、自以为是，他希望全体美国士兵能够以此为戒、服从军队管理。

当阿诺德正率领部队在加拿大活动时，美国境内的战争也开始爆发了。因为英军的食物来源被美军切断，他们只好将希望寄托于新英格兰，而这里的百姓早就组建了反抗英军的统一战线，他们老早就把牲口集中迁移到境内，并且自发地组织了民兵团，誓与英军抗争到底。就在这个时候，一支英国海军在罗得岛的新港口胡作非为，而率领这支英国海军的将领正是华莱士将军。他们无法无天的行为严重地扰乱了当地的社会治安。突然有一天，有一个神秘的女人来到伍德将军身边，她自称来自剑桥军营，希望伍德将军能够帮助她给华莱士将军寄一封信。伍德将军不相信这个女人，但是他又怕耽误战机。于是，他先假装答应帮助她。等这个女人走远了之后，伍德将军私自打开了这封信。但是他惊讶地发现这是一封密码信，里面的乱码他根本看不懂。无奈之下，他只好向亨利·华德请求帮助。亨利·华德是一个破译专家。亨利·华德认为这不是一封简单的密码信，这封信背后肯定隐藏着巨大的秘密，他将这封信上交给格林将军。格林将军拿到这封信之后，第一时间将这封信转交给华盛顿。当华盛顿让人将这封信破译之后，这封信的内容终于浮出了水面。果不其然，真的是有人想与华莱士将军串通一气，向美军发起进攻。但是以目前的状况来看，根本不知道这个人究竟是谁。这个时候，那个送信的女人引起了华盛顿的注意，他希望能够从那个女人口中知道一些情报。对华盛顿而言，要搜查出那个送信的女人是一件很容易的事，因为她已经回到了剑桥。当帕特南将军抓捕了这个女人之后，华盛顿准备亲自对其进行审问。

这个女人向华盛顿透露了一个惊人的事实。那个想与华莱士将军串通一气的内奸，竟然是本杰明·邱齐，这让华盛顿惊讶得说不出话来，因为本杰明是马萨诸塞州议会的议员之一，是一个很有声望的爱国人士。华盛顿能当上美国大陆军的总司令也有他的一份功劳，可如今，他却成了美国大陆军的叛徒。本杰明被迅速地逮捕。他一再强调自己是清白的，没有与华莱士勾结在一起。但是在确凿的人证、物证面前，他所说的一切漏洞百出。这让华盛顿与其他人再也无法相信他。经过会议讨论，本杰明永远地失去了议员的资格，并且他将以叛国的罪名被送往康涅狄格监狱。这时，身处西海岸的华莱士越来越猖狂，他的所作所为已经引起了当地居民的极度不满，华盛顿认为是时候给他一点儿教训了。美军派出军舰去惩治华莱士，马萨诸塞州和康涅狄格州也出动了军舰。各艘军舰分工明确，其中有的军舰正面迎击华莱士，有的则是去拦截运输大炮和火药的英军军舰。

英军扫荡了所有的新英格兰港口，其中法尔莫斯港被摧残得最厉害。

10月11日晚上，几艘英军战舰出现在法尔莫斯，而指挥这几艘战舰的正是莫特。他不分青红皂白地向所有港口居民宣布，如果他们不想被处死，那么必须在2个小时之内离开这里。由于事发紧急，所有的居民不可能在两个小时之内撤离，于是有3位自告奋勇的民间代表想去与莫特谈判。他们费了九牛二虎之力，才让莫特听进他们的请求，又向莫特许诺将他们所拥有的武器尽数上交，这才让莫特同意给居民们多一些时间。聪明的居民抓紧时间，将自己的财物转移到高地上。到了晚上九点半，莫特突然下令毁灭村子，几发炮弹狠狠地砸向居民的房子，就在一瞬间，几所居民的房子燃烧起来，几个小时前还是安静祥和的城市现在已经是熊熊火海，许多居民看见自己的家园被摧毁，难过地流下眼泪。火焰不断蔓延开来，整个村庄都被烧了起来，伴随着轰轰的开火声，整个城市犹如在地狱中一样，英军看着燃烧的房子发出狂妄的笑声，他们将码头没来得及撤离的商船占为已有。英国士兵的暴行彻底激怒了当地群众，他们看透英国所谓的正义，心中的怒火被压抑着。

英军的行迹后来被传播开来，华盛顿听到后感到极其愤怒，他专门发表了一份声明，他指出，英国政府的做法暴露了他们惨无人道的本性，他们的残忍、暴力、血腥是他们种下的罪恶的种子，他们将来一定会得到报应的，同时，他还向法尔莫斯市的群众表达了深深的同情。法尔莫斯事件让美国军队坚定了向英国反抗的决心，所有官兵都想投入到反击英军的战斗中。战争有着不可避免的牺牲和代价，就像美国准备向英国进行反攻可能会牺牲掉另一座城市——波士顿。这是华盛顿所关心的另一个问题。这时，林奇、哈里森和威尔士法官都向华盛顿建议牺牲掉波士顿换取更大的胜利，最后大陆会议采纳了他们的建议。波士顿战役正式拉开了序幕，22727名美国大陆军浩浩荡荡地向波士顿挺进。

第三章 战争的残酷

英军来到波士顿以后，豪将军为了讨好保皇党，采取了许多措施。首先，他在班克山河波士顿隘口修筑起牢固的防御工事，然后在波士顿城附近的高地上建造了抵御美军的炮台。值得一提的是，当地拥有悠久历史的南教堂成了英军粉饰自己的宣讲堂，这里曾经是当地居民举办宗教仪式的地方，一百年来，这里的居民民风淳朴、生活惬意，如今英军却在这里鼓动大家起来造反。原本华丽的布道坛被摧毁了，里面的所有凳子也被英军没收了，这座神圣的教堂里现在满是灰尘，看上去残破不堪。其他几处大点儿的教堂也被英军占领了，他们将这些容量大的建筑物当作储存燃煤的贮藏室，原本洁白如洗的教堂，现在已经面目全非。英军认为自己在波士顿根基稳固了，便向当地居民发了3个公告，这些公告对波士顿居民的活动范围和活动时间进行了严格限制，他们的肆意妄为在居民心中种下了仇恨的种子。

法尔莫斯的沦陷，爱国人士的被屠杀，英军的无法无天让华盛顿火冒三丈，他不允许英军再继续胡作非为。为了保卫自己国家人民的安全和自由，他下定决心进行反攻。此时，苏利文将军正在朴茨茅斯对防御工事进行加固，华盛顿将他召回，并向他下达了一项新的指令。他让苏利文将军去抓捕那些保皇党人士，将他们关押起来，以此来打消英国人的气焰。但是，华盛顿仅仅是将这些归顺国王的人扣押起来，并没有对他们采取惩罚；他只是想让保皇党人士能够意识到自己行为的错误，如果几经教导还不悔过，那么华盛顿也不会对他们客气了。

与英军的拉锯战一直僵持着，天气越来越寒冷，华盛顿知道再过不久，北方的冷空气将把美国大陆冻成冰封世界，接下来英美两军将在风雪中展开激战。豪将军一直在等援军的到来，他希望能够利用援军的力量一举歼灭华盛顿的军队，为自己赢得荣耀。华盛顿十分清楚自己军队的弱点，为了不让敌人有可乘之机，他对营地进行了防御巩固。但是现在最让华盛顿头疼的问题是缺乏足够的大炮和火药。正当华盛顿为此事急得焦头烂额时，亨利·诺克斯主动提出前往香普兰要塞寻找补给。亨利·诺克斯是个爱国的有志之士，也是波士顿有名的富豪，他曾在班克山战役立下军功，还修筑过波士顿的防御工事。此外，最让华盛顿欣赏的是他精通大炮的各种知识，他向大陆会议建议委任诺克斯为炮兵连的指挥官。接到华盛顿的通知后，诺克斯首先将自己军营里所有的军事武器进行集中盘点，并根据武器种类进行分类，然后根据需求前往纽约进行购买补充。随后他与斯凯勒将军会合，因为接下来，斯凯勒将军将与诺克斯将军一起将所有弹药运往圣·约翰、迪贡德拉、魁北克以及王冠角。在一系列努力之后，诺克斯迅捷有效地完成了弹药补给任务，大陆会议根据他杰出的表现授予他炮兵连指挥官的职务。

现在，美军弹药的问题得到了解决，但是新的问题又出现了，原来一半以上的上尉军官就要到退役期，如果他们真的全部退役，一方面美方兵力会削弱，另一方面，还没有退役的士兵会被他们影响到士气。经过走访调查，那些愿意留下来的军官也不希望自己调到别的中队去。而这还只是军官的问题，士兵的问题与之相比更让华盛顿头疼，因为大部队士兵不希望离开家乡，他们不愿被调往远方的战场。比如罗德岛的上尉不愿意去康涅狄格州当指挥官，而康涅狄格的士兵不愿去马萨诸塞州服役。为了使军队的编制更加科学、合理，华盛顿认为要对每个中队指挥官进行再次任命，而这不是一件容易的事情，华盛顿将自己的困惑写在给大陆会议的信件里，他说："目前美军遇到前所未有的瓶颈，如果这个时候军心被编制的事情动摇的话，无疑是给敌人制造机会；而英军已经知道我方的困境，等到豪将军的增援一到，他将立刻向美军发起猛烈的进攻，如果现在不把军营内部问题处置好，后果不堪设想。"

新兵招募没有想象中那么顺利，因为长时间的拉锯战磨灭了部分士兵的耐心，他们开始出现不耐烦的情绪。到了11月28日，新招募的士兵才3500人。旧的问题没有解决，更让华盛顿心烦的问题出现了，一些军官居然趁这个时候向华盛顿提出，如果不给他们加薪晋升，那么他们将立刻离开部队。这让华盛顿唏嘘不已，在这个国家危难之时，这些人居然仅仅为自己考虑。华盛顿感到身心俱疲，有些力不从心了。

华盛顿确实面临许多棘手的问题，但是他身边仍然拥有为他出谋划策的名将，格林将军就是其中一位。格林将军将华盛顿当作崇拜的对象，他深刻地体会到华盛顿的烦恼；他认为这一切是因为华盛顿还不熟悉新英格兰，这里的居民其实都有成为好战士的潜质，只是他们现在还没有意识到战争的意义，而且并没有接受过专业训练，想在短时间内将他们训练成正规军是有一定难度的。这个地区的人长期从事贸易工作，难免功利心比较强，如果给予他们正确的引导，这些民兵身上的潜质将被开发出来，到那个时候，这里的民兵将是一股强劲的力量。格林将军建议华盛顿再给新英格兰多一些时间。

爱伦上校被俘虏的消息终于传到了蒙哥马利耳中，他还听说爱伦上校被英军虐待。蒙哥马利特意写信给卡尔顿少校，他希望英军能够以人性化的方式对待爱伦上校以及其他俘虏，如果英军不能够在一周之内答复美军，那就表明英军向美军宣战。接下来的几天，英军一直没有回复蒙哥马利的信件，蒙哥马利下令围攻圣约翰堡。9月31日，卡尔顿将军准备前往阿克莱将军的高地，然后联手对抗美军，他的部队乘坐34艘船横渡圣劳伦斯河。但是，他没有想到沃纳上校早就在郎盖尔河右侧设好了埋伏，他的部队被沃纳偷袭，损失惨重；情急之下，他只能退回到蒙特利尔。

英军将希望寄托给援军，他们不断抵御美军的进攻。蒙哥马利看破了英军的想法，他停止向英军进攻，并写信给英军指挥官，他告诉普里斯顿英军的援军已经被美军全部歼灭，让他放弃抵抗，早点投降。普里斯顿不相信蒙哥马利的话，他回信道，他依然相信援军会到，如果四天之后，援军还不来了的话，他就宣布投降。蒙哥马利断然拒绝普里斯顿的要求，普里斯顿眼见形势不妙，最后还是向蒙哥马利投降了。这下500名英国正规军和100名加拿大盟军成了美军的俘虏，让蒙哥马利惊讶的是，这100名加拿大盟军里还有不少当地的贵族。蒙哥马利对这些俘虏十分友善，他曾经也是英国军官，十分理解这些英国俘虏。传言，他之所以这么优待俘虏，是看在这些加拿大贵族的颜面上。根据双方约定，战俘的物资一律上缴，每一名士兵能够得到一件新衣。然而，这个做法让美军很多战士不能理解，因为美军本身物资紧张，很多士兵本身都没有衣服可以穿。但是蒙哥马利坚持自己的做法，他认为这样不仅是对人的尊重，更是为大陆军争取更好的名声。蒙哥马利的做法开创了美军不虐待俘虏的先河。

战后，蒙哥马利感到十分疲惫，他向大陆会议表明魁北克战役将是他军事生涯的终点，他将尽自己最大的努力赢下这场战争，然后退役。斯凯勒将军也向华盛顿写信抱怨自己部队的士兵不服从管理，这让华盛顿感到忧心忡忡。他意识到，士兵们的纪律意识太差不是个例而是普遍现象，如果任由这种情况继续下去，整个美军的战斗力将大幅度缩水。华盛顿写信给蒙哥马利，向他分析目前美国军营的具体情况，并且鼓励他，虽然目前需要克服的困难有很多，但是希望他能够坚持下去，为了美国的独立战争奋斗到底。华盛顿的真诚深深地印在斯凯勒将军的脑海里，他将自己心中所有的不快全部倾诉给华盛顿听，并指出了目前美国军队所存在的种种问题：比如士兵不服从管理，部队里钩心斗角、士兵素质太低、功利心太强等。但是就目前情况而言，如果要重新招募一支新兵并不是件容易的事情，就连填充军队中的差额也很困难。

部队的无聊单调将士兵们的革命热情消磨殆尽，不少士兵的消极情绪越来越深。而让士兵们情绪更加激烈的是粮食缺少的问题，如果再这样下去，还没等到英军攻打过来，美军就已经自行解散了。此外，天气越来越寒冷，士兵们也缺少抵御严寒的过冬物品，他们在刺骨的寒风中瑟瑟发抖，想回家的欲望越来越强烈，华盛顿知道等他们到了退役期肯定会立刻离开。为了提高士兵气势，他下令将马萨诸塞州和新罕布什尔州的士兵调往康涅狄格，补充那里的兵力。康涅狄格州接到通知后，发出通告：为了保障军营安全，所有的满服役期的士兵在12月10日以前不得离开部队。但是这些士兵并没有理会这条命令，不少士兵12月1号就走了，康涅狄格州的军官试图去挽留这些士兵，但是这些士兵十分固执，怎么都不愿意再回到部队，有些甚至将部队的枪炮火药都带走了。这让华盛顿气愤不已，他将这些逃兵的清单上交给杜姆布尔省督，让他从中逮捕一些典型以示军威。杜姆布尔省督立马回复华盛顿，他向华盛顿保证处理好逃兵的事情。事实证明，这些逃兵是极其不理智的，他们在返乡途中不仅遭到了英军的追缴，而且美军也对他们进行了搜捕，他们一路上孤单窘迫，有些人虽然侥幸回到家里，可是他们的家人因为他们是逃兵的身份而都备受非议，他们感到自己的行为十分愚蠢，于是纷纷返回到部队中。

这件事过去没多久，美军军营里就传来一个喜讯，原来大陆军从英国缴获了一大批军火用品和军需物资，这对于大陆军来说简就像久旱逢甘霖，每一个战士都因此事欢呼雀跃。更让人惊讶的是，在这批截获的军火中有一门迫击炮，这门炮足足有三千磅重，许多美国士兵都没有见过这样的重型武器，他们决定要给它起个名字。当这门炮被安稳地放置在地上的时候，帕特南将军一个纵身翻了上去，一口闷下手里的朗姆酒，将酒瓶狠狠地摔在地上，大声地喊着："大陆会议！"下面的士兵都笑得合不拢嘴。这个事情被波士顿的英国人知道了，他们十分鄙夷帕特南，认为他们根本没有见过世面，英国人心想：如果这个时候我们的援军到了，要打败美国简直就不费吹灰之力，那些美国士兵都将是英国人的俘虏。正当美军沉浸在得到迫击炮的喜悦中时，一支驶向圣劳伦斯河的舰队闯祸了。舰队上的士兵在圣约翰岛登陆后，强占了那里的总督府，并肆意搜刮那里居民的财产，他们将圣约翰岛的代理省督科柏克带到华盛顿面前。科柏克将这支舰队的所作所为如实禀告给华盛顿，华盛顿顿时火冒三丈，他严厉地批评了舰队的行为，并派人将省督送回小岛，归还了所有财物。科柏克对华盛顿感激涕零，特意写了一封感谢信赞美了华盛顿高尚的人格。

美军对待俘虏十分友善，不像英军那样虐待爱伦，在美军军营中的英军俘虏享受到了军人该有的待遇。华盛顿又给豪将军写了一封信，他在信中说，美军对英军俘虏的态度十分友好，希望英军能够优待美军俘虏，如果美军的俘虏在英军军营中受到了非人的待遇，那么普利斯科特在美军军营中也不会好过。然而，豪将军认为这是华盛顿对他的挑衅，他感到十分愤怒，并回信给华盛顿说他并不知道加拿大的情况，也不清楚爱伦是谁，英军向来优待每一个俘虏，这里根本不存在虐待战俘的事实，请华盛顿不要随便猜想。这封回信让华盛顿意识到双方不可能在战俘的问题上达成共识，在英军眼中，普里斯科特是他们不能弥补的伤痛，爱伦在英方肯定度日如年。事实上，英军根本就是在撒谎，此时的爱伦上校在英军监狱里戴着手铐脚链祈祷能重见天日。这就是血淋淋的战争，华盛顿在交涉无果之后，也只能希望爱伦能够坚强地在英军监狱里活下来，不要放弃希望。

第四章　总司令的苦恼

波士顿大战在即，英军越来越警惕，美军也准备充分，对于英美双方来说，可谓万事俱备，只欠东风。如果这个时候大陆会议下达攻击命令，华盛顿将即刻发起进攻。当时，帕特南将军已经将考波山占为己有，并且在那里修筑起防御工事。他正准备搭建一座横跨威尔斯溪的桥，这座桥将兹米尔角和考波山连接在一起，这样一来，如果波士顿战争爆发，他们可以通过这座桥从波士顿北边进行进攻，而北边是敌人最薄弱的环节，从这里可以直接捣毁敌人的根据地。12月17日这天早上，大雾弥漫，帕特南将军带领士兵们开始行动起来，因为这天的雾气很重，帕特南预计这雾不到中午都不可能消退，所以他认为他们是安全的；然而，还没等桥修到一半，他们的动静就引起了敌方的注意，一场战斗不可避免地开始了。战斗一直持续到下午，所幸没有人员伤亡，但是他们修筑的桥梁被击垮了。战斗结束之后，华盛顿亲自来到兹米尔角视察地形。通过侦查，华盛顿认为这里有必要修筑一个炮塔，帕特南立马想到了“大陆会议”那门炮，现在是时候派上用场了，如果炮台修筑完成，那么这里会成一个理想的攻击点，敌人基本不可能从这里攻破。士兵们现在一个个气势高涨，虽然在这里修建炮台难度很大，但是只要战士们团结一致，是绝对可以做到的。

之后的几天，这里成为敌人的主攻点，敌人的火炮一直朝这个方向打来，这里的战士之前挖了一条战壕，敌人一进攻他们就躲进战壕里，等敌人的炮火一停下来，他们就抓紧时间去完成工事。他们这种艰苦卓绝的精神让英军都感到震惊，在敌人炮火连天的危急情况下，美军的防御工事竟然完成了。一个英军指挥官感慨道：“这真是一个可怕的军队，肯定是上帝在保护他们，波士顿很有可能将栽在这个堡垒上。”这个防御工事十分牢固，而且威力巨大，帕特南认为只要将迫击炮装进这个堡垒里，那么胜利就是美军的囊中之物。现在防御工事修筑好了，但是眼下十分缺乏火药，可这难不倒帕特南将军，通过他广泛的人际网，火药得到迅速补充。

有时，华盛顿会思念自己的家。他的家在波托马克河边，他平时通过管家兰德·华盛顿了解家里的情况。他经常会给管家下达许多命令，管家十分听从他的指示，将各种事情办理妥当，并向他汇报。最近，管家跟他说了现在他家的情况：因为战乱，弗农山庄很有可能成为敌人攻击的目标，华盛顿的家属也有可能成为打击对象；如果敌人来犯，那么弗农山庄将不可能幸免于难。华盛顿有个弟弟叫奥古斯丁，他多次劝说华盛顿夫人赶紧离开那里，去蓝领避难，但是华盛顿夫人一直不愿离开自己的家。管家兰德也劝说华盛顿夫人赶紧离开，几次劝说无果之后，他给华盛顿写信称丹尔木一直觊觎弗农山庄，他的家人处于危险之中。华盛顿猜测弗农山庄暂时不会成为攻击的目标，但是他对他家的生活情况十分担心。他平时军务繁忙，尤其是当了大陆军总司令以后，就没有回过家，他多么希望回家看望下自己的家人啊，可是他离不开军营，军营也不能缺少他。到了11月初，他写信给自己夫人，邀请她来到军营里与他见面，并且让管家兰德继续管理家里的事情。

兰德跟华盛顿并没有任何血缘关系，但是华盛顿十分信任兰德。华盛顿不仅治军有方，治理家庭也有自己的一套方法。他曾对兰德说，如果自己2年之内都没有回家的话，那么就把所有的事务全权交给兰德处置，并且承诺会给兰德一笔不菲的薪水。兰德知道华盛顿并不是想用钱来收买他，而是真情实意地将自己的家庭托付给他，正因为这份信任，兰德才愿意死心塌地为华盛顿效劳。华盛顿本身也觉得兰德为他的家庭付出太多，支付更多的薪酬是必要的，此外，他还经常让兰德将自家的钱财粮食捐给穷人，正是他慷慨大方的品格让他在当地享有很高声望。

华盛顿夫人也十分想念自己的丈夫，他带着自己的儿子和儿媳不远千里来到军营中，华盛顿见到自己的亲人，心中所有的郁闷都不见了，他似乎很久都没有这样开心了。华盛顿夫人来到军营之后开始着手司令部的内务。华盛顿夫人特别喜欢军营里的生活，她也很久没有这么热情过。华盛顿是一个信仰坚定的人，每天早上和晚上都会做祷告。主显节要快到的时候，她向华盛顿提议举办一场晚会，就当作他们的结婚周年日。华盛顿一开始并没有答应，因为他觉得在司令部大张旗鼓地操办这种活动有些不合时宜，但在周围人的劝说下，他最终同意了。庆典如期举行了，军营从未有过如此热闹的氛围，将军们一个个都喜笑颜开，平时他们为了军务都紧张得顾不上家庭，难得有这样的机会让大家感到十分放松。

华盛顿平时基本不开展类似的活动，与其他军官相比，他平时低调内敛。但是军营中也有喜欢热闹的军官，比如米弗林副官，他经常在家举办舞会，许多官兵的女眷都喜欢参加。亚当斯夫人参加舞会之后是这样形容米弗林的："他是一个修养很高的绅士，性格随和，为人幽默，和他相处十分开心；他交际面很广，正是因为他的介绍我才认识了李将军。"华盛顿夫人也喜欢热闹的场景，所以她也参加过几次米弗林的舞会。

以上便是华盛顿夫人来到军营之后发生的变化，华盛顿生活上有夫人照顾，更加舒适了，但是紧张的前线战场仍然让他心神不宁。现在，华盛顿关心的事情有两件，一件是攻打华盛顿，另一件是加拿大远征军的情况。来到列维角后，阿诺德就没有收到过任何信件。本来，他想坐船过河，可是他并没有发现一条船。原来，英军截获了阿诺德的信使，从信使口中，敌人知道阿诺德想乘船过河，于是他们提前将所有能用的船都给毁坏了。阿诺德一直在寻找转机，他向印第安人购买了40艘独木船，并且聘请了40名印第安人做他的向导。可是就在他们准备过河的时候，突然一阵暴风雨挡住了他们的去路，河水涨势汹涌，独木舟在水面上根本不能前进。就在阿诺德被困在列维角的这段时间里，魁北克的兵力正在悄然集聚，他们的士兵得到不断的补充，阿诺德不可能在短时间内攻破魁北克了。到了11月13日，蒙哥马利占领圣·约翰的消息传到阿诺德的兵营中，所有士兵都感受到了盟军的力量，他们士气高涨起来，恰好这天暴风雨停息了，阿诺德准备趁着夜色当晚就过河。

当晚夜色朦胧，午夜的时候他们开始行动。刚下过雨的河面十分宽，河水也很急，他带领第一支分队乘坐独木舟过河，由于河水实在太急了，独木舟都差点儿被掀翻到河里，好在有印第安向导。浩浩荡荡的渡河行动一直持续到第二天凌晨4点，阿诺德率领部队在钻石角上岸。可是他们刚刚上岸不久，就被敌人发现了。搞不清楚情况的敌军先向他们发出命令，让他们上岸上交兵器，但是没有一个士兵听从他们的指示。于是，敌人开始向他们发出攻击，有3名士兵当场身亡，阿诺德意识到情况不对之后，在伍尔夫的掩护下急忙向山上爬去。等到天亮了，他们来到了亚比拉罕的顶峰，这时候光线明亮起来，阿诺德从山顶往下一看，发现自己的情况并不乐观。敌人的防线十分牢固，而且各个地方都修筑了堡垒，要想进攻十分困难。阿诺德凭借自己对这个地方地形的了解，建议从圣·约翰发起进攻，他认为只能这样才有获胜的希望；然而其他军官认为行不通，因为他们现在的兵力只有七八百人左右，而且能用的武器十分有限，许多弹药在行军的过程中被损坏了，从正面发起进攻无疑是自寻死路。

就在阿诺德跟军官们在争论要不要从正面发动进攻的时候，魁北克的副督长已经知道了阿诺德的情况，他把城里所有的商人和船长集合在一起，商讨应对计划。所有的商人和船长都表示会全力拥护督长，现在阿诺德要进攻魁北克的消息已经弄得满城风雨、人尽皆知，甚至有传言说，亚伯拉罕山已经被阿诺德占领了，他们已经进入圣·约翰了。全城进入紧急戒备状态，城里有力气的男人都集合在圣·约翰的城门口，他们希望通过自己的力量阻止阿诺德进入城里。阿诺德又将防线移动了100码，他希望鼓舞士兵们的气势，于是带头喊起了口号，可是没有几个人回应他，看见士兵的情况不对劲，阿诺德认为这次进攻肯定是会失败的。这时，英军的大炮朝美军方向打来，阿诺德离英军太远了，炮弹只能起到震慑的作用。他们一直坚持到晚上，阿诺德认为这样下去不是办法，于是他假装向英军投降，他的部队挥动免战旗。这一招一开始还有点儿效果，就在一些没有经验的英国兵打算打开城门的时候，他们的将领麦克林制止了他们，他不相信美国军人，他认为这是阿诺德的阴谋，进而加大炮火力度朝阿诺德打去。阿诺德看到自己的计策没有成功，对英军破口大骂，但是也只能是口头上消气，就目前情况而言，他确实没有力量去与英军抗衡。魁北克城中的居民意识到战争开始了，他们纷纷组织起来，保卫自己的家园。就在阿诺德无计可施的时候，有消息称卡尔顿正往魁北克赶来。阿诺德意识到蒙哥马利将军不久将会来到这里，于是他决定暂时撤退，将部队撤回特瑞波尔思角，焦急地盼望蒙哥马利将军到来。

正当阿诺德在前线奋战的时候，华盛顿也在美国迫切地等待着前线的消息，他认为这次远征的意义非凡，希望阿诺德能够旗开得胜。他曾给阿诺德写信，要求他务必在12月5日之前拿下魁北克。华盛顿十分相信阿诺德，再加上有蒙哥马利将军的配合，他认为这次远征一定能够成功。12月份，一艘英军运输船被美军俘获，这艘船上的军需用品本来是丹木尔送给豪将军的。同时，一封丹木尔写给豪将军的信被搜查出来，美军从中得知丹木尔希望豪将军能够将战场转移到南方，这样英军就能够解放那里的黑奴，之后黑奴会加入英军的队伍，这样一来，英国军队的实力会大大增强。原来丹木尔是希望挑起南方战争，华盛顿为丹木尔的超前思维感到震惊，他意识到一定要尽早消灭丹木尔，他会是这场战争的巨大障碍。

这个12月份让华盛顿感到相当煎熬，自己的军队的人数在不断减少，而敌方的兵力却不断地得到补充，他目前也没办法改变这种局势。许多人都是在12月份满了服役期，大家归心似箭，巴不得早点儿回家，还没有等到替补他们的新兵到来，有些就已经离开兵营了。华盛顿希望通过开动员会挽留住大家，他在动员会上带头唱起爱国歌曲，希望能够通过民族大义让士兵留下来继续效命，然而效果并不明显。相比于在外过着动荡的生活，人民更加希望在家里过上安稳舒适的生活。这个黑色的12月让华盛顿心力交瘁，而格林将军一直跟随在华盛顿身边，他清楚华盛顿的苦恼和困惑，但是也无能为力。他的部队已经跟随阿诺德前往魁北克前线，留下来的士兵在瞭望山上又受够了单调无聊的生活。虽然兵营情况十分不乐观，但是格林将军一直保持着开朗豁达的心态，他经常骑上白马去巡视自己的营地，开导士兵，听他们倾诉。12月31日终于到了，又有一批士兵满了服役期，兵力又流失了一大半。格林将军感到十分无助：士兵数量在不断减少，又没有新兵补充，美国兵营有种空虚的感觉。也正是那一天，加拿大传来新情报，原来阿诺德和蒙哥马利在11月份就会面了，他们现在手下有2000名士兵，士兵气势高涨，他们开始准备攻打魁北克了。这是年末里唯一让华盛顿感到欣慰的事情。

1776年1月1日，虽然华盛顿心里早有准备，但是当这个事实来临的时候，他还是感觉接受不了。大量士兵退役，整个美国兵营中只有不到1万人。又是年初，除了退役返乡的士兵外，还有很多官兵希望能够请假回家看望亲人，美国的兵力更加空缺了。雪上加霜的是，美军的武器也快用完了，再这样下去，整个部队将陷入瘫痪状态。为了解决目前部队的种种问题，暂时决定不允许服役期满的士兵将武器带走，同时，要求新兵自带武器，实在没有武器的可以用1美元借用军队里的枪弹。由于经费紧张，部队实在没有多余的钱给士兵增添衣服，所以那个时候美国兵营里的士兵都穿着自己的衣服，一点儿都不像是一个军队。刚刚招募到的新兵对新环境也不熟悉，有些甚至没有作战经验，此时的美军防御力量微乎其微；华盛顿十分心虚，万一敌方来袭，后果不堪设想。

华盛顿心中有诉不尽的苦、道不尽的难，他给里德写信倾诉自己的难处，他说："现在整个军队士兵数量太少了，还不到五千人，而且其中还有一大半会在月中退役，如此尴尬的局面让我心情烦闷。军营中的困难还不止这一件，总是没完没了，我也不知道什么时候是个头。如果我不是司令员，我现在应该可以享受幸福的田园生活，我现在十分后悔当时没有坚持攻打波士顿，如果当初大陆会议同意下来、攻打时机没有延误，那么也不会落到如今缺少士兵又没有弹药的下场，现在的部队别说是进攻，就连自身都难保。"华盛顿陷入迷茫和惆怅中，这时，诺克斯的信送到华盛顿手中，从信中华盛顿得知，诺克斯凭借自己的努力，攻克了许多苦难，终于找到了弹药，并且顺利将一批弹药从迪贡德拉送达乔治湖，他想用80头牛将弹药继续送到斯普林菲尔德，这样华盛顿就能够将这批弹约派上用场了。华盛顿被诺克斯自强不息的精神所鼓舞，正是在这种快要绝望的时候，军人的坚持才能鼓舞人心。

新年伊始，波士顿海港开始忙碌起来，各种商船在港口里穿梭，一支运输物资的舰队也要准备开始新的航程，2艘船刚刚装载好军火准备出海，他们的行踪诡异，大家都在猜测他们将驶向哪里，而聪明的华盛顿早就看出了端倪。就在去年10月份，一位伦敦的好友写信给华盛顿并将这个秘密计划告诉了他。英军的目的是占领奥尔巴尼和纽约，他们已经得到了莱顿省督的配合。这两个城市被士兵守护着，而且规定所有人都必须拥护国王军队，否则将以叛贼论处。除了陆路，哈德逊河、桑德河以及东河也被敌人控制着，他们派出小型军舰和快艇在水上进行无间断地巡逻，除了皇家工作，不允许纽约与北部其他省份有交流来往。这样纽约与新泽西的联络被切断了，宾夕法尼亚和南部的其他省会的联系也被终止。英军希望通过这样的方式获得王冠角和迪贡德拉的控制权，接下来他们可以顺势加强魁北克、纽约和奥尔巴尼之间的联系。英军将部队分散进驻康涅狄格州、马萨诸塞以及新罕布什尔州，这样一来不仅可以分散美军的注意力，同时也能够对马萨诸塞人进行打压，让他们不得不听从英国政府的安排。华盛顿猜测，率领运输战舰的首领应该是亨利·克林顿，他们此次的目的地就是纽约。

正当华盛顿在思考如何制止英国的阴谋时，李将军建议华盛顿立刻招募士兵前去保卫纽约。李将军虽然刚从罗德岛回来，但是他对目前英美两军的形势看得很透彻，他认为纽约拥有十分重要的军事战略地位，如果能保卫纽约，那么接下来的事情会更顺利，反之则不然。李将军请命亲自去康涅狄格州招募新兵，他认为只要打着华盛顿的名义招兵不是难事，而且还有新泽西省斯特林爵士的军队从中协助，美军完全有能力守护住纽约。华盛顿当然希望李将军立刻去招募新兵，但是他们的做法并没有经过大陆会议的商量，他担心如果擅自招募新兵会引起大陆会议的不满。

约翰·亚当斯是大陆会议的议员之一，此次他刚好在华盛顿附近的地方，于是华盛顿写信请教他这样招募新兵是否合法。约翰·亚当斯十分坚定地告诉华盛顿，这绝对是合法的，因为招募新兵的目的是为了保护纽约城，为了保卫美国人民的自由。他还向华盛顿分析当今的情况，指出纽约和哈德逊河不仅是北方各省的枢纽，而且还联通着加拿大通往印第安部落的道路，如果美军不能够守护住这两个地方，那么今后将很难战胜英军。华盛顿领会了约翰·亚当斯的意思后，立刻命令李将军前往康涅狄格征兵，他还让李将军在哈德逊河畔驻扎下来，将长岛的部队解散，尽可能地多采购军需用品。李将军接到命令后，1月8日就启程赶往康涅狄格。

经过一周的赶路，李将军于16日抵达纽黑文，并在那里开展了征兵活动，征兵十分顺利。不久，一支新的军团就形成了，这支新兵团由沃特波利上校负责统率。沃特波利上校原本准备指挥部队前往牡蛎湾与保皇党展开战斗，然而大陆会议此时突然下达命令要求他立刻解散部队。李将军对大陆会议的这一决定十分恼怒，为了争取这支部队，他向大陆会议主席写信讲述了目前前线的具体情况以及战场上的所有形势，但是他的信没有改变大陆会议的态度。这时候康涅狄格的省督杜姆布尔站出来维护李将军的行动，他以极高的人气和魄力支持李将军继续征兵，李将军感动极了，在他的支持下，李将军尽心尽力地完成了任务。

纽约城里还存在一些叛军，李将军将他们一网打尽，并且勒令他们解散、投降并上缴武器，之后没收了他们的土地，还要求他们向大陆会议上交一半以上的财产，还开导他们，让他们认识到自己的所作所为是多么的愚蠢荒谬。至于一些冥顽不化的顽固分子，李将军将他们发配到内地，让他们没有机会与敌军见面。李将军到达康涅狄格的消息传遍了整个纽约城，城里的富绅们都十分害怕，他们担心李将军会对他们的商船进行袭击，一些胆小的商人连夜就收拾好自己的财产，拖家带口地逃出城外，还有一些颇有身份的富绅联名上书议会，让议会出面阻止李将军行动。议会的主席为了了解情况，给李将军写信咨询他的行军目的，并且向李将军坦白了城里没有足够的枪支与弹药，纽约城经不起战争的轰击，他们迫切渴望和平，最后他建议李将军在康涅狄格的西部驻扎，尽量不要在城里展开战斗。当时，李将军还在斯坦福，他也理解纽约居民的担忧，于是他在1月23日对外宣布是来保卫纽约的安全，他向议会保证只会让必要的兵力进驻纽约，如果敌人不发起战斗，那么他将不动用一丝武力；如果敌人向他发起进攻的话，他也会毫不留情地进行反击。

华盛顿已经被军营中的杂事缠得透不过气来，但是他仍然关注加拿大的战事。根据最新的情报，蒙哥马利将军已经将军事工事修筑完成，他将与阿诺德将军一起进攻魁北克。当时魁北克已经十分寒冷，天空里飘着鹅毛大雪，水面上结了层厚重的冰块，陆地上的大雪将士兵们的足迹掩埋。美军的士兵利用这些积雪堆砌成战壕，他们依靠这个战壕的掩护向敌人发起了进攻。在这之前，蒙哥马利命令士兵挂起休战旗，但是英军不为所动，蒙哥马利将军便下令士兵用炸弹轰击城里，他希望能够对守城的士兵有所影响；他还将英军目前的情况写成信，让印第安人用弓箭将信件射到城里，希望城里人能看清楚目前的形势，摆脱对英军的依赖。然而这一切并没有发挥作用，相反，他们现在处于被动状态，英军掌握了整个战场的节奏。

战事就这样一直持续了五天，在第5天的晚上，蒙哥马利来到士兵们用冰雪堆积成的战壕，这时英军开始用大炮轰击美军，这个冰雪战壕根本抵挡不住大炮的攻击，顷刻间就坍塌了，美军形势越来越不利，朗姆上校竭尽全力帮助蒙哥马利撤退，他的忠诚和勇敢深深地打动了蒙哥马利将军。这场战斗一直持续到第二天凌晨，可能是敌人的火药用完才停止进攻，整个战场一片狼藉，雪地里到处都是被炸裂的痕迹。

美英双方就这样僵持了3个星期，英军一点儿投降的意思都没有，而美军的粮食和军火已经所剩不多，经过长时间的作战，战士们的衣服都被磨破了，他们处于饥寒交迫之中，有些意志不坚强的士兵开始厌倦战斗了。这让蒙哥马利十分担忧，他知道如果再这样拖下去，一批战士满服役期后，兵力又会减少，攻克魁北克似乎越来越不可能了。但是他的责任心驱使他振作精神、鼓足干劲儿，为了不给美国大陆军丢脸，他下定决心一定要拿下魁北克。

第五章　波士顿大捷

加拿大前线崩溃了，华盛顿从斯凯勒将军的来信中得知，魁北克战争失利，蒙哥马利将军在战争中英勇牺牲了，连阿诺德将军也身负重伤，华盛顿神情失落。但是斯凯勒将军并没有就此放弃，他请求华盛顿调动3000兵力赶往加拿大战场，然而目前华盛顿手中并没有这么多兵力。经过协调，大陆会议最终同意将马萨诸塞、康涅狄格和新罕布什尔德部分兵力分配给斯凯勒将军。

既然加拿大战事没有取得成功，华盛顿立刻将注意力转移到纽约州，他不想再失去任何一个机会了。纽约的地理位置十分特殊，可以说是整个美国的中心枢纽，就目前情况而言，纽约的兵力不足，防御十分薄弱。李将军在纽约的每一步都异常艰难，因为纽约住的都是保皇派的贵族，他们一向不喜欢美军，并且将美军标榜为叛贼。现在纽约港里停了许多英国皇室的战舰，纽约城里的贵族经常与英国皇室密切往来。他们视美国的地下党为叛党，长期以来，议会都在秘密搜捕地下党的人士。华盛顿对纽约州的这些情况十分了解，他希望李将军能够改变这种格局。2月4日，李将军终于来到纽约城，他发现事实情况跟想象中很不一样，整个纽约城一片混乱。

李将军立即将纽约城的情况汇报给华盛顿，他写道："您一定会惊讶于纽约没有强化海防，这也是纽约州议会商讨的结果。"美军本来是计划将2000名士兵派去驻守纽约港，而且在哈德逊河畔修筑起军事工事，照目前的情况看，这些工作都不用做了。李将军根据华盛顿的指示，对纽约城的保皇党进行严密监视，一有需要就逮捕他们。华盛顿认为，这一切都是因为这些保皇党将消息出卖给英国，如果不尽早阻止他们的行为，他们将会把更多的机密泄露出去。

美军已经在波士顿周围驻扎了整个冬天，但是他们除了消耗自身军需物资外，根本没有取得实质性进展。在此期间，英军不断巩固自己的军事防御，而美军的兵力也在逐渐得到补充。鉴于华盛顿上任一来一直没有取得什么成绩，大陆会议渐渐地不那么信任华盛顿了。华盛顿感觉到自己的处境变得很尴尬，他多次在军事会议上提出强攻波士顿，但是总是有人站出来发对。华盛顿没有办法，他现在只能祈祷天足够冷，能将海港彻底冻成冰，这样他的部队就能够通过海面。然而，老天似乎是在考验华盛顿，整个冬天平均气温都不太低，海港的海面一直都是碧波荡漾。

波士顿已经陷入瘫痪状态，不仅居民们缺粮少食，而且军队的情况更加糟糕，这么寒冷的天，士兵们都没有可以供生活取暖的木柴。这个时候天花肆虐，士兵们又没有足够的预防针，波士顿城里的居民为了避灾纷纷离开了这里，整个波士顿变成一座空城，饥寒交迫的士兵们趁机闯进这些空房子里，四处寻找能够充饥取暖的物品。他们的行为不仅侮辱了士兵的尊严，更让整个英国皇室感到羞辱。豪将军立刻下令禁止士兵搜刮居民财产，他让监狱长领头，率领民兵对这种土匪行为进行打击，对屡教不改者进行抓捕并惩罚。

2月18日，华盛顿再次召开军事会议，他一直主张对波士顿进行轰炸，此外，他们还计划占领多切斯特高地。在诺克斯将军的协助下，美军的军火得到大量补充，他们现在拥有了50门大炮，还有许多迫击炮、手榴弹和子弹。纽约和附近的州也将支援的火药送了过来。在大家的协助下，美军又多了1个团的兵力。现在美军兵力充足，军火齐备，华盛顿认为时机已经成熟，终于可以对波士顿发起总攻。

美军制定了周详的作战计划，帕特南将军负责攻击波士顿的北边，其他分队需要尽快占领多切斯特高地，多切斯特高地位于波士顿的南侧，这个地方对于整场战争来说属于兵家必争之地，华盛顿命令这个分队只许成功，因为只有先占领多切斯特高地，美军才能获得努克山的控制权，这样才能与波士顿城抗衡，接下来再攻占波士顿城将易如反掌。

华盛顿将所有希望寄托在波士顿战争上，因为加拿大战场的失利、蒙哥马利将军的牺牲、保皇党的阻拦、丹木尔的不断挑衅，导致美国人民对华盛顿信心不足。他只能靠波士顿战役挽回美军的尊严，赢得美国人民的信心。

2月26日，华盛顿对士兵进行动员，他用美国的独立来鼓舞士兵的士气、用国家的荣耀激励军官的信心，并不准士兵们在军营里举行娱乐活动。他对所有士兵说："我们在为国家的未来和独立而战，所有士兵应该勇敢拼搏，美国的未来掌握在我们自己手里，在敌人面前逃跑或者撤退，都是可耻的懦夫行为，美军将对其严肃处理。"

3月4日，美军开始行动了。寒冷的天气将地面上的水都冻结成了冰，美军早在两天前就开始修筑战壕和军事工事。这两天里，为了不让敌人注意到自己在修筑军事工事，美军一直在朝敌方开炮，英军真的以为美军是在进攻，不断开展反击，丝毫没有意识到这仅仅是美军的佯攻。到了周一晚上，托马斯将军带领一支分队趁着夜色的掩护向多切斯特进发了。整个分队共有2000名士兵，其中800名在前方掩护，其余作为主力军紧随其后，他们的人数太多了，引起了敌人的注意，但是因为夜晚视线不好，英军并不知道来了多少美军。到了8点钟的时候，多切斯特高地被托马斯占领了。占领高地之后，托马斯又兵分两路，一路朝着波士顿前进，另一路则向威廉城堡挺进。此时，格里德正率领工兵在修筑军事工事，这要是在之前并不是一件难事，然而现在地表除了厚厚的积雪，连底下的土壤都被冻得僵硬，挖掘起来十分费力；但是这并没有难倒美军士兵，他们气势高昂，所有士兵都在奋力挥舞锄头，土壤被砸得咔咔响，所有的工作都按计划执行着。夜晚的威廉城堡显得十分安详，港口里的皇家舰队静静地停泊在那里，那些恐惧战争的居民们也陷入了沉睡，只有美军的士兵在努力地为战斗作准备。

到了凌晨4点钟时，他们的军事工事基本完成，而且援军已经赶到，他们用木材修筑的堡垒结实牢固，等到作战的时候就能发挥出它们的价值。等到太阳升起，英军才发现美军在一晚上修筑了如此壮观的防御工事，他们无一不对美军的效率感到震惊。就连豪将军都发出感慨，他说，即便是英军白天来搭建恐怕都需要很长的时间，然而美军却在这么短的时间内完成了，他感受到来自美军的强大威胁。不久战争打响了，英军朝着美军修筑的工事狂轰滥炸，那些停留在港口的皇家军舰也向多切斯特高地驶来，他们用大炮对美军进行猛烈进攻。美军现在占据着有利地势，对敌人的动态了如指掌，他们丝毫不畏惧英军的进攻，况且，2000名援军的到来极大地增强了托马斯部队的力量，美军现在信心十足，一点儿都不担心英军的进攻。而在波士顿北部，帕特南将军已经率领着4000名精兵猛将蓄势待发。

此时正值逆风天气，英军舰队没有办法靠岸，接着天空又下起倾盆大雨，英美双方的战斗被迫中止。等雨变小之后，英军也没有对美军发起进攻，因为豪将军认为美军的防御工事太牢固了，继续这样攻打也不会有效果，现在事情变得麻烦起来。这时，舒丹将军将皇家舰队目前的状况汇报给豪将军，他说由于风太大，舰队无法靠岸，而如果这时美军向战舰开火，皇家战舰将毫无还手之力。豪将军仔细思考之后，决定召开军事会议，与军官们讨论波士顿战争的发展。其实，他心里有撤退的打算，但是一想到要顾全英国皇家的颜面，他就不愿意这样轻易放弃。在其他军官的鼓动下，豪将军决定继续向美军发起进攻。战斗继续开始了，这场战斗异常激烈，英美双方从晚上8点一直打到第二天早上6点。在战争中，帕特南将军的“大陆会议”发挥了巨大作用，英军根本没法靠近，战争的胜利逐渐向美军倾斜，眼看英军就要失败了，许多英国军官向豪将军家请命撤退，豪将军明明知道英军处于下风，但是他依然坚持继续抗战。到了3月14日，波士顿城内变得一团糟，许多士兵开始准备撤退，他们将自己的随身物品整理好，能带走的就带走，不能带走的就就地销毁。到了16日，英军终于展开登陆行动，但是由于缺乏统筹指挥，波士顿海港混乱不堪，78艘运输船都挤在波士顿港口，而要上岸的多达12000人，有些人拖家带口，有些人还有许多行李。运输船上的船员也不够，根本没办法协调过来。有些士兵等得不耐烦了，就自己划着小船上岸；还有些人甚至被挤到海里，整个波士顿港口充斥着嘈杂的叫喊声，情况十分糟糕。

英军被美军打得抱头鼠窜，本来美军刚好可以乘胜追击，但是华盛顿下令禁止朝英军开炮，这可能是他对英军的人道主义关怀。上午，美军开始继续向波士顿城前进，帕特南率领几个军团以破竹之势抵达西沃斯角。到了9点，一大批美军从班克山上出来，海港里的美军也纷纷进入波士顿城，就这样，波士顿城终于被美军占领了。

波士顿战争以美军的胜利告终，帕特南手下的士兵分成两部分，一部分回到剑桥，另一部分则留在波士顿。位于洛克斯贝利的沃德将军率领500名士兵向波士顿挺进。虽然中途遇到了英军的残留部队，但是丝毫没有影响到这个队伍的进程，波士顿城门被完全打开，居民们高声呼喊战争结束了，美军也顺利进驻市里。接下来，帕特南将军顺势将周围几个据点也占领了。

到了第二天，华盛顿来到波士顿，他的到来赢得了士兵和居民的热烈欢迎。他特意去看了被战争破坏的地段，发现战争并没有让这座城市受到太大损害。英军撤退的时候太慌张了，许多迫击炮、榴弹和子弹都没有带走，华盛顿下令将它们没收，补充到美军的队伍中来。其实，华盛顿也没有想到豪将军居然会撤退。从邓巴军营中狼藉的状况看，豪将军当时也是走得十分匆忙，并没有提前计划和准备。传言，当豪将军刚刚撤离波士顿的时候，英国议会也刚好下达继续守城的命令，他们派出了援军，但是为时已晚，战争的局势已见分晓。

波士顿城内肆意传播的天花疫病比想象中更加恶劣，严重影响到了居民和士兵们的生活。华盛顿下紧急命令，采取一切办法阻止天花的继续蔓延。3月20日，美军的主力部队抵达波士顿，海港里的英军战舰逗留几天后也陆续离开了。但华盛顿并没有放下心来，他担心敌人会卷土重来，因而下令加强福特山的防御工事。福特山连接波士顿海港和周边地区，巩固这里的防御能够有效防止英军的入侵。

波士顿战争中，华盛顿过人的指挥才能体现出来，他不仅在战前作了大量准备工作，战争过程中的管理也让人钦佩不已，他的胆识和能力让人们无比崇拜他。之后的几个月里，他训练了一批毫无作战经验的农民，并且将他们编排成一支纪律严明的正规军。波士顿战争的胜利让华盛顿重新获得各个殖民州的支持，他被描述成拯救国家的民族英雄，为了铭记华盛顿对美国的贡献，亚当斯提议大陆会议表彰华盛顿，并赐予他一块刻有华盛顿头像的金质勋章。

第六章　军事军火委员会

波士顿战争过后，华盛顿认为英军会将部队撤离至纽约，他开始着手准备接下来的行动，然而英军将部队撤离到哈利法克斯——加拿大境内的一个省，这出乎华盛顿的意料，原来英军打算在那里与援军会合。这支援军的统帅是豪将军的哥哥豪勋爵，他同时也是英军的北美海军总司令。兄弟二人十分默契，曾经一起合作战胜过许多敌人。他们现在再次结盟在一起，准备在北美这块大陆上掀起一场腥风血雨。但是兄弟两个性格差别很大，相比于豪将军随性的脾气，他的哥哥豪勋爵十分热衷于冒险和喜欢从事商业活动，他不仅是英军海军总司令，还掌管英国海军的财政大权，并且对政治也十分感兴趣。沃波尔曾这样描述豪勋爵："他是一个沉默寡言的人，只有在讨论重要的军务时他才会张口说话，其他时候一般都是谨言慎行。"豪勋爵已经51岁了，他魁梧的身材搭配黝黑的皮肤，如同一座雕像一样。他的性格并不张扬，甚至有时会显得很拘谨，正是这种高冷的态度，让许多人都觉得他难以接近。他曾经的战友是沃尔夫将军，长年的征战生涯让他们的感情十分深厚，他们被誉为战场上的大炮和火药，豪勋爵稳重实在，就像大炮一样，沃尔夫精神亢奋，就像火药一样，他们配合起来天衣无缝，立下了不少战功，士兵们也十分尊重他们。现在豪勋爵和豪将军联手，北美战事变化莫测。

美军早就听闻豪勋爵的大名，他们也都感到劲敌强劲不好对付，但是他们并不畏惧。因为自从华盛顿领导美军之后，美军的战斗力比以前增强了太多。大陆会议认为现在英军的矛头指向中南美洲，于是他们将美洲一分为二，其中一名少将和两名准将负责新泽西、特拉华、宾夕法尼亚和纽约；由一名少将和四名准将负责另一部分，分别是南卡罗来纳、弗吉尼亚以及佐治亚州。大陆会议委任李将军为南方战区司令官，他的任务是对亨利·克林顿爵士进行监视。然而李将军并不希望如此，他曾向华盛顿请命担任加拿大远征军的总司令，但是大陆会议坚持让他负责南方战区，他只好服从，他向华盛顿表示会尽自己最大的努力做好该做的事情。华盛顿后来给李将军回信，对他在加拿大战争中的表现予以高度肯定，并祝贺李将军成为美洲南方战区的总司令。而李将军日思夜想的加拿大远征军的总司令最后由托马斯将军担任，其实大陆会议更中意斯凯勒将军，但是斯凯勒将军身体已经不如从前那般矫健，所以最后还是选择了托马斯。大陆会议将一个新的任务分配给斯凯勒将军，他要前往奥尔巴尼负责美军后勤补给，这也是一个项十分重要的工作，因为加拿大远征军全靠这条补给线的支援；此外，斯凯勒将军还要负责修筑纽约州和哈德逊河的军事防御工事。

虽然李将军平时性格古怪，但是战场能够激发出他的军事才华。3月7日，李将军开始前往南方就职。华盛顿对李将军十分了解，对他评价也很高，他曾向奥古斯丁坦露：“李将军是一个富有军事经验的谋略家，无论是理论还是实践，都是战场上不可多得的人才。而且他为人忠诚，对独立战争抱有很高的热忱，我认为他是南方军区总司令的不二人选，相信他能够在南方闯出一片新天地。”

不久之后，美军完全控制了波士顿，这时候李将军也刚好在南方上任，他立刻给华盛顿写了一封信，他先肯定了华盛顿这段时间以来所取得的战功，祝愿华盛顿今后能够越来越好；然后李将军将自己现在的状况向华盛顿进行报告，李将军说他现在处境十分尴尬，就像一直到处蹦跶的狗，找不到自己的定位，过去的一段时间他感到自己十分无助和迷茫。从信件中我们可以看出李将军是一个很容易情绪化的人，但他只是在生活中这样，一到战场上他就像变了个人一样。就像他又向华盛顿报告自己已经将部队重新整合完毕，并且部队里的枪支火药已经分配到位，整个部队如今斗志昂扬、士气很高。

李将军在南方就职以后，他在纽约的岗位被斯特林准将暂时接管。华盛顿预测英国下一个目标是纽约港，于是他让苏利文将军和西斯将军先派3000名士兵前去纽约港提前作好准备。这次帕特南将军担任总指挥，他要带领部队修筑好纽约和哈德逊河口的军事工事。整个美国部队在进行最后的调整，华盛顿在波士顿做好协调工作。李将军对纽约城十分担心，认为自己离开之后纽约会一片混乱。然而，经过帕特南将军的精心管理，纽约城秩序井然，相比于从前更加稳定和谐了。帕特南将军制定了一系列严格的规章制度，他的士兵只能在自己军营里睡觉、休息，只有听到清晨起床的号角声才能行动，在没有得到命令的情况下，士兵们不能随便离开自己的哨岗。他们的号角声十分响亮悠长，就连城里的百姓们也开始按他们的起床号角声作息。帕特南将军封锁了整个纽约港口，不准任何轮船、商船在那里进行运输作业。

经过战争的洗礼，纽约城成为一座空城，这刚好给士兵们腾出空间，来自新泽西、费城和新英格兰的士兵涌入城中，冷清的城市又充满生气。民众们已经不再指望特莱恩省督了，他也在作最后的挣扎，为了重新获得民众的支持，他公开称只有拥护政府才能获得和平，如果谁胆敢反抗政府必将受到严厉的制裁。然而这份声明让他失去了更多民众的支持，人们纷纷对他提出指责和批评，没过多久，他与豪勋爵串通的证据被发现，这下他再没有颜面面对这些百姓了。帕特南将军和其他几位将军一起守卫着纽约城，这里的士兵无比期待能见到华盛顿。

华盛顿在新伦敦和普罗维登斯招募了一些新兵后，于4月13日来到纽约城。根据华盛顿的判断，长岛将成为英军新的目标，因为这个地方地势相对于纽约更高，从这里能更好地向纽约发起进攻。当务之急是委派一名可靠的将军前去驻守，他从脑海里几经挑选，最后决定让格林将军去。格林将军接到这个任务特别高兴，他以能够为国家效力而感动光荣，他立刻率领部队赶往长岛，一到长岛就开始着手准备修筑防御工事。格林将军办事效率十分高，没有多久就对这块地方的地形了如指掌，就连周围附属的环境他也能清楚知晓。美军目前面临的一个重大难题是兵力不足，纽约、长岛以及附近的所有兵力加在一起还不足10000人，其中还有许多不能参战的伤病员。华盛顿清算了一下，他现在能够投入战斗的兵力还不到8000人。另一个困惑华盛顿的问题是枪支不足，这让华盛顿烦恼不已。此外，华盛顿还要面对那些公然反对美国独立的人士，他们虽然不会正面与华盛顿作对，但是却暗暗地在背地里搬弄是非、蛊惑人心。

在华盛顿的指挥下，美军正在积极地强化防御。英军则派出许多军舰，它们正停在离纽约城不远的海湾上，特莱恩省督此时也在军舰上，他与纽约州里的同党保持着紧密来往。这一切都在华盛顿的意料之中，他向纽约州安全委员会提议，切断特莱恩省督与纽约城的一切通信，安全委员会十分信任华盛顿，所以对华盛顿言听计从，并且发出命令禁止纽约州的人与英国国王通信来往，违令者将受到制裁。为了集中所有精力对抗英军，华盛顿下令司令部不再举行任何娱乐活动，然后就一头扎进繁忙的军务，一刻都不愿意放松。那些烦琐的军务成为华盛顿生活的全部，只有华盛顿夫人能带给他一丝安慰。华盛顿夫人对司令部的内务很上心，在她的主持下，整个司令部上下秩序井然。以前司令部是各位将军夫人们聚会的场所，现在大家只是打打照面，基本不在一起谈笑风生了。有一位将军的夫人回忆到："大家突然间都变得沉默寡言了，平时大家松散惯了，对现在拘束的生活感到很不习惯，连出门都不敢去远的地方。"

华盛顿关心的事情总是数不过来，他既要操心纽约的防御，又要考虑到加拿大远征军的情况。他又给加拿大增援了4个步兵团、1支工兵以及1个步兵连，华盛顿仍觉得不妥，于是他又让6个步兵团赶去支援，并让苏利文负责指挥。大陆会议对战事也十分关心，他们也担心加拿大的兵力不够，也在不断地向华盛顿咨询当前战场的情况。其实华盛顿心里也很迷茫，他思绪很乱，不知道敌人将会采取什么行动，只能尽可能多考虑一些情况，作好万全的准备。华盛顿猜测豪将军的部队可能会去增援魁北克，如果是这样，那么他们会沿着圣劳伦斯河往上走，然后继续前往加拿大，那么加拿大境内的美军将会有危险。华盛顿又设想英军可能会从本土调拨大量兵力来重新占据纽约城，那么纽约城的美军将抵抗不住英军的进攻。华盛顿也考虑既然这两个地方都十分重要，那么敌人会不会同时向加拿大和纽约发起进攻？后来他否定这一想法，因为敌人调拨兵力确实也十分困难。对于华盛顿而言，他既要加强加拿大的兵力，同时也要保卫好纽约城的安危；但是就目前情况来看，纽约城兵力空虚、防守薄弱，敌人一旦来进犯，极有可能全军覆没；为了防止这种情况发生，他认为还需增加至少10000人以上的新兵来防守纽约。

华盛顿一直在揣摩敌人的意图，与此同时，英军也在积极展开行动，他们即将再向美军发起进攻。此次英军的阵容十分庞大，不仅有布伦瑞克公爵加盟，还有卡塞尔领主和卡塞尔储君出手帮忙。布伦瑞克公爵麾下共有4300名士兵，此外英军还雇用了13000名德国黑森人，这次雇佣费用高达7000英镑。而美军此时对英军的行动毫不知情，华盛顿如同在迷雾中探索一样，只能在试探中排兵布阵。等过了好几天，前方探子来报，华盛顿才得知英军现在有汉诺威人和黑森人协助作战。5月17日，斯凯勒将军向华盛顿报告了前线的情况，华盛顿才知道加拿大军情危机，他必须迅速向圣劳伦斯河派出援军。

在之前的魁北克战役中，阿诺德将军的腿部中弹，伤势很重，但是他凭借坚强的意志一直在想方设法攻打魁北克。他的部队所剩不多了，但是他们士气仍然高昂，丝毫没有退缩的意思，他们后来又向魁北克发起了进攻。阿诺德将军的勇敢表现赢得了大陆会议的高度赞扬，通过讨论，大家一致同意委任阿诺德将军为准将。这个冬天是个煎熬的冬天，无论是美军还是魁北克守军，他们都在顽强对抗着，双方兵力均不足，都在凛冽的寒风中苦苦等待援军的到来。城里的卡尔顿认为城外的美军肯定也是筋疲力尽、弹尽粮绝而坚持不了多久，他坚信他们的援军在春天一定会到达。城外的阿诺德将军确实岌岌可危，他们的部队基本处于一个空壳状态，物资、装备、军火都快用尽了。在这种非常情况下，为了补充军需物资，阿诺德将军采取了强制手段。然而，他并没有搜刮到什么物资，反而让当地的群众对他产生恨意和埋怨。阿诺德将军部队中有些人的服役期满了，他们纷纷要求退伍回家。更糟糕的是，部队中的疾病开始不断扩散，越来越多的士兵被传染，丧失了作战能力，这样一来，阿诺德将军队伍中的总人数已经不到700人了。

魁北克战役的失败，让加拿大人对美国人产生怀疑。他们开始不相信美军作战是为了自由解放，而是单纯为了掠夺。加拿大的贵族和领主们纷纷选择不再支持美军，导致美军所处的形势十分尴尬，感觉不用多久，美军就会自行溃散。阿诺德将军面对的情况越来越严峻，但是他依然精神振奋，还是会经常向敌军发起进攻，有时是切断敌军的补给，有时是向哨岗发起袭击。他曾经用大炮向魁北克发起一次猛烈的进攻，但是效果并不理想，反而让他最得意的炮手朗姆被俘，被囚禁在魁北克监狱。

4月1日，阿诺德期待的援军终于到了，伍斯特将军踏过千山万水赶到魁北克，成为新的指挥官。就在当天，阿诺德将军不慎从马背上摔下来，本来伤痕累累的身体再次受到了重创，需要长时间的静养，于是他被安排到蒙特利尔担任总指挥。托马斯将军也在4月中旬赶到魁北克，当时的美军情况十分混乱：士兵散乱无秩序，部队松散懈怠，哨卡里也是一些零星的士兵。援军的到来让美军的总人数大增，但是其中有好几百人是没有战斗力的。天花病的扩散并没有得到遏制，越来越多的士兵感染了疾病。条件的艰苦、物资的短缺让许多服役期满的士兵毫不犹豫地选择回家。天气逐渐回暖了，河面上的冰块逐渐消融，这意味着敌人的援军就要来了，到时候美军的情况真是难以估测。托马斯将军看见逐渐流动的河水，想到一个大胆的计划。他企图让一艘纵火舰攻击港口里的船，等到船燃烧起来，英军必然会去救火，城里肯定会一片混乱，他再乘乱向魁北克发起进攻。然而在实际执行时，还没等到纵火舰开到英军舰船附近，他们就暴露了自己的踪迹，等到纵火舰烧起来的时候，英军立刻阻止了它的前进。托马斯将军的计划失败了，之后的行动也没能开展。托马斯将军知道他现在最需要做的就是抓紧时间撤退。

美军用最快的速度搬运军用物资准备撤离。5月6号，英军派出5艘战舰到达海港，这下英军的实力大增。卡尔顿将军认为是时候跟美军算一算最后的总账了，于是他率领所有兵力冲出圣·路易斯堡和圣·约翰斯堡垒。让他们失望的是，美军基本已经离开战场，虽然英军继续向前追击了好几英里，但是美军的撤退速度太快了，他们根本追不上美军，于是他们只好放弃追击。魁北克战役，美军确实是战败了，但是卡尔顿将军一直将这些美国士兵看作是勇士。因为在过去的5个月里，美军面对的是天气恶劣、物资短缺、条件艰苦、困难重重的境况，但是他们不屈不挠，想方设法渡过难关，美军还不断劝说当地居民加入他们的部队，他们的行动确实给英军带来不小的困难。最让卡尔顿将军钦佩的是整个冬天美军都是露宿在雪地里，而且他们不放过任何一个向英军进攻的机会。美军的行为让卡尔顿将军认识到他面对的敌人不是普通的敌人，他们不仅训练有素、纪律性高，而且他们意志坚强、信念坚定，就连大炮都不能让他们动摇。美军只有用雪堆积成的战壕，而且兵力不足，每次能作战的人数不到300人，他们现在选择撤退是十分明智的。由于他们撤退得太匆忙，带不走的物资和武器都被抛弃了，一些有伤病的士兵没有跟上大部队的步伐，只能向周围的农户寻求帮助。看到美军如此坚强，卡尔顿将军尊重他们，他下令不再对美军进行追捕；同时，他将所有俘获的美军伤病员送往医院，并承诺会将他们遣返回国。

托马斯将军的部队一直行走了60英里，才停下来稍作休息，他与其他军官开始商量接下来的计划。敌军的战舰不断逼近圣·劳伦斯河，而现在美军的部队什么都没有，基本没有作战能力。托马斯经过分析，认为敌人很有可能会切断美军所有的补给，现在托马斯能做的就是在这里等待援军的到来。

美军的失利给保皇党的人制造了契机，他们希望将这次失败归咎于斯凯勒将军，借此引发美军内部分歧。在新英格兰，保皇党的人到处散布有关加拿大战事的谣言，说美军没有得到该有的补给完全是因为斯凯勒将军的失职，有些人甚至特意伪造一些假证据来证明斯凯勒将军通敌，希望借此掀起舆论对斯凯勒将军的谴责和排斥。当华盛顿得知这些谣言的时候，气得说不出话来，没有谁比华盛顿更清楚斯凯勒将军的为人了，他感到自己受到了侮辱和蔑视，也感受到这些卑鄙小人的险恶用心。他写信给斯凯勒将军说："无论别人怎么说，我依然对你信任不减。这些奸诈的保皇党不断地制造是非就是想从内部破坏我们的团结，我不会让你平白无故受到冤屈，我一定会让这些人得到应有的报应。"于是，华盛顿下令就此事进行彻底的调查，将那些散布谣言的不法分子绳之以法，并将审讯结果公之于众，还斯凯勒将军一个清白。

魁北克战役的失败还影响到了其他地方的形势。为了鼓舞士气、振作军风，华盛顿让盖茨将军带着一封告急文件前往大陆会议。之所以派盖茨将军去，是因为盖茨将军不仅全面了解战争情况，而且他机智善言，华盛顿相信盖茨将军能够让大陆会议感受到美军的雄风和希望。就在盖茨将军准备动身前，大陆会议就命令华盛顿前往费城。5月16日，大陆会议提拔盖茨为少将、提拔米福林为准将，他们将一起负责波士顿的防务。5月19日，华盛顿签署了一份表明纽约形势危急的文件。接下来的两天里，纽约城响起了紧急戒备的警报声，华盛顿堡也射出2发炮弹，一面旗帜在华盛顿的司令部高高升起。

华盛顿在前往费城前，将自己的公务全权委托给帕特南将军。他让帕特南对纽约和长岛的保皇党人士进行密切监视，如有必要可以对他们进行抓捕。他还给斯特灵勋爵、诺克斯上校和帕特南上校布置了修筑防御工事的任务。华盛顿希望自己有时间能到海兰兹的各个要塞去视察，海兰兹的指挥官是詹姆斯克林顿上校，而负责驻守的也都是纽约的部队。5月21日，当所有军务安排妥当之后，华盛顿受到汉考克的邀请，在夫人的陪同下开始动身前往费城。李将军听说华盛顿去了费城，感到由衷的开心，他认为费城的军事会议将会因华盛顿的到来而增添活力和激情。

此时，英军方面也在积极部署作战方案，他们的议会曾宣称，如果美洲殖民地继续反抗英国的统治，不列颠的战车将踏平整个美洲大陆，一场激烈的战事蓄势待发。美军很清楚自己的情况，现在英军的实力确实比美军强大得很多，如果正面对抗，美军基本没有获胜的希望。华盛顿建议费城采取以下几项措施：首先，3年内以10美元不断招募新兵，争取在12月1日前让纽约州的兵力达到13800名；其次，对纽约港进行严密监管，不准任何敌方船只进入；最后，加强泽西州中部的防御工事，可以从特拉华、宾夕法尼亚和马里兰调拨10000名兵力援助泽西州。大陆会议还授予华盛顿一项特殊的权力，即刻起，华盛顿可以在紧急情况下调动各个州的兵力。

6月12日，一个名为“军事及军火委员会”的战争委员会成立了，这个委员会的作用是处理一些急需解决的军务。委员会的常务委员有本杰明·哈里森、詹姆斯·威尔逊、约翰·亚当、爱德华·鲁德里奇以及理查德·彼得任，其中理查德·彼得任是委员会秘书。

第七章　加拿大战争失利

加拿大的情况越来越糟糕，美军不断败退。此时，阿诺德将军负责驻守蒙特利尔，他命人在雪松高地上修筑一座牢固的防御工事，并让贝德上校负责守卫那里。贝德上校手上一共有400人兵力，他们的主要任务有两个：一是切断英军的补给，二是负责监视英军和印第安人的行动。5月下旬，侦察兵向贝德上校报告说有一支浩荡的敌方部队来犯，这支部队包括英国人、加拿大人和印第安人。贝德上校立刻赶往蒙特利尔请求援兵，并让巴特菲尔德上校留下驻守高地。阿诺德将军得知消息后，立刻让谢尔本少校前去支援，自己也率领主力部队跟在后面。但是敌人的速度太快，雪松高地在援兵赶到之前就被敌军围攻了，巴特菲尔德上校已经投降。谢尔本少校的队伍也在距离雪松不远的地方遇到了印第安人，一场激战过后，双方都损失惨重。

雪松失利，谢尔本遭袭，接二连三的消息传到阿诺德将军的耳中，他感到形势不对，于是他让一些特拉华的印第安人去与敌军的印第安人谈判，希望他们能够释放俘虏。阿诺德还给敌军的印第安人写信称，如果土著人不愿意释放俘虏，那么美军将扫荡整个部落，不留一个活口。阿诺德将军自己也率领400人的队伍来到圣·劳伦斯，他看到了自己的战士在印第安人的船上，那些船离他越来越远，他没有办法将他们救下来，内心痛苦不已。

雪松失守的消息传到了华盛顿那里，至于失守的原因，华盛顿认为是因为贝德上校和巴特菲尔德上校的懦弱，他们不及时迎战，耽误了作战机会。他写信给斯凯勒将军说："现在美军在加拿大的情况十分不乐观，我不希望再听到类似的坏消息，希望前线的战士能够奋勇杀敌，改变战争的局势，尽早完成收复加拿大的任务。如果再这样下去，我们将面临更加艰难的处境。"

华盛顿为加拿大的战事殚精竭虑，而不幸的是，斯凯勒将军又带来另一个坏消息，原来盖伊·约翰逊上校居然私下与印第安人串通一气，他在扎赫姆·布兰特和巴特勒家族的人的协助之下，决定与印第安人联手，一起占领莫霍克。盖伊还写信给堂兄约翰爵士，约翰爵士也背叛美军加入到英军的队伍中。斯凯勒将军为盖伊的背叛感到羞耻，他立刻让伊利亚斯上校去抓捕盖伊，而盖伊的消息很灵通，他早就和堂兄约翰爵士逃走了。伊利亚斯对约翰逊的庄园进行全面的搜索，搜查出许多重要的文件。在此之前，约翰逊的夫人被印第安人抓获，印第安人以此为借口要挟约翰逊背叛美军。伊利亚斯又搜查出敌军的下一步作战计划。约翰爵士现在已经与敌军抵达莫霍克，他们企图占领这里，并将莫霍克作为根据地。伊利亚斯立刻将这一情报向斯凯勒将军汇报，斯凯勒将军迅速采取行动，他派出一支军队去讨伐敌军。华盛顿下令让斯凯勒在奥尔巴尼巩固军事防御，作好与敌人开战的准备。华盛顿还授予斯凯勒与印第安六国联盟酋长直接联系的权力，情急之下可以按照自己的意愿行事。随着这个形势发展下去，加拿大的战事会跟夏天的天气一样越来越火热，尽管美军目前没有作好十足的准备，但是华盛顿相信美军会依靠坚定的信仰赢得这场战争的胜利。

斯特林勋爵对海兰兹进行一番巡视之后，将情况向华盛顿报告，他把海兰兹的地形进行全面而详细的描述。蒙哥马利碉堡位于哈德逊河的西边，整个地势比较低，它的正对面是安东尼海角，那里地势险峻、坡度陡峭，一般人是没有办法从这里通过的。只要有一支部队在这里驻守，那么就可以控制住整个港口。哈德逊河上游附近有一座宪法岛，这个岛屿突兀直立，四周都是悬崖峭壁。斯特林上校建议在蒙哥马利碉堡建造防御工事，因为这里地势较高，易守难攻，是设哨卡的不二选择，在今后的战事中也能发挥出巨大的军事作用。蒙哥马利堡目前是两个连队在驻守，这两个连分别由詹姆斯·克林顿上校和维斯纳尔上尉统领，这两个连队拥有的兵力和军火都不多，加在一起还不到150名士兵，如果敌人来犯肯定会被攻破。纽约州议会曾经命人修建这两个工事，那些被抓捕的保皇党派被发配到这里做苦力。为了强化防御，6月14日，詹姆斯·克林顿上尉被任命为蒙哥马利的总指挥官，负责整个驻地的军务。詹姆斯·克林顿是一个经验丰富的军事家，从小就在军营里长大，他熟悉整个海兰兹的地形，也善于与当地的土著部落交流，可以说再没有人比他更适合在这里当指挥官了。

国王桥在李将军眼里是一处天然的军事战略要地，他将纽约和内陆紧密联系在一起，于是他下令在国王桥附近的山上修建起防御工事，等到这里的工事完成，美军就等于控制了整个纽约州的交通。李将军十分敬仰华盛顿，他将新建成的要塞命名为华盛顿堡。整个军事工事由卢夫斯·帕特南上校负责，米福林将军则在不远的地方负责保卫这里的工事。这里的要塞正在紧锣密鼓地修建中，格林将军也在长岛指挥士兵修建防御工事。整个美军这段时间都在抓紧时间加强防御，他们必须要将哈德逊河以及附近区域进行全方位的防御巩固。

加拿大战争中美军再次被击败了。敌军对美军进行猛烈的炮火攻击，托马斯将军已经将部队撤退到索瑞尔河口，情急之下，华盛顿立刻命令汤普森将军前去支援，就在这个时候托马斯将军染上了天花病，没多久就病逝了。之前托马斯将军排斥天花疫苗，不让他的士兵们接种疫苗，现在自己却因天花而亡。之后，苏利文将军接管了托马斯的部队，伍斯特将军回到本部。苏利文将军率领自己原来的部队来到索瑞尔河口增援托马斯。与此同时，圣·克莱尔上校接到汤普森将军的命令，带领自己的部队来到三河城，准备对抗苏格兰上校麦克林的部队。苏利文将军对索瑞尔河的防御工事进行巩固，并让一部分兵力前去支援克莱尔上校，克莱尔上校得到支援后，兵力大增，手上的兵力达到了2000人。克莱尔上校是一个十分谨慎的人，没有十全的把握，他不会轻易出兵。苏利文将军给华盛顿写信，在信中他以积极乐观的态度向华盛顿汇报了他的作战计划，等到汤普森将军占领三河城后，他就派舰队驶向黎塞留河大瀑布，接下来便是攻占魁北克。

加拿大人并不看好美军，美军现在的实力相比于英军实在差太多了，他们感觉到自己的安全得不到保障。苏利文将军向华盛顿承诺在接下来的几天里，加拿大局面会发生根本性的反转。这让华盛顿看到了希望，他在给苏利文将军回信称："我不想听到任何来自加拿大的坏消息，甚至害怕听到加拿大的战报，但是我对你一直保持信心，相信你能够带领美国士兵扭转战局。"华盛顿也想到了一个行之有效的好办法，他将苏利文将军推荐给大陆会议，希望大陆会议能够让他担任驻加拿大的美军总指挥。在华盛顿眼里，苏利文将军是一个自信开朗的人，他向往自由和胜利，多年的作战经历让他拥有了拥有超强的指挥能力，士兵在他的带领下必将士气高涨、信念坚定。虽然他偶尔会有点儿轻浮，但是他在战场上冷静的判断力是整个美军不可多得的财富。华盛顿希望大陆会议能够对苏利文委以重任，而其必会给大陆会议一份满意的答卷。

华盛顿刚提出这个建议没多久，大陆会议就决定任命盖茨将军为加拿大美军总指挥。大陆会议的东部议员更愿意让盖茨将军担任这个职务，因为在波士顿战役后，盖茨将军以他独特的人格魅力征服了新英格兰人，并与他们建立起友善的关系。6月22日，盖茨将军便前往加拿大战场了，华盛顿虽然感到有一丝泄气，但是他对盖茨将军也抱有希望，期待盖茨能够在加拿大战场力挽狂澜。

根据苏利文将军发来的最新情报，敌军共有1.3万兵力，主要由三部分组成，分别是爱尔兰军队、英格兰军队和豪将军的部队。他们现在已经开始从魁北克发兵，分别从陆路和水路两个方向向美军赶来。负责陆路的是卡尔顿和菲利普将军，负责水路的是德赛尔将军，此外还有一支弗雷泽将军的队伍，此刻弗雷泽已经到奥三河城，奈斯比将军负责英军的所有物资运输。6月8日，苏利文将军向汤普森将军表达了对整场战争的期望，汤普森将军率领部队向三河城进发，他们的计划是等到天亮就向敌军发起进攻。天刚亮，战斗就打响了，激烈的战斗持续了一整天，美军一直处于上风。之后，汤普森将军的部队在圣·皮埃尔河右侧驻扎，他发现克莱尔的部队正在河的左侧，于是他想夜里过河，向敌军发起突袭。但是敌军的援兵已经赶到，汤普森将军对此一无所知。

晚上，汤普森将军按计划让部队过了河，他们向三河城不断逼近，可是带路的向导在夜色中迷路了，他们在一片沼泽地里摸索了一晚上，后来找不到出路，汤普森将军决定返回，他们又走了两英里路。时间不断流逝，天渐渐地亮了起来，他们的行迹被敌军发现了。没多久，敌军的炮火就朝他们打来，一晚上的摸索让整个部队筋疲力尽，他们来不及躲避，许多士兵都中枪倒下了；最后，他们来到三河城，但是这一切都来不及了。弗雷泽将军的部队已经提前赶到，并且发现了汤普森将军的残留部队，他们将汤普森的队伍团团围住，整个队伍乱作一团，在敌人强大的炮火面前，汤普森将军最后选择投降。除了汤普森将军，还有欧文上校以及200余名士兵被敌军俘虏，除了牺牲和被俘的士兵，存活下来的士兵在大沼泽里逃窜，少数回到兵营里的士兵将情况向苏利文将军进行汇报，苏利文将军这时候才认识到自己过于轻视对手。这次战争的失利给美军造成了巨大的损失，在自责和内疚中，苏利文将军解散了部队，并率领一小部分炮兵离开了索瑞河口。

苏利文写信给华盛顿，向华盛顿祖陈自己的失落，对于自己没有完成任务感到抱歉。他认真地反省了自己过去所做的一切，分析了战事失败的原因，并将目前美军遇到的困难进行陈述，他说如果他不选择撤退，那么整个在三河城的美军将全军覆没。不久之后，斯凯勒将军给苏利文写信，让他将部队撤退至王冠角。

苏利文将军的撤退标志着美军在加拿大的彻底失败。但是这场战争将美军的革命斗志和战斗激情表现得淋漓尽致，同时也体现了美军大无畏的民族气节。这场战争虽然条件艰苦，但是士兵们士气不曾衰减；虽然困难重重，但是美军一直在顽强坚持。从这场失败中，美军也认识到自己的不足，并总结了经验，在之后的战争中，美军将学会更加科学的指挥和更加周全的布局。

第八章　为自由而战

自从英国在加拿大战胜美国后，他们的野心更加膨胀，现在他们想占领整个哈德逊河和纽约，企图在纽约建立自己的军事基地。英军开始着手行动起来，希望能早日实现这一目标。他们鼓动纽约城和长岛内的保皇党，策反美军，希望能够制造更多的谣言蛊惑民心，让不知情的民众站在英军这边。一时间，纽约城内各种谣言如旋风一般充斥着每条大街小巷。大家都在议论说英国就要来纽约打仗了，美军是打不过英军的，据说就连华盛顿都已经被英军击毙了。整个纽约城人心惶惶，大家都不知道谁说的是真的、谁说的是假的。但是有一点是肯定的，那就是英军的这场策反活动相当成功，他们已经让纽约州里的百姓开始对美军产生怀疑，就连城里的一些大老板都开始投靠英军。

纽约州的局势引起了议会的高度重视，议会派人秘密调查此事，最终各种证据都表明谣言来源于特莱恩总督。特莱恩总督正在英军船上悠闲地喝下午茶，他靠特工与城里的人保持联系。此外，纽约市长戴维·马修斯也在这场策反活动里扮演了重要的角色，他在城内秘密地储备兵力，甚至收买了华盛顿身边的警卫。华盛顿得知此事后，立刻将住在长岛的马修斯逮捕，并认为他的住所里肯定有跟敌人有关的大量文件。

马修斯的住所离格林将军的驻地很近，于是华盛顿将捉拿马修斯的任务交给格林。第二天凌晨，格林将军的人马便将市长寓所团团包围，马修斯自然地被捕入狱，但是让华盛顿感到奇怪的是，格林将军并没有在他的住所里发现市长与敌人串通的证据。马修斯被捕一事掀起了一系列声势浩荡的逮捕行动，纽约城的叛党抱头鼠窜，纷纷逃出城外。按照华盛顿的命令，所有的叛党都将被捕，而那些属于军队系统的人还要被军事法庭判刑。

经过审问，叛党透露了特莱恩总督收买叛党的手段。总督以每人5英镑在招募叛军，等到事情结束以后，一个人将得到200英亩土地的额外奖励。因为这些诱惑如此丰厚，所以许多人选择加入叛军，其中有一个叫做科比的酒馆老板，他承认自己是叛军的小头目，并且他的酒馆也是叛军的秘密基地。总督特莱恩的联络员是一名叫做福布斯的机械厂工人，他向美军承认，城里的那些谣言都是经过他的口传播出去的。让华盛顿感到不可思议的是，他身边的一名警卫托马斯·西奇，也被敌军成功策反了。除了托马斯·西奇，还有一名叫做格雷厄姆的警卫，也是一名叛军。格雷厄姆曾是皇家警卫队的成员，由于得不到提拔，一直郁郁寡欢；这个时候，总督特莱恩趁机给予他极高爵位的诱惑，他经经受不住诱惑而选择投靠英军。纽约市长在审问期间一直宣称自己是清白的。他向英军坦白，虽然他确实收买了华盛顿的警卫，但这并不是想要去背叛美军，是因为总督特莱恩下令让他收买福布斯，进而去购买战争所需要的火药和物资。马修斯希望通过自己的证词证明自己对美国仍然保持忠诚，从而可以尽量减少自己的罪名。之后，马修斯将整个谋反计划详细地公布出来。根据他的陈述，英军将对哈德逊河和纽约城发动突然袭击，并且迅速地占领国王桥，之后，就可以切断纽约城内的通信。虽然马修斯的话听起来不像是假的，但是华盛顿认为，英军不可能按照这个计划去实行。最后，他下令把所有的叛党都关进监狱，等候发落。

6月29日，华盛顿又收到了新的情报。根据信件说明，英军派出了40艘舰船，现在已经在港湾靠岸了，他们都是从哈利法克斯出发。英军的总兵力估计有10000人左右。华盛顿感到大敌当前，必须采取有力的措施，他让詹姆斯·克林顿迅速采取对策，只要敌人向海兰兹靠近，那么就给予他们强有力的反击。这条命令是6月30号下达的，接到命令后，所有官兵立即进入备战状态。

听说英军的舰队要来纽约城，城里面那些没有被抓捕的叛军似乎又看到了希望，他们又开始在城内猖獗起来。虽然经过华盛顿的整治，叛军的人数大大减少，但是，那些残余分子仍然活跃在哈德逊河附近。橘县的安全委员会向詹姆斯·克林顿上校报告了叛军近期的活动情况，他们还抓捕到一名叛党，名叫詹姆斯·哈弗。通过审问，哈弗透露叛军已经与英军计划好，只要英军抵达海兰兹，那么叛军就向宪法堡发起进攻，进而配合英军占领整个海兰兹。这时，纽约堡也向克林顿发出提示，希望他能够高度重视叛军的活动，现在整个纽约城内忧外患，面临的威胁很大。纽约湾里的敌军军舰数量逐渐增加，根据侦察兵报告，当时在海湾里的战舰达到了130艘，其中许多军舰上装载着大量的军用物资。敌军在国王岛登陆，并在那里安营扎寨。豪将军的舰队最先到达纽约港，他从特莱恩总督那里得知了目前纽约的详细情况。

敌军的到来给华盛顿带来了不小的压力，他十分清楚英军此时按兵不动是为了等待豪勋爵的到来，届时豪将军与豪勋爵两兄弟将联手向纽约城发起攻击。华盛顿立刻向大陆会议写信请求从马萨诸塞州派兵增援纽约。为了防止敌军发起突然袭击，华盛顿还派1支有10000名士兵的部队负责守卫新泽西州。7月2日，整个美军进入全面作战状态，所有士兵摩拳擦掌作好迎敌的准备。华盛顿开始动员士兵们，他鼓励士兵们在战场上勇敢杀敌、克服艰难，也对那些贪生怕死的士兵予以警告，他希望所有士兵能够在这个关键时候肩负起保卫国家的重任。

俗话说："乱世出英雄。"美国的这场战斗里，一位让历史铭记的伟人出现了，他就是亚历山大·汉密尔顿，他的出现让美国的命运发生了改变。就在格林将军前往华盛顿司令部的路途中，他在市政广场见到了一支正在操练的炮兵连，整个连队整齐划一、纪律严明，每个士兵刚毅的脸上都透出一股军人的果敢，他一下子就被这支连队吸引住了。当格林将军看到排头那个气质非凡、与众不同的年轻军官时，一种钦佩之情油然而生，他就是亚历山大·汉密尔顿。格林将军上前与汉密尔顿简单地了交谈了几句，格林将军自己是一个经验丰富的军事家，通过交流，他感到这个年轻人对军事的理解让人眼前一亮，其独到的见解更是让自已喜出望外。

于是，格林将军决定邀请汉密尔顿去他的司令部坐坐。他们两个人相见恨晚，友谊的种子从此生根发芽。

汉密尔顿来自于西印度群岛，父母都是会计，他从小就有远大的理想和抱负。他曾经给朋友写信说："我不喜欢虚无缥缈的空想，我相信自己能够改变命运，我愿意为了自由而参加革命。"从中我们可以看出他对革命的激情、对自由的渴望。由于父母的熏陶，他14岁就开始从事会计，他表现得比同龄人更加成熟。他平时不仅热衷于研究数学和化学，他还喜欢研读文学，经过日积月累，他的文章十分出彩。后来，他接受了高等教育，整体素质得到大幅度提高。1772年，他前往纽约国王学院（今哥伦比亚大学）念书，并于1773年进入医学院学习。

从小习惯复杂动荡的生活环境让他的内心变得躁动而坚强，他靠他的文章在学校引起不小的轰动，他主要是对当今的时事政治进行评论：有时笔锋锐利，直指事件要害；有时文风肃穆，歌颂伟人业绩。他的文章成为学校里炙手可热的样文，同学们都称他为"才子"。1774年7月6日，汉密尔顿参加了菲尔兹大会，他认识到只有站在美国立场上才能让群众获得自由和尊严。大会上的汉密尔顿感慨颇多，在同伴的支持下，他在公共场所即兴发表了一场精彩纷呈的演讲，听众无不感慨如此年轻的面孔下拥有一颗如此成熟的心。那次演讲让他获得不少称赞，同时也让他人气大涨。自从这次演讲以后，他就决定自己一定要加入革命战斗。为了实现个人理想抱负，他开始学习军事课程。渐渐地，他在军事和火药方面的天赋被开发出来。课余，他还组织了一支业余部队，这支部队的成员全是学生和市民。1776年3月，他如愿成为一名炮兵连连长，他感觉自己离梦想更进一步了。汉密尔顿给自己的部队制定了极其严格的纪律和规章，这支部队不久就名声大噪。格林将军十分中意汉密尔顿，认为这个年轻人以后必能在战场上有一番作为，于是他向华盛顿举荐汉密尔顿。就像汉密尔顿自己所说的那样，他将自己的命运牢牢地把握在自己手里。

战前的空气如同凝固了一样，每个士兵都感受到空气中弥漫着一股令人窒息的紧张感。这时，华盛顿的好朋友休·默瑟给美军带来一个好消息。休·默瑟的战斗激情从未减弱，他自己组建了一支弗吉尼亚的民兵连，他的热情征服了大陆会议。6月5日，他被提拔为准将。

大陆军的机动部队还没有建成，为了加强新泽西州的防御，宾夕法尼亚安全委员会决定先将部分兵力转移到新泽西州。等到大陆军的机动部队召集完毕，再将兵力召回宾夕法尼亚。华盛顿向大陆会议提议让休·默瑟担任机动部队的总指挥。之后，华盛顿又安排利文斯顿将军和休·默瑟一起对抗敌人。在华盛顿看来，利文斯顿将军天资聪颖、才思敏捷，不仅接受过高等教育，而且为人和睦友善，这与休·默瑟刚好形成互补；他相信只要他们二人联手，一定能够对敌人造成不小的打击。

英军此刻已经在国王岛部署战略计划，他们希望在国王岛建立起军事基地，进而向安博伊发起进攻。国王岛上的英军士兵正热火朝天地修筑军事工事。为了保证新泽西的安全，机动部队不得不选择在国王岛附近驻扎下来，因而机动部队随时都有可能受到英军的攻击。华盛顿一直很担心新泽西的安危，他曾在信中表明：国王岛目前的处境十分危险，不仅仅是因为敌人一直对这里虎视眈眈，而且还有许多叛党在国王岛和安博伊之间往来，他们随时可能攻打新泽西；所以，为了保卫新泽西，首要的任务就是清除岛上的叛党。

华盛顿的处境可谓是内忧外患，纽约城中的恐慌情绪并没有因为叛党被抓而有所缓解。大陆会议每天都商讨各种提议，比如他们目前讨论的最火热的内容就是关于约翰·亚当斯的事情。1776年7月2日，大陆会议正式通过决议，对外宣称所有联合的殖民地都有权享有自由，所有殖民地都能够成为独立的国家。亚当斯说：“7月2日是美洲历史上意义非凡的一天，从这一天开始所有的美洲人民都是自由独立者，美洲将成为一个崭新的国家，我们不受迫于任何人，我们开始掌握自己的命运。”这是一件震撼世界的大事，今后所有人都会在这天欢歌载舞，庆祝美洲的独立。7月4日，《独立宣言》面世了，这部承载着所有美洲人民命运的伟大宣言成为每个美洲人民的信仰，当天所有人都情绪激动，他们有的喜极而泣，有的张扬大笑，人民用传统的庆祝活动纪念《独立宣言》的诞生。之前，这个话题只是大陆会议秘密商讨的事项，直到《独立宣言》正式公布之前，没有多少人知道具体结果是什么。

州议会高耸的塔楼上，一面古老的大钟仍然在不知疲倦地工作着，这面23年前从伦敦进口的钟面上刻有《独立宣言》的节选：所有殖民地有权利享有自由，并成为独立的国家。沉重的钟声记录了历史，记录了《独立宣言》通过的伟大时刻，标志着美国成为一个独立的国家，再也不用接受英国的统治。约翰·亚当斯作为这个事件的发起人，他知道宣言对于历史有着无可比拟的重要性，他比任何人都懂得这份自由的来之不易，正因为如此，他感到自己的生命价值得以实现。他用文字记录了当时的感受：“从1761年开始，我一直在美洲争取独立权利，我深知这意味着美英两国关系的决裂，甚至会引发不可想象的战争。这十几年来，我呕心沥血，一直在为独立争取权利，我简直不敢相信这场革命居然成功了，美国人的智慧最终击败了英国人的狂妄。”在他的回忆中，他仍然埋怨《独立宣言》没有早几个月通过，如果那样，魁北克和加拿大都将是美国的领土。华盛顿为《独立宣言》的颁布由衷地感到高兴，从此美洲有了正式的身份，军队现在是在为自己的国家而战，他深知与英军的恶战再也不可避免，美洲大陆上一场旷世战争即将爆发。7月9日，华盛顿下令在军营广泛普及《独立宣言》，让每个士兵熟悉其中的内容、领会其中的意义。他在给士兵演讲时说道：“宣言是美洲部队的精神信仰，它将指引大家向未来走去，我们应该为宣言而感到精神振奋，应该对自己的国家保持忠诚，应该有理由相信自己就是历史的创造者。上帝会保佑我们，美洲终将独立！”

纽约城中居民因为《独立宣言》的颁布而充满喜悦，他们为这伟大的时刻疯狂地庆祝。在《独立宣言》颁布的那天晚上，成千市民来到格林广场，他们一起将广场上矗立的乔治三世雕像推倒，大家围绕在坍塌的雕像周围唱歌跳舞，庆祝殖民统治的时期已经结束。广场的热闹景象吸引了一些士兵前来参与，这事传到华盛顿耳中，他对这些士兵进行了严厉的惩罚，因为他认为这些士兵没有经过上级批准，随意参加集会活动，这不仅是无视军纪的行为，更严重影响了美军的形象。华盛顿平时经常教导身边的士兵，告诉他们革命事业的伟大和崇高，希望他们能从内心了解作为独立战士所背负的民族责任，所有美国士兵不能盲目冲动，要时刻谨记自己是在为国家争取独立、为人民争取自由而战斗。

没过多久，战争的阴霾又笼罩在每个人的心头，大家开始为战争作准备。7月12日，纽约港里又多了几艘英军军舰，这引起了美军的高度重视。纽约城里的士兵对纽约港的情况进行严密监视，这些军舰的到来无疑加重了大家的忧虑。虽然这些军舰还没有向城里靠近，但是城里每个士兵都作好了随时参战的准备，每天哨兵们在哨卡上站到凌晨两三点钟，一有情况就立即向上级反映，天亮时才回军营稍作休息。

终于，英军的军舰开始行动了。华莱士上校率领2艘英军战舰向纽约城驶来，其中一艘是载有40名机枪手的凤凰号，另一艘是载有20名机枪手的玫瑰号。到了下午4点左右，两艘战舰来到了哈德逊河的上游，守城的美军看见敌军前来，就向他们发起了进攻，英军立刻开始反击。轰鸣的大炮声震惊了纽约城里的百姓，城里开始骚乱起来，来自四面八方的人在城里抱头鼠窜，人们的惊吓声、怒吼声、咆哮声混淆在一起，让纽约城陷入混乱之中。就在前几天《独立宣言》颁布的时候，这里的人们还在兴奋地庆贺，现在大家为了保全性命，早就将那份激情甩到脑后了。2艘英军战舰根本没有理会美军的炮火攻击，因为他们的船头早就堆积了许多沙袋，美军的大炮根本对战船起不到作用，战舰径直向哈德逊河上游开去。之后，英军的战舰停了下来，也不再向纽约城开炮了，就像中场休息一样，城里的居民有一种得到喘息的机会的感觉。

敌军古怪的行为引起了华盛顿的怀疑，华盛顿认为英军战舰一定是在找机会登陆，然后将海兰兹的通道占领下来；目前，宪法堡和蒙哥马利堡的军事工事仍在建设当中，当地的兵力也不足，这时候如果英军发动进攻，那么美军将毫无还手之力；而纽约城附近的叛军正在哈德逊河附近的村庄里，他们很有可能一起联手向纽约城发起进攻。华盛顿立刻给米福林将军写信，米福林将军正驻守在国王桥，根据华盛顿的指示，米福林将军迅速率领部队前去阻拦英军的前进。蒙哥马利堡和宪法堡正处于危险之中，这让华盛顿久久不能心安。乔治·克林顿在之前被提拔为准将，现在他正率领部队赶往纽温莎。12日，华盛顿写信给克林顿，为了加强海兰兹的防御，让克林顿将纽约的民兵调过去，如果情况危急，还可以向康涅狄格州请求增援。

其实，克林顿对海兰兹的整体情况十分了解，他早就预见到英军会对海兰兹发起进攻。华盛顿还不知道自己即将面对巨大的考验。7月12日开始，英军就对纽约城发起连番轰炸，这让城里的市民感到自己的生命随时都有可能丧失。当天晚上，英军又向纽约城发起新一轮的轰炸。海港里的英军战船越来越多，一眼望去，每艘船上都飘扬着旗帜，旗帜上面是圣·乔治的头像。不久，豪勋爵的舰队也赶到了海港，这让英军士气大增，所有英军就像打了兴奋剂一样高呼："豪勋爵！豪勋爵！豪勋爵！"

豪勋爵的到来让整个战场热度上升了好几度。为了负责对付从中作乱的叛党，一个秘密的组织在温彻斯特成立了。华盛顿给这个组织写信，让他们严肃处理那些叛党，因为越是关键时刻，他们越能制造混乱。这些叛党确实给华盛顿造成不小困扰，他们的存在让华盛顿不得不分出精力对付他们。华盛顿对叛党的活动范围还是很了解的，萨克福马县、昆斯县和温彻斯特县是这些叛党的主要活动范围，他们现在都在等待英军，期盼着英军能早日占领纽约。华盛顿建议将温彻斯特监狱的叛党转移到里奇菲尔德，这样能够减少这些叛党的影响势力，在这13名叛党中还包括之前被捕的纽约市市长。

华盛顿的忧虑不是多余的。豪勋爵上岸之后开始实施他的"蛊惑"战术。他在公共场合大肆鼓吹英军的"正义"行动，恶意渲染美军的杀伐暴乱。许多不明真相的群众听信了他的演讲，纷纷选择投靠英军。而民众中仍有绝大多数不买豪勋爵的账，因为这些人更愿意推崇《独立宣言》，他们更愿意将自己的未来托付给美军。为了进一步扩大英军的影响力，豪勋爵将美军定义为叛军，不承认他们的合法地位，并且大肆鼓吹美军在战争中的血腥残暴、毫无人性，企图让民众对美军产生抵触情绪。而美军方面，华盛顿也在尽力做好安抚人心的工作，他向大家宣传美军的正义，并且用自己的行动向大家证明美军的人道。

不久，豪勋爵派出一名海军上尉前去与华盛顿谈判。这名英国海军上尉随身携带着一封秘密的信件，而这封信件的内容是豪勋爵同意授予华盛顿正式的军衔。但是这名海军上尉一路上并不顺利，他在中途被里德上校拦截，无奈之下，上尉拿出那封信，并希望里德上校能够帮他转交给华盛顿。当里德上校看过那封信后，顿时火冒三丈，原来信件上对华盛顿的称谓是“华盛顿上校”。他立刻意识到，英军的做法是在故意侮辱美军，他们一直都不愿承认美军的合法地位。当华盛顿看到这封信后，没有显得十分生气，相反，他很平和地拒绝了英军的“委托”，并让里德上校转告英军上尉：“美军政府这边没有名为华盛顿上校的人。”这名英军上尉没有见到华盛顿，心有不甘，他一直向里德上尉要求亲自前往美国政府，但是里德上校态度很坚决，最后这位海军上尉只好离开。豪勋爵没有就此放弃，不久之后，他又派出一名上校前往华盛顿处。这名上校名叫帕特森，跟上次海军上尉一样，他也带了一封委任书，不过这次帕特森顺利地来到司令部，并且见到了华盛顿。华盛顿礼貌地接见了帕特森。但是帕特森一直很看不起美军，在他眼中，美军是一支没有法律地位的叛军，所以在与华盛顿交谈过程中，他一直保持一种高傲、轻蔑的态度；而心胸宽广的华盛顿却不以为意，一直保持和气的态度。帕特森向华盛顿转达了豪勋爵的问候，并向华盛顿传达了豪勋爵希望他能接受英军军衔的意思。华盛顿委婉地拒绝了，并让帕特森转告豪勋爵，自己是美军大陆军的总司令，只有美国政府和美国人民才能够授予他军衔，同为司令官，豪勋爵没有给他授予军衔的权力。帕特森意识到这个话题没有必要再继续下去，短暂的寒暄之后，帕特森返回英军军营。帕特森离开之后，司令部所有将士被华盛顿的谈吐所折服，他们认为这次战前的会晤不仅让英军看到美国总司令的大将风范，而且有力地挫败了英军的锐气。

现在哈福斯特罗湾停满了英军的主力舰船，一艘不知好歹的运输船开到了皮克斯基尔湾，而乔治·克林顿将军早就在这一带安排好了埋伏，6000名士兵蓄势待发。当他发现运输船向岸边靠近的时候，便下令让蒙哥马利堡开炮攻击。这艘运输船受到袭击之后，立刻掉头逃跑，它绕过了邓迪尔堡，往哈福斯特罗湾驶去。英军在这片海域摸索了一段时间之后，掌握了这里的水文和航道，他们将军舰开往蒙哥马利堡附近的海域。克林顿将军意识到敌军的行动，他认为英军是想在夜晚发起突袭，等到攻破海岸防线，他们就会前往海兰兹，如果敌军进展顺利，那么美军在这片海域所做的一切将毁灭殆尽。为了防止这种情况发生，克林顿将军特意安排了夜哨，敌人一有动作便立即点火报告。为了抵御敌军的进攻，他们还在各处都准备好了许多木料，一旦敌方来袭，美军就准备用火攻抵御敌方战舰的进攻。来自纽约议会的特使前往与将军一起商讨抗敌之策。特使建议，备好易燃的木排，然后将这些木排用铁链连在一起，用旧帆船牵引，如果敌军来袭，就让旧帆船拖着这些着火的木排顺风进攻英军的战舰；还要准备一些捕鲸船，这些捕鲸船能够有效地拦截敌军的运输船；此外，又准备一艘加长的战舰，在其舰艏装好九门大炮，用于进攻。等这些准备都齐全了，克林顿将军写信给华盛顿，他向华盛顿汇报了他们的作战准备，并且向华盛顿表示取得战斗胜利的决心。

经过曼哈顿岛的战斗，华盛顿将兵力分成四个部分，分别让西斯将军、李将军、林肯将军和苏利文将军统领，其中李将军身负重任，他的部队驻扎在瓦伦丁山，这座山正对着国王桥，他的任务是掩护运输部队经过国王桥。其他的部队组合成一道牢固的防御网，这道防御网从李将军的营地开始，向白平原延伸过去，途经布朗克斯，总长度达10英里。在哈勒姆高地上是华盛顿的司令部，几日以来，华盛顿一直放心不下，他每天在周围骑马侦察，以便决定在哪里修筑防御工事。在华盛顿的精心部署下，美军暂时不会与英军发生正面冲突。到了21日，他决定将司令部移到瓦伦丁山，23日又决定将司令部定在白平原，之后便在白平原驻扎下来。过去的一周里，英军一直按兵不动，他们正驻扎在斯洛格角，因为他们补给不够，只好在那里等待援军到来。豪将军并不知道他的等待浪费了一个最佳战机。而等到英军援军到达之后，美军已经将主要的交通要道完全控制，英军再无可能在陆地上行军。豪将军立刻改变作战对策，在18日，他率领小分队从海路绕过东彻斯特海湾，在哈金森河的贝尔角上岸，并在附近与他的主力队伍会合。

英军的行军过程并不顺利，因为美军一直在从中阻挠。来自马萨诸塞州的格拉夫上校联合里德将军在附近的树丛里设好埋伏，他们的计划是等到敌军一靠近，就向他们发起进攻。这套战术十分奏效，英军的先锋部队基本上没有靠近的可能，他们被猝不及防的伏击打得抱头鼠窜。英军被迫改变作战方式，他们从横排前进的方式改成了纵列前进，在战斗中又随机应变改变方针。但是美军也作出了调整，英军的新战术并没有成功，这场战斗很快就结束了。美军共歼灭了8名英军，并有13名敌军受伤，遗憾的是谢帕德上校在战斗中受了重伤。对于这场战斗，华盛顿感到十分欣慰，他高度赞赏了格拉夫和谢帕德上校。21日，豪将军将部队驻扎在纽罗谢尔北边2英里远的地方，而罗杰斯的叛军"女王突击队"也在他们的附近。在一番打探之后，斯特林勋爵决定去活捉罗杰斯。而主动请缨执行该项任务的是哈斯雷特上校，他决定带领750名特拉华士兵来完成这个任务。哈斯雷特上校谋划缜密，他们避开了罗杰斯的哨兵，又悄无声息地杀掉了一名中尉和随行的几个哨兵，之后还成功解救了26名俘虏。他们的行动迅速而有效，看上去取得了极大的成功；然而，狡猾的罗杰斯在听到哨兵的枪响之后就迅速逃走了。罗杰斯本来就是一个机敏灵活的人，他最擅长的就打游击，想要抓住他得花一番工夫。这次的任务没有成功完成，但是哈斯雷特上校依然对这次的行动感到满意。之后，他们又与英军有几次小规模的交火，并且都将英军打败。

正当英军兵败溃散之际，一支黑森雇佣兵与豪将军的队伍会合，不久，一支爱尔兰骑兵也赶来支援。这支爱尔兰骑兵的马匹来自不同的地方，他们的马匹既有走海路运过来的，也有在当地购买的。美军开始担忧起来，因为英军实力的加强对他们来说是一种威胁。华盛顿作为总司令，他没有表现出过多的忧虑，而是不断劝导士兵一定不能放弃信仰，一定要相信胜利是属于美国的。根据华盛顿的推断，这支骑兵不会给美军带来太大的威胁，因为战场上到处都是凹凸不平的路面，而且又有石堆垒砌成的一堵堵围墙，骑兵不会发挥太大的作用，所以美军现在要保持镇定，制定好相应的有效作战方法，就能轻松击溃英军。为了让士兵们能够在战场上更加英勇，华盛顿对士兵们说，如果只要大家能活捉一名骑兵和马匹就能得到100美元的奖励。25日的下午，敌军分成四个分队向华盛顿的阵营飞奔过来，华盛顿一接到这个情报就火速让士兵们击鼓传令，作好作战准备。从敌人径直而来的路数来看，英军这次是想与美军进行一场正面的对决。此刻，白平原上集结了布朗克斯的全部兵力，他们蓄势待发，等待着敌军的到来。26日就像是暴风雨前的宁静，双方均没有做出任何动作，但是紧张的局势让每一个人都紧绷着神经，连大气都不敢喘。27日，战争终于打响了。阵阵炮火声从华盛顿堡方向传来。在枪林弹雨中穿梭的是勇敢的侦察员，他们在以自己的生命为赌注，为部队带去最新的情报。英国的两艘战船在当天早上横渡了哈德逊河，它们现在在莫里斯下游的布尔德渡口停了下来，这个地方刚好是华盛顿之前的司令部附近。英军此番行动的目的就是要隔断华盛顿堡和李堡之间的联络。也正是在这个时候，帕西勋爵带领一支部队到达哈勒姆平原。现在，摩根上校的部队已经在华盛顿堡附近安排好了埋伏，等待英军的到来。而英军也一直朝着华盛顿堡开展猛烈的轰击，他们企图将摩根的军队击垮。在泽西海岸附近的悬崖上，美军建立了一个碉堡，他们希望能够以这个碉堡为根据地，将英军击退，但是这个计划没有取得很好的效果。情急之下，摩根将军命令将士们开足火力，18门炮一齐开火，炮弹直飞向敌人的战舰。刹那间，震耳欲聋的炮火声响彻整片天空，声音一直传到白平原，华盛顿一听就知道是摩根将军在奋力抵抗敌军。这响彻苍穹的炮火声确实震慑住了哈德逊高地的英军，他们在如此猛烈的炮火下准备起锚撤退。但是摩根将军的炮火确实太惊人了，与英军战舰连在一起的小船被炮弹击中，燃起熊熊大火，火势蔓延速度很快，这下英军没办法撤退了。英军的指挥官帕西感到逃跑无望，于是让士兵们不停地用野战炮和迫击炮对美军进行反击，但是相比于美军的炮火，英军战舰的威力简直不值一提。越来越多的黑森兵在战斗中倒下，双方的战斗整整持续了一天，到傍晚的时候，英军狼狈收兵。

前线炮火凶猛，在战场的后方，李将军正率领两支后卫部队在泥泞的山路上拖行着笨重的军火物资，他们的行军缓慢而艰难，他们的目的地就是前方的战场，然而等到他们抵达前方战场时，战斗在几个小时前就已经结束了。

白平原的高地上坐落着华盛顿现在的司令部，这个司令部坐西朝东，右边是陡峭的山坡，由右翼部队负责防守，而左侧有一个小湖，左翼部队此刻就驻扎在湖边。当然，这只是暂时的部署安排，等到军需物资转移之后，会有所变动。李将军终于将军需物资带到了白平原，华盛顿立刻就邀请他一起去侦察周围地形。他跟李将军骑着骏马来到山顶，放眼望去，整个白平原尽收眼底。这时，李将军指着远方的一座山对华盛顿说道："那座山是一处极佳的军事位置，我们应该尽快占领它。"正当华盛顿同意李将军的看法、准备与他一同前往时，一个轻骑兵气喘吁吁地赶来，上气不接下气地说："将军，将军，敌军攻到我方营地了！"华盛顿一听，便迅速与李将军朝军营飞驰而去。一到军营，里德准将告诉华盛顿："我方外哨已经被敌方攻破，敌军的大部队正要向我们这里赶来，眼下所有战士已经作好战前准备。"但是华盛顿现在关心的是查尔顿山的情况，于是他命令哈斯勒特上校立刻前往查尔顿，之后又派麦克道格将军赶去支援。麦克道格统领的是马里兰步兵团，经过上一场战斗的洗礼，这个步兵团的人数已经少了一半，目前的总兵力还不到1600人，但这丝毫没有影响到战士们高亢的情绪。让华盛顿没有想到的是这次敌军的进攻速度如此之快，美军这边排兵布阵还没有部署完，白平原四周已经涌现了大批英军。从现场情况来看，英军兵分两路，纵向排列，分别由亨利·克林顿将军和黑森兵将军德海斯特统领。从敌方前进的轨迹可以看出，敌军是要从正面进攻，华盛顿对查尔顿山仍然放心不下，他担心英军会率先占领查尔顿山。事实上，英军果真朝查尔顿山发起攻击，负责防守查尔顿山的指挥官正是年轻的亚历山大·汉密尔顿，他正率领他的炮兵团顽强抵抗。此外，马里兰军团也朝敌军展开猛烈的攻击。这时，黑森兵突然集中起来，他们想一鼓作气击垮汉密尔顿的部队。麦克道格将军的右侧也遭到了敌方的攻击，黑森兵从侧边包抄过来。查尔顿的民兵团没有见过如此壮观的场面，被战争的炮火吓得晕头转向，在这个关键时刻，麦克道格将军花了好大工夫才将这些畏头畏脑的士兵集合起来，指挥他们靠着石墙朝向敌方发起反击，一开始这些民兵团士兵还展开了一些反击，等到黑森部队不断前进，他们最终失去了所有抵抗的勇气，纷纷逃跑开来。即便是这样的情况，麦克道格、哈斯雷特和汉密尔顿没有一丝怯懦，他们顽强地与敌人抗衡着。这场艰苦的拉锯战持续了5个小时，双方都损失惨重，除了400名美军在战场上壮烈牺牲以外，还有许多士兵被英军俘虏。最终查尔顿山被英军占领，他们在那里修筑起防御工事。

第九章　查尔斯顿战役

华盛顿可谓是腹背受敌，既有纽约遭受英军攻击的压力，又有英军从加拿大进攻的威胁。当他为战事忙碌得焦头烂额时，前线的官兵们又为了指挥权的事情起了内讧。当时，盖茨将军正在前往加拿大的路上，他接到美军从纽约前线撤离的消息，他感到不可思议，因为按照计划，这些美军应该在奥尔巴尼待命，而这所有行动的指使人便是斯凯勒将军。按照斯凯勒将军的观点，他有权调配美军的兵力，盖茨将军只是负责加拿大的兵力，如果这些兵力退出加拿大，那么他将成为所有兵力的总指挥官。两名将军为此争执不下，于是斯凯勒将军给华盛顿写信说道："如今我和盖茨将军的权力划分不清，这势必影响整个战局的走向，我只以大陆会议下达的文件为根据，在没有任何指令下达之前，我不承认盖茨将军拥有美国远征军的绝对指挥权，当今情势如此危急，我认为我有权行使自己的权力。我请求您能够将情况如实上报给大陆会议，请他们作出最后的决定。"

大陆会议自然接受了他们的提议，但是商讨的结果并没有这么快出来，在此之前，两位将军将共赴香普兰湖一起对抗卡尔顿爵士。7月6日，盖茨将军和斯凯勒将军来到王冠角，他们在那里将一批从加拿大撤回的士兵召集、整编在一起，这些士兵由于长时间的行军个个身心俱疲，他们的体力在路上已经消耗得差不多了。有些士兵还染上了天花，为了不传染给其他战友，只好睡在旁边的草垛上，他们所剩的食物和水都不多，夏日的酷热炙烤着他们，在恶劣的条件下，他们没有药品，饿了只能用一些发霉的饼干垫垫肚子。

这批士兵一共有6000人，其中一半以上都是伤病员，他们曾经隶属于15个营，现在被两位将军集合在一起，为了方便调度，将军们将这些士兵重新组合。眼下他们的条件依然艰苦，因为得不到足够的后勤补充，他们只能用一些树枝搭建起临时休息的屋子，一些伤势很重或是因生病而奄奄一息的战士被送往附近的乔治湖医院，他们将在那里调养身体。送走了伤病员后，留下来的士兵并不多，为了应对接下来的情况，将军们决定开一个军事会议。在会上，他们达成一个共识，那就是凭借目前的兵力是不可能守住王冠角的，为了守卫住王冠角，至少还需要1个连的兵力，现在他们能做的就是将所有兵力集合在一起，守卫王冠角的腹地迪贡德拉。

在美军的内讧斗争中，苏利文将军感到自己受到了不公平的待遇，因为盖茨将军的军衔曾比他还低，如今却成了加拿大远征军的总司令，他对大陆会议失去了信任，认为是大陆会议故意如此，于是，他向大陆会议提出辞职。经过大陆会议的商讨，最终同意了苏利文将军的请辞，在离开部队之前，苏利文将军让斯凯勒将军传达了他对大陆军的感恩和抱歉。

7月9日，迪贡德拉汇集了3位将军，分别是盖茨将军、斯凯勒将军和阿诺德将军。他们在这里安营扎寨，并将随行的武器装备等物资安置下来，当务之急就是在这里修建防御工事，加强这里的防守。约翰·特鲁布上校是盖茨将军身边的得力干将，他对整个迪贡德拉进行了一番侦察，他认为应该将防御工事修筑在湖的东面，这样不仅可以对迪贡德拉形成保护，同时也能够快速增援独立堡。为了更好地侦察整个战场的动向，他建议在香普兰湖和乔治湖之间的高山上修筑一个军事工事。军事工事安排妥当之后，他们的下一步行动便是招募新兵以增强海军的实力。阿诺德将军从东边招募了许多技艺高超的木匠，让他们为美军打造新的战舰。斯凯勒将军则负责军需物资的采购，他从迪贡德拉回到奥尔巴尼，为战争筹备所需物品。一番合作下来，盖茨将军和斯凯勒将军之间的矛盾就此消除。7月8日的时候，盖茨将军接到大陆会议的一封来信，大陆会议最终将他的职权划分清楚，盖茨将军将获得加拿大境内的独立指挥权，再也不用与斯凯勒将军发生冲突。同时，大陆会议也没有完全剥夺斯凯勒将军对加拿大军队的指挥权，斯凯勒也接到大陆会议的来信。在信中，大陆会议对斯凯勒将军予以高度肯定和表扬，并且鼓励他能够为美军再添佳绩。我们从中可知，大陆会议希望两位将军能够不计前嫌，彼此建立起深厚的友谊，共同为革命事业作奉献。盖茨将军对大陆会议的表态十分满意，他也表示将与斯凯勒将军一起联手抵抗敌军，誓死为国家效命。斯凯勒将军也写信给华盛顿和大陆会议表明自己尊重这项决定，也愿意与盖茨将军一起为革命胜利而努力。这感人的一幕让华盛顿心里安慰不少。但是塞缪·亚当斯对他们的表态保持怀疑，他认为两位将军只是暂时的和解，他们都有卓越的才能，今后他们肯定还会因为别的事情引发争执。此刻大敌当前，塞缪尔·亚当斯希望这只是自己的臆想，他还是希望两位将军能够通力合作。共同抗敌。历史告诉我们，任何权力的游戏都将以牺牲为代价，眼下最要紧的是他们能够和睦共处。

目前美军危机四伏，要想打败敌人，那么军队内部必须团结一致，然而在这个节骨眼上，部队里的士兵争执不断，士兵们因为一些鸡毛蒜皮的事情相互猜忌、相互妒忌，使整个军队变得乌烟瘴气。例如，南方军队中绝大多数士兵的家乡是特拉华，因为历史原因，他们十分排斥新英格兰的士兵；而这些来自新英格兰的士兵又对康涅狄格的战士怀有偏见，这支复杂的队伍的指挥官包括利奇上校、汉斯利特上校以及斯莫尔伍德上校，军队里的士兵经常因为意见不合而大打出手。米福林准将现在担任宾夕法尼亚的指挥官，他曾是华盛顿的副官，因为为人忠诚、做事可靠，后来被提拔为陆军军需兵司令官和军需局局长。格雷顿上校是米福林准将的老乡，他对米福林准将十分敬重，他曾这样评价米福林准将："他是一个刚强乐观的人，任何时候看上去都精神饱满，雷厉风行是他做事的风格，他对待自己的士兵相当严格。"米福林准将现在在国王桥附近，他的队伍肩负着修筑华盛顿堡的任务。就目前而言，马里兰部队的装备是整个大陆军里最好的，这个部队的首领是斯莫尔·伍德，战士们都有统一的着装，猩红色的制服让整个部队看上去威风凛凛。正因为他们部队的优越条件助长了士兵们的不正风气，他们蔑视康涅狄格的士兵。康涅狄格条件相对落后，他们部队的标志就是一块帽章。事实上，康涅狄格的士兵不以为意。相反，他们对马里兰士兵颐指气使的态度嗤之以鼻，认为他们只是外表光鲜亮丽的酒囊饭袋，在战场上根本顶不住敌人的进攻。但是康涅狄格的士兵的物资条件实在太差了，他们不仅没有统一的着装，就连必备的军用物品——卡宾枪和马刀，他们也都没有，所以马里兰士兵认为他们是不正规的杂牌军，即便他们手中有各式各样的猎枪，但是一旦投入战场将不堪一击。康涅狄格的士兵确实存在太多劣势，他们中大部分人没有经历过战争，心理素质和身体素质也很差；由于招募得太匆忙，有些士兵连生活用品都忘记带了。大陆军中也有一些过得悠闲的军队，比如宾夕法尼亚的军队，他们的生活可以用歌舞升平来形容，举行宴会，舞会之类就像是家常便饭。而新英格兰的士兵过着相当拮据的生活。军营中的士兵因为宗教信仰的原因分歧也很大，就像“清教徒”对于宾夕法尼亚的士兵而言简直是天方夜谭。

军队中还有一些轻骑兵，一开始华盛顿认为既然他们有自己的马，那么至少也是地方绅士。然而，他们都是贫苦的农民，这些马只不过是他们生活运货的工具，所以他们看上去肮脏不堪，但是这丝毫没有影响到民众对他们的追捧，因为这些农民在国家危难之时勇于挺身而出，为了民族自由和国家独立浴血奋战，他们高尚的人格让大家对他们刮目相看。事实上，部队暂时不需要轻骑兵，华盛顿也向他们表明了态度，然而他们却坚持参军甚至承诺不花费军队的一分钱。相比于部队里骄矜的正牌骑兵，这些农民骑兵吃苦耐劳、任劳任怨，更赢得华盛顿的青睐。根据康涅狄格的民兵法，轻骑兵是不需要去前线驻防的。但是现在情况紧急、人手不够，当这些正牌的骑兵后来接到命令需要去前线驻防时，他们满腹牢骚，有些甚至请求离开部队，西摩上校将这些情况如实禀告给华盛顿。华盛顿对这些轻骑兵的表现十分失望，他在给这些士兵的回信中写道：“每一个士兵都有义务履行驻防和巡逻的责任，在这个关键时刻，我们不需要天天抱怨的懦夫，我们需要敢为国家牺牲的英雄。”华盛顿坚持让他们前去完成驻防任务，因为这是军人的职责。之后，华盛顿让警卫韦伯上校以他的名义将骑兵的情况写信报告给杜姆布尔省督，省督看到这个消息又询问西摩上校具体细节，西摩上校敬畏省督，于是亲自写了一封长信解释了相关情况。

不久之后，李将军给华盛顿送来急件，他将英军把战场转移到南方的真正目的告诉了华盛顿。英军的总将领亨利·克林顿爵士曾经是李将军的手下败将，这次他再次率领部队南下让不少人感到困惑。克林顿爵士的行动让人摸不着头脑，华盛顿不知道他会不会向纽约发起进攻，之后又会不会攻打弗吉尼亚，如果真这样，那么南卡罗来纳的查尔斯顿将面临巨大威胁。当华盛顿正在犹豫是否向克林顿将军发起攻击之时，李将军的部队来到了华盛顿身边。在美军的努力下，许多防御工事在查尔斯顿拔地而起，最显著的便是约翰逊堡，它是海口的重要要塞，守卫这个堡垒的是盖茨登上校。盖茨登上校为了应对英军突如其来的攻击，在约翰逊堡的对面也修筑了一个堡垒，这个堡垒距离城区只有6英里的距离，可攻可守，驻守这个堡垒的是威廉上校，一共有375名正规军和其他民兵负责坚守阵地。堡垒固若金汤，又与詹姆斯岛相接，能够监视整个海湾的视野。在苏利文岛的西北边，几座坚固的大炮高高架起，看起来美国的整个防御工事完美无比、无可撼动。查尔斯顿人因为李将军的到来而欢欣鼓舞，在他们看来，李将军是军队中的伟人，每一个战士都被他的光辉事迹折服。敌军听闻李将军前来，便不再向美军发起进攻，他们在苏利文岛的对岸驻扎起来，观察局势变化。英军此时并不知道查尔斯顿这个时候根本没有防守兵力，他们被李将军的威名所震慑，因而错过了一个绝佳时机。

为了攻占查尔斯顿，亨利爵士准备从水路和陆路两个方向发起进攻。为了对抗英军，美军早有准备。为了不让敌军通过布里奇，一批正规军在汤普森上校的指挥下驻守在苏利文北岛，他们在这里修筑了大量防御工事。李将军刚好也在岛的北部驻扎，为了能够随时接应汤普森上校，他命人用小船搭建起连接碉堡的桥。此时，亨利爵士也在自己营地里修筑了军事工事，这个炎热的夏天，交战双方都在积极准备军事工事。炙热的太阳炙烤着大地，英军每天都在炎炎烈日下拼命地赶进度，他们储备的蔬菜和水随着时间推移所剩不多，士兵们的怨气越来越重。6月28日，英军终于向美军发起了攻击。打头阵的是彼得·帕克爵士，他的部队率先向查尔斯顿开火。那一天，美军处于下风，因为英军进攻的方向刚好是顺风的方向，没多久，英军的优势就显示出来了。美军负隅顽抗，来自南北卡罗来纳以及弗吉尼亚的士兵骁勇奋战，他们不怕死、不怕累，抱着坚守碉堡的信念，一直在抵抗敌人的进攻，就连子弹打完了，他们仍然没有退后一步。他们的表现让李将军大为赞赏，曾经他一直都不看好南方的士兵，现在他对这些士兵报以崇高的敬意。

战斗紧张而激烈，双方士兵连续战斗了12个小时，都损失了部分兵力，但是美军伤亡人数明显少于英军。子弹和军火彻底用完了，汤普森让士兵撤退。英军看见美军撤退，以为美军已经没有抵抗能力，他们让船向岸边靠近，企图占领堡垒。而我们的李将军早就在岸边埋伏好了，就等英军自投罗网。敌军果然上岸了，李将军下令朝他们开火，英军被这猝不及防的伏击打得抱头鼠窜，那些停靠在岸边的战船也被击中，燃起了熊熊大火。太阳要落下去了，因为夜晚视线模糊，亨利爵士决定让部队撤退。第二天早上，英军又向美军发起第二次进攻，这次美军占了上风，敌军不久就被打回去了。海上漂浮着彼得·帕克爵士的船队，这些战船此刻已经残破不堪，丧失了作战能力，帕克爵士在无奈之下放弃了占领堡垒的计划。英军的进攻计划失败了，为了不给美军留下任何武器物品，亨利爵士下令将一切带不走的物品全部烧毁。这场激烈的战斗以美军的获胜而告终，共有35名士兵在战斗中牺牲。在表彰大会上，穆特里上校、汤普森上校、李将军以及参与战斗的其他指挥官均受到了大陆会议的嘉奖。虽然战斗胜利，但是李将军始终保持警惕，他在给华盛顿的信中写道："为了保护南方各个殖民地，我还需要1000名骑兵，这次胜利的主要原因还是敌军行动拖沓，要不然失败的将是我们。今后，我们不能掉以轻心，要始终保持冷静。"

查尔斯顿战役的胜利让纽约人民感到希望就在前方。7月21日，华盛顿将李将军传来的这一好消息向全军通报，他希望纽约的士兵能够像查尔斯顿士兵一样坚强勇敢，他在动员大会上说道："查尔斯顿之战向我们展示了美军的实力，无论敌人多么强大，我们也不能低下高贵的头颅，为了革命的胜利，为了人民的自由，为了国家的未来，我们没有理由退缩，只有不断向前，勇敢拼搏才是我们走向成功的唯一道路，要么胜利，要么死亡，我们别无选择。让我们一起为了这光荣而伟大的事业共同奋进。"士兵们无不被这慷慨激昂的演讲打动，他们现在就想奔赴战场、奋勇杀敌。

帕特南将军负责驻守哈德逊河，他的部队正在紧张地修筑华盛顿堡的军事工事，为了限制船只的活动范围，他在哈德逊河修筑了一道防线。7月26日，帕特南将军将这一工事的修筑情况向盖茨将军汇报。信中，帕特南将军写道："我们用两艘船做栓子，用粗大的铁链将一些巨大的原木绑在一起，放入水中，这样就会形成一道防栅，这个工事有280英尺宽，任何船只都不可能通过这里。"帕特南的计划与新泽西的安德森指挥官不谋而合，安德森也准备在纽约港建立一道这样的防栅。安德森将他的计划上报给大陆会议，大陆会议批准了这个项目，华盛顿也特意为他调配了士兵去修筑这个工事。

此外，安德森还要负责纽约州的造船工作。

国王岛附近聚集了许多英军战舰，他们在战船上耀武扬威，好像国王岛已经是他们的了。美军的准备还不够充分，因为到现在为止，他们机动部队招募的人数还不足3000人，华盛顿指示，招募工作依然需要加把劲儿。到了7月底，英国的援军到达国王岛，这批援军组成很复杂，既有苏格兰高地的部队，也有黑森的部队，同时还包括其他的一些雇佣兵，声势浩荡的援军乘坐着英国战舰气势汹汹地向美军驶来。8月初，亨利爵士带领他的部队也来到纽约湾，他不忘在查尔斯顿吃败仗的屈辱，这次准备一雪前耻。此外，康沃利斯爵士也带领着他的3000名士兵赶到了战场。

帕特南将军的军事工事差不多完工了。米福林将军作好了迎战的准备，6艘大划艇按照他的指示在海湾蓄势待发。8月3日，美军又受到英军的攻击，“凤凰号”和“玫瑰号”轮番朝美军发射炮弹。两个小时之后，美军损失惨重，英军的几艘战舰也被摧毁，可谓是两败俱伤。但是这场战斗让美军大无畏的精神再次得以体现，每一个美国士兵冒着枪林弹雨，顶着敌人猛烈的炮火攻击，顽强地坚守在自己的阵地上，不到最后时刻决不放弃，这就是美国士兵精神的伟大之处。这场战斗敌我双方差距也很大，在3万人的敌军面前，不足2万人的美军确实显得势单力薄，其中这2万人里还有相当一部分是伤病员，美军的装备也很差。在装备精良的英军面前，美军靠的只是坚定的信念和顽强的决心。一部分士兵驻守在15英里之外的堡垒，他们用自己的生命捍卫国家的防线。

美军的精神固然珍贵，但是军队当中仍有一些不正之风。来自不同地区的士兵彼此之间的偏见仍然很大，有时候甚至会大打出手，此外，为了争夺军功，士兵之间的嫉妒心也很强烈。为了肃清军风、严肃军纪，华盛顿命令士兵必须抛弃老旧观念、树立团结意识、加强彼此合作、协力击退敌军。在这个国家遭遇危难之时，各个殖民地如果还不团结一致，那么等待大家的只有失败。华盛顿强调，大家应该将国家的利益放在首位，摒弃不良作风，要以真诚之心对待自己的战友同胞，只有互帮互助、相互扶持才能走向光明、走向胜利。联邦体制才刚刚成立，各个地区目前的理解程度不够，思想还没有解放，在这个时候，华盛顿就能提出如此识大体的观念，果然是大将之风。

华盛顿是一个忠于信仰的人，即便是在这个危机重重的时刻，他下令每个周日士兵可以得到休息。这样，大家都可以在周日抽出时间去做礼拜。正因为这道命令的颁布，军营中开始出现一些古怪的风气，一些士兵一遇到麻烦就会去向神灵跪拜、向天神祈求帮助，这不仅违反了军纪，而且助长了军队中迷信的态势。华盛顿为这些人感到羞耻，他认为这些人是思想腐朽的代表，不依靠自己的努力想获得额外的帮助，这是对神灵的不尊重。华盛顿对军队中的这些人发出警告，并下令以后如果还发现这种情况，一定严惩不贷。

华盛顿整顿完军队的内部问题，又把精力集中在敌人身上。就目前情况而言，美军确实没有任何优势，无论是在兵力上还是装备上都比不过英军。英军手上还有一张王牌，那就是他们战无不胜的舰队，华盛顿在想，如果能够摧毁这支舰队，那么美军获胜的可能性就会大大增加。华盛顿密切关注这支舰队的活动。8月7日，长岛东岸聚集了30艘敌军运输舰，从舰队上下来的士兵与当地的部队会合，他们迅速整合成一支部队，并且将美军的交通要道都给封锁起来，他们这样做是为了限制美军的行动。

美军的情况变得危急起来，这个时候机动部队派上用场了。2000名机动部队与斯莫尔伍德上校的部队联合在一起，他们以最快的速度进行武装，进入待命状态。为了巩固哈德逊河岸的防守和加强国王桥的防御力量，纽约州议会决定临时招募一批民兵，其他的兵力则被分散到长岛的各个据点。金斯县是长岛上的一个重要据点，这里的民兵还没有意识到战争的重要性，不少民兵不去驻守据点，仍然在田里干农活。于是，州议会特地下令：不去驻守的民兵将受到处罚。接到命令后的民兵连忙赶往据点，但是他们缺少武器装备，不少民兵是带着锄头、镰刀等农用工具前往战场的，这一幕被历史记录下来，成了革命史上有趣的一笔。

在纽约州议会的安排下，本来被华盛顿命令前往哈德逊西岸守卫的克林顿将军现在要赶往国王桥北边的要塞进行驻守，克林顿将军安排了200人前往奥尔巴尼的隘口修筑防御要塞。为了监视敌军的行动，骑兵们在河岸两边都设置了眼线。大战前的所有部署基本妥当。整个部队进入高度紧张的备战状态，华盛顿将抓捕的所有叛党送往偏远山区，把所有的重要文件也打包好交给大陆会议保管。

8月8日，前方的紧急战报显示敌军正在向纽约靠近，紧张的战争让每一个战士情绪变得亢奋，从士兵们睡不好觉、吃不下饭的情况里可以看出，战争从精神上考验着每一个人的素质。华盛顿下令让士兵反复检查好自己的武器，防止开战后出现子弹没有上膛、步枪走火等一些低级错误。士兵们驻守在自己的岗位上，没有人敢有一丝懈怠，生怕敌人在涨潮时突然袭击。华盛顿特意在拜亚尔山上安排了3名哨兵去监视敌方舰队的一举一动。一旦敌方舰队有异常，立马开枪警示，让士兵们提高警惕。华盛顿认为现在情况过于危险，于是将华盛顿夫人提前安排到费城，如果有必要，还会将她送回弗农山庄。华盛顿夫人希望能够留在华盛顿身边照顾他的饮食起居，但是华盛顿没有同意，他认为战况变化太快，夫人跟他在一起可能会有生命危险，最后夫人还是被送走了。

英军于17日离开了国王岛。根据前线的情报，帕特南将军认为国王岛上还剩四分之三的敌军兵力，并将这个情况向华盛顿进行汇报。华盛顿立刻召开军事会议讨论敌军的目的以及下一步作战计划，会上，华盛顿指出，敌军一定是在酝酿一个巨大的阴谋。战争不仅让士兵们的情绪发生变化，也影响了纽约城中老百姓的精神状态，百姓们被英军的炮火吓得够呛，现在他们只要一听到英军的消息就开始四处逃窜，而百姓们的这些行为又严重影响了守城士兵的情绪。这让华盛顿想到了自己在英法战争中的情景。那个时候许多人在战争中失去了亲人，痛苦大哭，华盛顿为这些人感到悲伤和难过，看见他们失去亲人就像自己失去亲人一样，这让他当时没法集中精力打仗。于是，华盛顿下令让士兵协助纽约城中所有的百姓迅速撤离。纽约州议会认为这个决定是正确的，还专门指派了一个委员会来协助城里的老弱病残撤退。

正当美军忧心忡忡的时候，一个新的消息传来——敌军的“凤凰”号和“玫瑰”号被美军的纵火舰袭击成功，这让全军上下为之振奋，虽然“凤凰”号趁着改变的风向逃离危险，但是“玫瑰”号彻底地在火海中烧毁。可以说，这次突袭是整场战争的转折点，美军的机智勇敢让英军溃败连连。遭到袭击后的敌军连忙准备逃跑，但是美军已经在四面八方布下天罗地网，他们谁都逃不掉。18日凌晨，埋伏在伯蒂特渡口的美军再次袭击了落荒而逃的

"凤凰"号，不巧的是，帕特南将军前些日子在伯蒂特渡口修筑了一些军事工事，现在还没有来得及关闭，英军利用这些军事工事的空隙成功躲开了美军的袭击。

华盛顿根据敌军在国王岛的部署，推断敌人将展开新一轮的进攻，但是他现在还不清楚敌人究竟会从哪个方向攻过来，为了谨慎起见，他决定先将大部分军队暂留在城里，如果万不得已，还可将他们编排为机动部队。现在在国王桥附近，米福林将军的部队正整装待发，时刻准备着随时可能爆发的战斗，西斯将军巡视这支500人的部队后连连称赞道："这是一支最强大的军队。"克林顿将军此时正驻守在哈德逊河两岸，他统领着刚刚招募到的民兵，时刻保持警惕，防止敌人进攻。其实在"凤凰"号和"玫瑰"号停驻在哈德逊河的时候，西斯将军就推断敌人会以国王桥为切入点展开战斗，而国王桥附近已经部署了大量美国士兵，如果英军真的从国王桥发起进攻，那么他们将是自寻死路。根据各地的情报汇总，华盛顿认为不久后长岛将聚集大量敌方兵力，他们的意图是去占领布鲁克林。另一种情况就是，敌军会避开美军的正规军，选择在防守薄弱的纽约北面发起进攻，这样美军面对的情况将更加复杂。

格林将军现在正驻守在布鲁克林，他对这一带的地形了如指掌，所以他老早就在各个地方安排好了守卫的士兵。他命人在距离布鲁克林1英里远的地方修筑了许多要塞，并安排很多精英在此处戍守。布鲁克林的地理位置十分特殊，它与纽约隔江相望，仅有1英里的距离。为了确保后方的安全，格林将军还在红钩山安排了士兵守卫，并修筑了牢固的军事工事。在布鲁克林的西南方向和东北方向是一片连绵不绝的群山，山上树木繁茂，就像一道天然的屏障；有3条小路横穿这些群山：一条通往贝德福德；一条连贯于整片山，能直达北边的弗拉特布什；还有一条是通往西边的格拉夫海湾。格林将军在这些要道上修筑了大大小小的碉堡，等到他精心布置完这些战略安排，却因为过度劳累病倒了，连续几天的高烧让他没有办法再继续处理军务，无奈之下。格林将军把这一带的军务暂时交给了苏利文将军来打理，苏利文将军不久前从香普兰湖返回。

英军从登陆开始就如同破竹之势，一路占领了美军的好几个据点，按照这个趋势，他们很快就要将长岛占为己有。面对如此紧张的局势，华盛顿依旧保持乐观和自信，他下令让所有士兵不能放弃希望，拼尽全力阻止英军的进攻。21日，威廉·利文斯顿将军送给华盛顿的急件送达，根据这封信的内容，华盛顿得知将近2万名敌军正准备朝长岛发起攻击，他们很快就能占领哈德逊河上游；此外，还有1.5万名敌军准备向伯根角和伊丽莎白角发起攻击，这部分士兵暂时停驻在国王岛。送信的侦察兵拍着胸脯说道，他亲耳听到敌军将军下达了进攻命令，局势十分紧张。华盛顿立刻将得到的情报送往纽约州议会，22日清晨，敌军的进攻计划开始了。阵阵雷鸣般的炮火声从长岛方向传来，简短而急促的子弹声使宁静的天空变得嘈杂不堪，被吹起的阵阵烟尘如同乌云般在各地腾空而起，此时，敌军已经派出轻骑兵在格拉夫登陆，汉德上校与宾夕法尼亚的士兵正全力阻止敌军的进攻。

根据现在的情况分析，华盛顿认为敌军很快就会集中火力朝布鲁克林攻过来，于是连忙派出6个连前往布鲁克林支援，他一直强调士兵们要冷静、服从指挥官的安排、不要乱开枪。上战场前，这些士兵将华盛顿的告诫谨记于心：勇敢向前，保家卫国。虽然这些士兵很大一部分是第一次真正踏上战场，但是他们个个都勇敢精壮，没有一个人表现出懦弱和畏缩，华盛顿评价他们是一群“高度战斗热诚的勇士。”

在战场前线，克林顿将军负责抵抗敌军，作为先锋军的总指挥，他面对的对手是一群总兵力达9000人的大部队，敌军除了人数众多之外，还配有40门火力强劲的大炮。敌军的战船往岸边靠近了，汉德上校让士兵们先在布鲁克林周围的山里布置好埋伏，他们停驻在一处可以俯瞰中间道路的高地上。敌人上岸了，没有一个美国士兵出现。于是，康沃利斯爵士决定穿过中间道路赶往弗拉特布什，敌军的主力部队由两支轻步兵和一支德国黑森佣兵组成，他们丝毫没有顾虑，就这样急匆匆地往前赶路，根本没有注意到美军早已在前方设好埋伏。康沃利斯也不是省油的灯，等到部队往前走了一段路，他就发现不对劲儿，赶紧让部队停下来，并在弗拉特布什周围的村子里停驻下来。

从敌人的行迹中可以看出，他们是想先攻下布鲁克林的高地，再向纽约发起进攻。纽约城里的市民陷入极大的恐慌之中，为了保全身家性命，许多富人拖家带口地到乡下去避难了。在这种非常时期，更有造谣者在大肆传播谣言称，美军不久就要从纽约城撤退，他们根本没有实力抵抗英军的进攻，不久纽约就会沦陷！这个谣言影响力很大，甚至连纽约州议会都开始怀疑，他们还亲自向华盛顿询问真相，华盛顿斩钉截铁地回答："这根本就是无稽之谈！美军不会抛弃一个纽约市民，士兵们将拼尽全力保卫百姓的安全和城里的安危。"那段日子，纽约城里经常响起警报声，每天都有很多封申请信送到华盛顿的司令部，甚至在华盛顿出门的时候，也经常被一大伙市民拦截，他们向华盛顿哭诉着，要华盛顿保卫他们的安全。这些群众的哭诉和哀求让华盛顿深感震撼，他以平和的态度一次又一次地安慰群众，向他们保证美国军队一定会守卫自己的家园。其实，看着这些无助的百姓，华盛顿心里也感觉到压力的重大，他知道比起用言语安慰人心，更重要的还是要采取措施将群众转移到更加安全的地方。

24日，华盛顿在格林将军的陪同下视察了布鲁克林高地，格林将军也把他的作战计划讲给华盛顿听。目前，美军已经在这片密林里布下了前沿据点，这些据点隐秘而稳固，敌军很难发现。敌军正在中央道路上，汉德上校的部下负责监视他们的一举一动。除了中央道路，格林将军考虑到还有另一条小路，于是他派两个团前往那里驻守，其中驻守在山北侧的是威廉上校的队伍、驻守在山南侧的是迈尔斯上校的部队，敌军正处于美军的南北夹击之中。

在这种局势危急的情况下，美军内部也出了乱子。由于士兵素质参差不齐，每个连队之间缺乏配合，士兵纪律性较差，彼此之间相互猜忌和攀比，整个部队的风气很差。除此之外，这部分军队没经过专业的军事训练，所以没有很强的军事素养，他们也没有太多的作战经验，最多只是跟丛林里的土著人打过游击战。华盛顿认为这支部队现在缺乏一套合理的管理条例，用来约束和规范士兵们的日常行为。现在这支部队就像大海上的流浪者毫无章法地行驶在大海上：他们时而单独出航，时而结伴同行，根本没有纪律；只要看见敌方战船，就朝敌人开炮。如果格林将军指挥的话就不会出现这种纪律散乱的情况，可惜现在格林将军身患重病离开了军营。为了改变这种情况，华盛顿立即任命帕特南将军为总指挥官，将长岛所有的军务交给他处理，并且命令他一定要整顿好部队的风气、严肃士兵纪律。帕特南将军还有一项重要的任务，那就是建立一条警戒线，这条警戒线需要环绕整个营区，并且要在一些特殊的地理位置建立瞭望塔。华盛顿希望通过这条警戒线的阻拦，将所有没有通行证的人阻隔在纽约市以外。帕特南将军接到命令后，就立刻去执行了。

就在华盛顿部署军事安排的时候，长岛上的敌方兵力正在不断增加。华盛顿还观察到，25日，2支德国黑森雇佣军在海斯特尔的指挥下进驻长岛。通过瞭望镜，华盛顿还发现敌方战舰正在逐步从国王岛转移到纽约湾，根据他的推测，敌人将会集合大部分主力攻打布鲁克林。于是，华盛顿立马调拨包括约翰·汉斯利特上校在内的部分部队赶往布鲁克林。约翰·汉斯利特率领的特拉华军团一直被华盛顿看好，这支来自南方的军队不仅士兵素质过硬，而且军队纪律严明。26日，华盛顿在里德的陪同下再次来到布鲁克林视察工作。他发现敌军的调动频率越来越高，而且调动的规模也越来越大。根据最新的情报，中路人马的指挥权已经由海斯特尔将军接管；右路军的指挥官是克林顿爵士，他的防线已经延伸到弗拉特兰兹；而左路军的指挥官是格兰特将军，他的势力范围已经扩张到格拉夫海湾。

视察完工作后，华盛顿回到了纽约城。面对如此紧张的局势，华盛顿根本无法入睡，因为他心中一直被几个问题困扰着。他不断在思索敌人可能发起总攻的地点，不断寻思有效抵抗敌军的良策，不断琢磨着战争可能造成的后果。他还在想一旦纽约城被攻占，美军将何去何从？这些问题让他寝食难安，头疼不已。就在华盛顿正极力思索这些问题的时候，豪将军已开始施行一项前所未有的灾难性计划。一开始，亨利·克林顿爵士在豪将军的指挥下率领先头部队朝贝德福德发起攻击，他们要迅速控制贝德福德的交通，之后又开始向其他据点继续进攻。这是豪将军蓄谋已久的计划，就在那个白天，亨利部下已经在弗拉特布什吹响了佯攻的号角，他们的目的是转移美军的注意力。而在佯攻的同时，海斯特尔将军朝美军的中路发起进攻，格兰特将军与美军的右翼展开战斗，英军希望通过这种齐头并进的方式一举攻下布鲁克林。

到了26日晚上9点，亨利·克林顿率领部队从弗拉特兰兹开始行动了，他的部队是英军的先头部队，都是轻步兵；跟在后面的是有着中型武器的炮兵、掷弹兵和轻骑兵，这支中间部队由帕西勋爵负责统领；在最后面的则是康沃利斯勋爵的重型大炮部队。豪将军也与这支部队一起参与战斗。英军的这次行动严谨缜密、不动声色，一切都按照计划有条不紊地进行着，整个行军过程也是迅捷而安静。一个保皇党作为部队的向导，带领他们穿过沼泽地，来到了前往牙买加的大路上。他们在2个小时以内穿过贝德福德山，并在附近停下休息了一会儿，接下来他们准备发动一次攻击。就在他们休息的时候，他们碰巧逮住了1名美国巡逻兵，经过盘问，他们才知道这个地方根本没有美军把守。这让英军大吃一惊，因为他们认为这是条通往牙买加的大路是军事要地，美军肯定在这里聚集大量士兵，然而他们发现这里仅有一些志愿兵。其实，这个地方之前由威廉上校和迈尔斯上校负责驻守，但是格林将军认为英军不会费这么大力气拐这么大的弯，所以威廉上校和迈尔斯上校不久就被调往其他据点了，而这个重大的疏漏将直接导致美军今后的灾难。英军到达通道的消息传到了亨利·克林顿耳中，他立刻派一支轻步兵前往守卫，这支轻步兵丝毫不敢懈怠，经过一晚上的赶路，他们在黎明前赶到了高地。这个时候他们在离贝德福德3英里的地方，他们一路上也没有发现敌人的踪迹，在短暂的整顿之后，他们决定在清晨攻击敌人。

其他部队也在不断赶路。格兰特将军企图在午夜进攻白菊溪的碉堡，为了保证进攻顺利，他调遣了2个旅的兵力，同时准备了6门野战炮。白菊溪的防守十分脆弱，因为这里只有一些宾夕法尼亚的哨兵和少量的纽约民兵，指挥官阿特利没有坚持多久就放弃抵抗，逃命去了。就在这个时候，布鲁克林山右侧的敌军被美军侦察兵发现，他们立刻将此情况向帕特南将军禀报，帕特南将军得知消息后迅速派斯特林爵士带领轻骑兵前去抗敌。斯特林爵士带领的2支轻骑兵分别来自特拉华、马里兰和康涅狄格，他们行军神速，在天亮之前就抵达白菊溪，不久就与阿特利会合了。阿特利告诉斯特林勋爵，敌军就在他们身后，不久就会到达。在短暂的商量后，阿特利奉斯特林之命在大路左侧设好埋伏，而斯特林赶往山顶设好掩护，他们希望等到敌军靠近的时候，杀他们一个措手不及。时间没过去多久，敌人的部队就出现在美军的视线里，等他们再靠近一点儿的时候，阿特利让士兵们假装朝他们开了几枪，便立刻撤退到山的左边，而斯特林就在山顶悄然埋伏着。等到太阳出来，视线变得明朗，斯特林下令朝英军发起猛烈的攻击；而英军也不甘示弱，向美军展开反击。卡彭特上校及时赶来增援，美军的实力得到加强。经过2个多小时的恶战，英军因为兵力不足选择退兵。而格兰特将军早在300码以外等得不耐烦了，于是他也朝美军开火。火炮声在山间响起，但是声音不连续，这说明双方的战斗并没有那么激烈，其实斯特林的任务只是阻止敌人向纽约前进的步伐。海斯特尔向汉德的碉堡发起了进攻，在6门野战炮的助力之下，海斯特尔的攻击相当猛烈，隆隆的炮火声惊天动地。面对如此汹涌的攻击，苏利文将军立刻调遣一支炮兵连前往支援。

听到敌人进攻的炮火，纽约城中的百姓变得急躁起来。事实也确实是这样，纽约城正经历着四面八方的攻击，连华盛顿都开始认为敌人的计划就是攻打纽约，但是冷静下来，他还是认为敌人的进攻可能只是佯攻，他们可能还有其他意图。5艘敌方军舰现在正准备向海湾停靠，他们的目的不得而知，现在华盛顿能做的就是密切观察敌军的一举一动，根据现有的情报作出敌人下一步行动的推测。海风卷起巨浪，延缓了战舰的行进，在飘摇不定的大海上，战船摇摆不定，他们不可能进攻红钩堡了。看到这里，华盛顿认为纽约城不会有太大问题。现在，他更关心布鲁克林的情况，于是他急忙赶了过去。

美军的左路已经被英军袭击了，震耳欲聋的炮火声从贝德福德方向传来，让人惶恐不已。在海斯特尔的率领下，黑森雇佣兵已经摧毁了美军的防御工事，美军败下阵来。在山顶的苏利文将军也身陷窘境，他被亨利的军队包围起来，甚至没有时间撤退。苏利文将军想把部队撤退到后方的树林里，但是海斯特尔也赶了过来，苏利文将军根本没有退路可言。这下子，迈尔斯上校、威廉上校和苏利文将军的士兵乱作一团，就像无头苍蝇一样惊恐万分，无奈之下，他们只好与英军硬干。这是一场触目惊心的肉搏战，大部分士兵被敌军砍死，还有的被俘虏，只有一小部分人冲破包围圈幸存下来，就连苏利文将军也被俘虏了。这对美军来说真是一场灾难，华盛顿眼睁睁地看着自己的士兵被杀死、看着自己的将军被俘虏，但是他无能为力，只能任其发生。目前，华盛顿手头上能够调动的士兵只有一些毫无经验的民兵，这些民兵跟敌方受过专业训练的精锐部队相比简直不堪一击，就算把他们派往战场也只是徒增牺牲人数。华盛顿现在担心斯特林爵士的情况，斯特林爵士和格兰特将军的战斗从凌晨交战开始就一直打到现在，而且到现在还没有任何信息传来。

华盛顿举起望远镜，看到斯特林爵士身处逆境，康沃利斯的部队正悄悄绕到他的身后，企图从后方偷袭斯特林。斯特林爵士正面临着被前后夹击的困境，华盛顿心里紧张极了，他担心斯特林有个三长两短。斯特林也发现了这个情况，所以他决定先将部队撤离到白菊溪，因为那里离黄磨坊很近，地形对他有利。在他撤退的路上有一条溪流，就目前而言，溪水短浅缓慢，再过一会儿，这里就会涨水，那个时候就无法通过了，所以他认为必须要快速行动。但是他没有想到，康沃利斯已经在溪流附近布置好了埋伏，就等他自投罗网。华盛顿认为斯特林不可能抵抗住敌军的火力，他肯定会向敌方投降妥协。让他吃惊的是，斯特林不仅没有投降，而且率领所剩不多的士兵与敌人展开了激烈的抗争，正是因为他的勇敢坚强，所以才让部分士兵能够成功撤退。美国士兵受到斯特林将军的鼓舞，丝毫没有放弃的意思，他们一直坚持能够突破重围的信念，尽管中途好几次部队被打散开来，但是他们又顽强地集合在一起。遗憾的是，敌军的兵力越来越多，而美军的士兵越来越少，最终，英军获得了最后的胜利。斯特林最后选择投降，他的士兵基本上都牺牲了。这场战斗共有250名士兵英勇牺牲，其中大部分是斯莫尔伍德上校的步兵。在斯特尔的掩护下，部分特拉华士兵顺利撤退，这部分士兵在撤退的途中碰到了敌军的小分队，在一番战斗之后，俘获了32名敌军。敌军准备集中更大的火力去攻占布鲁克林，华盛顿下达死守命令，无论如何都要保住布鲁克林。几个小时激战后，双方均损失惨重。随着天色变暗，英军逐渐减少了火力，之后，英军便停止了进攻，在周围的山里驻扎下来。

这一天对美国军队来说无疑是灾难性的，根据初步统计，美军伤亡人数至少超过2万名，而英方称自己仅有380人牺牲。这次美军的失败跟华盛顿错误的预判有很大关系，如果他能够尽早判断出敌人的攻击意图，也不至于造成如此大的损伤。由于缺乏足够的信息，绝大部分兵力被滞留在城里，没有发挥出应有的军事作用，直接导致布鲁克林没有足够的防守能力。除了判断错误之外，美军白天混乱的指挥也是败因之一。一是帕特南将军刚接手，对军营的情况并不是十分了解，而散乱的军营纪律也没有得到有效的控制，导致军队管理一片混乱；二是格林将军重大的军事疏漏直接导致英军能够深入美军内部，给美军带来直接伤害；三是美军士兵内部的作风存在很大的问题，士兵之间地方观念浓厚，相互嫉妒之心过于强烈，导致部队在战斗中不能团结一致，被敌军击溃也是在所难免。

在战败后，华盛顿让军队暂时撤退。在接到命令之后，休斯上校积极搜寻哈德逊河边的各类船只，并将它们集中在纽约城东边。为了不让敌人知道美军准备撤退，华盛顿准备在夜晚施行撤退计划。按照计划，米福林将军和汉斯利特将军将掩护整个部队的撤退，军队务必在不让敌人发现的前提下悄悄撤离。当天晚上，美军的撤退计划开始。在队伍最后面的汉密尔顿，他要负责保护物资的安全。美军撤离之后，英军控制了整个长岛。其实通过战争方式解决英国与殖民地之间的隔阂不是豪将军希望看到的，他更愿意用和平的方式解决这个问题。于是他让假释的苏利文将军给大陆会议带去他的建议：他希望能够在授权许可的情况下，用最优惠的条件平息英美两国的矛盾。在豪将军眼中，大陆会议并不是一个合法的机构，但是他仍希望大陆会议能够考虑他的建议，这样双方就能够以一种和谈的方式来处理这个问题。大陆会议经过协商，决定让一个委员会去跟豪将军进行谈判。

在一番讨论后，这个代表团的三名成员名单最终为爱德华·拉特里奇、约翰·亚当斯和富兰克林，他们将代表大陆会议与豪将军进行一场和平的会谈。富兰克林博士曾经见过豪将军，他在启程之前让人带信给豪将军，希望豪将军能够念及昔日情分，友善对待大陆会议的委员会。11日，会谈在斯塔滕岛如期召开。美方代表与会时，英方留下一名代表当作人质，各位代表们经人仔细检查后，便被带往司令官的住处。

第十章　豪将军的计谋

这场独立战争，南北局势相差太大，加拿大战场上英军旗开得胜，南方战场上美军占尽上风，南方战场的指挥官李将军深感责任重大，他的胜利是美洲人民的全部希望。随着战争局势的演变，越来越多的人希望李将军能去北方战场扭转战况。经过大陆会议批准后，李将军踏上了北伐的道路。11日晚上，李将军来到美军的司令部。次日，他将整个南方战场的详细情况向大陆会议进行报告。在报告中，他指出南方依旧是敌军主要进攻目标，敌军最大的优势就是他们的舰队，他们可能将战船开往特拉华河北边，然后在布鲁斯波里登陆，接下来他们会到达伯灵顿。根据李将军的分析，美军的当务之急是增强特伦顿的防守力量，他建议将周围的兵力都调往特伦顿并在那里修筑军事工事，抵御敌军的进攻。刚好在12日，西斯将军传了一份紧急文件给华盛顿，他向华盛顿报告英军已经在桑德湾登陆了，此刻他们距离司令部只有9英里的距离。华盛顿立刻就知道敌军这样做的目的就是阻断美军的补给线，于是他下令让所有军官要提高警惕，每个据点作好战斗的准备。之后，华盛顿马不停蹄地赶往斯洛格地峡去查看英军的行动。

16日，李将军的军营里就增强曼哈顿岛防御的事情召开了一次重大的军事会议，华盛顿和所有少将、准将都参加了此次会议。会上，李将军将目前的战局进行了详细的分析，他认为这场战斗的关键在于保卫国王桥，因为美军只能通过国王桥联系纽约城，如果国王桥被占领或是被摧毁，那么美军面对的是更加艰难的局面。各个与会的军官都纷纷赞同李将军的见解，大家一致认为需要将更多的兵力投入到保卫国王桥当中。此外，大家都意识到英军的武器装备比美军好太多，现在英军战舰大都集中在哈德逊河，美军想要从正面与英军进行对抗，胜率十分渺茫，所以美军可能要放弃哈德逊河另谋出路。但是，勇敢率真的乔治·克林顿并不这么认为，他认为哈德逊河是美军的重要据点，哪怕牺牲生命也要誓死守卫这里。华盛顿下令用4个团编排成一座13英里的防线，这条防线从李将军的营地开始延伸，一直到怀特普莱恩的营地。21日，为了安全起见，华盛顿将总部转移到瓦伦特山；23日，他又将总部搬到怀特普莱恩，这段时间美军都在整理内务，在防御上有所疏忽，但是英军并没有把握住这个机会。豪将军也在筹备军队后勤的事情，并没有派出兵力去侦查美军的动态。25日下午，英军的先遣队正朝着美军的驻地赶来，这支先遣队又分成4个小分队，他们一字排开横向前进；跟在后面的是英军主力部队，主力部队纵向前进，看上去气势汹汹。美军迅速进入戒备状态，可是当他们鼓足干劲儿准备大干一场的时候，英军迟迟没有出现。华盛顿下令让布朗克斯的士兵前往怀特普莱恩那里帮助他抗敌。27日，英军终于出现在美军的视野里，他们发起了猛烈的攻击。当天7点左右，哈德逊河里有2艘英军快艇疾驰而过，他们想断绝华盛顿堡和其他堡垒间的联系。美军发现快艇之后立刻向快艇发射炮弹，但是快艇实在太灵活了，一番轰炸下来，根本没有打到他们。8点的时候哈德逊河的潮水开始涨高，为了防止被潮水冲走，英军的快艇也回到了他们的部队里。

这段日子里，英军虽然一直没有停止对美军的攻击，但是令人费解的是，豪将军的部队并没有任何动作。11月12日，华盛顿的军队渡过了哈德逊河，除了小部分士兵留下来看守据点，大部分士兵都前往斯特林的山口。华盛顿认为白天视野清晰，那个时候行动极易被敌人发现，于是选择在夜里悄悄赶往李堡，经过一个晚上的赶路，第二天清晨华盛顿终于到达李堡，驻守在李堡的格林将军跟华盛顿说："我们宁死不撤退。"附近堡垒的马戈将军赞同格林将军的态度，他们认为以他们的实力完全能够守住堡垒、抵御敌人的进攻。但是华盛顿考虑到豪将军的部队还没有出动，便对格林将军说："我钦佩你的勇敢，但是目前豪将军按兵不动，肯定是在酝酿什么大的阴谋，眼下我们需要保存兵力，尽量不要与敌人进行正面冲突。等过几天，我们摸清了敌军的行动计划后再说。"华盛顿一直认为豪将军是在储备兵力，然后一举攻下华盛顿堡，然而这次他猜错了。12日的晚上，英军趁着夜幕躲过了美军的守卫，并在哈莱姆集合完毕。

那个夜晚对于美国士兵来是就是一场煎熬，在漫长黑夜的衬托下，士兵的神情也格外凝重，他们有的聚在一起聊战争的发展，有的选择在角落里暗自伤神，华盛顿也感到一种挫败感。现在，敌人就在距离他们1英里远的地方，英美两军最近的哨岗只有不到四分之一英里的距离。那个晚上华盛顿一宿没合眼，到了凌晨4点钟，他独自去视察军营的情况。英军还没有任何动静，美军的士兵精神萎靡不振，华盛顿鼓舞每一个士兵，他说道："战争还没有结束，我们仍然能够获胜，希望大家能振作精神，打好下一场战斗。"

太阳逐渐升起来了，华盛顿用望远镜侦察敌军的情况。英军现在已经拥有20000名兵力，而且之后还会陆陆续续增加兵力。这时米福林将军赶来与华盛顿会和，他现在的部队只剩下不到800人。格拉夫上校也来了，他的部队来自马萨诸塞州，总人数只有1300名。29日，一场浓雾在岛上弥漫开来，白色雾气将一切笼罩其中，米福林将军开始行动了，他率领一支部队朝着红钩山挺进，随同前往的还有里德准将军和格雷森上校以及华盛顿的警卫。等他们到达红钩山的时候，大雾已经消失了，从红钩山可以清楚地看到敌军的战舰正在纽约湾来来回回地行驶着，米福林将军认为敌军肯定是想向红钩山发起攻击，这样一来便可以困住长岛的美军，接下来便是瓮中捉鳖了，到时候美军将大难临头。米福林将军立即将这个情况报告给华盛顿，并建议立即撤退。

美军的处境越来越艰难，英军的援军陆续到达。华盛顿猜想英军会切断纽约的通讯，然后包围哈莱姆，进而占领国王桥，最后曼哈顿岛也会成为他们的囊中之物。华盛顿立刻下令将部队撤回纽约城，但是这个命令执行起来并不容易。首先美国共有9000名士兵，不可能一下撤退到位；其次，敌军的侦察兵对美军的一举一动都在密切监视，如果采取这么大范围的行动必然会引起敌军的注意。为了使撤退又迅捷又安全，聪明的华盛顿制定了一个绝妙的撤退计划。中午，他先让军需官将所有的大炮、弹药等武器运至纽约城东侧，到了晚上8点钟的时候，距离司令部15英里的美军战舰已经全部集合完毕。华盛顿并没有向士兵下达撤离命令，他只是让大家晚上提高警惕，防止敌人夜袭。所有的士兵都感到不可思议，因为现在士兵们体力都消耗得差不多了。晚上的时候，一阵大雨意外落下，士兵们的枪支都被打湿了，失去了作战能力，但是大家谨遵华盛顿的命令，整个晚上都没敢放松。这时，米福林将军率领宾夕法尼亚的士兵在防线上掩护大部队撤退，所有士兵都接到通知陆陆续续地登上了船。就这样，美军在夜幕的笼罩下悄悄准备撤退。为了防止万一，华盛顿还向大家约定，如果出现紧急情况，大家都到布鲁克林教堂集合。

到了午夜的时候，美军的撤退行动还在紧锣密鼓地执行着，士兵们接二连三地朝战船前进，除了撤退时发出的脚步声，所有人都保持沉默。汹涌的海浪拍打着沙滩，掩护着美军的撤离。在队伍最后面的是汉密尔顿，自从他与格林将军一见如故之后，便受到了重用。时间一分一秒地过去，黑暗里涌动的不只是海水，还有这些坚强的美军。英军因为白天的战斗都已经筋疲力尽，现在都已经进入沉睡当中，就连美军个别士兵因为擦枪走火不小心发出的枪响都没有听见，美军加快了撤退的步伐。海风呼啸而过，华盛顿一整晚都在渡口监视着敌人的动静，不敢有丝毫的放松，从他注视前方的双目中可以看出，今晚的这场冒险让他心里忐忑不安。

后半夜的潮水逐渐涨了起来，海风从西北的方向吹来，美军的帆船没法前进，士兵们只好手动划船，但是士兵人数太多了，而船只的数量有限。在这个过程中，赛缪尔——华盛顿的一个警卫将华盛顿的消息理解错误，这导致米福林将军行动出现偏差，不得已本来准备撤退的米福林将军又回到了防线上。好在大雾浓密，敌军的哨兵并没有发现美军的行动。米福林将军的部队回到防线上之后立马调整状态，做好美军撤退的掩护工作，等到最后传来命令，他们才撤离防线。那天大雾持续的时间很久，给美军制造了绝佳的撤离环境。天就要亮了，美军的部队成功地从长岛撤离出来，等到英军发现美军撤离的时候，雾已经散了，他们懊悔不已。这次撤退活动算是十分成功，除了一些搬不走的大炮之外，基本上所有军需用品都被美军成功转移了。华盛顿和米福林将军的部队也回到了纽约，等他们到了岸上才知道这次撤离过程中还发生了这样一件事。一个叫玛丽的女人住在美军撤退的那个渡口附近，她的丈夫是保皇党派人士，正在新泽西为英军效力。她其实早就发现了美军的不正常行为，于是让家里的一仆人将情况向她的丈夫汇报，希望她丈夫能够将消息告诉英军，好让他在英军面前立下军功。但是这个仆人居然被英军当作美军的间谍给抓了起来，刚好他们语言不通，英军根本听不懂仆人说的话，就把他关进了监狱。等到天亮，一位英军指挥官知道这个事情之后，向这个仆人询问情况，仆人将情况如实禀报，这个英军指挥官听懂了仆人的话之后，他大惊失色，赶紧下令去打探美军的基地，可是为时已晚，美军早已撤退。华盛顿前瞻性的预测让美军从英军手中成功脱逃，如果华盛顿没有制定这个撤离计划，那么第二天等待美军的将是全军覆没。回想起昨天晚上发生的事情，华盛顿背后还直冒冷汗，华盛顿已经两天没有休息了，他的眼睛里充满了红血丝。在渡口守望的时候，他的警卫曾多次劝导华盛顿上船休息，可是他实在不放心士兵们的安危，他一直守到了天亮。这次的撤退是美军历史上的一个伟大成就，这件事也让华盛顿的声名远扬，士兵们越发敬仰华盛顿了。

美军现在回到了纽约城，长岛已经被英军占领。现在布鲁克林的要塞聚集了大量英军和黑森雇佣兵，他们已经从布什维克扫荡到了希尔格特，豪将军的舰队停驻在总督岛附近，等待等下一场战斗。

美军撤退到纽约之后，华盛顿将部队重新部署，他在纽约岛和曼哈顿增加了守卫，现在整个美军的防线贯穿南北，相互之间可以支援，其中华盛顿堡是最重要的据点之一，堡垒的北方不远处就是国王桥，国王桥连接着曼哈顿岛和内陆。华盛顿在华盛顿堡的南面布置了2条防线，这2条防线从哈莱姆河跨越到哈德逊河。2条防线分为外围和内围。外围又设立了2个哨卡，分别由斯宾塞将军和帕特南将军负责驻守。2个哨卡距离敌军舰队只有2英里的距离。内围防线的一个别墅就是华盛顿的司令部，这个别墅的主人是罗杰·莫里斯上校，莫里斯上校不仅是华盛顿的战友，年轻的时候也是华盛顿的情敌，他们一起追求过玛丽·菲利普小姐。最后菲利普小姐与莫里斯结婚了，菲利普小姐家境十分优越，他们两人的婚后生活十分幸福。莫里斯其实是支持英国政府的，华盛顿占领他别墅的时候，莫斯利正在海兰兹的亲戚家。华盛顿在别墅周围修筑壁垒，挖掘壕沟，并在四周用铁丝网围了起来。

就在不久前，英军在基普湾打败了美军，美军已经很久没有体会到胜利的滋味了，他们迫切地需要一场胜利来挽回自己的尊严。事实上，战争的局势对美军十分不利，美军的士兵们也牢骚不断，华盛顿为了安抚军队的情绪，特意去视察兵营情况。他来到一个部队，看到了一些经过精心设计的军事工事，不禁发出阵阵感叹。而这些巧妙工事的设计者正是汉密尔顿。华盛顿邀请汉密尔顿到司令部做客，他被这个年轻人的敏捷的思维和过人的军事策略深深打动，通过几次的交流，汉密尔顿给华盛顿留下了极其深刻的印象。

16日清晨，华盛顿得知敌军正向司令部打来，他们分成三路企图包抄司令部。华盛顿惊讶于敌人的进攻速度如此之快，他立刻骑上快马到前方去观测敌人的动态。他还没有到达哨卡，前方小树林里就传来了急促的枪战声，看样子双方已经战斗了好一会儿了，华盛顿十分担心前线战士的安危。里德将军赶来将前方的情况汇报给华盛顿，他说诺顿中校的部队正与英军莱斯利将军的部队交火，敌军大概有300名兵力，主要是轻骑兵和黑森雇佣兵，其中还有一部分保皇党人；而里德将军只有一些巡逻兵，其中还有一部分是志愿兵。没过多久，战斗的声音平息下来，里德因为兵力相差太多而暂时败下阵来。华盛顿认为这是鼓舞士兵士气的好机会，他命令威盾将军和里奇上校率领部队共同去支援诺顿中校。他们迅速行动，与诺顿中校会合后，立即向敌军发起进攻。敌军看见美军增援部队赶到，立刻改变作战计划，他们将部队的队形改成两个方向，一部分从美军的右侧发起进攻，其余的士兵则从美军的后方准备包抄。他们临时改变的计划出乎诺顿中校和里奇上校的意料，在他们还没反应过来时，敌军就已经来到了美军的后方，并朝他们发起猛烈的进攻。美军被英军团团围住，在激烈的战斗中，里奇上校不幸头部中弹，当场牺牲。诺顿中校也被击中好几发子弹，好在里德将军行动迅速，将诺顿扛上马背，并冲出敌军的包围。英军再次占了上风，不久，英军的援兵来到战场，华盛顿见势不妙，于是让新英格兰和马里兰德军队前去支援。在一番激烈的战斗之后，英军逐渐开始不敌美军的进攻，他们退回到到远处的平原上。获得优势的美军想乘胜追击，但是华盛顿认为此刻不应该再与英军耗下去，于是下令让美军撤退。华盛顿的这一决定是正确的，因为就在不远处，一支更加强大的英国援军正在赶往战场的路上，如果美军不撤退，那么好不容易赢来的优势顷刻间将化为乌有。诺顿中校最后因来不及救治便去世了，他死前仍然关心着自己的战士。当里德将军告诉他，他的士兵都在勇敢作战，没有一个人当逃兵时，他欣慰地露出最后一丝微笑，然后永远地闭上了双眼。

这场战斗虽然不是一场大规模战争，然而胜利的消息却鼓舞了军营上下所有的军官和士兵。华盛顿认为应该嘉奖这些在战斗中英勇杀敌的战士，所以他召开了隆重的动员会议，当场对新英格兰军队和马里兰军队予以高度的肯定和表扬，并为诺顿中校和里奇上校举行了追悼会。华盛顿对两位指挥官致以最高的敬意，他在追悼会上对两位指挥官的牺牲表示无比悲痛；同时，又对他们为了革命胜利而不怕牺牲的精神予以高度肯定；最后，他向全体士兵倡导学习两位指挥官的精神，希望士兵们能将诺顿中校和里奇上校视作学习的榜样。开追悼会的那个晚上，纽约城方向升起了好几股浓密的黑烟，烟雾在夜空中格外显眼，华盛顿猜测应该是纽约城里着火了，他感到隐隐的不安，心想该不会是英军已经打到纽约城了吧？第二天清晨，豪将军的警卫来到美军军营，他希望能够面见华盛顿，并且给华盛顿带来了一封信，信件是关于英美两军交换俘虏的协定。华盛顿答应与他见面，并且问起了昨晚纽约城黑烟的事情，这个警卫如实向华盛顿坦白，昨晚纽约城里燃起了大火，但是这跟英军没有任何关系，可能是昨晚城里发生了火灾，加上风势较大，因而大火蔓延得很快。华盛顿认为这一定是城里的叛党所为，他让里德前去调查这件事情，大火果然是乱党分子放的，他们迅速被逮捕并被执行死刑。

现在英军准备向美军发起总攻了，他们的大炮已经架好，战舰也已经准备就绪。而此刻的美军又陷入了溃散离析的局面。年底又要来了，又有一大半士兵满了服役期，不少人准备退役、逃离战争。大陆会议还没有下达招募新兵的正式通知，华盛顿为此事心烦意乱，如果大陆会议再没有解决办法的话，美军将不战自败。9月24日，华盛顿决定给大陆会议写信，他将美军目前面临的所有问题一一列了出来，比如民兵法对士兵约束性不强，现在的民兵素质较差、不服从管理、不听从指挥，无论是训练还是打仗都懒散、无纪律。当然，华盛顿并不是在向大陆会议倒苦水，他还提出一套解决办法。大陆会议看完华盛顿的信件后，决定采纳华盛顿的建议，并对美军进行一次大规模整改，并为新体制立法。根据新法，每个州将根据自己的情况进行征兵，新的法律赋予了军官更优越的待遇。过去参军的士兵只能得到金钱和制服，现在参军不仅一年可以得到2套制服和20美元的奖励，如果士兵服役满3

年还能得到100亩土地的奖励。华盛顿还被大陆会议授予补充空缺军官职位的权力。看到大陆会议支持自己改革，华盛顿感到欣慰。此外，他答应与豪将军交换战俘的条约生效了，斯特林爵士和丹尼尔·摩根上校重返美国军营。华盛顿一直看好摩根上校，他曾经在布鲁克林战役和魁北克战役中屡建战功，因此在华盛顿的推荐下，摩根上校成了步兵团团长。

英军也在抓紧时间招募新兵，他们不断补充军需用品。奥利弗是纽约城里的一个亲英派富豪，也是个雨格诺教徒，英军招募新兵的事情正是由他负责。就在不久前，他被提拔为英军的准将，因而他死心塌地地为豪将军卖命。后来，乔治·克林顿将军阻止奥利弗在纽约招募新兵，于是他开始将招募的范围转移到新泽西州和国王岛，甚至一些偏僻的乡下也成了他的目标。不得不承认奥利弗是个尽心尽责的亲英分子，其实大多数亲英分子都是一些有钱的绅士，他们身上有许多优秀的品格。但是有些亲英分子确实让人讨厌。罗伯特·罗杰斯是一个来自新罕布什尔州的亲英派，他曾经和帕特南将军一起参加英法战争。1775年，他为了钱成为英军的间谍，他做了许多让人不齿的事情。最近，他又在全国各地进行地下活动，华盛顿认为他一定是在做坏事，于是将他逮捕。后来，他写下了一份誓词，内容大致是向美国表忠诚，并承诺不会做出对美国不利的事情。大陆会议考虑到确实没有证明他串通敌军的证据，就将他释放了，可是后来他立刻背叛了自己的誓言，他偷偷地组建了一支名叫“女王突击队”的军队，为英国人效命。他的名声再次败坏，他成了纽约臭名昭著的叛徒。

目前，敌人的动态是华盛顿最关心的事情。相比于英军的军队人数众多、装备精良、战斗素养高，美军简直就是一支毫无纪律可言的杂牌兵。豪将军十分清楚美军的现状，之所以暂时不发动攻击是因为没有找到一个合适的时机，等到机会成熟，他将向美军发起疯狂进攻。华盛顿认为新泽西和费城都有可能成为英军的下一个目标，为了掌握更多的敌人信息，他让默瑟将军率领机动部队对新泽西的敌人进行严密监视，一有反常立即向他汇报。他自己也不敢有一刻的放松，经常骑着马在各个营地之间进行视察。有时，他还会去看望格林将军，格林将军一直在宪法岛养病，他在不久前成了少将，掌握整个新泽西州的兵力。如果形势迫切，华盛顿还想在卑尔根重新设立司令部，但是考虑到需要随时要与哈德逊东边的主力部队进行通信，这个想法迟迟没有实施。大陆会议最近一直在讨论如何守住哈德逊，最后还是决定让帕特南将军去负责保卫。

豪将军让一支舰队的士兵从哈德逊河口的皮尔斯上岸，经过片刻的整顿，他们开始前往新罗谢尔，他们的目标是断绝美军撤退的路线。21日，这支部队在新罗谢尔2英里外的北面驻扎下来，他们在等待援军的到来。不久，一支黑森雇佣兵与他们会合了，这个雇佣兵的指挥官是科尼普豪森将军。此外瓦尔德团和哈考特中校的骑兵团纷纷赶到。豪将军的兵力可以说强到让美军害怕的地步。华盛顿冷静地分析了目前的情况，他认为虽然英军人数上确实占有优势，但是美军所处的地理位置比英军更加优越，他鼓励大家要灵活多变，利用好地理优势将英军赶出美洲。25日下午，从前线发来的情报称豪将军的队伍正向着美军方面赶来，打头阵的是4个分遣队，主力部队跟在后面。美军立刻作好作战准备，可是过了很久，敌军并没有出现。华盛顿立即派布朗克斯的军队赶去增援怀特普莱恩。7点的时候，哈德逊河里出现了2艘英军战舰，怀特普莱恩的炮兵发现目标后立即朝军舰发射炮弹，英军也在军舰上展开反击。河水的水位不断上升，半个小时后，英军为了防止沉船选择了撤退。在英军军舰与怀特普莱恩的炮兵作战的同时，帕西勋爵向华盛顿堡发起了猛烈的轰炸，他们在英军战船撤退后，也选择撤离。

10月份，香普兰湖的宁静被英军舰队打破。30支舰队在卡尔顿将军的带领下，横渡坎伯兰海，他们在达瓦尔库尔岛遭到了阿诺德将军的攻击。当时阿诺德将军的舰队处于顺风风向，他们集中火力向英军战舰发起攻击。卡尔顿正面迎击阿诺德，他命令炮舰笔直冲向美军舰队，想部署其他战舰对美军的舰队开展包围策略，双方战斗异常激烈，到了晚上8点仍然僵持不下。英军拥有数量上的优势，卡尔顿一直认为胜券在握，只要风向一变，英军的大军舰就能轻易击垮美军的所有军舰。果然，美军的兵力实在落后太多，英军的进攻越来越猛烈，阿诺德将军决定撤退。他让每艘船在船尾处挂起一盏灯，灯光并不是特别明亮，正是在这微弱的灯光下，阿诺德的舰队顺利撤退了。到了第二天，风向改变了，美军处于逆风向，行军的速度大大减缓；而英军在后面穷追不舍，眼看就要追上美国军舰了，阿诺德立刻让受创轻的军舰走在前面、受创重的殿后，一场海上追击战正式上演了。阿诺德的舰队拼尽全力往皇冠角驶去，就在他们即将达到皇冠角的时候，英军追上了他们，并对他们发起猛攻，阿诺德的舰队损失惨重，三分之一的舰船都被击沉了。阿诺德让士兵赶紧换乘快艇逃离，然后烧毁了自己的战舰，等到他们上岸之后就马不停蹄地朝迪贡德拉赶去。

11月12日，华盛顿率领军队通过了哈德逊河，他十分担心华盛顿堡的情况，于是先赶往李堡。英军的军队也朝着李堡进发，华盛顿料定豪将军不会率领大部队来攻占李堡，因为李堡并不是重要据点，只要一点儿兵力便足以占领它。他认为敌军还会继续朝南方前进。为了守卫堡垒，华盛顿将兵力分散在李堡周围的据点上；但是，他并没有猜到豪将军的意图。不久之前，豪将军已经率领英军舰队突破了美军的防守，到达哈莱姆河，并且英军的军队现在已经登陆上岸了。

16日，豪将军部署了新的作战计划，他将兵力分成四路，准备从四个方向向美军发起进攻：克尼普豪森率领第一路部队负责攻击美军的北面；马修准将率领轻步兵作为第二路攻击美军的南面；英军四十二团作为第三路，他们的目标并不是美军军队，而是绕过美军左边防线攻打纽约；最后一路则是帕西勋爵的队伍，他们将从美军右翼发起进攻。战斗开始了，英军各路军队按照原定作战计划开始向美军发起总攻，美军虽然占有有利地形，但是在英军猛烈炮火的轰击下，开始出现溃败之势。一场激战过后，美军的指挥官巴克斯特在战场上英勇牺牲。马修准将率领轻步兵势如破竹，轻松地占领了高地，并且占据了大量美军工事、掳获200名美军战俘。马里兰步兵赶到战场支援罗林斯的军队，他们与帕西将军的部队相持不下，可是后来的克尼普豪森将军前来增援，美军抵挡不住英军的进攻，无数士兵倒在了血泊当中。英军将战场的主动权牢牢把握在自己手里，他们让人给美军带信，劝美军早点儿投降。

英军攻克了华盛顿堡，这意味着哈德逊的阻塞航道作战彻底失败，这就直接导致李堡已经没有继续守卫的必要。于是，华盛顿下令迅速转移李堡的军需物资。20日早晨，根据最新情报，敌军已经在哈德逊河上游登陆，200艘英军战舰正往李堡方向赶来。得知情报之后，格林将军一面派出军队去抵抗英军，另一方面又派人去给华盛顿送信。当天晚上，天空下起瓢泼大雨，英军在雨夜中渡过哈德逊河，这支大部队由康沃利斯爵士统领，总兵力达6000人，康沃利斯将部队分成两路，一路插过国王桥并于晚上8点左右在西岸上岸；而另一支部队则选择在克罗斯登登陆，因为这支部队绕了远路，所以到晚上10点左右才上岸，那时他们距离李堡只有6英里的距离。当华盛顿接到格林将军的消息后，便飞速赶往李堡。他猜想敌军是想建立一条从哈德逊到哈肯萨克的防线，敌军会将部队安置在这两河之间，如果这样，美军所面对的情况更加危急，必须立刻撤离；之前派出去阻止敌军的部队被迅速召回，他们也要准备离开李堡。此刻，美军已经来不及转移所有战略物资，为了保全性命，他们连帐篷都没有时间收拾，甚至连正在煮饭的锅也不要了，即便这样，英军还是在哈肯萨克河前追到了美军。为了保全实力，美军眼下最要紧的事情是想办法赶紧过河。康沃利斯将军放弃了追赶，他下令让部下在美军丢下的军营里驻扎下来。华盛顿身边的警卫格雷森奉华盛顿之命给李将军写信，信中他将英军进入新泽西州的事情进行详细描述，并让李将军按照华盛顿的命令将兵力调配到北河待命。为了以防万一，华盛顿还亲自给李将军写信，命令李将军将部队转移至北河，因为北河现在已经聚集了英军的主力，那里的百姓正受到敌军的蹂躏，急切需要美军的保护。华盛顿在信中还警告李将军，如果不把部队撤离到北河，那么他将不会给李将军输送军需物资，如此一来，整个美军的地位将更加被动。华盛顿迫切需要李将军妥协，因为哪怕是在群众中出现一下，都能起到安抚民心的作用。为了让李将军顺利调兵，里德准将也给李将军写了一封信，他写道："您现在是整个战争最关键的所在，你的选择将决定整个大陆军的未来，如果您愿意调兵，您将是帮助美国实现独立的大英雄，现在全军上下都仰仗着您的决定。"为了打动李将军，里德准将还写道："还好有华盛顿的正确安排，美军才得以保全实力。华盛顿堡的失守完全是因为格林将军优柔寡断的个性，他错误的指挥是这场战争最大的败笔。现在美军如此尴尬，就是因为华盛顿堡已经被英军占领了。"然而，这封信让华盛顿感到难堪，他怕其他人会因为这封信产生异议，会影响到士兵们的士气。相比于李将军急躁的性格，华盛顿显得更加保守谨慎，这份谨慎经常会让其他将军感到难以磨合。华盛顿清楚地知道，如果将战争的失败归咎于指挥官的性格缺陷，那么这对今后的带兵会产生无法预估的难度。

美军现在的情况十分狼狈，不仅是数量上兵力已经不足，只剩不到3000人，而且他们没有武器和物资，甚至连个营地都没有。为了将损失减少到最小，华盛顿下令让部队继续撤离，他派3个团作掩护，指挥士兵朝纽沃克撤退。华盛顿现在十分苦恼，一方面，机动部队又有大批士兵到了服役期，他们归心似箭，恨不得现在就回家，即使现在他们还在战场上，但是他们已经失去对战争的热情，失败的事实让他们失去了信心，就连撤退都拖拖拉拉、行军缓慢；另一方面，英军正在乘胜追击，他们换乘舰船紧跟在美军后方。华盛顿没有办法，只好请求里德寻求救兵。华盛顿让里德将军去找威廉·利文斯顿，威廉·利文斯顿是新泽西的省督，华盛顿在给威廉·利文斯顿的信里讲述了他现在窘迫的处境，希望威廉·利文斯顿能够支援他一批新泽西民兵。与此同时，他还让米福林将军找当地政府帮忙。但是，现在最能缓解战况的还是李将军。24日，李将军给里德将军的信到达华盛顿军营，由于当时里德将军不在，华盛顿就把信拆开，信中写道："我的部队现在在北城堡，不可能在这么短的时间里渡过多布斯，如果现在我将部队调离北城堡，那么北城堡很有可能失守。现在我已经让西斯将军带领2000名士兵前来与华盛顿碰面，相信他们很快就能到达。我还给詹姆斯·鲍德温主席写信，我认为正是因为华盛顿的畏畏缩缩才导致华盛顿堡的失守。"从信件中可以看出，李将军对华盛顿已经逐渐失去信任，而他自己似乎更受到大家的支持。李将军的内心开始膨胀自负，对华盛顿也没有以前那样客气。华盛顿立刻回信给李将军，让他率领部队到新泽西。这时，西斯将军认为最稳妥的方案是按兵不动。现在最为难的是乔治·克林顿将军，他同时接到两个完全不同的命令，他也无法定夺，在一番思索之后，克林顿将军决定撤退。

24日，李将军又给华盛顿写信；27日，华盛顿才收到此信，此刻华盛顿正在纽沃克。李将军在信中描述他计划逮捕罗杰斯。华盛顿一眼就看出这是李将军推脱的借口，他给李将军回信时直接批评他，并命令李将军将部队调往新泽西。为了避免特拉华河口的船被敌军占领，华盛顿于29日给省督利文斯顿写信，请求他将这些船只转移到西岸。本来他还想在拉里坦河建造一些军事工事，但是当时人员十分紧张，这个计划便被耽搁了。里德准将那边也不顺利，新泽西议会并没有通过对他们的援助计划，之前的地方民兵团眼看就要自行解散。这样算下来，里德准将能够调动的民兵还不到4000人。让华盛顿更加尴尬的是，他与李将军之间的冲突越来越尖锐。李将军直接表态怀疑华盛顿的领导能力，并且否认他与华盛顿之间的友情。心胸宽广的华盛顿并没有因为李将军的为难大发雷霆，他默默承受着李将军的羞辱和嘲讽，因为他认为，比起自己受到的屈辱，国家的安危更加重要。他不再去纠结这些无谓的烦恼，而是积极筹划如何招募到新兵。

事实上，这些激化的矛盾都是里德准将造成的。如果不是他在信中将华盛顿故意贬低，李将军与华盛顿的关系也不会如此僵化。里德将军心里十分愧疚，他带着十二分抱歉的态度回到华盛顿的司令部，他原以为华盛顿会对他嗤之以鼻，没想到华盛顿根本没将这个事情放在心里，就像什么事都没有一样。华盛顿的宽容使里德将军更加难堪，他一直希望能够与华盛顿好好谈谈，将那封信的所有经过解释清楚。在与里德准将接触的过程中，华盛顿依然保持着谦和礼貌的态度，一如既往地向他请教战略上的问题。但是两人心里都很清楚，彼此之间的隔阂一旦产生，就不可能回到以前亲密无间的状态了。在之后的日子里，两人逐渐疏远，基本上除了公事，再无其他交集。华盛顿感到孤立无援。就在此时，新泽西省督威廉·利文斯顿给华盛顿写信，信中表明利文斯顿对华盛顿的支持，并希望华盛顿能够攻克难关、坚持到底。这封信就像是久旱的甘霖，在战友背叛、朋友疏远、士兵失信的时候，给华盛顿心口抹上一剂安抚伤口的良药，让他又有了信心和希望。

一直到12月1日，都没有一个援兵到来，而英军又在不断扩充兵力，他们正气势汹汹地朝着布伦瑞克赶来。华盛顿当机立断，下令切断所有交通要道，并于当天晚上继续撤退。为了掩护大部队撤退，华盛顿让汉密尔顿率领分队驻扎在高地上。等到大部队撤退到普林斯顿后，华盛顿让亚当·斯特芬将军和斯特林勋爵分别率领一个旅留下来，他们的任务是在协助部队撤退的同时监视敌军的行动。亚当·斯蒂芬是一名久经沙场的老将，他曾上过英法战争的战场，现在是弗吉尼亚的副司令员，负责处理坎伯兰堡的军务，就在之前9月份，他因为良好的表现被任命为准将。

12月2日，一支在追赶美军的英军部队达到特伦顿。华盛顿已经提前让部队把物资转移到特拉华河对面。华盛顿在给大陆会议的信中是这样解释这次撤退的："就现在的局势，我军不得不撤退，新泽西招兵不成功，兵力得不到补充，而目前英军实力如此强大，撤退是唯一选择，这并非我个人意图，而是为了保存实力作出的暂时让步。"新泽西州是一个农业大省，这里土壤肥沃，居民们已经习惯躬耕农田的生活，战争的炮火打破了他们的宁静，所以他们不赞成独立战争。他们亲眼看见华盛顿的部队被英军打得支离破碎，而丢盔弃甲的士兵狼狈不堪的样子让他们不愿去信任美军的力量。长期以来的小农思想让这里的居民更愿意在家里与家人待在一起，而不愿意参军投身革命。

豪将军利用这里居民反战的心理，在11月30日就发出通告，要求这里的所有居民放弃抵抗，如果在50天内宣布自己对英国效忠，那么他们将获得免责权利。当地的土豪劣绅们首先屈服，在这些人的带动下，不少居民也纷纷表示效忠英国，就连一些曾经参加战争甚至在战争中表现出色的人最后也选择投降。就这样，康沃利斯带领英军占领了布伦瑞克。无奈之下，华盛顿再次退回到特伦顿，如果再这样下去，不仅新泽西州危险，就连费城也会沦陷。在得不到援助的情况下，华盛顿只能根据大陆会议发布的继续抵抗命令与敌军斡旋着。而因为前线战场的失利，大陆会议内部不够团结，昔日的威严早已不见踪影。

面对重重困境，华盛顿并没有表现出退缩的意思，他依然坦然自若，认真分析当下的形势。眼下最重要的是保全所剩不多的兵力，为了能够保留这些兵力，华盛顿希望将军队撤退到宾夕法尼亚的山区，并希望宾夕法尼亚的州议会能够提供物资和兵力的支援。然而，宾夕法尼亚州议会认为现在的大陆军没有能力与英军抗衡，所以拒绝提供支援。在接二连三的碰壁之后，华盛顿只好祈祷家乡弗吉尼亚能够给他提供庇护，于是决定暂时将部队转移到奥古斯塔，并在那里安营扎寨，作好与敌人打持久战的准备。这段时期是华盛顿甚至是整个美国历史上最无助的时期，华盛顿知道只有让自己保持乐观坚强的精神，才能带动整个部队继续前进，他是最不能低头、最不能哀声怨气的那个人。虽然现在情况危急，但是独立的梦想不能就此放弃，为了整个美国的独立，必须坚持奋斗！

第十一章　反转

现在局势危急，华盛顿向李将军下达了好几次命令，让他将部队调往新泽西去支援前线，但是李将军一直不听从调动，直到30日，他才慢悠悠地率领4000名战士前往新泽西。他没有完成逮捕罗杰斯的任务，曾经他那么信誓旦旦，承诺一定会完成任务，如今不仅不感到惭愧，反而赖到华盛顿身上。他认为之所以失败是因为华盛顿对他造成的束缚太多，导致他不能实施自己的计划，如今美军如此落魄也是由于华盛顿指挥不力。此外，他还时不时地越权去为自己牟取私利。

在出发前，李将军找西斯将军进行了一次谈话。他要求西斯将军移交2000名士兵给他，西斯将军当然不会同意这个要求。之前，华盛顿就给西斯将军下令，让他率领部队在原地驻守，在没接到新命令之前，他不会将部队派出去。李将军仍然固执地让西斯将军至少交出1000名士兵，西斯将军被他鲁莽的行为激怒了，他斥责李将军道："我们不仅是军人还是将军，如果你连服从命令都做不到，那真是有愧于培养你的美国军队。我希望你能认识到自己的问题，赶紧摆正态度，现在还来得及。"李将军根本不把西斯将军的话放在眼里，他决定越权，自己去西斯部队里调拨1000兵力。西斯将军拗不过李将军，他痛恨李将军蛮横无理，但是为了顾全大局、不希望引发更加尖锐的矛盾，所以忍让了李将军。在李将军准备调拨兵力之前，西斯将军让李将军写了一份保证书，内容大致就是调拨是李将军一个人的意思，西斯将军没有参与其中。李将军本来不想理会西斯将军的这个要求，但是当时克林顿将军为西斯将军解围，他也劝告李将军写这份保证书，李将军最后写下了这份保证书。第二天，1000名士兵已经集合完毕，正在军营外待命。等到李将军来的时候，他突然又决定不调拨西斯将军的兵力了。他对西斯将军说："还是让他们在驻守在自己的岗位上吧。"西斯将军愤怒至极，说要带走兵力的是他，说不带走的又是他，自己实在不敢相信眼前的这位被称作美国英雄的老士兵是一位将军，甚至怀疑李将军曾经是否真的取得过那么多战功。李将军这种考虑不周的行为和没有原则的处事态度让他在军营中失去了信任和尊重。

12月4日，华盛顿的军队到达特拉华河的对岸，米福林将军率领着刚招募的新兵赶来支援，这次一共招募了1500名士兵，美军的实力又增强了不少。他们会合后又前往普林斯顿。李将军突然又想到了一个新计划，他让自己的部队尾随英军后方，准备伺机而动，在英军没有防备的情况打他一个措手不及。李将军以为他的计划天衣无缝，然而他们的行动早就被英军知晓了。康沃利斯指挥官心里也知道现在美军的力量十分薄弱，他一开始装作不知道的样子，然后在布伦瑞克又吸纳了一拨新的援兵，英军的军队已经离普林斯顿不远了。华盛顿一直密切关注敌人的情况，他在得知英军距离普林斯顿只有2英里的时候，下令将所有船集中销毁，因为他知道现在美军根本没法与英军抗衡，如果不销毁这些船只，那么它们将落入英军手里。当康沃利斯的军队来到特拉华河时，发现河里一艘船都没有，他们没法渡河，只能在岸边先驻扎下来。华盛顿趁机赶紧让部队撤离，他们在特拉华河以南70英里的一个隐秘的场所驻扎下来。英军本来是想先渡过特拉华河，然后兵分两路，分别攻打费城和华盛顿的军队。但是他们遭到特拉华河上游美军的攻击，康沃利斯暂时还没有过河。

不久，约翰·凯德伍德上校率领部队赶来与华盛顿会合。华盛顿向来很尊重约翰·凯德伍德，对他也十分信任，于是命令凯德伍德上校前去防守布里斯托尔。他的军队需要在据点里监视敌军的行动。20日，苏利文将军带着李将军的残留部队赶来与华盛顿会合。华盛顿当即调拨500名士兵前去增援凯德伍德的部队。当天，盖茨将军和威尔金森上校也来了，他们现在的兵力只剩下4个团。这些军官的到来确实缓和了目前严峻的局面，但是面对强大的英国部队，美军的力量仍然微不足道，正因为如此，华盛顿每天都忧心忡忡，每一刻都在思考下一步的计划。

其实，这个冬天英军也不好过。豪将军已经在纽约城里停留一整个冬天，他的部队零散地分布在特拉华和布伦瑞克。由于地理条件的阻隔，他一直没法集中兵力朝美军发起进攻。河对岸有一支黑森雇佣兵，但是他们已经被美军盯住，只要他们稍稍行动，就会被美军痛击一顿，他们在美军的威胁下处于十分被动的地位。康沃利斯觉得自己该做的事情已经做完了，于是他请命回国。华盛顿统计了下目前美军的人数大概是6000人，而现在英军军心动乱，他认为是时候向英军发起攻击了。华盛顿制定了一个夜袭计划，目标当然就是特拉华河岸的黑森兵团了。豪将军现在盼望天气能再冷一点儿，好让河面结冰，这样英军的部队就能集合在一起了。华盛顿认为刚好可以趁这个时候先向英军发起主动攻击。华盛顿希望盖茨将军能够支持自己的想法，肩负起布里斯托尔的军务。但是盖茨将军认为自己的身体欠佳，不愿承担这份责任，并希望能去费城。华盛顿心里很失落，同时也拒绝了盖茨将军的请求。盖茨将军也有点儿不愿服从华盛顿的指挥，他总是有意无意地回避华盛顿。因为在北伐中，华盛顿建议提拔斯凯勒将军为副将，却没有为盖茨将军进言，导致盖茨将军一直怀恨在心，他现在迫切地渴望得到权力，能够独立指挥的权力。到后来，华盛顿还是答应让盖茨将军前往费城，但是希望他能在中途到布里斯托尔，与那里的里德准将和凯德伍德将军一起商讨部署计划，但是盖茨拒绝了。24日，盖茨将军率领他的部队连同威尔金森一起从牛顿镇赶往费城，盖茨将军在途中一直在抱怨华盛顿，说他不会打仗、不懂管理、胡作非为。盖茨将军认为美军目前最应该做的事情是集合军队，而华盛顿一直将注意力集中在英军过河的问题上，他一直强调如今美军节节败退，完全是因为华盛顿的缺乏大局意识。盖茨将军和李将军曾经都是华盛顿出生入死的好战友，他们早在弗农山庄就认识了，如今在权力的控制下，他们的交情已经支离破碎，再也回不到从前。李将军和盖茨将军现在满脑子都是怎么把华盛顿搞下台，全然不顾军情危急、国家存亡。

英军的拉尔指挥官带领炮兵团和1500名黑森雇佣兵驻扎在泰勒渡口，他们离特伦顿有9英里的距离，华盛顿准备率领精锐军队向他们发起进攻。与此同时，艾维将军指挥宾夕法尼亚民兵连从渡口过河，他们的目标是从敌人后方堵截他们逃跑的去路。帕特南将军也准备率领他的民兵连朝伯灵顿的英军开火。此外，还有美军的机动部队到达特拉华河对岸，准备随时接应。帕特南将军的部队还没有集合完毕，一场突如其来的暴乱就在费城爆发，帕特南将军的计划被打乱，他命令他的副将格里芬上校代替他率领部队去增援新泽西的凯德伍德将军。

华盛顿正在特拉华岸边焦急地等待炮兵过河，他心里十分忐忑，但是看上去依然沉着冷静。夜已深了，天气发生了巨变，一场暴风雪减缓了他们行军速度。到了凌晨3点，最后的运输船才过了河。过了河之后，美军又长途跋涉9英里才到达特伦顿，那个时候天已经亮了。华盛顿将部队重新编排成两个旅，第一支部队由华盛顿亲自率领，还有斯特林将军、格林将军、斯蒂芬将军以及默瑟将军一起前往，他们的目标是特伦顿北边的奔宁顿路；第二支部队由苏利文将军和克莱尔将军负责指挥，他们的目标是特伦顿西边的水路。根据计划，华盛顿的部队首先开始行动，等到他们将奔宁顿路包围起来的时候，苏利文将军再赶来支援。

行动开始了，华盛顿命令部队朝着英军阵营冲过去，事实上这次突袭比预想的要顺利。因为英军拉尔将军事先得到美军的情报，但是根据情报美军是要攻打英军的哨岗，所以他率领两支骑兵部队和一支炮兵部队赶紧来到英军哨岗，可是什么也没有发生，他预感到出问题了。等到他回到英军大本营的时候，发现美军已经和英军发生了激战，整个战斗由华盛顿坐镇指挥，各个将军分工明确，进攻计划有条不紊地执行着。而拉尔将军也低估了美军的兵力，渐渐地，美军处于上风。美军士兵越战越勇，一个个据点被美军占领，最后胜利女神偏向了美军，英军投降了。在战斗中，英军的拉尔将军中弹被俘，此外还有32名英国军官和1000多名英军士兵也成了美军的俘虏。战后，华盛顿才知道在美军横渡特拉华河的时候，黑森人在部队中大搞圣诞节晚会，每个士兵都喝得不省人事，所以没有一个英军发现美军正在渡河，否则这场战争失败的将是美军。战后，华盛顿再三考虑决定撤退，他们将俘获的战俘和交火的物资全部带回宾夕法尼亚，这些战俘之后又被送往纽约，最后弗吉尼亚的温彻斯特成了这些战俘的最后目的地。在一些美国人的想象中，强大的英国士兵应该长有一副恐怖的面容，然而等到这些人看见英军战俘之后，都感到很失望，他们才发现英国士兵跟美国士兵没有什么差别，大家看起来都一样。起初，这些被围观的黑森人特别反感美国人。通过接触和了解，华盛顿才知道原来这些黑森人都不是自愿参战，而是被英国威逼被迫来到美洲打仗。

豪将军一直在纽约城里过冬，他还在等待特拉华河结冰，等到特伦顿战事结果传来的时候，他感到不可思议。在他看来，这批黑森雇佣兵装备精良，而且经过专业的训练，怎么都不可能输给毫无战斗经验的美国士兵，然而事实上黑森雇佣兵确实败了。豪将军立刻将准备回国的康沃利斯将军召回，并且让他带领士兵去占领新泽西州。特拉华河上漂浮着许多碎冰块，美军的战船没有办法渡河了，此时英军正在对面整合部队。

美军正在积极筹备渡河事宜，里德准将正在执行监测英军的任务，跟随里德将军的还有6支来自费城的轻骑兵，他们在普林斯顿周围不断打探英军的消息，然而任务进展得并不顺利，他们没有打探到任何情报。他们想询问当地的村民，可是这些村民根本不信任里德，无休止的战争让这里的居民不相信任何人。后来，里德准将来到普林斯顿的一处高地上，他们从山上清楚地看到身穿几个猩红色衣服的士兵，里德准将一眼就看出这是英国的哨兵；之后，他还发现这些哨兵在村庄的一个大仓库里集合，于是他立刻带领其他士兵攻打这个仓库。因为事发突然，这些英国士兵毫无防备，里德准将轻松地就将他们俘虏了。他们将这俘虏的12名英国士兵带回司令部，在一番审问之后，英国哨兵透露了相关情报。现在的普林斯顿共有两股英军，分别是康沃利斯将军和格兰特将军的部队，他们拥有大约8000名的兵力，英国正准备朝特伦顿赶来，此外大约1000名轻骑兵在豪将军的带领下正从安博伊方向赶来。

得到情报后的华盛顿感到局势突然变得危急起来，不久之后将会发生一场恶战，现在华盛顿进退两难：如果现在选择撤退，那么好不容易赢来的胜利将变得毫无意义；如果这个时候迎敌，那么等待美军的将是不可预估的损失。在反复斟酌之后，华盛顿命令米福林将军和凯德伍德将军赶到前线增援，米福林将军和凯德伍德将军的部队加起来总兵力共有3600人。虽然华盛顿十分不愿意看到这个局面，但是迫于形势压力，他只好这么做了。1月1日，两位将军的部队均到达华盛顿这里，他们开始商讨下一步作战计划。

华盛顿在前线修建起了防御工事，安置了大炮，又在附近的一座石桥建立起防御壁垒。就在不久前，拉尔还想从这座石桥逃走。在距离这里不远处的小树林里驻扎着另一支先头部队，部队附近有一条小河，刚好成为战斗的天然屏障。1月2日，康沃利斯的部队达到战场，华盛顿派格林将军前去赴战，双方见面就开始打了起来。到了中午，早就在小树林埋伏好的美军又跟英军展开了战斗。但是敌我双方差距太大，美军败下阵来，英军穿过树林，来到了一片平地上。这时准备充分的汉德将军又与英军发生冲突，英军经受不住接二连三的战斗压力，最后撤退了，他们驻扎下来。黄昏的时候，康沃利斯的部队才来到特伦顿，他命主力部队在梅登黑德驻扎，并让先头部队设法渡河。美军发现了这些先头部队，并朝他们发起猛攻，英军立即展开反击。华盛顿在桥头骑着白马亲自指挥，英军一次次想攻过来，都被美军打了回去，河对面的美军不时吹响胜利的号角。天色越来越暗，当天英军放弃了渡河，他们在岸边点起了篝火。美军也停止了攻击，他们在河的另一边监视着英军的一举一动，防止他们发起夜袭。威廉·厄尔斯金是康沃利斯的手下，他建议等到再晚一些再向美军发起攻击，但是康沃利斯没有采纳这个建议。他认为美军现在只不过是在虚张声势，实际内部空虚、兵力匮乏，他们迟早是要战败的。那个晚上，英美两军都在彼此的攻击范围之内，宁静的夜空似乎在诉说两者相安无事。华盛顿知道等到天一亮，战斗只会更加激烈，想到这里，他整晚都睡不着觉。

夜越寂静，越让人紧张。英美两军就像是狭路相逢的两只老虎，恨不得立刻将敌人咬死。时间一分一秒地过去了，华盛顿作为指挥官比任何人都要焦急，他眉头紧锁，在自己的军帐中暗自踱步。现在美军和英军的实力相差确实很大，而且两军之间的阻隔仅仅是一条不怎么深的小河，明天英军的大部队会全部过河，然后向美军发起总攻。华盛顿十分清楚在这个紧要关头，一定不能和英军发生正面冲突，既然打不赢那就只好撤退，但是特拉华河阻挡了美军的退路。而且，美军如果撤退，那么英军也会快速追上，结局不会有什么变化。接下来，新泽西、费城都会被英军占领，之后这场革命终将宣告失败，华盛顿深深地感到绝望。这时华盛顿突然想到，他面对的是英军的所有兵力，那英军的后防肯定十分薄弱，如果能将敌人储存在布伦瑞克的粮食烧毁，那么这场战斗的局势将会发生反转，等到英军军队因缺少粮食而发生动乱，美军就可以乘机将他们一举歼灭。华盛顿立刻将这个想法拿出来跟大家讨论，大家都觉得眼下只有这一个办法了，但是这个计划执行起来却没有那么容易，因为当时天气有些回暖的迹象，路上的雨雪和泥土混在一起，这使士兵们的行军受到阻碍。俗话说："心诚则灵。"刚好那天晚上从北方刮起了阵阵寒风，战场气温骤降，原本泥泞的道路被冻得坚硬，这为美军的行动创造极佳的条件，于是他们开始行动了。

为了掩护部队向布伦瑞克转移，华盛顿命令士兵在前线挖起了战壕，并且故意弄出很大的动静；同时，主力部队悄悄前往英军后方。默瑟将军号召马里兰士兵和特拉华士兵开始行动，300名士兵在默瑟将军的指挥下纪律井然，他们行动迅速又悄无声息。他们穿过敌人后方的树林，来到大石溪，那个时候已经是破晓。默瑟将军知道大石溪附近有一条隐秘的捷径能够直接达到普林斯顿，于是率领部队从捷径穿插过去，这样他们就能在计划的时间里到达英军的后方。等他们快靠近英军军营的时候，55团的指挥官发现了美军的行动，但是树林十分茂密，他无法从遮掩的树枝后面判断出美军的人数。看见美军慌慌张张地在树林里穿梭，他还以为是美军的逃兵，于是命人前去抓捕这些"逃兵"。等到默瑟将军通过大石溪桥，英军发现原来这是美军的一支部队。美军被发现后，一场激烈的战斗不可避免地发生了，双方为了争夺高地，疯狂地朝对方开火。不久，美军就占领了一个有利位置，他们从高处向英军发起更加凶猛的射击，英军也在拼命抵抗。双方在树木的掩护下距离越来越小，默瑟将军的腿被敌人打中，他从马背上摔倒，另一名副官也中弹了，他被士兵迅速抬回后方。英军一步步地朝美军靠近，最后战斗进入白热化，等到双方的子弹用得差不多的时候，英军装上枪的刺刀向美军攻了过来，而美军的枪上并没有配备刺刀，他们只好撤退。中弹的默瑟将军顽强地用剑支撑起自己的身体，他拼尽自己的全力指挥战士作战，红色的血从他的伤口不断流出，他身下已经是一片鲜红，突然一颗疾驰的子弹穿过他的胸膛，他倒在了血泊里。默瑟将军倒下的这一幕刚好被赶来的华盛顿看到，他正率领援军前来支援，默瑟将军的牺牲让他愤怒不已。

英军看见美军派来了援军，便搬出大炮朝美军射去。愤怒的华盛顿不顾一切，骑着他的战马，挥动他的帽子，鼓舞士兵奋勇杀敌。他在士兵之间穿梭，这让他成了英军的重点攻击目标。然而，华盛顿丝毫不惧怕敌人的军火，他镇定自如、沉着冷静地指挥着大家作战。看到司令官如此自信，士兵们的士气大涨，美军一鼓作气朝英军发起了反击。7兵团赶到了战场，现在莫霍的部队已经被美军包围，莫霍还以为自己在追击美军的残兵，等到他回头发现后方还有美军的部队时，他才意识自己已经陷入困境。他立刻改变自己的路线，他企图从大路逃走好与康沃利斯将军会和，然而克莱尔将军早就在大路上等候莫霍了，他没有了退路，只好向美军投降。

最后美军赢得了这场战斗的胜利，在战斗中战死的英军士兵超过300名，其中还有14名军官。美军也损失惨重，默瑟将军伤势很重，生命垂危。战后，美军的军官在金斯顿集合，他们在这里开会商量接下来的行动。布伦瑞克已经被美军夺回，英军的战略物资可以为美军提供更长久的补充。这场战斗确实给英军造成了不小的打击，但是士兵们已经被接二连三的战事拖垮了身体，再硬撑着去攻击英军其实不是个好对策。而在英军方面，虽然他们失去了布伦瑞克，但是近期内战斗力还是十分强大，康沃利斯将军肯定会对美军进行反攻。现在，英军的莱斯利将军已经率领部队在美军的必经之路上驻扎下来，他们正等待着美军自投罗网，如果美军选择撤退，那么肯定会和莱斯利将军交火，到时候对美军更加不利。华盛顿与其他军官讨论后，决定将部队撤离到莫里斯镇。莫里斯镇拥有天然的地理优势，它四面环山，山上的草木葱郁，能够很好地掩护美军，就算英军追上来，他们还可以根据地势改变计划。于是，华盛顿带领着剩下的美军往莫里斯进发了。

康沃利斯指挥官对美军攻击他的后方感到十分惊讶，他从没有想过美军居然能够在他眼皮底下绕到英军部队的后方，更没有想到自己武装精良的部队会被几乎没有作战经验的美军打败，他懊悔自己当晚没有向美军发起进攻，同时也感慨华盛顿的机智果敢。那天一大早，枪声从普林斯顿方向传来，康沃利斯将军立马就知道是美军在袭击英军后方，他立刻让骑兵跟他一起赶往后方。他们刚到大石溪就看到凯利上校正在带领士兵摧毁桥梁。康沃利斯立即命令朝美军开枪，这时大石溪上的桥已经被美军炸毁得差不多了，美军看见英军赶来也迅速撤离，英军已经没有办法前往布伦瑞克支援了。康沃利斯也很担心自己的后方部队，他下令让士兵直接蹚水过河。当时，天气刚回暖，河面上到处都是碎冰块，冰冷的河水使士兵手脚麻木，过了好久英军才渡过河来。康沃利斯担心岸上会有美军的埋伏，就派几名骑兵先赶往前线，等到骑兵回来报告前方没有美军的伏击时，康沃利斯才让部队继续前行，后来他们又在布伦瑞克的大路上休整了一会儿，康沃利斯认为他们已经离华盛顿不远了。

当美军在路上休息的时候，华盛顿给帕特南将军寄去一封信，信中，华盛顿让帕特南对新泽西的敌军进行密切监视，一旦发生异常，立即将情况汇报给他。之后，美军继续朝莫里斯前进，这时有消息传来称默瑟将军活了下来，华盛顿喜出望外，他让默瑟的侄子华盛顿·路易跟他一起看望默瑟将军。根据阿姆斯特朗少校描述，当时默瑟将军身负重伤，他立即将默瑟将军带到最近的农民家中，那里的农民十分友善，给予默瑟将军无微不至的关怀，当时也有英军从农民家经过，阿姆斯特朗上校将默瑟将军隐藏起来，并且谨慎地处理他的伤口。不幸的是，默瑟将军的伤实在太重了，他为华盛顿的到来感到开心，并露出了微笑，之后便在路易怀中逝世了。默瑟将军是美国人民的英雄，他是一个优秀的将领，曾经受到所有士兵的爱戴和推崇；他的一生曲折而伟大，他去世之后被称作伟人，被永远地镌刻在美国革命史的书卷上。

华盛顿之前命令西斯将军朝纽约方向进军，但是时间还没过去多久，西斯将军就惨败归来。西斯将军本想从三个方向朝纽约前进，可是他们遇到了英军在国王桥附近的埋伏。华盛顿对西斯的失败感到十分失望，他给西斯将军写了一封批评信，他在信中指出，这场兵败的原因是西斯的胆小懦弱，他不仅没有对敌军进行充分侦察，也没有预估对自己的实力；华盛顿最后还教训道，如果西斯将军再这样下去，他还会再吃败仗。其实，华盛顿也只是责备西斯将军；对美国士兵，他一直保持着支持和期望，他希望所有士兵能够团结一致，共同为了革命胜利而奋斗。

此刻，康沃利斯将军十分苦恼，因为他队伍里出现了许多内奸；同时，他的部队还经常被美军骚扰，队伍的补给也没有了，于是他准备将安博伊和布伦瑞克的残留士兵召集起来，然后再撤退。康沃利斯怎么也没有想到，好端端的局势怎么瞬间就发生了反转，他到现在还不相信训练有素的英国士兵会被一群没有教养的美国民兵打败，然而事实就是这样，已经没法改变。

美军的这场胜利奠定了之后战役的基础，让那些在水深火热中挣扎的美国民众看到了希望，越来越多的人愿意投入到这场伟大的革命战争中来。战争中的华盛顿的足智多谋和勇敢、魄力深深地鼓舞着美国士兵，就连英军现在也开始忌惮起华盛顿来。曾经瞧不上华盛顿的李将军和盖茨将军也开始改变自己的态度，对自己的傲慢无礼感到惭愧。华盛顿此时并不敢掉以轻心，他依旧保持平时的冷静和沉着，因为他知道革命尚未成功。回想过去的几个月，华盛顿感慨无限。那些孤立无援的曾经，那些刁钻难堪的过往，那些黑暗阴冷的时光，他都坚强地挺了过来。正是因为知道胜利来之不易，所以华盛顿倍加珍惜。新泽西的胜利让华盛顿成为每个美国人敬仰的司令，同时，也让世界为美国人艰苦奋斗的精神喝彩。

第三部分　独立战争　巩固成果

第一章　美英双方谈判失败

1777年1月9日，伦敦的大街小巷都在散布英军在新泽西战败的消息。美军重新获得新泽西的支配权，这就使得英国丧失了对中美沿海地区进行全面封锁的能力，特拉华与马萨诸塞湾之间的连通性被打破。另外，英国海军再也没有能力防守在加拿大边界。因为美军的连胜，英军开始改变对美军的看法。美军士兵人数没有英国士兵数量多，而且士兵的素质没有英国的好，这支不超过12000人的民兵连让英军感到恐慌。英军感受到来自美军的威胁，为了防止进一步败退，英军对美洲的防线重视起来。豪将军的部队被华盛顿击溃后，就滞留在莫里斯镇的台地上。这让英军坐立不安，他们开始担心莫里斯士兵们的安全，但是他们更担心的是被美军俘虏的黑森人。在大家都认为高傲的康沃利斯不可能向华盛顿低头请求善待英军俘虏的时候，康沃利斯却给华盛顿写了一封信，请求他为黑森俘虏治疗伤病。华盛顿出于人道主义精神，回信给康沃利斯，答应他的请求，但是康沃利斯无法担保救助黑森的医生能够绝对安全。而豪将军并不打算遵守在新泽西州作出的约定，他公然打破公约，而这一行径让美国人大发雷霆。最后，美国人不得不强硬起来，他们抱着必死的决心与英军对抗。而英军在侵略新泽西后，他们丝毫不把当地居民当人看，虐待手无寸铁的俘虏，烧毁居民房子，抢夺他们的钱财，甚至任意宰杀他们。这些斑斑劣迹最终引起暴乱，当地人下定决心要向这帮土匪复仇，夺回自己的领地。

华盛顿将这些受难的人民组织在一起，形成规模庞大的民兵团，这也使得他兵力大增，从过去几百人到现在的3000余人。新组建的部队暂时在莫里斯镇驻扎，华盛顿有更长远的眼光，他知道他不可能在这个地方待很久。不过，莫里斯镇确实是一个天然的军事要塞，这里就像一个安全的山寨，四周有连绵高耸的大山作为屏障，易守难攻，敌人进攻这里肯定会得不偿失；而且，这里离敌人的营地很近，能够侦测到敌方的军情，如果是英军先发动攻击，那么英军也会承担致命的反攻。

格林将军、苏利文将军和诺克斯将军一直跟随在华盛顿身边。格林将军是一个率性认真的人，他将华盛顿视为他的唯一领导；苏利文将军是一个急躁固执的人，总能在关键时候发挥意想不到的作用；而诺克斯将军是一个稳重成熟的老将军，他目前是陆军准将，整个炮兵连都是他的部队。米德上校和泰格曼上校是华盛顿的警卫，他们都来自费城；华盛顿的秘书是罗伯特·哈里森，他是马里兰人。哈里森一直是华盛顿的心腹，他称呼哈里森为"老秘"，与华盛顿一样，他在士兵们中的声望很高。那个时候，条件艰苦，华盛顿的司令部居然是在一个酒馆里，酒馆的名字叫"共济会"，警卫队天天在这个村子周围巡逻。由于天气寒冷，士兵们会建造一些简单的木工棚。村子附近有一座瓶子山，之所以叫瓶子山，是因为山里泉水多，而那里就是主力部队驻扎的地方。

华盛顿在审视全局后，命令帕特南将军将他的部队转移到布伦瑞克不远的地方，这样就能够对敌人产生一种无形的压迫感，可以牵制住敌人的行动。一旦双方开战，如果美军形势不妙，那就向瓶子山方向撤退，这样就有机会与驻扎在那里的美军主力碰面。帕特南将军听从华盛顿的安排，将部队带到布伦瑞克附近待命。在普林斯顿，一位因中弹奄奄一息的英国军官与帕特南不期而遇，帕特南出于善心，让人给英军指挥官带信，让对方派出一名士兵来记下这个濒临死亡的英国军官的遗嘱。当时，帕特南的军队只有不到300人的兵力，一旦敌方知道这个情况，他的整个部队将很快遭到不测。为了防止这种情况发生，他让敌方那个来记遗嘱的士兵晚上过来。到了晚上，帕特南准备上演一出"空城计"，他让所有士兵把镇上的空屋子都点上蜡烛，让整个小镇在夜里灯火通明，显得人很多的样子，之后又让所有的士兵都全副武装在小镇的街上风风火火地巡逻，整齐响亮的“嗒嗒”的脚步声让整个“巡逻队”看上去声势浩大。过来记遗嘱的英国士兵看到这支规模庞大的巡逻队，以为美军人数肯定有5000人以上，并且将所见到的景象如实地向英国军官报告，英国军官听到后，权衡之下也不敢轻易进攻了。

在西斯将军的指挥下，美军从普林斯顿到哈德逊高地建立起一条牢固的防线。菲力蒙·迪金森将军则负责指挥在新泽西重新组装成的民兵部队，磨石河西边是一个重要据点，因为这里与布伦瑞克相距不远。英军为了使队伍有更持久的战斗力，从附近的村庄里大肆掠夺粮食等物品，将村民圈养的牛羊一扫而空，这让当地人愤怒不已。康沃利斯将军命令一支400余人的队伍从磨石河对岸的磨坊中运输面粉，英国人的暴行被迪金森知道后，他带领部队在磨石河附近偷偷埋伏起来，等到运输面粉的部队快靠近他们的时候，出其不意地将他们一网打尽，英国军队连一袋面粉都没能运输回去。这场漂亮的伏击战让华盛顿喜笑颜开，华盛顿把迪金森的部队称作是大陆军的榜样。然而，并非只有英国军队暴力掳掠，有一些美军战士假借“保护”之名间接对当地百姓进行搜刮掠夺，这些美军的举动让华盛顿意识到必须整顿军纪，让战士们回归正道。他规定，所有美国士兵必须廉洁奉公，不得以任何名目私自占有老百姓的钱财。在华盛顿心中，军人是崇高的职业，军人就必须处处维护百姓的权益，而不是让军队成为满足一已私欲的手段。随着新命令的颁布，所有有不轨行为的士兵都受到了严厉的惩罚。对于英国特赦战俘的举动，华盛顿也制定相应策略。1月25日，华盛顿下令，如果英国战俘愿意放弃战斗，对美国表示忠诚，那么英国战俘也能在30天以内被准予回国；但是，如果有人胆敢违抗命令，那么就是在与美国人民和政府作对，美国必将严惩不贷。华盛顿颁布的这条法令并没有获得所有人的支持，其中一部分人认为这条法令会给大陆军带来不可设想的后果，也有一小部分人认为华盛顿根本没有这么大的权力去颁布一条法令。

陆地上的战斗热火朝天，而天灾也如影随形，天花病又开始在民间猖獗起来。华盛顿意识到这会成为一场灾难，为了防止灾难发生，他毅然决然地让所有的士兵都接种天花疫苗。他把所有士兵集中在村子的空房子里，让医护人员为每一个士兵接种疫苗，而当地的教堂成了治疗疟疾士兵的医院。这个村子从来没有听说过天花病，他们将天花视作上天的惩罚，每一个人都战战兢兢。华盛顿为了化解村民的恐慌，亲自去看望村民，给他们带去疫苗和宽慰，正是这一举动让当地居民认为华盛顿将军是一个充满人情味、时时刻刻为士兵考虑的好将军，他们慢慢开始接受他，并且推崇他。

豪将军和华盛顿将军有着不同的军人作风，而百姓们更加愿意倾向于支持华盛顿将军。豪将军曾经是一名职业军人，他将军营看作自己的归宿。他站在保皇党和英国商人的立场上，与他们交好，经常出入声色场所。他过惯了舒服闲适的都市生活，沉迷于花天酒地的享受中，差不多已经忘了军人的义务和职责。华盛顿则不同，他一直将国家抱负谨记于心，军人是他无奈的选择，因为他讨厌战争、向往和平，然而动荡的局势逼迫他不得不成为为国战斗的军人。为了国家和人民的未来，他艰苦朴素，从不铺张浪费，时时刻刻将军事装进心里，每天都在为下一步计划作缜密的打算。他身边的士兵被他的精神感染，他们将华盛顿作为自己心中的榜样和英雄，学习他的工作态度、实践他的工作精神，虽然他们条件艰苦，但是华盛顿的军队从来不会抱怨。相比于英国军队拥有正规的训练、精良的武器、舒适的生活条件，华盛顿的军队成员大都来自农村、没有像样的武器，但是在气势上绝对不输于英国军队，他们品行端正、精神坚韧，同时信念纯正，不像英国军队天天以享乐主义行事。不论是从美英两国将军的平时做派上看，还是从美英两军军队的意志力上看，百姓们都对华盛顿将军充满期待，将华盛顿将军看作自己的英雄。

英美双方从特伦顿事件开始就一直在交涉交换俘虏的问题，但是双方都坚持己方立场，这个问题一直被拖延着。英国军队认为美军并非正规军队，他们不可能拥有和英国军队一样的待遇，英军迟迟不愿回应美军的要求。在华盛顿眼里，美军态度坚决，军队没有正不正规的问题，所有美国士兵都是为了解放国家、为人民赢得权利的勇者，只要是军人，如果被俘虏，那就应该得到一样的待遇。伊桑·爱伦的例子是战俘中最典型的代表。爱伦是美国军队的一名指挥官，他行事果断、判断敏锐且颇有野心，在他的带领下，军队成功占领了迪贡德拉；但是他还想要继续占领“名望之都”，就是这个决断让他饱受战争之苦，之后他便被俘虏。他在敌方阵营中受到了非人的待遇，经历了严刑拷打，最后被冠以叛国罪，被关进了监狱。他一共待过三个监狱，分别是潘蒂尼斯堡监狱、哈利法克斯监狱和纽约监狱。他一路艰辛坎坷，好几次差点儿丧命，但是都被救了回来。他意志坚定，从未放弃过希望，他相信终有一天他会得到解救。英美双方得知他的事迹，纷纷对他坚强的军人精神表示赞叹，他信念坚定、意志坚强、不为外界诱惑所屈服，大陆会议把他当作军人的典型、宣扬他的精神，为了保护他的人身安全，一致决定首先就要把他拯救出来，好好对待。

人算不如天算，在美军正准备第二次横渡特拉华河、展开下一步的军事计划时，李将军被英军俘虏了，爱伦的热度似乎仅仅停留在大陆会议开始的前几天。现在，人们又迅速地把焦点转移到李将军身上，爱伦逐渐淡化在人们谈论的话题中，因为在人们的心目中，李将军对美军的作用更加重要，没有他，美军等于失去了中心支柱。大陆会议决定让华盛顿去打探李将军的情况。李将军曾是英国陆军赫赫有名的中尉，如此高军衔的军人现在在为美国人卖命，英军认为受到了侮辱，一致把李将军看作是不折不扣的卖国贼，他们把李将军扣押在纽约的某个监狱里，对他实行严酷的暴行。在狱中，李将军不屈不挠，他一直强调自己是先解除了英军中尉的职务再去为美国服务的，他感觉自己受到了不公的待遇，于是用书信的方式向豪将军解释自己的情况;然而豪将军并不领情，他也承认李将军是叛徒、是英国军队的耻辱，他甚至都没有拆开信封，就把信给拒绝了。

华盛顿得知李将军的遭遇后，无比同情李将军。他在1月13日给豪将军写信表示大陆会议愿意以5名黑森校官作为交换条件，希望能换回李将军；他强调，如果英方仍不同意交换，他希望听到英国能像从前一样以一定条件暂时释放李将军；此外，他还劝英方能够友善对待李将军，否则，美方也不会善待英国的俘虏。豪将军收到华盛顿的来信后，并不以为意，他回复道，英方不同意美方交换李将军的条件，而且李将军是英国的叛徒，他必须受到应有的惩罚，美方无权干涉英国对叛徒的任何举措，华盛顿的请求不符合国际正义。豪将军给华盛顿泼了一盆冷水，双方关系僵持不下，继续保持着以前的冷战态度。

其实，豪将军也不知道该如何处置李将军，他只是想维护英方高傲的面子，但又不想让双方关系恶化。他向英国的华盛顿·杰曼爵士写信询问求助。杰曼爵士认为为公平起见，只能选择启用第三方仲裁，双方把争议不休的交换战俘问题交给第三方重新谈判。这时，李将军被英军允许向大陆会议写信，李将军一改往日大将作风，将自己这些日子所受到的苦全部倾泄给大陆会议，他说他天天向上帝祈祷，自己已经被折磨得不成样子，希望大陆会议能够尽早让他重获自由。李将军的信在大陆会议上公布出来，所有参会者听到信的内容都不敢相信，曾经那么张扬跋扈的大将军现在居然沦落到如此地步，现在大家都知道英军惨无人道对待战俘的行径了，纷纷表示谴责。同时，大家还在议论李将军的变化，如果李将军谦和谨慎、虚心听从别人的建议，也就不至于落到这个下场。

英军考虑到李将军毕竟是职位较高的指挥官，就没有再对李将军实施太过分的待遇。大陆会议公布李将军的信后，迅速采取了措施：既然英军不同意美国的交换条件，还虐待战俘，那美国也将5名黑森军官关进当地监狱，并且把坎贝尔中校也关进马萨诸塞的监狱，以示惩戒。坎贝尔中校出身于英国中产阶级，是英国议会成员，去年夏天，他在海兰兹战役中被美军俘获。而他要去的监狱是专门关押重要战犯的监狱，里面的监狱官毫无人性，环境也是相当恶劣。为了自己不受监狱官的折磨，他给华盛顿写信请求美国把他关在那5名黑森军官所在的监狱。华盛顿收到来信后，仔细斟酌，最后向大陆会议发出请求，建议把坎贝尔中校和黑森军官关在一起。他指出，美军的报复行为不但不能缓和双方僵局，更会激化双方矛盾，从而引发更大的战乱；虽然英军暂时不会释放李将军，但是善待英国俘虏至少能让李将军在英方那边的日子稍微好过一些。

然而，无论华盛顿怎么样苦口婆心地劝说大陆会议，大陆会议的态度依然非常坚决。大陆会议被英国军队所谓的坚持激怒了，他们认为英军对李将军的虐待是不把大陆会议放在眼里，是在公然挑衅大陆会议的权威，所以必须让英国战俘也受到严惩。而英国方面，他们将一部分美军战俘赶到一艘船上，放任他们在大海上随意漂泊。船上食物有限，条件很差，所有战俘集中在潮湿的船舱中，船上不久就臭味熏天、肮脏不堪，许多战俘因此得了疟疾，而这正是英军希望看到的结果。这一消息被华盛顿得知，他写信给豪将军，指责他们残忍、没有人性。而豪将军装作一副不知情的样子，他回信给华盛顿说，把俘虏关在船上是因为美国士兵不老实，总是挑起事端，关在船上更安全，也是为了保障美国士兵的人身安全。显然没有人相信豪将军的话，英国军队这些惨无人道的行径已经昭然若揭，更讽刺的是他们一直把自己称作正义之军，现在他们对待战俘的所作所为已经让人对他们嗤之以鼻。战场上的军事法律原则是，战士应该英勇地为国家战斗，但是他们不应该在被俘虏后受到虐待。战场上的战士没有违背国家原则，他们都是英雄，应该被礼待。华盛顿之后连写了好几封信向豪将军交涉，但是豪将军一直不理会华盛顿。场面就这样一直僵持着，这些美国战俘在恶劣的环境中坚持不下去；每天都有人死去，而爱伦将军和李将军也没有得到更好的待遇，他们只能在监狱里向神祷告了。

新的一年又来了，正当大家欢欣鼓舞地回家过圣诞节的时候，华盛顿却愁眉不展。原来，大部分大陆军服役期仅仅为1年，许多战士终于可以退役回家了。这样一来，民兵营人数骤降，军事防御成为空壳，如果敌人来犯，后果不堪设想。华盛顿向宾夕法尼亚州议会发出援助，希望得到兵力的支持。他自己身边的将军也都有要务在身，要么去招兵，要么去集合连队，其中斯诺克将军的任务是在马萨诸塞州招一批炮兵。每个州都有征兵的任务量，要想在规定时间召集大量民兵不是易事。而此时，罗德岛却不愿意提供兵力支持，他们表示如果他们的兵力被分给华盛顿，那么他们当地的安全就得不到保障。这一举动显然不符合当时局势，连大陆会议都批评罗德岛的做法，华盛顿说："不能只看到眼前的小利益，如果每个州都跟罗德岛一样，那整个美国就没有统一的军队，这正中了敌人的下怀，敌人会轻易占领整个美国。"其实，华盛顿心中比任何人都要关注兵力问题，他害怕敌人突然袭击，更害怕自己弹药仓库被偷袭。新年初的这段时间里，华盛顿每天焦头烂额，全身心投入到征兵工作中。

华盛顿为了填补空虚的兵力花费了很大力气，然而结果仍然不够理想，北部军区依然很脆弱。斯凯勒将军是北部军区的指挥官，他向华盛顿表明，目前北部军区缺乏兵力和物资；而位于北部兵区的迪贡德拉是英军卡尔顿指挥官的下一个目标，虽然驻守迪贡德拉的安东尼·韦恩上校英勇无比，但是他的兵力实在不够，即便是全军出动也一定会全军覆灭。这下，斯凯勒将军犯愁了，他既要想方设法保护住迪贡德拉，又要想办法让奥尔巴尼活下来。于是，他请求华盛顿向全美国求助，希望尽快得到强大兵力的支持，由于他实在太忙了，所以还向华盛顿请求派几个警卫官来帮助他处理军务。

华盛顿认为，冬天天气寒冷，各方面物资条件都得不到补给，英国军队不会再在冬天发起进攻；但是为了防止万一，华盛顿不断加紧征兵的步伐，希望北方拥有足够多的兵力。在他的努力下，马萨诸塞州不久就拥有了4个军团，他连忙将军团派往北方。这个时候虽然招募到大量兵力，但是士兵之间缺少磨合。华盛顿认识到这一点，为了维护部队的和谐氛围，他让一个地方的士兵组合在一起，而没有把各个地方的士兵融合在一起。西斯将军正在马萨诸塞州招募兵力，迫于北方军力实在太少，华盛顿让西斯将军尽早带领4个军团去与斯凯勒将军会合。

华盛顿除了想方设法招募兵力，还在琢磨敌人的下一步进攻计划。他凭借敏锐的军事眼光，断定英军下一次一定会进攻费城，就连忙命令西斯将军将8个民兵团调往皮克斯基尔。他用写信的方式把他的想法与斯凯勒将军进行交流沟通。3月18日的时候，华盛顿将格林将军调往费城，并向大陆会议公布了他的军事思路。他指出，皮克斯基尔是整场战役的喉舌之地，除了能快速与中东部队联合，还能在哈德逊形成防线，同时还能对新英格兰进行保护；一旦敌人往西方行动，那么东南方向的美军可以快速融合在一起，阻止敌方行动，这样就能将敌方主力困死在纽约城里；如果敌人从加拿大派遣兵力增员，迪贡德拉也能得到皮克斯基尔部队的援助，不仅牢牢地守住阵地，还能让奥尔巴尼没有忧患；此外，如果英军在皮克斯基尔以外就被拦截，那么他们将不可能涉足南方的领地。

豪将军也是个行动果敢的人，在格林将军出发之前，他就开始行动了。他的目标果然是美军的武器弹药仓库，这也是华盛顿最担心的。而此刻迪贡德拉的兵力太少，总兵力不足350人，这里的指挥官麦克道格准将正在绞尽脑汁地想对策。等到河水的冰块融化，500名英国士兵就开始进攻。麦克道格将军看出了敌人的行动，他命令士兵提前将战略物资运送到蒙哥马利堡和宪法堡。23日上午，英军开始登陆；麦克道格将军看到敌方往他们所在的方向赶来，就命令放火烧掉仓库，并且撤离部队。他把部队撤到一个既能控制海兰兹的入口又能控制陆村的主干道的据点，之后，他向威尔陆军中校请求增员。英军费尽千辛万苦来到这个武器弹药仓库面前，结果却是一片火海，他们恼羞成怒，将周围的小仓库也毁掉。英军在这个地方驻扎下来。第二天，另一支侦察分队与他们会合，而这支侦察分队在途中刚与威尔中校发生战斗，现在已经狼狈不堪。英军看到美军据点被火烧毁，便觉得已经取得了该有的战绩，不久就撤军了。接下来，他们的目标是哈德逊。

第二章　阿诺德将军的委屈

华盛顿每天生活在内忧外患的思虑当中，1777年新年刚过，美军又开始出现内部指挥权力的争夺，这个棘手的兵权之争要追溯到去年。当时，斯凯勒将军正与盖茨将军争夺北方远征军司令官的职位，双方实力相当，针锋相对，直到大陆会议出面才摆平两人的矛盾。大陆会议的调解只是暂时的，他们很快又出现新的问题。斯凯勒将军成了奥尔巴尼的指挥官，盖茨将军是迪贡德拉的指挥官，虽然斯凯勒将军的军职高于盖茨将军，但是盖茨将军却可以享受斯凯勒将军享受不到的独立指挥权。斯凯勒将军一直对此事耿耿于怀，而军营中又充斥着各种各样的诽谤声，斯凯勒将军最后决定辞去军职。按照军中的制度，一旦斯凯勒将军不再是军队的指挥官，那么盖茨将军必然会上位。斯凯勒将军随后又真诚地向盖茨将军写信，他称呼盖茨将军为亲密的战友，说自己辞职是因为忍受不了军中小人诽谤，并表示他会做好交接工作。盖茨将军欣然接受斯凯勒将军的信件，表面上他也以亲密的战友回敬斯凯勒将军，心底里却巴不得斯凯勒将军赶紧走。

然而，事实上，大陆会议考虑到北方军事紧急、兵力本来就不够，若再缺失一名将军，情况更不乐观，所以大陆会议没有批准斯凯勒将军的辞职请求。大陆会议表示，一直以来都把斯凯勒将军当作军人的榜样，斯凯勒将军的人品值得大陆会议信任，希望斯凯勒将军能够正确认识大局，期待他能够带领军队旗开得胜。斯凯勒将军的心情稍微舒缓了一些，他对大陆会议的指示表示感激，然而他确实厌烦了军队里权力斗争的游戏，他仍然坚持自己辞职的做法。他写信回应大陆会议汉考克会长说，他深知国家大义，他确实应该踏实做好每一件事，但是他还是希望能够离开部队，并且他已经选好了接替他的人选。大陆会议没有再回复他，一段时间过后，斯凯勒将军依然在北方军队里处理烦琐的军政要务，他的情绪逐渐恢复平静。

就在这件事情快要告一段落的时候，新的问题出现了。斯凯勒将军又受到了新的诽谤，有人投诉他违规任命指挥官，说他的哥哥约翰·杜姆布尔被提拔为民兵指挥官。斯凯勒将军看到投诉信后又气又恼，他实在受不了这种无中生有的诽谤，他再次向大陆会议请求辞职。这次他的态度更加强硬，他在信中写道："我并非是一个懦弱的人，我会为自己的名誉抗争到底，希望大陆会议能出面帮我彻查清楚。"他还在信中写了关于大陆会议不好的话，说大陆会议处理方式不对，没有秉持公正的原则，这让大陆会议感到受到羞辱。当时，里德将军刚好辞职回乡，为了填补职位空缺，大陆会议决定让盖茨将军暂时负责这个职位。盖茨将军欢欣鼓舞地接受了这一任命。盖茨不像斯凯勒那般固执清高。在随后的日子里，他逐渐获得了大陆会议的认可。他也是一个野心家，他知道大陆会议已经对斯凯勒产生了偏见，正伺机而动。

3月21日，斯凯勒将军再次向大陆会议提出辞职申请。盖茨认为机会到了，他利用别人旁敲侧击，让大陆会议批准了斯凯勒将军辞职，但是当时斯凯勒将军并不知道此事，更不知道盖茨已经取代了他的位置。盖茨更是在军营中放出风声，说大陆会议完全抛弃了斯凯勒将军。3月25日，盖茨接到命令赶往奥尔巴尼前线，他一路上都没有心思考虑军事部署，他一直都在想如何让自己的仕途走得更远。直到4月8日，斯凯勒将军走到费城，他才知道大陆会议批准了他的辞职。之后，他给奥尔巴尼军事委员会写信阐明自己的经历，他向大陆会议申请组派调查组来证明他的清白，希望大陆会议能够证明他并不是贪图权力的人。斯凯勒在费城也没有闲着，他在特拉华河岸边驻扎起营地，修筑了碉堡，进行物资采购，对新兵进行重新编制；此外，还为新的民兵连制定了管理条例，这些管理条例设置得十分科学合理，后来被大陆会议广泛推广。

自从美国开始独立战争，这种崇尚独立自由的精神被许多外籍军官推崇，他们也希望能够加入美国军队。然而，华盛顿却不认为这是好事，一方面，这些外籍军官既没有护照，又没有委任书，身份不明；另一方面，来自各个国家的军官都有自己的文化，都喜欢使用自己国家的语言，这会给军队管理增加更大的难度。除了不具备这些硬性条件，最大的问题还在于本地军官对外籍军官的偏见，如果出现本地军官官职低于外籍军官的官职，会出现相当麻烦的情况。为了妥善处理这个问题，大陆会议最后决定首先排除那些既不懂英语、又没有委任书的外籍军官。当时，美国驻巴黎专员迪恩爵士又推荐了一批外籍军官担任美军少将。华盛顿本来是不赞成的，他并不希望将自己国家的命运托付给这些外国人；但是华盛顿又没有办法，因为一旦他不同意，那美国国家的信誉就会在国际上大打折扣。这些外籍军官本身与美国没有利益关系，他们不会像本地军官一样拼尽全力去赢得战斗。华盛顿想到，如果忠诚的诺克斯将军知道自己的军衔还不如一个外籍军官的话，肯定会为自己打抱不平。

这些外籍军官水平良莠不齐。有一名在法国军队服役的爱尔兰上校叫康威，他说他曾经是圣·路易斯爵士手下的佼佼者，传言他有丰富的作战经验，在法国军队中获得无数殊荣，就连迪恩爵士都推荐他为准将。一开始，华盛顿很看好他，可是没过多久，他的无知和浮夸就被大家看穿，根本没有担任准将的能力；而且，这个人还很阴险，居然在暗地里与总司令叫板。当然，外籍军官里也有优秀的。来自立陶宛的军官赛迪厄斯·克斯乔科受到富兰克林的推荐，他是个率性真诚的人，华盛顿任命他为副官；经过大陆会议的讨论，他又被授予上校军衔，他的优秀在之后的战争中得到证明，在战争中勇猛的表现使他成为美国人民的偶像。

选任军官之后，军营里逐渐兴起用长官名字代替连队名字的做派，例如司令部的警卫队会被别人称作“华盛顿将军的卫队”，华盛顿对这种风气表示极其不赞成。在他看来，这种做法会影响军队团结，会渐渐地形成小团体，虽然现在看上去是闹着玩的小事情，但是以后可能会演变成影响整个部队的大事。他下令，禁止所有部队这样做，并且对明知故犯的部队予以严厉惩罚，所有部队都统一称为大陆军。后来，亚历山大上校特意为华盛顿挑选了一支护卫队，专门保管华盛顿的物品以及保护他的安全。这支护卫队的身高都在5英尺9英寸以上，队员个个长相英俊、身材魁梧，而且年龄都很小。他们训练有素，走出去的时候步调一致、气势逼人，这让华盛顿感到十分满意。

军队中情况变化很快，又有一批将军经过大陆会议批准被提拔起来。像斯特林上校、斯蒂芬上校、克莱尔上校、林肯上校、米福林上校都从上校级别提拔为少将；但是有一个人却闷闷不乐，他就是阿诺德准将，他的职位并没有发生改变，这让他很受挫，本来他的职位高于这些人，而且他几乎将自己的全部精力投入到军队建设中，本该受到嘉奖的他现在却受到冷落。华盛顿注意到这个情况，他为了安抚阿诺德的情绪，第一时间向他写信表示这一切都是暂时的，可能只是大陆会议忘记宣布而已，自己会想尽一切办法为阿诺德争取权利。华盛顿又向大陆会议询问情况，大陆会议告诉华盛顿，阿诺德准将确实是一个优秀的军官，可是他所在军队中的编制满员了，腾不出多余的职位给阿诺德。华盛顿认为大陆会议的说法存在许多值得推敲的地方，但是他并没有做更多的争辩，他把大陆会议的解释告诉了阿诺德。阿诺德对大陆会议的解释十分失望，他甚至想到了辞职。华盛顿制止了他，并安慰阿诺德，鼓励他重新树立起信心，美国军队和美国人民都需要他，他一定有机会得到更高的提拔。

正如华盛顿所说，机会总是留给有准备的人。没过多久，阿诺德的机会就来了。豪将军上次想进攻美国军火仓库的计划失败后，他又组织第二次进攻。这次，他组织了2000余名士兵准备向另外一个弹药储备点发起袭击，这个弹药储备点位于康涅狄格州边界，地理位置十分特殊。浩浩荡荡的英国军队开着战舰向凯恩波山进发，25日晚，他们在山脚下登陆，并且向山脚的村子展开扫荡。英国军队这次准备充分，虽然康涅狄格州的美国军队第一时间集合抵抗，但是也没能扛住英国猛烈炮火的进攻，很快，他们就被逼退到丹伯利。负责组织抵抗的美军上校西利曼向丹伯利发出增援请求，但是丹伯利的士兵正处于睡梦之中，一时没有那么快进入战斗状态。阿诺德本来想去费城找大陆会议亲自询问军衔的事情，听到丹伯利的战况后，他毅然决然放弃前往费城，急忙带领自己的部队赶往前线。他还任命他的秘书奥斯瓦德中尉为临时炮兵指挥官，命令他立刻将新港的炮兵调动到前线去帮忙。

一晚上过后，英军终于到达丹伯利，此时已经是下午2点了，他们惊讶地发现这里兵力不足，大陆军和民兵加起来都不超过200人，原来这里的百姓们都已经提前被转移走了，留下来的都是一些残疾的或者是根本没有战斗能力的人。英军开始在这里大肆破坏，他们放火烧毁村里的房屋，毁坏所有的基础设施，最后他们还找到了隐藏在村里的武器和火药以及一个特别大的酒窖。这里距离他们登陆的地方太远了，英军没有办法把武器运走，也没有心情去理会这些武器弹药，因为他们开始兴奋地喝酒，许多士兵在一顿狂饮之后瘫软如泥。英军的指挥官特莱顿心里很担心美军这个时候过来进攻，他顾不上搬运武器，命令士兵们将整个武器库和酒窖全部烧毁之后立即撤退。丹伯利在英军的纵火下变得热浪四起，整个村庄都是火焰的海洋，甚至几公里以外都能见到浓烈翻滚的黑烟。

当英军正在丹伯利肆无忌惮地搞破坏的时候，来自康涅狄格州的义勇军骑兵正飞速往这里赶来。除此之外，菲尔德的民兵也正向这里进发，排在最前面的是西里曼将军的士兵，排在后面是的伍斯特将军和阿诺德将军的炮兵队伍。他们心里想快点赶过去，这时天却下起了一场大雨，他们不得不放慢速度，一天下来，他们还没赶到丹伯利，只到了附近的贝索尔。几位指挥官们在一起商量，这样下去不但不可能达到救援效果，而且还会让英军有机会撤离，在稍作整顿之后，他们开始展开一个新的计划。年过六十的伍斯特将军担任此次战斗的总指挥官，他有丰富的作战经验和过人的胆识，他的任务是率领200名士兵从敌人后路展开进攻。第二天，天还没破晓，伍斯特将军早就在敌人必经之地设好埋伏，等英军一靠近他们就展开激烈的战斗。伍斯特将军虽然年纪大，但是每次作战他都十分勇猛，冲在最前线，不幸的是这次他被敌方的子弹射中，壮烈牺牲了。看到自己的将领牺牲，美国士兵的气势一下子就降了许多。虽然伍斯特将军没有成功从后方拦截英军，但是他们的阻拦为阿诺德提供了更为充裕的时间，他们比英军更早来到里奇菲尔德，并在那里迅速建立起军事工事。不久之后，英国军队来了，他们一边朝阿诺德的军队发起猛烈的炮火攻击，一边火速向前进发。阿诺德的军事防御没能抵挡住英军的进攻，他连忙命令部队撤退。就在这时，英军的子弹击毙了他的战马，他被突然倒下的马甩飞出去，如果不是他反应迅速，躲进了旁边的沼泽地中，他一定会被英军抓获。等英军的搜查士兵走远之后，一个人摇摇晃晃地追上大部队。

英军不仅突破了伍斯特将军的堵截，又攻破了阿诺德的阻拦，看上去是大获全胜，其实也损失了一大部分兵力。特伦顿将军看见军队疲惫不堪，于是下令让士兵在里奇菲尔德暂时休息，等整顿好第二天再继续返回。就是这个决定，让美军有了可乘之机。亨廷顿上校又重新召集了伍斯特将军的士兵，再次向英军发起攻击。英军被奥斯瓦德的炮兵部队堵住了前进的道路。稍作休整的阿诺德也追上了英军的队伍。这下，英国军队被前后夹击，走投无路了。此时，特伦顿命令部队往索格塔克河撤离，企图从那里回到英国战舰上。阿诺德穷追不舍，一直将英军赶到凯恩波山附近，并在这里向英军发起了进攻。但是英国军队装备精良，他们的大炮射程很远，阿诺德的士兵只有手枪，他们不敢走进英军的炮火射程范围之内。趁着炮火的掩护，特伦顿将军向军舰上的厄尔金斯爵士求助，厄尔金斯连忙出手帮助特伦顿，英军成功脱逃。就这样，阿诺德错失机会，他骑着马气急败坏向军舰冲过去，结果他的战马又被子弹打中，他差点儿连命都没了。

英军的入侵让美国军队受到了重创，大量军火武器被摧毁，食物、帐篷等军用物资也被烧得一干二净，最令人悲痛的还是伍斯特将军的牺牲。美国军队将伍斯特将军看作爱国烈士，将他英勇作战、为国捐躯的精神传达给每一个士兵。阿诺德虽然没有拦截住英军，但是他的勇敢、智慧被大陆会议钦佩，大陆会议决定把他提拔为少将。然而，其他4名后备将军的名字仍然排在他名字的前面，华盛顿认为这样不公平，他向大陆会议提议改变这种决定。但是，大陆会议没有采纳华盛顿的建议，他们给阿诺德送了一匹千里挑一的战马表示安慰。即便这样，阿诺德心中也高兴不起来，他一直对大陆会议这个不公平的决定耿耿于怀。

第三章　誓死保卫迪贡德拉

华盛顿一直十分担心哈德逊河的入口，他将这里视作举足轻重的据点，他一直认为这里是中心枢纽，加强这里的防御工事刻不容缓，而且这关系到整个美国军队的安危。现驻守在皮克斯基尔的是麦克道格将军，负责海兰兹堡军务的是刚被大陆会议提拔的乔治·克林顿准将。克林顿在部队中尽心尽力，他将海兰兹的防御工事当作头等大事，他向周围几个民兵连请求帮忙加固蒙哥马利堡的防御工事，每一项工事他都亲自检查，生怕疏忽。几天后，有情报说英军的运输船会从塔盆海过来、停靠在多布斯港口，这让华盛顿高度警惕起来。他仔细揣摩英军的用意。他担心这是英军企图蒙蔽美军注意力的套路，然后出其不意进攻特拉华；他又在怀疑英军可能是想把莫斯利山攻占，然后阻断莫里斯与哈德逊的往来。无论哪种猜想，都是英军的图谋不轨，为了防止他的猜想成为现实，他亲自来到海兰兹，对蒙哥马利堡的军事防御工事进行验收。因为，无论敌人意图如何，他们都必须首先突破蒙哥马利堡的防御。华盛顿现在坐立不安，生怕英军突然出现在他眼前。

华盛顿对海兰兹地形进行系统考察后，指示部下要把哈德逊边上的一座山当作核心枢纽。这座山位于哈德逊西部地区，与皮克斯基尔海湾遥相呼应，如果敌人来犯必然要经过这里，所以必须在这里建立起防御工事。除了建立起防御堡垒，华盛顿还派大量兵力在此戍守，并且日夜巡逻，不让敌人有任何可乘之机。华盛顿的安排是正确的，这在后来的军事行动中得以证明。美军众多将军都被安排来侦察地形，这个侦查领导部队以格林将军为首，包括诺克斯将军、乔治·克林顿将军、麦克道格将军以及安东尼·韦恩将军。大陆会议在近期提拔安东尼将军为准将，他刚离开迪贡德拉。安东尼将军的侦察团队对地形进行侦测后向华盛顿报告，请求在河边加固防御工事，其中包括修筑航道阻塞项目。为了抵制敌人进攻，他们想封锁整条河道，而想到的办法就是从蒙哥马利堡拉一条铁链到安东尼堡，在整条河流设立一条防线。其实整个防御工事没有那么简单，为了拉这条铁链，两边河岸上都修筑了高大的堡垒，堡垒旁又安排了军舰保护，军舰上安置了数量庞大的大炮。整个工程浩大、复杂，而让谁来负责这个工程又使华盛顿烦恼起来，因为这个工程的复杂性，负责人必须有高度的责任感并且还要灵活多变。

周详考虑后，华盛顿最终委任阿诺德来负责这项工事。他让阿诺德来做此事有两个原因，一是让阿诺德体会到大陆会议对他的重视，让他消除对大陆会议的负面情绪；二是希望工程让阿诺德重新获得信心，以全新的状态来处理美军军务。但是他完全没有想到，阿诺德居然拒绝了华盛顿的好意，大陆会议对阿诺德的不公正待遇已经让他心如死灰，而且让他军人的人格受到了侮辱。在阿诺德心中，他一直要求自己要做一个正直的军人，而外界流言蜚语的诽谤让他有苦难说、自尊心受到极大伤害。在一忍再忍之后，他忍不住了，他决定再去费城一趟，与大陆会议好好谈谈。他想让大陆会议对他的个人行为进行系统调查，来证明自己的清白。

阿诺德果真去了费城。华盛顿把防御工事的任务委派给帕特南将军，让麦克道格将军从旁协助。帕特南将军是一个谦虚稳重的人，他认真听取了诺克斯将军和格林将军对整个防御工事的建议，并记录下他们看法，之后立马将建议变成现实。他很认同格林将军的建议，他觉得格林将军是一个有预见性的人，而且他的预测往往很准确，尤其在航道阻塞的项目上，他与格林将军达成共识。在具体实施过程中，帕特南将军显示出过人的军事天赋，他曾经也负责过这样的军事防御工事，这次他可以说是轻车熟路。这时，整个哈德逊是由蒙哥马利堡的大陆军负责保卫的，他们的工作不仅仅是保卫哈德逊，还要身兼中东部的防御任务。

新年过后就是回暖的春天，这个季节英军总是行动缓慢、反应滞后，华盛顿了解到敌人的这个弱点，准备向敌人发动进攻，如果成功，就能把握住未来战场的主动权。他命帕特南将军准备进行一次袭击，帕特南将军也十分赞成这个想法，准备组织一次夜袭。帕特南的计划是从哈德逊下游出发，破坏普登多河岸边的独立堡垒，之后顺势扫除一路上所有的敌方工事。整个计划周详细致，正当帕特南准备大干一场的时候，英军居然计划主动进攻费城。这下，华盛顿的奇袭计划泡汤了，他不得已把所有军力转移到新泽西州。到5月底，华盛顿的军队才从莫里斯镇全部到达米德尔布鲁克，米德尔布鲁克离布伦瑞克有将近10公里的距离。华盛顿目前的总兵力是7300名士兵，一共43个团，分成10个旅、5个师。10名旅长分别是威登、斯科特、德伯雷、德阿斯、米伦博格、伍德福特、斯莫尔伍德、麦克斯威尔和韦恩。两个旅团又合并为一个师，师长分别是苏利文将军、格林将军、斯特林将军、林肯将军和诺克斯将军，其中诺克斯将军负责统领炮兵团，苏利文将军的部队位于普林斯顿将军的部队右边。在米德尔布鲁克村附近有一座山，这座山地形陡峭、四面环抱，是一个天然的保护营地，华盛顿带领其余兵力驻扎在这里。他现在驻守在这个山里，从山顶上看，整个费城的道路一览无余，他们能清楚地掌握敌方的一举一动。除了地形有利，这个季节也给华盛顿准备了一份厚礼。正值年中，青草葱郁，果实累累，华盛顿部队的后勤得到大量补充，整个军队物资充沛、士兵精良，占尽“天时地利人和”。

5月31日，华盛顿得知，英军派出100艘战舰，已经从纽约港出发了，但是不清楚他们将去哪里，他们的行踪让人琢磨不透。此外，已经有18艘运输船在纽约港靠岸，船上都是外国士兵在活动。华盛顿担心敌人可能进攻特拉华南部地区，他给帕特里克·亨利写信，通知他立即集合好民兵，作好战前准备。帕特里克·亨利是弗吉尼亚的省督，他一直崇拜华盛顿，收到华盛顿的信后，就立即开展军事准备活动，他在几个大的港口处安排好部队，防止敌人进攻。华盛顿不知道纽约港口运输船上是德国的雇佣兵，运输船里是英军的军需物资如帐篷、衣服等。转眼6月就到了，豪将军意识到不能再纸醉金迷下去，他离开了纽约城，带领他的军队来到新泽西，在布伦瑞克设立了司令部。华盛顿对整个战场局势进行分析后，开始作下一步的军事安排。他在米德尔布鲁克召集了所有兵力，并准备向敌人发动总攻。为了保证全面进攻的成功，他准备用民兵事先进攻敌军，先用几场小规模战役让敌人的兵力弱化。为了保障整个计划成功，他指示帕特南将军将大部分兵力调出皮克斯基尔，留下小部分兵力守在原地抵御敌人偷袭。在麦克道格、格拉夫和帕尔森的带领下，3支部队只用一天就到了华盛顿的营地。就在这个时候，阿诺德被委任为费城的总指挥官。他也是个识大局的人，虽然他对大陆会议抱有不满情绪，但是他依然准备在一线抗战。阿诺德负责防守特拉华西部的道路，他行事果断，在那里迅速修筑了防御工事，对整个特拉华进行严密监视。华盛顿欣赏阿诺德将军识大体的表现，他告诉阿诺德，特拉华湾里只要一出现敌人就务必把消息告诉大本营和苏利文将军，苏利文将军这时负责驻守普林斯顿。

6月13日晚上，豪将军终于展开军事行动，他是个狡猾的人，为了混淆美军情报，他从布伦瑞克发出进攻，企图让美军误以为他们要攻击特拉华，但是在萨默塞特，他的先头部队止步不前。华盛顿得知情况后，迅速让人去侦察情况。经过打探，目前的情况是豪将军的先头部队确实在萨默塞特停住了，主力部队还没有到，正在路上会合，而他的后卫部队却在布伦瑞克。如此冗长的战线确实让华盛顿猜不透敌人的意图，华盛顿打量着，敌人可能要进攻费城，但是兵力如此分散必然不会有很强战斗力；敌人也有可能只是想引诱他攻打先头部队，再集合主力围攻他的其余部队。在不确定敌方到底是何企图的情况下，华盛顿不敢贸然行事，但是他脑子中已经制定好了两个方案。如果敌人攻打特拉华，那他就去歼灭敌人后方部队；如果敌人要进攻他现在的据点，那他们将损失更多兵力。而豪将军也没有做出其他动作，他让英军在拉里坦河岸安营扎寨，仅此而已。

华盛顿和豪将军此时都按兵不动，他们就像相安无事一样，彼此除了加固军事工事，都没有其他动作。豪将军除了加固工事外，还在制造一些假象，企图让华盛顿知道他要进攻特拉华，但是都被华盛顿识破，华盛顿更加相信豪将军不会去进攻特拉华了。到了19日，豪将军出人意料地撤回所有部队，将营地的遗留物全部烧毁，顺带烧毁了路边的一些房子。华盛顿一直派人在拉里坦河附近密切监视豪将军的所有动静，在山上默不作声。到了第二天，英军要发起全面进攻的消息从北方传来。原来，一名英国间谍被斯凯勒将军俘虏，经过审讯之后，这名间谍透露了英方的行动：伯格因将军已经开始从魁北克出发，即将向南方发起攻击，此外，约翰逊爵士率领的大部队已经渡过了奥斯威戈河，正浩浩荡荡地向莫霍克河赶来，这个大部队集合了加拿大人、英国人和印第安人，他们的驻地范围是从斯坦威克斯堡延展到爱德华堡。得到消息的华盛顿不住地在房间里踱步，他担心迪贡德拉堡有危险。

这时，斯凯勒将军向上级请求增援，华盛顿立刻命令帕特南集合4个团的兵力赶往前线。等命令下达之后，华盛顿又开始思考敌人究竟会不会向迪贡德拉进军。据探子传来情报，伯格因将军兵力并不雄厚，华盛顿凭这一点判断，他的兵力绝对不多于5000人。敌人一而再再而三地故弄玄虚，华盛顿一直不为所动，他冷静分析形势，理智地看着战场。格林将军被派去攻打敌人后边防线，他带领着3个团奔向前线，而华盛顿一直待在高地上，大部队仍然按兵不动，如果情况有变，则火速前往支援。直到21日，华盛顿终于决定暂时离开大本营，前往魁堡镇，魁堡镇离安博伊有6英里的距离，华盛顿带兵在这里设好埋伏，随时作好支援的准备，与此同时，斯特林的部队也在玛塔教堂附近设好埋伏，他的部队距离敌方很近，他的任务是在必要时攻打敌方大本营，使他们注意力分散开来。

豪将军的部队将船只串联起来，修建了一座小桥，这座桥通往国王岛，而豪将军的主力军正通过这座桥在国王岛上集合起来。22日的时候，豪将军又开始假装攻击安博伊，他的部队从布伦瑞克出发，一路上烧毁村民房屋，引发动乱，他们这么做就是希望吸引美军出来。豪将军又召集了他所有的部下，将他们编排成2个中队。他自己带领一队，另一队由康沃利斯将军统领。随后，他们以迅雷不及掩耳之势占领了安博伊，这是豪将军的策略之一。豪将军占领安博伊的原因有三点：首先，可以让美军先头部队和主力军断开联系；其次，可以将美军的主力部队围困在魁堡镇，然后再一举歼灭他们；最后，康沃利斯将军有机会直捣黄龙，一锅端掉华盛顿的高地，从而大获全胜。然而，华盛顿凭借过人的军事才华，预料到豪将军的诡计，他迅速回到米德尔布鲁克，让斯科特准将派出一支轻骑兵假装去攻击康沃利斯的部队，蜻蜓点水般战斗之后就撤退，目的就是引诱康沃利斯的部队进入斯特林将军的埋伏点。双方在一番激战过后，斯特林有些扛不住康沃利斯的炮火攻击，退下阵来，在撤离途中还牺牲了好几名士兵、损失了好几门火炮。英国军队虽然突破了斯特林的埋伏，但是整个进攻计划被耽误，他们在韦斯特菲尔德停下来稍作整顿。27日，康沃利斯的部队到了斯潘镇，他们将战斗的怒火发泄到这里的老百姓身上，对其进行搜刮抢劫，还杀人放火，无情地践踏百姓们的尊严。后来美军赶来支援，才把他们赶走。至此，豪将军所有诱敌计划都失败了，他本想通过一切手段让美军从山上下来，但是华盛顿早就看穿了敌人的所有动作，他作了正确的决断，从而牢牢把握住这场战役的主动权。

之后，华盛顿又得知伯格因将军正往奥尔巴尼赶来，向莫霍克河方向前进的是李杰中校率领的队伍。这支部队一共将近8000人，是由英国士兵、德国士兵、加拿大士兵、印第安士兵以及一些当地民兵组成的。他们队伍中名声最大的是炮兵连，指挥官是菲利普斯将军，传言说他们是“史上最强炮兵连”，菲利普斯将军曾用这支炮兵连在德国战场上立下赫赫战功。

伯格因将军是6月16日从圣·约翰出发的，他信心满满，就像这场战争的胜利是他的囊中之物，但是他没有想到，在行军过程中，这些杀伤性巨大的武器极大地拖累了整个队伍的进程。他以前都是在北方开阔平原上行军，现在在南方，山路崎岖蜿蜒，他的部队装备过于沉重，整个军队难以继续向前。斯凯勒将军到现在还是一头雾水，他不知敌人的意图是什么，他现在只知道如果前线的情报真实可靠，那么迪贡德拉将是敌人下一个进攻点。可是，斯凯勒丝毫不担心，他认为自己一定能守住迪贡德拉。刚好也是6月16日这天，斯凯勒来到迪贡德拉，当他仔细侦察要塞的情况之后，他的信心开始动摇。这里的防御工事做得很不到位，守卫的人也少得可怜，如果敌军过来，很容易就能够攻占这里。香普兰湖地形狭长，两岸距离很短，连接独立山和迪贡德拉的是一座50英尺长的浮桥，浮桥也很窄，大约12英尺宽。浮桥由木条和铁链组成，右边有一个拦障，拦障右边又是一个双层的铁索。这个防御工事曾经耗费了巨额资金和大量时间，现在终于是它发挥作用的时候了。斯凯勒将军在全面了解这个情况后，他到乔治堡里转运了两个月的物资，又在哈德逊召集了一伙木匠，开始对这个防御工事进行巩固。接下来的时间里，斯凯勒全身心投入到防御工事的加固工作中，他尽自己最大努力把防御工作做到最好。他认为敌人的主力部队一定会向康涅狄格河方向进发，东部的省份是他们的攻击目标，这也是伯格因将军一贯的作风，这种方式十分奏效，过去许多场胜仗都是靠这种模式赢来的。

当斯凯勒将军正在加固防御工事的时候，伯格因正朝香普兰湖上游前进。到了6月21日的时候，他的部队在布凯河河岸安营扎寨，这里离王冠角还有6英里的距离。他们在河岸上举行聚会，以此感谢那些愿意效忠他们的印第安人。他们在聚会上强调英国政府的强大，畅想英国以后的美好未来，还把英国对俘虏的做法渲染得极其人道，说俘虏们被安排在舒服的公寓里，有牛肉、蔬菜、水果吃，等战争结束就会释放他们回家等等。他们还把美国的大陆军形容为“乱党分子”，是对公平、正义的藐视，他们给印第安人灌输美国人必败的信念。英国政府的这些做法对印第安人起到了明显的效果，印第安人的斗争情绪不断高涨，对英国政府也更加忠诚。而这一切都被迪贡德拉的密探看在眼里，他们的一举一动都被斯凯勒将军掌握着。24日早晨，侦察兵报告给斯凯勒将军说3艘战舰正往要塞驶来。原来，英国军队在岸边停驻下来是为了等待援军，然后一起进攻。

斯凯勒将军立刻将敌人的意图写信汇报给华盛顿，请求华盛顿作出下一步军事指示。根据斯凯勒将军的分析，如果英军不进攻迪贡德拉的话，那么他们会以新罕布什尔州或者莫霍克河为目标，要不然会选择阻隔爱德华堡与乔治堡的通讯，最麻烦的情况就是敌人分成三路同时攻打这几个地方。斯凯勒将军还给圣·克莱尔写信，请求他对湖东岸的通道进行严密监视，范围是从圣·约翰到新罕布什尔州的通道。随后，他连忙赶到奥尔巴尼去招募新兵，在奥尔巴尼期间，克莱尔将军给他回信称，敌人的战舰已经在王冠角登陆，并且破坏了乔治堡与迪贡德拉的通信设备，现在那里的信息系统已经陷入瘫痪。看来，敌人这次是要真的发起大规模战争了。另一个情报表示，李杰将军的部队已经成功到达奥斯威戈，他正准备与约翰逊爵士一起进攻斯凯勒堡垒。这个堡垒点防御不足，没有什么防御工事，也没有什么守卫兵力，敌人能够轻而易举地占据这个堡垒。情况变得相当复杂紧急，但是斯凯勒将军不慌不忙，他给纽约州、康涅狄格州和马萨诸塞州的州长以及帕特南将军写信描述前线具体情况，希望他们能够派兵增援。他让霍克将军把特伦县的大部分兵力调往西线，因为那里是敌人进攻斯凯勒堡的唯一路径，命令霍克将军用尽一切手段阻止英军从那里通过，至少延缓他们经过的时间。最后，他向克莱尔将军发誓，只要纽约州的兵集合好，就会去增援他。

28日，又有新的情况从克莱尔将军那里传出来，消息称迪贡德拉快要守不住了。大约七八艘敌方军舰在王冠角集合完毕，一大批英军在烟囱角登陆。如果还没有援兵来支援迪贡德拉，那这个要塞真的就要被敌人占领了，情况越来越危急，克莱尔将军甚至想把伯克郡的民兵重新召集回来。到了30日上午，18艘英军战舰抵达三里角，英国军队陆续登陆，这些士兵主要是印第安人和加拿大人，大约300余人。他们的行动被美军发现了，美军向他们展开了炮火攻击。因为炮火很凶猛，那些登陆的敌方士兵又撤退回去，但是他们没有回到基地，而是把乔治堡和迪贡德拉之间的通信设备摧毁了。美军现在看到了敌方的军舰，但是他们不知道英军一共派来多少士兵。刚好那天风特别大，敌人的战舰也没有办法继续向前开进。美国士兵已经作好把敌军赶出三里角的准备，但是克莱尔将军阻止了，他命令士兵将所有战略物资搬运到独立堡去。当天下午，英美双方的战斗正式打响。英军从东西两个方向对美军发起夹击，可以看出双方已经为这场战斗酝酿了好久的情绪，斗志顷刻间被激发，炮火连天的打斗让香普兰湖溅起一阵又一阵的水花，这个山谷从未有过如此热闹的场景。几个小时之后，英国军队撤退了。7月1日，伯格因在迪贡德拉北边驻扎下来，驻扎地距离迪贡德拉大约4英里，他们在这里挖战壕、修筑防御工事。伯格因的先头部队仍然驻扎在三里角，由于距离太远，美军的大炮打不到英国停靠在岸边的战舰。

克莱尔将军一直没有放松对敌军的侦察，虽然目前处于劣势，但是他依然顽强抵抗。克莱尔将军来自苏格兰，是一个足智多谋的人，经过英法战争的历练，他已经具备相当丰富的作战经验，也具备了沉着冷静的心理素质。就目前情况而言，迪贡德拉的士兵人数只有3000多人，而且其中900人是没有参加过战争的新兵。虽然他们是正规军，但是他们几乎没有什么武器装备，稍微熟练一点儿的就是步枪。虽然硬件条件确实很差，但是他们立志守住这个据点，与敌人战争到死。斯凯勒将军终于在奥尔巴尼集合了大量兵力，并迅速命令他们赶往迪贡德拉。除了迪贡德拉处于危险状态外，其他几个驻点也危在旦夕。来犯的印第安人正在斯凯勒堡附近实施暴行，他们随意屠杀当地百姓，甚至将他们的头皮剥下来。这让居民们怒火中烧，他们向斯凯勒请求帮忙，将这些印第安人赶走。美军这时受到敌方各个方向的骚扰，敌人想借此分散美军的注意力。英军人数越来越多，美军兵力看上去微不足道。就在美国军队担心自己要溃败时，伯格因将军却让英军在对岸驻扎下来，挖战壕和修筑防御工事，这让斯凯勒将军百思不得其解。他并没有慌张，而是冷静分析了对方的所有行动，他判断敌人其实兵力也不是很多，他们只是想引诱美军出击，进而攻破美军要塞，夺下迪贡德拉和其他几个要塞。斯凯勒将军将军的判断是正确的，他没有失去信心，而且现在有十足的把握去赢得这场胜利了。

斯凯勒将军现在还是缺乏足够的兵力，他迫切地希望皮克斯基尔的援军能早点儿到。可是直到7月5日，依然没有什么动静。斯凯勒将军有点按捺不住了，他决定等到6号，如果第二天援军还没有到，他就先带民兵连去迪贡德拉。到了7月7日上午，援军依然没有到达，他真的就带领民兵连向迪贡德拉进发了。

华盛顿密切关注前线的消息，他认为，迪贡德拉战役是如箭在弦，不得不发；但是这个要塞目前的情况是指挥官冷静沉着、士兵气势高昂，他料定这个要塞不会被占领，英军一定会被击退。7月7日，斯凯勒将军的来信让华盛顿大吃一惊，斯凯勒在信中坦言，他率领民兵正朝着迪贡德拉赶路的时候，那边的情报员说士兵早已经撤退。简短的文字和含糊不清的表述让华盛顿心生疑惑，他希望这封信是假的。直到9号，斯凯勒又来信说这事，华盛顿才相信这个事情是真的，已经无法改变。原来6月30日那天，因为英军的突袭，美军没有守住迪贡德拉附近的安妮堡，他们把部队撤退到附近的树林中隐藏起来；而负责驻守迪贡德拉的克莱尔临阵脱逃，他带领一大队士兵不知逃到哪里，至今都没有消息。斯凯勒来到迪贡德拉堡，看到一片破败的惨象，心里十分难受，况且他现在的兵力也十分单薄，士兵数量还不到1500人，而且还都是些没有什么战斗经验的民兵，每个士兵有且只有5发子弹。乔治堡中虽然有大量备用的军用物资，可是他们没有运输工具，他们对这些军用物资一点儿办法都没有。除了这些，有传言称斯凯勒命令克莱尔放弃迪贡德拉撤退，这种谣言让斯凯勒火冒三丈，他开始控制不住自己的情绪。

克莱尔的消失让华盛顿伤透了心，他想起几天前克莱尔还向他发誓，誓死守住堡垒，与敌人抗衡到底，现在他和他的部队突然间消失，甚至都没有与敌人进行正面对抗，华盛顿迫切地希望知道事情真相。对于诽谤斯凯勒的谣言，华盛顿根本不理，因为就凭借前些日子斯凯勒与他高频的通信就可以断定，斯凯勒是无辜的，他也不知道情况是这样。华盛顿给斯凯勒写了一封信，承诺会给他增加兵力和增补武器弹药；但是大炮和帐篷暂时还不能提供，除了这两样，其他的都可以在两日内送达。华盛顿调配了600名马萨诸塞州的援军前往迪贡德拉，这已经是他能够调配的最大兵力了。华盛顿琢磨着，如果克莱尔的军队还在，那么美军现在的兵力与英军差不多，而且伯格因现在还在等待豪将军的增援，短期内不会有太大的动作，这给美军留下充足的时间整顿军务。华盛顿还推测豪将军第一个进攻的目标会是海兰兹，所以他让苏利文将军前去增援帕特南。他还亲自率领主力部队朝格拉夫前进，并在哈德逊河附近安置下来，他要密切关注豪将军所有的动作。等到14日的时候，斯凯勒给华盛顿写信称，发现了克莱尔及其部队，他们正在爱德华堡以东方向，距离爱德华堡约50英里。

第四章　北方告急 南方捷报

克莱尔将军终于被找到了，华盛顿和斯凯勒将军都迫切想要知道他撤离的原因以及这些天的经历。克莱尔将军也写信给斯凯勒将军，他将过去几天的情况进行了详细的汇报。7月2日，乔治湖附近开始出现印第安人的踪迹，他们的侦察兵一直徘徊在外围防线边上，很明显，他们是在对这个要塞进行细致的侦察。克莱尔将军的心紧张了一会儿，因为这个要塞兵力不足，防御工事也相对落后，为了不让印第安人获得更多的情报，他下令将一些小的无关紧要的要塞烧毁。但是，有一个要塞是迪贡德拉的关键据点，这个要塞位于迪贡德拉的西边，是一个外围防线据点，敌人一旦占领了这个据点，那么迪贡德拉被占领就只是时间长短的问题。克莱尔疏忽了，因为这个据点实在太偏僻，所以他认为敌人绝对不会进攻这个据点。于是，他把这个要塞的兵全部调往迪贡德拉堡，而这个决定正是这场战斗最大的错误。很快，印第安人就发现了这个要塞没有兵力防守，他们将这个情况报告给上级，伯格因听到这个消息后高兴得快要跳起来了，他立刻让弗利泽尔将军和菲利普将军率领轻骑兵去攻占这个据点。当他们到了这个要塞的时候，里面果然空无一人，他们就像捡了一个大便宜一样轻松占领这个据点。伯格因喜出望外，他认为这是这场战争的关键所在，是英军希望的开始，于是他给这个堡垒取名为“希望堡”。弗利泽尔的重武器终于有安置的地方了，他把他所有笨重的机枪和大炮全部搬了进来。这个要塞所处的地理位置对英军十分有利，它是乔治湖水陆两路的连接点，占据这个据点等于把握了这场战争的主动权，然而克莱尔却没有意识到这点，现在这个堡垒让敌军占领了先机。

弗利泽尔也很高兴能占领这个据点，他的重甲军团终于可以大显身手，他的部队守卫在这个据点里，牢牢控制住从堡垒到三里角的范围；此外，独立堡和香普兰湖之间的一大片地区也被里德塞尔将军的德国雇佣兵掌控。克莱尔将军还不知道自己现在已经被英军包围了，他现在还在其他几个重要据点挖战壕，他的计划是把英军困在迪贡德拉，跟他们慢慢耗。渐渐地，克莱尔将军意识到了希望堡的重要性，他逐渐掌握了英军的作战计划，他很后悔，为了不让英军计划得逞，他命令美军的军舰去轰炸英军的希望堡，敌方对克莱尔的主动进攻根本不在意，他们没有害怕，更没有逃走，而是与美军进行正面冲突。双方僵持了一段时间之后，克莱尔将军意识到进攻不起作用，于是下令让炮兵回到迪贡德拉，在那里继续加固防御军事。

由于克莱尔的大意，英军占领了希望堡，但是这仅仅是开始，随后英军又占领了糖山据点。糖山连接着香普兰湖和乔治湖，是迪贡德拉南部的一个重要据点。克莱尔又作出一个错误判断，他认为糖山位置偏远，对迪贡德拉构不成威胁，盲目的自信使他一意孤行，也不听取其他人的建议。事实上，糖山地势较高，只要在这里安排25挺重机枪、布置500人的兵力就能取到事半功倍的效果，至少能够应付4倍以上的敌方兵力。这个据点也被敌方的菲利普将军看中，他派经验丰富的战地工程师对糖山进行细致的勘测，绘制出整个糖山据点的地图，从这张图上可以看到，这个据点距离迪贡德拉1400码，距离独立堡1500码，是一个重要的枢纽地段。工程师向菲利普谏言，在高地上安装大炮，修通这里的山路运送物资。菲利普听取了这个建议。英军的工兵开始热火朝天地行动起来，他们仅仅花了一个白天就把山路打通了，又在夜里把炮火武器和战略物资运到糖山。菲利普将军觉得他们完成了一个艰难的挑战，所以给这个要塞取名为“挑战堡”，同时这也是对美军的挑衅。在菲利普将军忙碌的这些天里，没有一个美国士兵出来阻止他，因为所有美国士兵都把注意力集中在“希望堡”，全然不知糖山也被英国人占领了。

直到7月5日，美国侦察兵发现糖山上有英军出没的迹象，一天前那里还什么都没有，现在那里已经修筑好了军事工事，这一消息让克莱尔坐立不安。情急之下，他与部下开了一个会，讨论该怎么办。大家都一致认为情况危急，等到英军新据点全部武装好，迪贡德拉就是他们的囊中之物，美军的所有堡垒都会被轰平，到时候大家都会成为英国的俘虏。此刻，他们的兵力太少，根本不能与英军对抗，而奥尔巴尼的斯凯勒将军的援军近期内还不能赶到，如果这个时候还与美军硬拼，无非是以卵击石，到时候肯定会全军覆没，而且时间紧迫、来不及犹豫，因为美军的武装据点就快要完成了。鉴于以上的情况，克莱尔决定当晚就让迪贡德拉和独立堡的士兵赶紧撤离，在30英里外的斯基恩堡再度会合。他们制定了周密的撤离计划，他们准备在夜间行动，克莱尔率领主力军从陆路上撤离，龙上校则带领炮兵连和所有伤病员从水路撤离，留下200名士兵掩护、殿后，掩护部队乘坐5艘战舰，每隔半个小时向英军开炮一次。他们所有人都小心翼翼，在前有挑战堡后有希望堡的监视下，他们一旦被发现，所有的努力将毁于一旦。当晚，所有士兵按照计划成功撤离，英军也没有发现异样。

到午夜3点钟的时候，克莱尔将军开始朝哈伯顿前进，还没等所有部队撤离，费尔默斯将军就下令将独立堡上的建筑全部烧毁，独立山上升起了黑烟。当晚月光皎洁，视野很好，黑烟升到半空中就被英军发现了，菲利普将军立刻从床上起来，他意识到美军正在撤离，就迅速组织士兵对美国士兵进行追击。美军还有一支后卫军队没有撤离出来，被英军发现了，不顾一切躲进旁边的树林里。美军的行动彻底暴露，英国军营里的战鼓被敲响，美军撤离的消息被伯格因上校知道了，他也没有想到美军会选择撤离，手下的侦察兵来报告说，美军分成三路撤离了。伯格因立即制定出新的计划，他没让英国兵继续追击美国士兵，而是让里德塞尔将军与弗利泽尔将军会合，赶紧去占领美军迪贡德拉和独立堡。到了上午9点，英国军队占领了美军建造的所有要塞和浮桥。

美军看到英军没有追击上来，以为自己已经安全逃脱了，他们开始有些懈怠，甚至有些人还喝起了酒，在半醉半醒之间还打趣道，他们让伯格因一晚上没睡好，他们不知道他们即将面对一场浩劫。到了下午3点，从水路撤离的炮兵连和伤病员到达斯基恩堡，可是还没等到他们上岸，远处的炮火声就传了过来，他们惊讶地发现英军一直跟随在美军后面，不久，3艘美国舰船被打中，沉入水里。而效忠于英国军队的印第安人已经来到美军后方，现在美军被包围了，这伙美国士兵危在旦夕。英军将美国占领的所有据点烧毁，美军行走在火海之中，战舰被摧毁，物资被烧尽，要塞在火焰中纷纷倒塌。龙上校带领余留的兵力一边躲避敌人进攻，一边往旁边树林跑去，但是狡猾的印第安人早就在树林里设下陷阱，他们又损失了部分战友。又经过一个夜晚的逃亡，到第二天破晓的时候，龙上校才来到安妮堡，这时他的部队所剩士兵不多了。安妮堡距离爱德华堡有16英里的距离，是个很小的要塞。斯凯勒将军在第二天的时候赶到了爱德华堡，龙上校将情况全部汇报给斯凯勒将军，斯凯勒将军帮他稍微整顿一下军务，补给了一点物资，让他暂时守在爱德华堡。之后，斯凯勒将军带领部队冲往独立堡。

当天晚上，龙上校得知英国兵正朝着爱德华堡赶来。这支英国部队的指挥官是希尔上校，是伯格因命令他来追缴美国残余部队的。龙上校带领部队在伍德溪上游的山上布置好埋伏，等英军从山下经过。不久，希尔上校就来到这里，龙上校立刻命令士兵向他们发起猛攻；同时，另外一支队伍分成两路分别从敌军的右方和后方进行围攻。英军被这突如其来的袭击打得晕头转向，当希尔上校正准备撤离的时候，一支印第安部队从后方赶到，他们与希尔的部队会合，希尔这时觉得底气足了，他不再撤退，而是选择正面向美军展开反击。正因为印第安人的帮助，本来处于上风的龙上校渐渐地感到力不从心，战争的优势逐渐向英国军队倾斜。双方在4个小时的激战后，龙上校的部队已经没有多余的弹药，而英国军队越战越勇，龙上校只好宣布撤退。他们俘虏了几名英军，其中包括一名英国上尉。

克莱尔上校带领主力部队到达卡斯顿，这里距离迪贡德拉有30英里远。第二天早晨，美军听到了后方传来了炮火声，原来英国军队一直在追赶美国军队，而且美国后卫军队已经被英军追上。美军后卫部队有3名上校负责指挥，他们是华纳上校、弗朗西斯上校以及黑尔上校。负责追赶美国的英国指挥官是弗利泽尔将军，他率领815名士兵对美军穷追不舍。美军主力部队的人数比弗利泽尔将军率领的人数多得多，但英军依然掌握战场主动权。美军和英军又展开了战火冲突。黑尔上校被派去接应后方部队，华纳上校和弗朗西斯与英军展开激烈的交锋，不幸的是，弗朗西斯上校在战斗中中弹身亡。就在双方打得不可开交的时候，里德塞尔将军的援军赶到，美军再次受到巨大的压力，无奈之下，只好放弃战斗选择撤离。

英国穷追不舍，对美军进行接二连三的打击，美军的数量在不断减少，一些受伤的战士被迫往周边的树林里跑去。克莱尔看到战场形势危急，他让两个民兵团赶往前线支援。这时，一个新的情报传来，美军的要塞被英军焚毁了，伯格因的部队现在已经到了斯基恩堡。克莱尔现在最担心的是安妮堡的情况，一番斟酌之后，他决定改变路线，带领部队从左边的小道撤离到拉特兰，并给华纳上校写信汇报情况，让他也到拉特兰去会合。华纳上校的军队已经被英军打得支离破碎，经过两天两夜的长途跋涉才与克莱尔会合，这时他的兵力只有90人了。黑尔上校经不住英国军火的狂轰滥炸，向英军缴械投降。12日，克莱尔终于到了爱德华堡，这些天又是被追击又是赶路，整个部队已经筋疲力尽。这就是克莱尔将军这些天的全部遭遇，也是华盛顿一直想知道的事情真相。美军不仅损失了大量兵力和军需物资，更糟糕的是这场战斗引起了美军的恐慌情绪。而此时，英军正在吆喝着自己的胜利，他们将自己标榜为时代的英雄，把美国人贬为懦夫、蠢蛋。英军向美军耀武扬威，正是他们的夸耀让奥尔巴尼的百姓开始不相信美国大陆军，他们觉得政府是靠不住的，随时都准备着离开自己的家园。

美军在北方的战斗确实惨不忍睹，但是东部战场却是另一番景象。东征军的英国指挥官是普雷斯科特，爱伦将军就是被他俘虏的。他生性傲慢，崇尚暴力，他对美国战俘做了许多非人道的凌辱行为，这让美国人对他恨之入骨。他的计划是占领罗德岛，负责守卫罗德岛的是美国指挥官巴顿中校。英军在罗德岛附近停驻下来。巴顿将军准备夜袭他们，他在夜里率领一支轻步兵开始行动，他们从沃里克河口不声不响地来到英军阵营。一切都按计划顺利进行着，等到他们来到英军阵营时，普雷斯科特和他的部队还在睡觉。巴顿悄悄来到普雷斯科特身边，普雷斯科特被惊醒，此刻巴顿已经拿着枪让他命令手下缴械投降。普雷斯科特不得已让手下放下武器，向美军投降。巴顿并没有大肆宣扬他的成功，而是将俘虏都带回到罗德岛。这次胜利，让巴顿得到大陆会议的赏识，将他提拔为上校。华盛顿也为他感到高兴，他现在手中终于有交换李将军的筹码了。华盛顿又给豪将军写了一封信，信中表示他愿意用普雷斯科特和5个黑森人换回李将军，并且让豪将军遵守协议原则；但是豪将军此时正在海上行军，没有及时对信件进行回复。华盛顿在此期间派人对普雷斯科特进行全天看管，不准他外出。

华盛顿这段时间一直向斯凯勒将军输送更多的武器和兵力，但是前线危急，内需不够，兵力资源本来就十分稀缺，目前他手中可以调动的兵力只有尼克松将军手下的一个旅。斯凯勒将军在前线十分忙碌，他向华盛顿申请给他添加一名经验丰富的指挥官帮助他处理军务，华盛顿推荐了阿诺德。华盛顿一直看好阿诺德，他坚信阿诺德会在东部战场创造佳绩。阿诺德的军衔一直是让他尴尬的问题，如果按照正常情况，连克莱尔都在他的职位之下。斯凯勒将军开始在爱德华堡周边修筑工事，他从距离爱德华堡西边4公里的地方就开始修筑工事；他命令士兵用木栅拦住伍德溪的水流，不使敌军走水路；他还把路边村庄里的牲畜都放走，不使英军将它们占为己有。他所做的一切都是为了牵制住敌军，哪怕一两天。此外，他将所有兵力都调往爱德华堡，誓死要守住这个关键据点。华盛顿看到斯凯勒将军所做的一切，心里十分欣慰，他写信给斯凯勒将军，称赞他英勇智慧的战士品格，并祝愿他在新的战场一雪前耻，将伯格因打败。他还写信提醒马萨诸塞州和康涅狄格州的指挥官们保持警惕，加强工事。他在信中分析到，英军占领迪贡德拉堡将更容易入侵纽约，他们将从纽约北部进攻过来，接下来新罕布什尔州以及马萨诸塞州将面临巨大的危险。因此他要求这几个地方的指挥官要格外谨慎，注意敌方的一举一动，做好协调工作，随时准备作战。爱德华堡目前缺少兵力，这个问题一直困扰着斯凯勒将军，华盛顿也深知此事，他写信安慰斯凯勒将军，告诉斯凯勒将军敌人的总数预计只有5000人，东部各省都已经作好抗战准备，守住爱德华堡肯定没有问题，他还让林肯将军带领一支民兵赶去支援。林肯将军一直呵护士兵，在军队中拥有极高的声望，他的士兵都十分信任他，他会在这几日就到达爱德华堡。

斯凯勒将军收到华盛顿的信后很感动，他提出了一个新作战方案。他的计划是让一支部队在弗蒙特设好埋伏，等伯格因路过那里的时候可以牵制住他的后方或者侧翼，这样就可以拖延英军前进的速度。但是伯格因也考虑到了这一点，为了防备美军从后方偷袭，他将主要兵力放在部队后面。斯凯勒将军还建议将伏击任务交给林肯，如果敌人对斯凯勒堡发动攻击，那就让阿诺德负责这个地区的总指挥，他也相信身经百战的阿诺德。这个方案得到了华盛顿的高度认可。在后来发生的战事中，他的方案被证明是正确的，也正是因为这个方案，让美军在北方战场重新获得了主动权。

华盛顿把陆地上的计划安排妥当后，就开始准备部署沿海地区的军事战略了。7月23日，敌人开始蠢蠢欲动，通过侦察兵的打探，敌方派出了一支强大的战队，总兵力估计有2万人。这支部队主要是英国人和黑森人，分成36个营，兵种包括轻步兵、投弹兵、炮兵营、突击队以及一个轻骑兵团，但是尚未得知他们的行军目标是哪里。敌军军舰出发后，帕特南将军那里来了一位自称从纽约监狱里逃出来的男青年，他说他是答应给英军办事，英军才放他出来。他说始终热爱自己的国家，希望美国军队能够获胜，于是他给了帕特南将军一封信，这封信是豪将军写给伯格因的。帕特南看到上面的字迹确实是豪将军的，而且信上还有豪将军的印章，于是他将信件交给华盛顿。从信里得知，豪将军准备将军队调往波士顿，放弃在哈德逊河继续前进的计划，因为他想在波士顿与伯格因会合，然后一起联手彻底击垮美军；豪将军的部队已经朝南方前进了，他心中踌躇满志，觉得胜券在握。华盛顿当即识破了这封信的谎言，因为这些天他都在观察敌方的行动，豪将军明显正在东部战场处理军事。这显然是敌方的诡计，企图让美国军队相信英军准备在南方发动军事，从而将军力调往南方。华盛顿经过推敲，认定敌方的真正目标是费城，他们仍然想攻打北河。华盛顿立即调动部队向费城赶去，他心中其实焦虑不已，因为并不知道事实是否真的是这样，他现在只能根据手头的蛛丝马迹去预测敌人的行动，从而制定反击策略。

31日，敌军到达了特拉华角，他们这次一共出动了228艘军舰。华盛顿一听到这个消息就立刻让帕特南将军带领部队与斯凯勒将军的部队会合，准备抵抗伯格因的攻击。他出于安全考虑，将司令部转移到德国镇，这里距离费城有6英里。第二天，华盛顿又得知敌人的战舰离开了特拉华角，往东边驶去。华盛顿心中更加焦虑了，他已经完全搞不清楚敌人的计划，他又开始琢磨起来，他认为虽然敌方舰队是往东方前进，但是他们不会去进攻东部，这只是一个迷惑陷阱，他们下一步应该是去攻打海兰兹。于是，他让苏利文将军的部队返回到皮克斯基尔，之后给克林顿写信，让克林顿做海兰兹的总指挥官，负责那里的防御军事。克林顿就在不久前被大陆会议提拔为纽约州的州长，克林顿现在不仅是州长还是这里的民兵总指挥官。他接受华盛顿的委任之后，就带领自己的部队赶往蒙哥马利堡。华盛顿还是有点不放心，于是又写信给杜姆布尔州长，请求他给海兰兹补充兵力。

费城的盖茨将军一直都将自己的前途看得比什么都重要，就连华盛顿给他下达监视敌方舰队的任务都置之不顾。自从迪贡德拉失守后，就有谣言说克莱尔将军之所以从战场上无故撤离是收到了斯凯勒将军的指示，那场战斗的失败应该全部归咎于斯凯勒将军。而在美军内部权力争夺中，盖茨一直将斯凯勒将军视为最大的威胁，这些年的政治斗争基本都是因他们两个人争夺北方战区的权力而引起的。盖茨将军现在最希望谣言是真的，他刚好能趁机将斯凯勒将军踹下马。现在英国军队正在攻打美国，然而盖茨将军丝毫不关心敌方的动态，相比这些，他更热衷于搜集斯凯勒将军的负面新闻，制造更多更有利于自己发展的契机。迪贡德拉堡的失败让斯凯勒将军备受冷嘲热讽，过去的负面新闻也不断被翻出来，大陆会议也对斯凯勒将军越来越不信任，这些都让斯凯勒将军倍感无助、心灰意冷。为了还自己的清白，他请求大陆会议委员会彻查迪贡德拉失守事件。8月1日，大陆会议将斯凯勒和克莱尔传唤到费城，让他们将北方战区的所有事情经过陈述清楚。在会上，斯凯勒的辩护一直在替他说好话，然而，大陆会议最终撤销了斯凯勒北方军区总司令的职务，并让华盛顿派一名新的将领来顶替斯凯勒。第二天，华盛顿收到许多举荐信，举荐人信中特别统一推荐盖茨将军，这些举荐人中不乏一些颇具声望的东部州代表，比如塞缪尔和约翰·亚当斯，他们都十分期待盖茨将军能够成为北方军区的总司令。

但事实上，华盛顿心中早已有了人选，他十分清楚北方战区的情况，也了解每个将军的性格和作风。北方战区是一个特别敏感的区域，它的安危与否关系到整个美国的安危。如果他听从举荐信的建议选了盖茨，那么结果可能会引发混乱。他其实还是推崇斯凯勒将军的，在他看来，斯凯勒拥有足够的胆识和能力，并且与自己配合默契，他着实不希望斯凯勒离开。为了挽救斯凯勒将军在大陆会议的名声，华盛顿向委员会写了封长信，他用极其诚恳的态度表明不应该在这种关键时期将矛头指向个人，还用确凿的证据澄清了迪贡德拉发生的一切经过；他向大陆会议说明，这个时候应该多将精力放在未来的战事安排上，如果一味将迪贡德拉失守原因归咎于一个指挥官身上，是片面且不利于整个保卫战争的。当天，战略物资配给委员会也发生了人事变动，约瑟夫·杜姆布尔上校成为新一任委员会指挥官，他来自康涅狄格州。从此，共有两名指挥官来负责物资配给工作，他们分工明确，一个专门负责采购，另一个负责发放。大陆会议拥有直接任免战略物资配给委员会指挥官的权力。

第五章　血流成河的大峡谷

在德国镇的日子里，华盛顿每天都在为敌方的行踪犯愁。敌军的行动越来越扑朔迷离，他们一会儿往东，一会儿又往南，豪将军似乎一直在跟美军玩捉迷藏，等到美军战舰出发追赶他们时，英军又会突然改变航道。华盛顿觉得这样下去不是办法，于是决定先冷静一段时间，仔细观察再作计划。

8月7日，敌方16个军团全部离开了特拉华角。华盛顿到8月10日才知道这个消息，而这三天里，纽约方面传来的全是不好的消息。在考虑全局之后，华盛顿命帕特南将军增加皮克斯基尔的防守兵力，并派了间谍去弄清楚克林顿那边的情况。他告诉帕特南，如果肯林顿的军队数量真的跟他报告的一样，那么皮克斯基尔的处境将十分危险，因为克林顿和伯格因会联手攻打皮克斯基尔，他一再强调帕特南要提高警惕，将战前准备作得充分。帕特南十分信任华盛顿，他根据华盛顿的指示，从四面八方调转兵力，补充皮克斯基尔的防御。对他而言，他手下的士兵最怕的是伯格因手下的印第安部落，他们都是一群疯狂的野蛮人。为了对付他们，华盛顿密谋了一个新的计划。华盛顿让摩根上校指挥500名枪手在印第安人必经之路上设好埋伏，这些枪手都是经过高强度训练的神射手，他们枪法精准、素质极佳，华盛顿相信他们能够歼灭所有印第安人。帕特南此刻正用运输船把他们送往哈德逊上游，准备接应他们的是盖茨将军。现在盖茨将军的兵力雄厚，他不仅拥有摩根的500名来福枪手，利文斯顿上校和范考特兰特上校的队伍也正从皮克斯基尔赶来。华盛顿写信通知盖茨，让他充分发挥这些援军的作用，打垮敌军后勤部队，拦截他们的军需物资，从而将伯格因的部队赶走。华盛顿还在盘算着一个新的计划，他希望通过他的部署安排，能够彻底击败豪将军和伯格因。这个计划听上去挺简单，但是实施起来困难重重，主要是因为缺乏兵力，他现在正为调拨兵力而烦恼。华盛顿的计划是从伯格因军队后方发动袭击，这样可以让敌方兵力分散开来，美军的主力部队就有足够的兵力与英军主力抗衡。华盛顿让新罕布什尔州的斯塔克将军率领民兵与本宁顿的林肯将军会合，此外，马萨诸塞州的民兵部队也正赶去给他们增援。

司令部以前在费城的时候，华盛顿就喜欢去市里了解各个地区的军事情况，他还视察了许多河边的防御工事，并提出许多中肯的建议，正是在这个过程中他认识了拉斐特侯爵。拉斐特侯爵是个年轻的将领，他出生于法国，是个名门望族的后代，20岁的时候就被家里安排了亲事，他现在的妻子是一个比他大3岁的权势家族的小姐。他不喜欢被家族束缚的感觉，他向往个人自由，就像现在美国独立的誓言一样，于是他来到美国参加独立战争。华盛顿对这个小伙子予以厚望，他向当时的外事办主任洛弗尔要了拉斐特的信息，并向大陆会议推荐他。然而，当时还没有一个外籍军官拥有正式的头衔，没有什么资历的拉斐特自然没有得到大陆会议的认可，但是在华盛顿的极力举荐下，大陆会议于7月31日破例授予拉斐特美国陆军少将的职位。后来，在一个晚宴上，拉斐特见到了华盛顿，这也是他第一次见到华盛顿本人，当时晚宴人员众多，但是拉斐特一眼就看出来华盛顿气质非凡。宴会结束之后，华盛顿与他聊了一小会儿，华盛顿同情拉斐特的经历并高度肯定他的革命情谊，最后向他发出邀请去司令部做客。

这么多天过去了，英国舰队一直没有新的消息。华盛顿开始疑惑了，他在思考豪将军的打算，如果豪将军改变方向前往查尔斯顿，那么美军根本不可能追上他们，因为距离实在太远；况且当时天气炎热，即便追上，那个时候美军已经累得没有力气作战，敌方可以趁机攻占查尔斯顿，下一步就是占领费城。战局越来越扑朔迷离，华盛顿思考了许多可能性以及对策：如果以守为攻，那么美军会处于被动地位；如果渡过哈德逊河与伯格因进行正面交锋，胜算也很难说；如果向纽约发兵，可能在南方战场上稍微挽救一点儿损失。经过军事会议的最后讨论，终于定下了向纽约出兵的行动计划，拉斐特也在会上发了言。这次行动关乎美国军队的未来，华盛顿向大陆会议写了封汇报情况的信件，希望他们能够予以肯定，他特意派自己的警卫官汉密尔顿将信件送往大陆会议。大陆会议认可了华盛顿的军事计划。华盛顿感觉万事妥当、准备发兵的时候，前线来报说英军占领了切萨皮克。这下，华盛顿这么多天的疑惑终于解开了，英军的进攻目标就是费城。前段时间，豪将军还故意让一些运输船开到哈德逊河上游，引诱美国军队跟着他们，又向海兰兹补充兵力，这一切都是骗人的幌子，英军的进攻目标根本就不在那里。华盛顿开始预估敌方舰队的行程，他认为英军会在一个星期之内抵达特拉华角，但是一个星期以后，美军阻塞航道的工事也就完工了。华盛顿当机立断向切萨皮克发兵，他现在就是和敌方赛跑，谁先到达费城，谁就能把握这场战争的主动权。拉斐特也积极加入这次行动，他平时谦和恭敬、为人随和大方，得到美国士兵的高度赞赏。除了军衔让华盛顿有点儿尴尬外，他的表现一直让华盛顿感到满意。他的少将军衔其实是大陆会议给他的一个荣誉军衔，并没有实权。但是拉斐特并不在乎这些，他的战斗激情被激发，主动要求带领分队参战。华盛顿认为他年龄太小，又没有作战经验，如果现在就带分队参加战斗实在不放心，他心平气和地跟拉斐特讲了不让他带兵打仗的理由。拉斐特虽然有点儿失望，但是他很信服华盛顿，一切都听从华盛顿的安排。而他谦卑的表现让华盛顿对他更加喜爱，也更尊敬他。

华盛顿的部队陆陆续续达到费城，特拉华、北弗吉尼亚以及宾夕法尼亚的民兵团也在这里集合起来。这些民兵的统帅是维克多上校，他们驻扎在彻斯特，距离费城有12英里，华盛顿命令韦恩将军赶往彻斯特，并委任他为这支军队的总指挥官。韦恩将军现在面临的最大问题是这些民兵的状况，他们来自不同的州，不仅没有统一的衣服和武器装备，而且他们都没有接受过正规训练。韦恩将军和维克多上校为了让这支部队看上去更像正规军，花了很大力气训练他们，为了整顿军纪军貌，他让每名士兵用绿色的小树枝插在自己帽子上。他们要进城了，走在队伍最前面的是华盛顿，他骑着高头大马，身后是一支浩浩荡荡的大部队。这支部队兵种众多，志愿兵们拿着斧头齐刷刷地走在路上，骑兵们驾着战马并排走在队伍中间，炮兵排着长龙列队跟在后面，马车队踏着沉重的步伐跟在最后，他们一路上士气高昂，看上去就像经过长期训练的皇家军队。这让费城的老百姓眼前一亮，他们开始怀疑之前保皇党的谣言。保皇党说英国军力远超于美国之上，而现在的美国军人看起来个个英姿飒爽，军队威风、兵力雄厚，辉格党的人看到了也觉得美国一定能够战胜英国。华盛顿的军队离开费城后直奔威明顿，他在那里建立了司令部，并且把部队安置在附近的山上。

伯格因将军占领了斯基恩堡之后，因为得不到后勤物资的补充，在那里停留了3个星期之久，直到运输队赶来补充军需之后才继续前进。在这三个星期内，很多保皇党派的人士向伯格因表忠心、献殷勤，就连斯基恩堡的建立者斯基恩上校都投靠伯格因。斯基恩也是久经沙场的军人，曾经在英法战争中受了伤，得到一大笔抚恤金，他用这笔钱投资土地，发了大财。伯格因将军欣赏他的眼光和才华，在一些重大问题的决策上都会向他咨询意见。美军提前将伯格因必经的道路和桥梁摧毁了，英军前进的速度十分缓慢，他们花了将近半个月的时间才到达安妮堡。等英军快要接近美军的时候，斯凯勒将军下令将兵力从爱德华堡转移到离哈德逊只有几英里的米勒堡。英军的行动变得异常艰难，他们的印第安人部队由于语言不通而拖累了整个部队，根本发挥不出盟军的作用，他们请来一些加拿大导游做翻译，但是这些加拿大导游的翻译也不能完全听懂印第安人的土著语，只能半猜半编，好几次都翻译错了，他们之间因为沟通不畅造成双方不合，内部关系出现裂痕。英国人开始将印第安人视为累赘，这些印第安人也开始对英国人发牢骚。这时，另一支印第安部队也加入了伯格因的队伍，这支和以前来加拿大南边的印第安人不一样，他们来自加拿大北方，负责指挥他们的是吕克。吕克是一名本土加拿大人，他也参加过英法战争，拥有丰富的战斗经验。伯格因对他进行一番了解后，觉得吕克是一名可靠的将领，他命令吕克去拦截美军的后援部队，夺取他们的军需物资。这个时候美国的后援部队在康涅狄格河，伯格因一直不相信印第安人，他想放手一搏，看印第安部队战斗力究竟如何，但是不久后发生的一件事让伯格因彻底放弃重用印第安人部队的想法。

戴维·琼斯中尉是弗利泽尔将军手下的一名军官，他生于美国却效忠于英国军队。他的家在爱德华堡周围，年轻气盛的琼斯爱上了一位苏格兰小姐简，简看起来年轻貌美，她跟她哥哥在爱德华堡不远的村庄里定居。琼斯和简两人坠入爱河，并且计划订婚；可是独立战争使他们的婚期被推迟，两个家庭也逐渐疏远。两家人加入了不同派别，琼斯家参加了效忠派，简的哥哥是辉格党党员。后来琼斯家搬到了加拿大，他本人也加入了英国军队，并通过自己的努力被授予中尉军衔。虽然两家人的政治意见不合，但是这对恋人却根本不在意这些，他们一直保持通信联系。这时，琼斯的部队在自己曾经住过的村庄里驻扎，而简小姐又刚好在奥尼尔夫人家中做客，奥尼尔夫人家就在爱德华堡附近，他们相约出来见面。英国军队的到来让整个地区的人都担惊受怕，为了保全自己的性命，他们将家搬到其他地方。简的哥哥也想把家搬到奥尔巴尼，于是让人带信给简让她赶紧回家；然而简太想念琼斯了，她没有听哥哥的话，在奥尼尔夫人家中一直等着琼斯。毕竟奥尼尔夫人是保皇党派人士，她的丈夫也在英国军队里当兵，所以她也没有太多顾虑。然而就在那天早上，一支印第安人部队侵入奥尼尔夫人家里，他们将奥尼尔夫人的财物洗劫一空，并且把奥尼尔夫人和简抓了起来。简小姐十分害怕，她与印第安人交涉，让他们把她带到英国军营中去，却被一个印第安人无情地杀害了。这件事情让整个英国军队内部炸开了锅，伯格因也深深地感到印第安人的可怕，现在还没有开始打仗，要是打起来还不知道他们会做出什么事。他将印第安酋长召集起来，希望让杀害简小姐的凶手出来自首，然而印第安酋长根本不听伯格因的要求，伯格因也没有办法。如果双方态度继续强硬下去，印第安人可能会起来造反。这时吕克上校也来劝导伯格因将军，让他注重大局，大事化小，小事化了。伯格因将军只好收手，不去惩治杀害简小姐的凶手。为了防止印第安人再出什么乱子，他给印第安部队下达一条指令：印第安人只有得到英军指挥官的指令才能带兵出击。可怜的琼斯被英国军队的做法和印第安人的残暴伤透了心，他决定不再效忠于英国军队，申请回到加拿大，之后他一生未娶，天天都在思念简的悲痛中度过。简的死亡不仅让英国军队内部矛盾更加恶化，而且也激发了大陆边疆所有人们的怒火，他们开始拿起武器，投入到保卫家园的斗争中。原本一些中立派人士通过这个事件看透了英国军队和印第安人的残忍，他们不愿再去相信英国军队，纷纷加入美国军队。美国军队也得到了哈德逊河附近的人们前所未有的支持，就连一些农民都自愿参加到战斗中来。

伯格因依然按照原计划朝爱德华堡前进，斯凯勒将军正在离阿尔巴尼30英里远的萨拉托加等待着他们。华盛顿命令林肯将军赶往萨拉托加援助斯凯勒将军，他现在手下有好几支弗蒙特召集的民兵连。斯凯勒将军看到赶来增援的林肯军队，认为获胜的概率更大。与此同时，500名新罕布什尔州的民兵也由赛思上校带领过来，他们要去保卫国土防线。这样，所有的民兵连总兵力达到了2000人。华盛顿看到士兵气势磅礴、军队军容焕发，心里很开心，他计划指挥这些民兵连绕到伯格因队伍的后方和两边，重创伯格因部队。经过长途跋涉，伯格因的部队终于到达爱德华堡，简小姐事件似乎平淡了下来，然而这些不安分的印第安人总是不断挑起事端，让双方再次陷入僵局之中。他们根本不听从英国军队的管教，在所经之处肆意烧杀抢劫，到处惹是生非。伯格因看不下去，又召开了酋长会议，没想到酋长们居然公然宣称要离开英国部队，返回加拿大。伯格因已经愤怒到极点，他心里咒骂着这些靠不住的野蛮人，但是美国军队确实给他不小的压力，没有这些印第安部队，他们兵力会变得十分单薄，他一忍再忍，最终还是向印第安人妥协。

印第安人的蛮横不讲理使伯格因身心俱疲，可眼前他最烦心的还不是这些野蛮人。因为距离遥远，他在加拿大买的马和马鞍还没有送达，英国军队没有马匹，不仅无法运送大炮、火药和子弹，而且粮食、帐篷等军需物资也得不到补充。正当伯格因犯愁的时候，他得知李杰上校已经带领一支加拿大部队渡过了安大略湖，他们要对斯坦威克斯堡发起攻击。本来，伯格因这时候应该火速支援李杰，在奥尔巴尼与李杰的部队会合。但是现在没有马匹，他除了在原地等待，哪里都去不了，他心里早已焦灼难耐。斯基恩上校告诉他，有一个美军的补给仓库就在离他30英里的本宁顿，那里既有伯格因梦寐以求的马匹、还有大量粮食，更让人惊讶的是那个地方守卫很少、没有复杂的防御工事，如果发动袭击，成功的可能性很大。伯格因高兴得快要跳起来了，他立即部署进攻计划。在他的计划里，他不仅要抢夺美军的仓库，还要穿过洛金汉和水獭溪，然后去与奥尔巴尼的李杰上校会面。因为这支部队里有很多印第安人，他们沿途洗劫百姓的钱财，果然成功袭击了美国的仓库，抢走了马跟马鞍。得到物资的他们更加猖狂，标榜自己为军国的先锋部队，波士顿马上就要被他们占领，他们马上就要与罗德岛的主力部队会面了。

斯凯勒堡建于1756年，是莫霍克河上十分重要的军事据点，它分为四个小堡垒，堡垒前方是一条很深的护城河，河上有一座拉索桥；堡垒后方有一个弹药库房。这个堡垒的建造者是一个英国人，只是后来被斯凯勒将军占领，斯凯勒将军重新对它进行加固，并更名为斯凯勒堡，现在这个堡垒正准备经受一场战斗的洗礼。李杰的部队已经准备充分，750名大陆军由甘斯福上校指挥，正在此守护堡垒。此外，一支鱼龙混杂的大部队也朝这里进发。这支大部队共有1700人，包括黑森人、印第安人、保皇党、加拿大人和英国人。8月3日，李杰向大陆军写了一封信，信中称如果他们不投降，那么他们将把整个堡垒夷为平地。美军显然不投降，他们没有回信。李杰开始命令士兵在他们营地附近修筑工事，为了方便装载弹药和战略物资的车辆能够顺利到达这里，他们将伍德溪清理干净，将沿途的障碍物全部清除，还让印第安人对堡垒进行严密监视，切断堡垒与外界所有的通信联系，他们企图将堡垒孤立成一个孤岛，等武器装备一到就对这里进行狂轰滥炸。对美军来说，他们十分讨厌那些印第安人，这些印第安人总是埋伏在堡垒四周，还会时不时往堡垒里扔炸弹，虽然炸弹威力很小，对堡垒构不成威胁，但印第安人的骚扰让他们不胜其烦。

8月6日，有3名间谍费尽千辛万苦穿过堡垒附近的沼泽地到达斯凯勒堡，他们给守卫在这里的美军带来了新的消息。赫基默将军已经带领800名特伦顿的民兵团驻扎在奥里斯坎尼，距离堡垒8英里远。赫基默将军是一个65岁高龄的德国人。这时的斯凯勒堡已经被英国彻底围住，赫基默将军为了向堡垒里传递消息，他让手下的人冒险通过沼泽地，堡垒里只要发出三声枪响，他就会带领部队从外围攻击敌方，支援他们。甘斯福将军喜出望外，他立刻安排计划，派出一支分遣队去对抗保皇军。分遣队由威尔上校指挥，一共有250名士兵并配有一门野战炮，保皇军的指挥官是约翰逊。然而信使失误了，赫基默将军和甘斯福将军并没有成功对接上。当甘斯福将军发出三声枪响时赫基默将军没有听到，仍在外边焦灼地等待着信号。时间过去很久，还是没有枪声传来，他手下的军官开始动摇，他们开始劝说赫基默将军，但是赫基默将军出于谨慎考虑迟迟没有作出指示，在手下军官的一再催促下，他终于同意发兵突围。

10点钟的时候，赫基默将军率领部队来到一个峡谷，整个峡谷只靠一座木头桥联系着，走在前面的是主力部队，殿后的是运输物资的马车。他们刚刚走过这座桥，峡谷里就回响起凌乱的枪声，他们中埋伏了。英军突然从四面八方冒出来，对赫基默将军的部队展开猛烈攻击。原来李杰将军早就让侦察兵把这一带的情况侦查清楚了，已经在峡谷里设好埋伏，并在峡谷中搭起一座引诱美军的木桥，他们打算等美军过了桥就把他们一网打尽。他们分工明确，约翰逊的部队攻击美军的左翼，印第安人攻击右翼。那些印第安人在战场中将残忍的天性完全暴露出来，他们挥舞手中的斧头朝美军劈头盖脸地砍去，还没走进埋伏圈的美军连忙撤退，中了埋伏的美军顷刻间死伤无数，这激发了美国士兵的怒气，他们开始反击。赫基默将军的战马在战乱中被射死，而他本人也不幸中枪。天空越来越阴沉，不一会儿，大雨倾盆，美国士兵躲在大树后面，伺机攻击敌人。这场战争逐渐进入高潮，英军中的德国士兵和美军中的德国士兵厮杀起来，本属于一个国度的兄弟，这会儿为了英美两国的利益相互残杀。无数战士倒下，战马在雨中嘶鸣，峡谷里全是战士的尸体，士兵们流出的血与雨水混在一起，汇成一条血河，血腥味弥漫在整个峡谷中。战争进入白热化，印第安人已经不分敌我，乱砍一通，主张突围英军的美国军官克斯和帕里斯一上场就被野蛮人砍死，约翰逊的不少士兵也被他们杀害，这就是战争的样子，他将人残忍的本性充分释放，现在每一个战士都是恶魔。一些德国兵死的时候手上还紧紧握着匕首，他们将同胞的心脏挖出来，面部表情扭曲得变形。后来，威尔上校击退了敌军，并且占领了敌方的军营；约翰逊在战争中损失惨重，他命令部队撤退，印第安人见状落荒而逃。敌军军营里的武器弹药现在都被美军缴获，此外，他们还获得了一些重要的文件资料，随后他们回到斯凯勒堡，又与撤退到河边的英军相互对峙起来。

李杰并没有从这场伏击战中获得好处，他只是俘虏了几个士兵。他让俘虏给美军写信，信中说伯格因将军的大部队已经到了奥尔巴尼，如果美军还不投降，将面临毁灭性的打击；同时，英军还威胁美军，如果美军一直冥顽不灵，那么他们会把俘虏交给印第安人，他们也不知道这些野蛮人会对战俘做什么。但是无论英国是威逼还是利诱，甘斯福将军丝毫不为之所动。李杰看到美军没有反应，又准备给特伦顿县的居民洗脑，他们企图用花言巧语说服居民投靠英军、放弃美军，然而当地居民也没有理睬他。

李杰的各种软磨硬泡都不起作用，他有些失望。他眼前的这个堡垒实在太坚固了，强攻根本不可能成功。他绞尽脑汁想对策，最后决定实施长期的包围战略，想把美军困死在堡垒里。甘斯福将军看出李杰想把他们围困在堡垒里面，他心里也在打鼓，他知道再拖下去也不是办法，于是决定向斯凯勒将军求助，但是堡垒被敌方围困，想安然无恙地出去似乎不太可能。这时，威尔上校主动请缨，决定自己去传信，甘斯福将军表示同意，他还派斯托克威尔中尉跟他一起去。10号，他们开始行动了，他们迅速穿过敌人的封锁，闯过危机四伏的原始森林，一番努力后到达了弗拉兹。他们在那里换了战马，用最快的速度到达斯蒂尔沃特军营，但是他们不知道4天前，斯凯勒将军已经被革职了。

第六章　费城墙外的炮火声

美军还没从7月的战乱中缓过神，紧张的8月又来了。伯格因的大部队已经到达战场，他们开始向奥尔巴尼进军。斯凯勒有些抵挡不住，他向周围所有军队发出救援信号。大峡谷的激战触动了斯凯勒将军的神经，他沉浸在失去赫基默将军的悲痛中。这时，特伦顿县也岌岌可危，英国军队的炮火实在太猛烈，当地居民饱受战乱之苦，他们向斯凯勒求助。可是斯凯勒将军不仅分身乏术，而且自身难保，情急之下，他向约翰·斯塔克发出救援信号。斯塔克将军曾经是帕特南将军的战友，他们在英法战争中立下赫赫战功，然而他看不惯政府的做法，于是选择退役回家，他再也不想参加战争了。斯凯勒将军特别清楚斯塔克的想法，他写信给斯塔克，希望他能以大局为重，国家危在旦夕，希望斯塔克能忘掉前嫌，与他一起保卫国家。

10日，斯凯勒将军决定回到斯蒂尔沃特，他刚准备出发，大陆会议就发出通知让他去费城，因为他们罢免了斯凯勒将军北方军区总指挥官的职务。如果换作别人，一定会对政府失去所有耐心和信心，但是斯凯勒将军不以为意，他是一个坚强勇敢的人，面对挫折也能保持平和心态。他第一时间给华盛顿写了一封信，在信中他告诉华盛顿他目前所面对的种种困难，希望他能安排一名合格的军官来代替自己指挥战场。另外，他还写了一封信给大陆会议，他表示尊重并且服从大陆会议的所有安排，但是他现在不能离开战场，等到新的指挥官一到，他就会到费城接受大陆会议的审查；他还表示他没有把这些遭遇放在心上，现在最要紧的是保护国家安全。斯凯勒将军是一个伟人，他爱国，对国家忠诚，愿意为了国家牺牲自己的一切，这也是华盛顿一直钦佩他的原因之一。

斯蒂尔沃特目前的兵力仍然不够，敌军的兵力实在太雄厚了。斯凯勒将军为了延缓英军行军速度，他转调一部分兵力在莫霍克河修筑防御工事。这个要塞的重要性不言而喻，斯蒂尔沃特的安危全依赖这个要塞。英国军队离这里越来越近，斯凯勒将军的情绪也越来越不安。他决定调动一支民兵团到这里防守要塞，即便这样一定会受到大陆会议对他的谴责。本宁顿是美国的一个战略物资中转站，里面全是粮食、军需物资和马车，它对整场战争有着极其重要的军事作用，而英军此刻离宁本顿不远了。鲍姆上校是负责占领宁本顿的英国指挥官，而负责守卫宁本顿的美国将领是斯塔克将军。鲍姆上校并不是一个打仗的好手，他总是比别人反应慢一拍，做起事情来拖拖拉拉，所以他离宁本顿还有一段距离的时候就被宁本顿的侦察兵发现了，当地军民提前拉响了警报。

8月13日，斯塔克得知印第安人已经到达宁本顿附近，当时离宁本顿还有12英里的路程。他当机立断派200名民兵去拦截他们，负责这次拦截的军官是格雷格上校。通过侦察，格雷格发现这些印第安人是英国的先头部队，只是在前面探探路，而主力军还在后面。他迅速将自己的部队集合起来，又召集了村庄的民兵，同时向林肯将军发出求助信号。此刻，林肯将军正在曼彻斯特，他让华纳将军的部队前去增援。当晚，天空下起瓢泼大雨，华纳将军顾不上被淋湿，率领部队连夜就赶到斯塔克的军营，斯塔克看到全身湿透的华纳将军，心中充满了钦佩和感激。局势十分危急，斯塔克将军让华纳将军的部队在军营中把衣服烘干，稍微休息一会儿，他自己带着民兵团前去帮助格雷格上校。在半路上，他就与格雷格上校相遇了，当时格雷格上校狼狈不已，正慌忙地往大本营的方向逃去。原来鲍姆上校火力太猛烈，格雷格上校抵抗不住，只好撤退，而英军也穷追不舍。不久，斯塔克将军就看到了鲍姆的士兵，斯塔克立刻加入战斗。英美两军又开始正面交锋了，斯塔克将军让士兵火速挖了一条战壕，与对方对峙起来。双方炮火不停地向对方射击，战斗持续了两天两夜，美军逐渐占领了上风，30名英军被击毙，还有2名印第安酋长也被射杀。鲍姆上校感觉局势越来越不利，他向伯格因发出增援信息。伯格因立即派了一支黑森人部队赶往前线，然而这些黑森人根本没把战斗放在心上，他们一路上都在讨论自己的军衔，所以这支黑森部队行军缓慢。后来经过考证，这些黑森人其实是惧怕美国军队，所以在路上讨论着与战争无关的事情，想放松并缓解这种恐惧的心理。正当这些黑森人悠哉游哉地赶往战场时，斯塔克将军的援军早已赶到，战争的优势已然倾向美国军队，英军落荒而逃。在这场战斗中，最让人印象深刻的是一名骁勇善战的上校，他的名字叫艾伦，他带领伯克夏的民兵团直冲敌人高地，很有大将的风度。

15日晚上又下了一场大雨，泥泞的战场横七竖八地倒着死去士兵的尸体，双方都没有发动攻击。等到第二天凌晨，雨终于停了，斯塔克决定向敌人发起先攻。他让尼古拉上校带领200名士兵去偷袭敌后根据地，又让斯蒂克尼上校带领300名士兵攻击敌人的正面，他希望双面夹击将这伙英军彻底消灭。美国从四面八方赶来将英国军队包围起来，鲍姆上校一开始还以为是自己援军来了，可是等双方距离越来越近，他才意识到来者全都是美军。印第安人慌张起来了，他们一边跑一边大吼大叫，被美军打了个措手不及。这时，鲍姆发现自己已经没有退路可走，他保持冷静，开始向美军发动反攻。又是一场激烈的战斗，双方的枪弹如雨点般向对方密集射去，原本平静的战场炮火连天，就连斯塔克都感慨这辈子是第一次进行这么激烈的战斗。双方的战斗激情都被激发出来，斯塔克也不例外，他骑上高头大马，一边挥舞手中的钢刀，一边大吼着："冲刺，全速前进！"在斯塔克的鼓舞下，美国士兵的气势越来越高亢，他们的情绪也越来越激动，英国士兵被他们的气势吓到，他们连大炮都不要了，屁滚尿流地逃到周边的树林里。这里的树林原本人迹罕至，里面跟迷宫一样，还长满了荆棘，鲍姆找不到出口，他迷失了方向。他让士兵跟他一起将前方的荆棘树木砍断，企图找到一条逃脱的出路，然而美军个个斗志昂扬地追随在他们身后，不久便赶上了他们，鲍姆的末日到了。那些黑森人这个时候才到达战场，看到英军被打得七零八落，顿时没有了打仗的打算，他们把存活下来的士兵集合起来，协助他们撤退。美军乘胜追击，华纳的部队也到达战场，美军的实力又增强了，这些黑森人被美军逼到了死角，他们已经输了。鲍姆上校踉踉跄跄地跑出森林，但是不久就被美军追上，无奈之下，他只好举手投降。

18日，斯塔克胜利的消息传到斯凯勒将军耳中，他高兴极了，他知道伯格因不可能再嚣张下去，而且他们的行军速度会更加缓慢，因为他们会变得更加谨慎。斯凯勒将军此时正在范斯海克岛，他命林肯将军向斯蒂尔沃特进发。华盛顿也知道了宁本顿的战事，这个消息无疑是一颗定心丸，让他高高悬挂的心稍微得到放松。他给帕特南将军写了一封信，信中分析豪将军不会去再去进攻新英格兰，伯格因的军队损失了部分兵力，此刻莫霍克河的局势对美军有利。他现在最担心的还是斯凯勒堡的安危，如果阿诺德能够保住斯凯勒堡，那么不仅能够让大陆会议承认大陆军，而且英军也将失去印第安人的协助。

通往斯凯勒堡的山路并不好走，蜿蜒崎岖的道路让阿诺德花了不少时间。他给甘斯福将军写信称自己正以最快的速度向他赶来，希望他不要担心。事实上阿诺德所带领的兵力并不算多，为了帮助甘斯福将军解围，他想了一个办法。他派了一个间谍混入李杰的军营，在那里散布谣言，欺骗印第安人说这次来增援的美军人数众多，可以不费吹灰之力便将英军剿灭。随后，斯凯勒将军与詹姆斯·列文斯顿将军在莫霍克山谷会合，詹姆斯·列文斯顿将军率领的是一支纽约军队，这支纽约军队是盖茨将军特意派来增援斯凯勒将军的，以示他刚上任的恩惠。李杰率军继续对斯凯勒堡加强包围，但是快要熬不住了，他们此时弹药不足、食物匮乏，最可怕的是这些印第安人情绪已经被挑起，他们不想这么耗下去。在印第安人的计划里根本没有等待包围之说，他们只想在前线杀敌、剥掉敌人的头皮、掠夺敌人的物资，而这段时间里，他们除了等待什么事都没有做，并且好几个酋长还在战乱中死去，他们的耐心快要磨到尽头了。

就是这个时候，李杰的侦察兵报告说美军的大部队已经临近斯凯勒堡，李杰觉得刚好可以打发这些印第安人，于是他派出200名印第安人前去阻截美军。但是不久，又传来新的情报：美军与援军会合了，兵力比原来的多了一倍，而且伯格因将军在伯明顿遭到袭击，这段时间都不可能赶来增援。其实，这一切都是阿诺德的策略。阿诺德的策略生效了，印第安人听到这些消息心慌得不得了，他们觉得没有获胜的希望，开始逃走了。李杰看到这些背信弃义的印第安人不听指挥还扰乱军心，气得直跺脚。无论他对印第安人说什么，印第安人都执意要走，最后他拗不过这些印第安人，于是让重伤员先走，他们决定在22日的夜里悄悄地撤退。然而这些印第安人根本等不到22号，他们已经被阿诺德的虚假情报吓得一刻都待不下去，他们要求立即离开。李杰当然不同意了，那些印第安人便开始抢夺英军的酒，把自己灌醉，然后借着醉意挑事。李杰被这些印第安人搅和得没有办法，同意他们中午就撤退，这些印第安人得到允许后急忙撤退，由于他们太草率，连武器弹药都没有拿，这些最后都落到美军手里。李杰到了奥内达加大瀑布的时候收到一封来信，是伯格因将军写给他的。读了信之后，李杰恍然大悟，自己竟然被骗了，但是他们撤退的速度很快，想要再回去已经没有用了。

李杰撤退的消息对伯格因来说如同晴天霹雳，之前宁本顿已经让他损失了近一半的兵力。这下华盛顿终于可以放心了，他预感到局势已经出现反转，他们离胜利不远了，美国群众得知这些消息，一个个也都欢欣鼓舞。伯格因现在困境重重，印第安人离开了他们回到原始森林，德国雇佣兵所剩无几，就连英国军队也处于绝望的边缘。帕特南将军的援军已经顺利与美军会合，克林顿州长的民兵团也在这里集合起来，此外，阿诺德和林肯将军不久之后也会赶来支援，现在美国的局势一片大好，斯凯勒将军目前已经牢牢把握住这场战争的主动权，就在这时，盖茨将军赶来与斯凯勒将军做交接。大家心里对此事十分清楚，但是都装作一团和气的样子。斯凯勒将军礼貌地接待了盖茨，向他详细介绍了目前军队的情况，斯凯勒将军在离职的时候还给盖茨提供了许多有用的建议，希望对他今后的工作有帮助。盖茨现在终于如愿以偿，他斗志昂扬，精神百倍。他一上任就给华盛顿写了一封保证信，他向总司令保证一定完成出征任务。盖茨其实一直对斯凯勒心存歹意，斯凯勒将军给他的建议他都不愿去理睬，第一次军事会议的时候对斯凯勒将军所做的事情只字不提，这当然引起了大家的不满，莫里斯州长看不下去，狠狠地嘲讽了盖茨一番。

8月25日，豪将军的军队出现在切萨皮克湾，并在埃尔克河登陆，他们现在处于塞西尔县，距离埃尔克河的源头有6英里的距离。塞西尔县十分封闭，它被崇山峻岭包围，附近就是深渊峡谷。这个地方的居民大部分推崇贵格会，对独立战争的态度不是很积极，英军选择在这里登陆也是为了寻找支持英军的村民，从而吸纳他们为民兵。

傍晚的时候，英军登陆的消息传到华盛顿这里，他现在担忧埃尔克河源头的物资仓库是否安全，因为那里不仅有大量的武器弹药，许多后勤补给也存放在那里，如果被敌军占领，后果不堪设想。他在思考如何阻拦英军前进的脚步。现在，在威明顿附近的部队还有格林将军和斯蒂芬将军率领的军队，他们也都接到华盛顿的命令，赶往前线去阻截英军，华盛顿为了防止万一，还让驻守在彻斯特的两支部队也赶过去。敌人如果占领那个据点，肯定会先将牛马等交通工具抢走，华盛顿特别担心这一点，于是让罗德尼将军派侦察兵对敌军的一举一动进行密切监视。罗德尼将军一接到命令就立即率领特拉华兵团往那边赶去，华盛顿自己也骑马奔赴敌军营地，陪同他的还有格林将军和拉菲亚特将军，他们一直都在讨论接下来的军事行动计划。

埃尔克河地势平坦，只有铁山和格雷山两处高地，敌军这时候就驻扎在格雷山附近。目前还不清楚敌军到底有多少兵力，但是根据几个来回的侦察，华盛顿对这个地方的地形有一个整体的了解。天空阴沉了下来，眼看不久后就会有一场大雨，华盛顿他们决定暂时到附近的农民家中躲雨。到晚上，雨越来越大，看来短期内是不会停，但是华盛顿也不愿回军营他在农舍里一直待到天亮。事后他自己也感觉很后悔，因为当时的情况昏暗无助，在那种情况下，他很有可能被英军俘虏，差一点儿就重走了李将军的老路。

27日，豪将军在当地发出一个声明，他呼吁当地百姓弃暗投明，反对美国，与英国一起开创新世界。他的声明效果比较明显，因为当地大部人分都是保皇党，大家被他一劝说，纷纷投靠英国。此时斯蒂芬将军和格林将军已经离英军很近了，他们在距离埃尔克河10公里的地方驻扎下来。经过大陆会议的安排，斯莫尔伍德将军和吉斯特上校成为马里兰民兵团的指挥官，他们已经集合完毕，现在正要前往埃尔克河。鉴于当时情况不明朗，华盛顿特别需要一支轻步兵队伍，摩根上校的步枪兵已经被调往北方战区，他只好从其他兵团里选拔100名士兵组成一支新的步兵团，并让马克思威尔上校负责统领这支步兵团，这支步兵团在整个军事行动中意义重大，主要负责对敌军进行小规模的袭击。目前整个美国部队的兵力不够强大，此时，苏利文将军的大部队来到营地，他的部队一共有3000人。他本来驻守在汉诺威，在那里他向敌军发起进攻，结果这次突袭不但没有成功，而且损失了一半以上的兵力；不过，他在战斗中表现英勇，大陆会议虽然已经开始对他进行调查，但是并没有剥夺他的职权，他仍是指挥官。现在，华盛顿的兵力得到补充，他越来越有信心。华盛顿骑着马在这个地方来回查看，他已经对这里的每一处地形了然于胸，凭借自己的直觉，他认为这个平原将会展开一场恶战，一场英美两国的残酷较量。他知道现在英国部队的装备和兵力仍比美国要强大，但是如今美国士兵的斗志和气势一定会打败英军。

9月3日，马克思威尔将军在白泥溪对敌方的先头部队展开伏击，双方打斗激烈。由于英国军队的人数实在太多，战斗没有持续很久，马克思威尔将军就下令撤退。这时，美国的主力部队在红泥溪东面的路上，这条路也是从埃尔克到费城的必经之路。9月5日，华盛顿向全体士兵开展动员。这次动员激动人心，士兵们的气势得到鼓舞，大家似乎看到胜利就在眼前。华盛顿告诉大家敌军的目的地是费城，以前敌军也想过要攻占费城，但是他让所有士兵相信，敌军这次一定会失败。他讽刺英军在进行无谓的冒险，只是以卵击石、异想天开。之前的两次战斗都是美军获胜，他们的气势继续高涨，接下来双方就要展开第三次较量，他鼓舞战士们奋勇杀敌，为美国的独立赢取最后的胜利。

华盛顿现在的总兵力大约是15000人，其中还有4000人是伤病员和一些没有战斗力的民兵团，他心里清楚，真正能够上战场的只有11000人。而英军方面，虽然他们对外界声称共有18000名士兵，但是他们真实的战斗力估计至多也就15000人，而这也比美军兵力多。9月8日，英军开始向美军发动进攻，他们兵分两路，一路跟美国主力军从正面展开交锋，另一路准备通过白泥溪攻击美军右翼。华盛顿对英国的行动展开推测，他认为英军这么做主要是为了切断美军与费城的通信，他当天召集所有军官召开会议，在会议上大家达成共识，决定将大本营搬到白兰地酒溪。第二天凌晨2点钟华盛顿率领部队前往白兰地酒溪，他们走了两天一夜才到达目的地。白兰地酒溪有22英里长，水流分成东西两股支流，最后全部流入特拉华河。这条溪周围有许多浅滩，有个开阔点儿的浅滩叫乍得浅滩，从这里能够直接到达费城，华盛顿认为这里会成为主战场，于是命令士兵在这里驻扎下来。当晚，华盛顿就让士兵们在这里修筑防御工事，挖深战壕，修筑堡垒。守护高地的是米伦博格和威登的部队，他们都是弗吉尼亚的民兵，现在统一收编在格林将军的军团里。他们的作用是作为后方的储备兵力，随时准备援助前方先头部队。现在驻守在白兰地酒溪南边的是马克思威尔上校，他率领的轻骑兵在岔道口驻守，斯蒂芬将军和苏利文将军率领部队在距离华盛顿军营2英里以外的地方驻扎下来。另外，一些没有什么作战经验的骑兵部队守护在部队的右侧，而阿姆斯特朗将军的宾夕法尼亚民兵团则守护在部队的左侧。现在英军前进的最大障碍就是这条白兰地酒溪。11日上午，侦察兵传来一条消息说，敌方的一支部队正走在乍得滩的公路上，但是目前还不清楚这支部队有多少人，但是根据规模来看，这应该是英军的主力部队。华盛顿顿时警惕起来，他下令所有美军作好战前准备，准备迎敌。

马克思威尔上校的轻骑兵与英国先遣部队在乍得滩展开了小规模战斗，一段时间过后，马克思威尔就下令撤退，英军也没有追赶过去，英军现在都在一个地势较高的位置集合，他们准备对美军发起第二次进攻。上午10点的时候，第二场战斗开始了，英军一直想占领浅滩的有利位置，但是美军的大炮火力汹涌，英军并没有得逞。中午的时候，苏利文将军的手下带来了新的情报，豪将军的主力部队正行走在兰开斯特公路上。华盛顿一听就知道，敌军的是想从美军右翼发动攻击，他立即让布兰德上校带领骑兵去前线打探情况，看英军接下来的行动是什么。同时，他集中所有兵力，让他们渡过浅滩，全力攻打英军的先遣部队，他希望能够趁敌人援军还没到就能将这些先遣部队消灭干净。华盛顿指挥左右两翼的部队，督促他们要相互配合，团结奋进，一支部队掩护另一支部队攻打敌人，这样就不会遭到敌人伏击，进而能够确保美军安全渡过浅滩。苏利文的部队刚想渡河前去支援，斯帕瑟骑着马飞奔过来，斯帕瑟是民兵上校，他在侦察过程中发现兰开斯特公路上没有敌军。苏利文觉得情况有变，立即将消息报告给华盛顿，他们停止了渡河。没多久，又一个叫托马斯的侦察兵跑了过来，他冲到华盛顿面前，气喘吁吁地说敌军马上要包围美军了，让华盛顿赶紧撤退。托马斯说，敌军主力部队从河东岸向华盛顿赶来，现在他们已经离这里很近了。他用自己的生命向华盛顿保证所说的全部都是真的。他确实没有骗人。现在，英军离美军不到2英里，这也是豪将军的计划。豪将军先让科尼普森上校带领先遣队制造出声势浩荡的假象，让美军以为这就是主力部队，然后再让自己的主力部队从后方包抄美军。他的计划得逞了，现在华盛顿已经完全落入豪将军的圈套中。

美军后方正受到康沃利斯部队的袭击，形势越来越危急，华盛顿让苏利文带领所有右翼兵力与康沃利斯展开正面交锋，阻止他们前进。韦恩率领部队直奔敌军后方，斯莫尔伍德将军已经在那里与敌人奋战，他们会合在一起共同抵抗英军的攻击；但是韦恩离斯蒂芬阵地太远，这让康沃利斯有了可乘之机。康沃利斯下令所有炮兵朝美军开炮，美军根本没有还手之力。美军被打散开来，右路和中路的队伍已经彻底找不着方向，为了保全性命，士兵纷纷逃窜到树林里。美军被康沃利斯打败的消息传给科尼普森之后，他认为时机成熟了，于是下令部队再次向浅滩攻打过去。而马克思威尔和韦恩上校也命令自己的炮兵团朝敌人开火，两军陷入僵局。就在这个时候，格林将军来了，他带领一支炮兵掩护美军的右翼军队，在格林将军部队的掩护下，韦恩的部队基本没有受到损失。经过激烈的战斗，拉斐特不幸中弹，他身负重伤，血流不止，本来他还想在撤退的途中与华盛顿碰面，但是他伤势过于严重而根本不能前进。他在士兵的帮助下找到一个隐蔽的地方躲藏起来，他现在的情况十分危险：一方面是伤势过重得不到治疗；另一方面是他的周围全是敌军，一不小心就会被俘虏。

美英两军交战的地方离费城很近，城里的老百姓能够清楚地听到每一声炮响。他们心里也十分紧张，托利党和辉格党的代表都静静地站在市政广场上，他们焦虑地等待着从前线传来的消息。这时，一名信使骑着马告诉大家目前战场情况危急，美军暂时处于劣势。费城的群众都很伤心，当晚费城议会召开会议，最后决定先将群众转移到兰卡斯特，之后再撤退到约克镇。议会还决定授予华盛顿调配城里兵力和物资的特权，只要前线需要，他可以随意调动，费城里的民兵团也被召集起来，他们即将奔赴前线支援美军主力。

第七章　英军占领克林顿堡

美军不敌英军的攻击，纷纷撤退，而英军没有选择继续追击，豪将军下令让部队在尔沃斯驻扎下来，这让美军有了喘息的机会。华盛顿赶紧将部队撤离到德国镇，经过短暂的休整，美军士兵们又恢复了精力和气势，在华盛顿的鼓舞下，美国士兵的斗志更加昂扬，就好像根本没有经历战败一样，他们纷纷下定决心要全力与英军相搏。华盛顿一直在思考刚刚战斗的经历，他改变了以前的作战方案。首先，费城还是要加强防守，他派了宾夕法尼亚的民兵团前去驻守，余下的民兵则在斯古吉尔安营扎寨，巩固防御工事；其次，他集合了所有舰船，准备到河的另一边去。所有士兵一直忙碌到14号，才把所有准备工作做好，华盛顿下令开始行动，他们穿过斯古吉尔，在兰卡斯特公路两边埋伏起来，等到敌人从这里经过，他们就会从左边发起进攻。然而，豪将军早就有所洞察，为了提防美军偷袭，他早已作好了准备。

当美军来到兰卡斯特公路的时候，美英两军都小心翼翼，他们知道战争随时都可能打响。这时，天空也开始下起了雨，雨势越来越大，短时间内不会停息。美军士兵没有穿很多衣服，一场骤雨让他们感到有些寒冷，而且荒郊野外根本没有避雨的地方，他们不仅全身被淋湿，而且他们的枪和火炮也全部被淋湿，武器在大雨中根本不能起到作用。而英军方面，他们的武器虽然也被淋湿，但是他们的枪上都装有刺刀，平时也有专门的训练。华盛顿再三斟酌，决定放弃这次进攻，因为眼下美军的处境实在太恶劣了，如果真打起来，估计结果也不好。这场战争最后就这样结束了。外界对华盛顿议论纷纷，说他害怕英军才不敢跟英军打起来。事实上，华盛顿的决定是极其正确的，撤退不仅没有给美军造成损失，同时又对英军施加了压力，在之后的战斗中他判断的正确性得到了证明。

华盛顿的部队在撤退的过程中饱受折磨，野外杂草丛生，雨后的道路更加难走，相传有将近1000余名士兵是光着脚撤退的，他们在沃里克稍微休息了一会儿，重新补充了军用物资。华盛顿计划将敌人后方补给切断，于是让韦恩将军率领部队与斯莫尔伍德将军会合，他们不声不响地绕到敌人后方，成功将敌人补给线阻隔开来。行动成功后，华盛顿亲自率领部队回到斯古吉尔建立一个要塞。韦恩当天晚上就赶到英军营地周围，他们在附近的树林里悄悄埋伏起来，侦察英军的一举一动。由于韦恩将军做得实在太隐蔽了，英军根本不知道自己已经被盯上，他们丝毫没有戒备。韦恩将军看到英军松懈下来，连忙向华盛顿报信，说现在英军根本没有防备，建议现在过来偷袭。不久后，一个农民样子的人来到韦恩部队里，说他是来为华盛顿传信的，然后从衣服里拿出一封信说是华盛顿写的。韦恩看了这封信，信上华盛顿告诫韦恩一定要谨慎，不可随便出兵。韦恩心里很纳闷，这么好的时机要是错过了，想要再有可就不知道要等到什么时候了，他开始怀疑这个送信的农民；但是他依然保持谨慎，暂时没有让士兵们行动。其实这个农民是假扮的，他是豪将军派来的间谍。当韦恩认为自己的行动毫无破绽的时候，豪将军一眼看穿他的所有行动，并且对他的排兵布阵了解得一清二楚。到了晚上11点，豪将军下令让格雷带领他的轻步兵绕到韦恩营地附近，为了不弄出动静，他们没有带枪，而是用刺刀。当美国士兵们在夜幕中昏昏欲睡时，格雷将军的刺刀已经让他们去见阎王了。韦恩这才反应过来是英军来偷袭，镇定的他立刻采取行动，先让一部分士兵作掩护，另一部分士兵在掩护下撤退。这场夜袭才刚刚开始，斯莫尔伍德将军的士兵们现在距离韦恩将军1英里远，他部队里的士兵其实都是一些民兵，根本没有作战经验，当他们看到英军已经包围自己、战友纷纷被刺死时，一个个都吓得面色苍白，都忘记自己手中握着武器。英军夜袭计划成功了，共有300名美军死在战场上，正因为这件事情，韦恩将军还受到了军事法庭的审判。

21日，豪将军继续向前进发，他们直奔斯古吉尔而去。华盛顿认为，他们要不就是为了炸掉雷丁的武器库，要不就是攻击美军的右翼。华盛顿立即作出调整，他让部队在河对面以与豪将军部队相同速度前进，他们要抢先赶到波特格拉夫。但是华盛顿也没有想到，豪将军故意加快行军速度只是一个陷阱，他们想把美军引诱到河的上游，然后在那里将猝不及防的美军一网打尽，再率领部队赶往费城。当华盛顿意识到这个问题的时候，他的主力部队离他已经很远了，要想在短时间内赶过来是不可能的，华盛顿立刻向帕特南求救，帕特南将军此刻正在驻守皮克斯基尔，他还向盖茨将军写信请求盖茨手下的摩根军团前来支援。

26日，豪将军的部队已经到达德国镇，他们在这里稍作休整。之后，他让康沃利斯的大部队进入费城。英军的部队排场很大，他们的炮兵装备精良，轻步兵团也精神抖擞，所有英国士兵穿着统一的猩红色军装，一路上都放着"上帝保佑国王"的音乐，这与美军混乱、疲惫、衰颓的样子形成极大反差。英军跋山涉水，终于如愿占领了费城，这让当地百姓伤心不已。华盛顿此时十分平静，他给杜姆布尔州长写信称，一切都是暂时的，希望他和费城百姓不要丧失对美军的信心，胜利一定是属于美国的。

敌人正在哈德逊河东边的高地上驻扎，考伯恩上校被指派到那里展开侦察。考伯恩在高地周围连续观察了三天三夜，终于把敌人的具体情况弄明白了。13日，伯格因的部队来到菲什溪附近，并且驻扎下来。考伯恩摸清了敌人共有800余顶帐篷，在河东岸驻扎的是黑森人，只是那个方向树木太茂盛，看不清有多少敌人。15日，英军又开始前进，他们穿过溪流，沿着公路往河的下游进发，一路上除了听到他们的脚步声就听不到他们的其他声音。

考伯恩认定英军是想发动突袭，他迅速返回军营，将自己这几天所了解的情况如实报告给指挥官。

第二天天还没亮，英军就开始在河上修筑起浮桥，并且派出巡逻兵在四周进行巡逻。美军方面也不敢放松对防御工事的加固工作，盖茨现在指挥着美军的右翼部队，他手下有尼克松、格拉夫和帕特森几位军官；而美军左翼部队的指挥官是阿诺德，他的阵营里是詹姆斯·利文顿、迪尔伯恩、摩根和普洱。盖茨的军队在河岸附近的陡坡上，而阿诺德的部队在远离河岸的地方。美国的中间部队是马萨诸塞州与纽约州的地方民兵团。英军在伯格因的带领下，一步步向美军靠近，他们的先头部队是一大批工兵。战事开始了，阿诺德发起先攻，随后他带领1500名士兵与英军展开激烈的战斗。

19日，盖茨得知伯格因准备攻击美军的左翼，然而这是一个错误消息，事实上伯格因的目标是盖茨的军队。攻打美军左翼的是里德塞尔将军和菲利普将军，他们与阿诺德将军正打得热火朝天。伯格因为了分散美军注意力，决定炸毁美军中路的要塞，他让加拿大人和印第安人去执行这个任务，自己则绕到美军的后方，向美军大本营进行突袭。由于当地树木茂密，英军部队之间无法进行有效的沟通，他们约定以枪声为号令，三声枪响后全部英军部队就对美军发动总攻。而这一行动被米尔溪的美军哨兵知道了，哨兵立即将情况报告给盖茨，但是盖茨却没有作出任何回应，他不以为意，坚守在自己的营地里，等待敌人的进攻。所有将士都感到局势危急，有些按捺不住，尤其是阿诺德将军，他几次催促盖茨立即向敌人先遣队发动攻击，盖茨将军拗不过他，同意了阿诺德的建议，他让摩根军团与阿诺德一起向英军的先头部队发动攻击，果然这些先头部队根本抵抗不住阿诺德将军的火力，迅速被围剿干净。阿诺德将军想乘胜追击，攻打敌军的右翼，但是敌军右翼是弗雷泽将军的队伍，相比之下，阿诺德将军的队伍兵力不足，于是阿诺德向盖茨发出增援信号。可是，盖茨却以阿诺德违背军规拒绝提供增援，寡不敌众的阿诺德只好硬着头皮与英军左翼抗衡。又是一场激烈的战斗，4个小时过后，阿诺德将军竟然将英军击退了。他英勇的气势使他的部队战斗力倍增，英军本来兵力占上风，现在却溃不成军。

胜利并没有让阿诺德高兴多久，因为他十分气愤盖茨不给他提供增援，他抱怨道，如果盖茨给他提供增援，现在敌军的右翼也会被他消灭掉。阿诺德再次向盖茨建议现在仍可以乘胜追击，将英军剩余兵力全部歼灭掉，然而盖茨再次拒绝了他。他对盖茨的不满情绪越来越深，盖茨也看不惯这个自恃功高、自以为是的老将军，两人都埋怨彼此，关系也越来越僵。

伯格因将河右岸的防守加强，美军同样也巩固了左岸的防线，两军现在隔着一条河流，相互对峙着，他们彼此之间的距离很近，但是中间有大片树林和峡谷阻隔着，双方目前算是相安无事。摩根军团突然袭击了在树林里的印第安人，这群野蛮人被惊吓得到处乱跑，连回英军营地的路都不知道在哪儿。英军里的加拿大人和保皇党派现在也开始对英军不信赖，有的已经逃走了。伯格因本来就认为这些所谓的盟军不可靠，现在他们真的逃走了，伯格因心里也有些慌。这时，英军在南方取得了胜利，迪贡德拉被亨利·克林顿将军占领了，还有300多名美国士兵被俘虏，现在亨利·克林顿准备向海兰兹进军。这个消息让伯格因看到了希望，当天他让两名军官打扮成农民的样子，从两条路出发，向亨利将军带去求助信。他把自己现在的情况如实地写在信里，希望亨利将军能够尽快来支援他，他还在信里说明直到10月12日之前都会在这里等待援军，不会离开。

现在美军兵营里都在称颂阿诺德将军的英明神武，而对盖茨冷眼相待，这让盖茨心生妒忌。他向大陆会议报告前线军事时根本没有提到阿诺德将军，这让两人的裂痕越来越深。终于有一天，阿诺德公开指责盖茨行为不公，不配做司令官，这让两个人关系彻底决裂。盖茨将军也怒了，他威胁阿诺德将军，只要林肯将军一来，决不会给阿诺德任何奔赴前线立功的机会。两人现在都在气头上，阿诺德给盖茨写了一封信，让盖茨允许他离开军营前往费城。等到阿诺德火气消了下来，他又决定继续待在军营准备下一场战役。这个时候，林肯将军的先遣队来到前线，他的主力部队不久就会赶到军营。

布朗上校自从上次获胜之后就缴获了敌人的战舰和军火，削弱了敌军在钻石岛的防御力量，他现在从乔治湖出发。伯格因现在的处境越来越艰难，他已经被美军包围起来，整个战场的优势已经朝美军倾斜。美军从9月20日到10月7日，连续半个月每天拉响警报器，让英军神经紧张。伯格因对此十分恼火，他的士兵因为这些警报声没有一天得到休息，大家害怕美军随时前来进犯。尽管如此，伯格因还是安慰手下士兵，告诉他们亨利将军的援军已经在路上了，大家坚持几天，等援军一到就是美军的末日。

亨利·克林顿现在正在纽约，他在等待外国雇佣兵，这些外国雇佣兵都来自欧洲，经过长时间的漂泊，他们终于要登陆了。雇佣兵的船在纽约港靠岸，现在纽约城里全是士兵，海港里全是战舰，每一艘战舰上至少承载4000名士兵，他们个个都配备着重型武器，现在精力饱满，准备奔赴前线。一条消息称这些英国战舰将往南方前进，但是美军认为这是敌人的障眼法，他们不去攻打防守薄弱的海兰兹，反而启程赶往南方，这显然是不符合逻辑的。驻守在海兰兹的将军是帕特南，他只有1000余名大陆军和不足500人的民兵，兵力全部集中在皮克斯基尔堡，皮克斯基尔堡附近的独立堡现在的兵力也十分虚弱，这里还是美军的重要仓库。帕特南将军将英军的行动作了仔细分析，他认定敌军的目标其实就是海兰兹。于是，他向纽约州州长乔治·克林顿写信，请求他调配援军过来。州长收到来信后，立即调配了援军给帕特南，帕特南利用这些援军又增筑了几道防御工事。10月4日，帕特南又给州长写信向州长报告敌军的动态，说敌军以两艘大战舰为首、几艘小战舰为辅，朝河上游开去，他们在塔里敦登陆，之后又有一大批英军战舰在那里靠岸，他正密切关注这些英军的动向。事实上，这些英军的登陆只是一个幌子，他们希望能骗过美军，只在陆地上稍微停留一会儿又陆续登船。到了10月5日，亨利爵士的大部队往皮克斯基尔进发。亨利爵士确实是个有远见的谋略家，他先让部队假装攻击美军西南部，让他们把注意力转移到西南部，随后又朝北方克林顿堡和独立堡开火。如果占据了这两个要塞，那么英军等于控制了整条哈德逊河。

第二天早上，大雾弥漫，亨利爵士趁着大雾命令3000名精兵悍将朝斯托尼进军；此外，他还留下1000名士兵驻守在皮克斯基尔。现在，英军已经在皮克斯基尔湾里建好了军事工事，3支部队的大炮现在正对着独立堡。亨利爵士下令让部队加速朝登德贝格前进，到了早上8点，他们到达熊山，熊山是大峡谷的背面，只要翻过这座山，他们就能到达目的地了。这座山的地理位置十分特殊，华盛顿提醒格林将军和诺克斯将军多加小心；但是格林将军认为这个地方凶险无比，敌人绝对不会从这里经过，然而他们小看了亨利爵士的能力。亨利爵士是一个敢于挑战的人，难度越大他越想征服。等到了熊山脚下，亨利将军将部队分成两个小队，坎贝尔上校负责率领一支900人的精英从熊山西面过去，他们的目的是蒙哥马利堡的后方。等到坎贝尔成功抵达蒙哥马利堡附近后，亨利爵士才率领其他士兵经过大峡谷来到熊山山脚下，他们准备对克林顿堡发动攻击。亨利将军计划同时占领这两个堡垒。

坎贝尔现在的战斗欲望特别强烈，他希望能够尽快占领堡垒，结束战斗。亨利爵士的计谋确实让人佩服，可是他的一举一动早就被帕特南将军打探得一清二楚。第二天凌晨，40艘英军的战舰在斯托尼角靠岸。克林顿立马意识到，这是一个讯号，意味着敌人即将发动攻击。他一边作好作战准备，一边向帕特南将军求助。当天中午，一名中尉带领着30人的小分队离开了克林顿堡，他们准备再去打探敌人的动态，没想到他们遇到了亨利爵士的先遣队，因而展开了激烈的小规模战斗，最终撤退，回到要塞。之后，堡垒里又派出一支100人的先遣队前往熊山侦探敌情，一路上山路崎岖蜿蜒，峡谷里都是密不透风的树林，他们在半路上就被坎贝尔的部队包围了。在经过一番激烈的战斗后，英军行动灵活，又将美军打退回要塞中。

亨利爵士按计划向克林顿堡开火，驻守的美国士兵也纷纷抵抗。尽管敌人炮火猛烈，但是克林顿不依不饶，他指挥战士奋力抵抗，他在指望着帕特南将军带领援军尽快赶来解救他们。然而，他却不知道他的信使并没有把信送给帕特南将军，帕特南将军此刻对克林顿的现状毫不知情。这场保卫战一直持续到下午4点，亨利爵士对克林顿发出最后命令，如果克林顿还不投降，那么他们会将整个要塞完全摧毁。克林顿将军断然不会服从，10分钟后，亨利爵士下令对堡垒进行最后的猛攻。英国的炮火一直轰炸着克林顿堡，到了晚上，好几个据点都被英军占领了，美军被打得七零八落。克林顿将军不幸中弹，从岩石上掉了下来，好在几个士兵救了他，把他送到哈德逊河对岸的帕特南将军的军营，他才活了下来。之后，帕特南将军和克林顿将军共同商讨对策。

虽然帕特南将军对亨利爵士的动态了然于胸，但是他并没有看懂亨利爵士的真正用意。他一开始以为英军只是想攻占独立堡和皮克斯基尔堡，万万没有想到亨利爵士的目标是克林顿堡。虽然他向克林顿堡和蒙哥马利堡各增派了500名援军，可是这一切都太晚了，这两个堡已经被英军占领。这次战争最后以英军胜利告终，但是美国士兵们视死如归的战斗精神让英国人自叹不如。英军在这场战争中损失了至少2500名士兵，其中包括坎贝尔指挥官。坎贝尔死后，贝弗利·罗宾逊成了新一任指挥官。

第八章　盖茨将军大获全胜

海兰兹战场上，亨利爵士取得了全面胜利。与此同时，伯格因将军留在原地待命，时刻准备着战斗，不过美军没有再次偷袭他们。因为美军的最高指挥官在内部进行讨论时意见不统一，所以连续半个月都没有战事发生。就在10月7日，伯格因将军便蠢蠢欲动，计划着先从美军左翼进攻，最好能在那里打开一个缺口。这是一个一举两得的计划，他们被美军包围了半个月，此时的英军缺少给养，他们打算抢夺敌方的辎重和粮食进行补充。因此，他把保护营地的责任交给汉密尔顿，格尔将军主要负责防守河边。然后，他委任里德赛尔、弗雷泽和菲利普为副指挥官，带着1500个精兵，携带两组野战炮和榴弹炮，悄悄地朝美军左翼出发。就在离美军还有四分之三英里的距离时，部队暂停行进，伯格因将军派出一队侦察兵穿越前方树林，密切监视敌军的活动，一有情况便向他汇报。虽然他们行军非常小心隐蔽，但是美军也很警醒，很快发现了他们。美军方面，威尔金森将军被盖茨将军派去侦察敌情，就在下午，他发现有一队英军正在抢收小麦，在他们的营地里还有一队敌军聚集在一起。他马上向盖茨汇报这一情况，盖茨沉思一会儿后，下令让摩根率领军团进攻敌军。

伯格因才把部队分成3路，还没部署完兵力。左路菲利普率领的榴弹兵和右路弗雷泽率领的炮兵就被摩根军团袭击了。英军的战斗计划被美军的突然袭击彻底打乱了，这样的结果都是因为急性子的将军阿诺德，他提前知道了自己不能参加战斗后非常恼火，竟然没有向盖茨汇报，便跳上战马跑到前线去了。而站在他身后不远处的盖茨，愤恨地说：“他早晚会因为莽撞命丧战场！”阿诺德将军到达前线，鼓舞了三军士气，士兵们都期待着阿诺德带领他们杀退英军。他便率领一队士兵攻击了里德赛尔带领的中路军，阿诺德把他们打得四处逃窜。在战场上，阿诺德就像一头发怒的狮子，他骑着战马，挥动军刀砍杀英军，他的激情带动了战场上的每一个士兵，大家都积极地参与到战斗中。正在此时，摩根上校与英军的右路军相逢，进行着激烈的战斗。弗雷泽的战马是一匹灰色骏马，这让他非常显眼而成为美军击杀的重要目标。他身旁的副官坚持要和他换乘战马，可是被他断然拒绝了。战斗进行中，突然一颗子弹飞来，射中弗雷泽的胸口，他便摔下马来。自从弗雷泽掉下战马后，英军顿时慌乱成一团，士兵们无意继续战斗，竟然都向四周逃亡。伯格因看到如此战况，只得命令全军撤退。他命令主力部队先行撤退，里德赛尔和菲利普将军作掩护退到安全区域。英军丢弃了大炮，就连跟随战士征战南北的战马也都杀死丢弃，不过还没等全部人撤退完毕，阿诺德带领的部队就迎头赶来了。双方相遇，又进行了一场激烈的遭遇战，阿诺德先是让士兵疯狂开枪射杀英军，距离越来越近，仅剩1米的时候，他又让士兵换上刺刀杀敌。虽然战争时间很长，但是美军士气高涨，天黑之后，最终以美军获胜的结果结束战斗。他们击败英军的同时，还收缴了大量的枪支弹药、抢夺了对方的工事，美军就在防区内休整了一夜，打算在第二天的早晨再次发动进攻，争取一举拿下英军。

当天夜里，伯格因便率领部队撤离，驻扎到河岸北边1英里以外。早上，美军占据了他之前的营地。在峡谷里埋伏着的英军狙击手打中了追击他们的林肯将军，正中他的左腿。为了尽量减少没必要的伤亡，盖茨将军想尽办法追击敌人，争取以最小的牺牲迫使对方投降。费罗将军带领1400个军士提前埋伏到哈德逊东边正对萨拉托加堡的高地上，剩余的人围守乔治湖附近的军事要塞。这时的伯格因已如丧家之犬，无路可退，只剩下萨拉托加堡一条退路了。撤离之前，他为已经战死沙场的弗雷泽将军举行了隆重的葬礼。夜里9点，他便率领部队急速撤退，为了不使敌军起疑，他们临走之前点上了灯，也没拆帐篷，一切如故。这次撤退非常匆忙慌乱，此时的老天爷也有意帮助英军，竟然下起瓢泼大雨掩护他们撤退。原本道路就坎坷难行，经这大雨冲洗之后，根本无法安全通过。队伍里的战马由于饥饿，此时也寸步难行。天刚蒙蒙亮，伯格因便下令全军停下进行短暂的休整，大约过了3个小时，部队才启程继续撤退。一路上他们遭遇美军的埋伏，双方激战在一起，喊杀声一片。全天暴雨不停，英军到达萨拉托加堡时，天色已经漆黑。可是美军早就在名为菲什基尔的地方挖好战壕，等待英军的到达。连接菲什基尔和萨拉托加堡的桥已经被破坏掉了，英军想要通过，必须搭建桥梁才行。这时伯格因率领的部队已经筋疲力尽，根本无力生火做饭，更别提修搭桥梁了。他们当即就在一块稍微干燥的地方休息，穿着湿淋淋的衣服倒地睡下。第二天，他们才勉强通过菲什基尔，在高地上占领了有利位置。伯格因命令士兵把高地四周的民房和南边的房屋全部焚烧干净，便可以预防美军的突然袭击。焚毁的建筑里，就有斯凯勒将军的房产。据初步计算，焚毁的房产及财物价值约有上万英镑。众人纷纷指责伯格因的做法，可是他却告诉大家这是自我防护的必要之道。

他们想要渡河根本不可能，因为就在河的对面，费罗将军已经架设好大炮等待着。所以，伯格因派人连夜修筑河面上的桥，他想率领部队悄悄撤到乔治堡西边，可惜他的计划被无情地粉碎了。盖茨早就猜测出他撤退的方向，派兵团团围住了菲什基尔南侧，眼看就要把他们消灭了。夜里，伯格因紧急召开战前会议，讨论后发现修桥的想法不切实际，因此他们必须抛弃运输船，自己背着物资摸黑悄悄逃到爱德华堡。可惜，这个计策也没能施行下去。据可靠消息，美军早就在乔治堡与爱德华堡之间的领地上架设好了大炮，英军想在此时撤到爱德华堡，那是羊入虎口。实际上，盖茨已经布防成一个严密的包围圈，不管伯格因想从哪里撤退，都很难突破。就此看来，伯格因不得不放弃这个想法，只好下令让部队驻扎在原地，等待亨利爵士率领援军尽快赶来解救他们。

敌人的庞大实力令伯格因死心了，因为敌军的炮火从四周飞过来，正面是费罗将军率领的炮兵，盖茨将军从南边攻打，摩根将军率军截断后路。而由于亲英分子、印第安人及加拿大人落井下石的背叛，伯格因率领的部队在兵力上遭到严重缩减，给养也只剩下3天的量。所以，他召集所有的指挥官召开会议讨论放弃抵抗、向美军投降，但是必须让盖茨将军同意他们提出的一个体面的条约。在13日，他们按计划派人去和美军进行谈判，伯格因将军提议双方暂时停止对战、先进行谈判，美军也同意他的建议。盖茨将军开出的第一个条件就是英军必须全军缴械投降，但是这被英军派来的代表拒绝了。他们表示，如果美军想要达到这个目的，那么他们会抗战到底；不过，伯格因将军给出了另外一个建议，他同意美军给英军指定一个地点，由英军指挥官带领部队把所有武器放在那里，然后他们便回到欧洲，永远不再参与到对美军的战役中；另外，他还提出，英军指挥官的私人物品具有私有权，美军无权搜查。盖茨将军考虑再三，最后选择同意他的提议。签署投降条约的前一晚，也就是16日晚，亨利·克林顿爵士差人送来一份紧急公函，信中提到，英军在海兰兹战场取得胜利，这时正在向哈德逊河逆流而上。现在情况出现转机，伯格因急忙召集军官讨论是否要签约的事情，会上的人大多同意遵守承诺，签订投降条约。所以，10月17日，英军最高指挥官在投降条约上签字。英军原来有9000人，到投降的时候，仅剩下5725人；而盖茨的部队共10554人，其中无法参战的人就有3000人。但是英军投降后，美军收缴了大量的军需物资，包括大批的精良大炮、7000件完好的轻武器。在英军缴纳武器的地方，只有美军军官威金森上校负责看管。盖茨下令自己部队的每一个人都在自己的帐篷里待着，这是对英勇的英军最好的尊重。盖茨的言行举止表现出来的低调和人道，令伯格因将军另眼相看。

里德泽尔男爵早在几天前便成了俘虏，他的夫人回忆当时的情景说那时里德泽尔托付他的随从接她和孩子一起到美军军营相聚，她和孩子一起坐着马车到美军军营找他。令她意外的是，这里的人没有人瞧不起她，更不会使脸色给她看，反而对她很热情，这使她没有因为自己是战俘的家人而觉得抬不起头来。遇到这么好客的士兵，她也没有了开始的惧怕。一位俊朗的美军军官热情地来到她们身边，并且他友好地抱了抱孩子，然后带着她们去见盖茨将军。这时，伯格因将军及菲利普将军在帐篷里和盖茨将军友好地交流着。伯格因将军亲切地对她说：“你不用害怕，现在什么事情都没有了。”伯格因将军的无畏和镇定，让她也安下心来。晚上，全部军官和盖茨将军一起聚餐。白天把她带进来的将军就被安排坐在她的旁边，为了舒缓她紧张的心情，他微笑着说：“也许，您会因为今天只有您一位女士在场而觉得不好意思。不过我能肯定地告诉您，这里的人都有着绅士的风度，大家只会因为有您在，而感到无比的荣幸。”他的幽默活跃了进餐的气氛，就连伯爵夫人也轻轻笑了起来，她这才了解到，说话的将军就是有名的斯凯勒将军。他诚挚地为伯爵夫人服务，使她在享用面包、黄油和牛排的时候感觉不到拘束。战争开始这么久以来，第一次见到这么好的美食。伯爵夫人满心欢喜，感激地与大家共同度过了这美好而愉快的时光。饭后，斯凯勒将军向伯爵夫人和伯格因将军发出邀请，请他们去参观他在这里的住所。伯爵对斯凯勒将军非常了解，知道他的为人，所以当伯爵夫人征求他的意见时，他觉得这是个不错的提议。因此，她和斯凯勒一起去了奥尔巴尼，同样，她受到了斯凯勒家人的热情招待。那种热情，根本不是对一个敌人而言的，更像是迎接回家的亲人一样。经历的这些，令伯爵夫人非常感动。英军投降后，部队随后就撤出了独立堡，离开了迪贡德拉。

华盛顿率领的部队在奥门溪休整了几日，才逐渐从忙乱中恢复过来。约有1000人的马里兰和弗吉尼亚士兵，还有从皮克斯基尔战场上撤回的1200名罗德岛士兵，他们都被编入了华盛顿的部队。他率领部队逐渐向费城一带靠近，随后便在白沼泽占领了一个据点，白沼泽距离费城还剩14英里。华盛顿在彻斯特城和斯凯基尔城之间的公路上，派了很多民兵巡视，只要遇到英军运输物资的车辆便截住。在费城港口，美军的工事基本上都被摧毁，就连美军的战舰也被英军收缴，这时的特拉华号正停在港口。豪将军把破坏和轰炸美军的防御工事作为目标，但是华盛顿却把修补及防守剩余据点作为目标。特拉华小岛在费城大约几英里外，米福林堡就建在那里，它由多个碉堡构建而成，有着牢固的防御工事。连接费城及特拉华岛的仅仅是一条修长的河道，但是无法通行，真正能通过的河道在岛的另一边。敌人不可能从这条河道通过，因为这条河道会将自己暴露在莫赛尔堡和米福林堡的火炮射程内，塞缪尔·史密斯中校率领着马里兰的地方军负责米福林堡的军事防守。这里的驻军在弗吉尼亚的部队来到以后，又增加了400多人。黑泽伍德准将率领的美军战船就在堡垒下的河岸边上停靠着。驻扎在莫赛尔堡的军队原来以民兵为主，援军到来后，华盛顿就改派克里斯多夫·格林上校率领的罗德岛大陆军接替这些民兵负责驻守。克里斯多夫英勇善战，以前和阿诺德一起在加拿大战场征战过，是一个不可多得的年轻军官。华盛顿指派他负责莫赛尔堡的防务时，强调这里作为战略位置特别重要。只要守住这里，特拉华便能安全守住，一旦失守，就会影响到美军以后的战争。还有一位年轻军官是来自法国的工程师，辅助克里斯多夫防守此地，他自愿参加美国独立战争，而且得到大陆会议的委任。他设计并参与建筑河道上的阻塞工程。他还协助格林修补了多处受到敌军轰炸的工事堡垒。黑森人炮轰了他们还没修筑好的工事。根据侦察兵回报，他们有1200名士兵，分轻骑兵、榴弹兵和追击兵，共4个营。格林上校镇定自若，面对敌人的猛烈攻势，在树林前，他集结部队打算与敌人拼死抗争。就在这紧张时刻，一名鼓手带领着一名手持英国国旗的军官骑马赶到他们面前，英军军官说明他们的目的是让美军缴械投降；但是格林上校毫不犹豫地当场拒绝，而且表明要和英军抗争到底。收到格林上校的答复，英军军官无功而返，回到军营一五一十地汇报给了长官。时间不长，在半英里外的堡垒上，黑森人已经架上大炮，就在4点钟，密集的炮弹飞向美军。但是美军堡垒还没有完成，无法长时间作战，所以格林上校下令由一支部队先抵御英军的先遣部队，接着率领部队隐入刚挖好的战壕里。英军的进攻非常猛烈，有大炮的掩护，他们快速向美军进攻过来。他们把部队分成两队，分别对美军两个据点进行猛攻。就在他们冲锋陷阵时，美军疯狂地轰炸了他们的侧翼。不可计数的子弹飞过去，打中很多人。美军抵抗了一阵，便快速地撤回战壕。刚修建的战壕，坑底很深，战壕边沿布满铁丝网。一旦有敌人冲过来，就能伏击他们，到时候想逃走都不可能。事实果然如此，敌人不但快速冲过来而且还抢占了两个堡垒。当他们还在慌乱中时，四周已经响起了进攻的枪炮声。很多人中弹受伤、有的人当场死亡，剩下的人向四面八方逃开。有的指挥官受伤严重，但还是想控制局面，阻挡士兵的逃窜，可是美军的炮火太猛烈了，根本没人听他们的命令。短短20分钟，英军死伤的士兵人数达到400多人，可是美军仅仅29个人受伤、8人阵亡。按照英军的战略计划，他们想在攻打莫赛尔堡时，同时对米福林堡发动进攻。可是他们的战舰根本不可能靠近米福林堡，因为美军已经准备好了防护，已在河道上设置防栅。面对美军的机智对抗，他们不得不另想办法，他们把战船隐藏起来，打算到晚上，趁着夜色掩护再次发动攻击。谁曾想天公不作美，正当他们要出发时，突然一阵大风刮来，河水涨起，他们根本不能继续隐藏而暴露在美军的视线里，美军立即派遣4艘纵火舰攻打他们。英军战舰也奋力进行反击，此时的河面一片火海。英军准备不够充足，结果被击沉了两艘战舰，幸运的是，船上的人趁战舰爆炸前跳入水中逃离了。战役以美军全面获胜而结束，大陆会议高度赞扬了他们这种以少胜多的战略战绩。为了奖励他们战场上出色的表现，大陆会议给予每人一把剑作为表彰。

第九章　华盛顿遭阴谋集团中伤

军中一部分外籍军官频频因为头衔的问题争吵，这使华盛顿感到非常头痛。卡布伯爵是一个德裔军官，他和拉斐特同时参军，因为他在战争中英勇杀敌，不久前大陆会议便授予他上校的头衔。但是此事使军中的其他外籍军官感到强烈不满，尤其是康威，他的不满情绪表现得极为强烈。卡布的军衔比他高，这让他心中极度不平衡，他甚至怀疑大陆会议如此冷落他，可能已经把他遗忘了。所以，他先是笼络了几个人支持他，然后又向大陆会议申请，请求大陆会议将少将的头衔授予他，他拉拢的人中就有米福林将军，他是军中的军需官。康威的独断专行早就让华盛顿感到愤怒了，所以他对康威有机会晋升少将感到意外。因此，他在10月17日给大陆会议的议员理查德·亨利·李写信，示意他们对康威的授衔要谨慎决定。在信中，他提到对于康威，他没有任何偏见，他如此强烈反对晋升康威的头衔是为了国家和军队的利益；作为部队的总司令，他对康威的人品以及在战争中的能力表现非常了解；如果康威晋升的话，很有可能会给部队带来意外的麻烦，由于康威的能力有限，有着丰富的战争经验而且英勇善战的军官不可能听从他的指挥。康威对华盛顿写的反对信表示强烈不满，而且他还对华盛顿进行报复，他同意放弃少将的头衔，并且以身体有问题为由提出离开军队。可是事实上，他不但没有离开军队，反而参加了米福林将军策划反抗华盛顿的诡计中。康威对于策反的事非常上心，他投入了全部的精力，他非常善于挑拨离间，影响非常恶劣，所以这帮策反的人又叫做“康威阴谋集团”。这个集团以打击华盛顿为目的，在部队里随时削弱他的威信，他们把盖茨将军北伐的胜利和华盛顿在海兰兹的失败进行对比，对他进行攻击，并且在军中大肆造谣以达到诬蔑华盛顿的目的。盖茨正迫切希望有人能帮他把华盛顿赶下总司令的座位，而他才能顺理成章地代替华盛顿坐上总司令的位置，所以他非常欣赏这个阴谋集团的做法。他兴奋得不能自已，竟然忽略了在他到达之前，伯格因的失败已成定局，他却把北伐胜利的战果全部收于囊中，得意忘形地到处宣扬。他的虚荣心越来越膨胀，使他忽视了华盛顿是他的顶头上司，更不记得自己要履行的义务和责任。他甚至都没有把伯格因投降的大事汇报给华盛顿，反而直接汇报给大陆会议，后来他便驻扎到约克镇。在军队前进中，华盛顿就听说了这个重要的大事情，可是没有事实证据，连着几天都心神不定，后来帕特南将军那里有一份伯格因签订的投降协议副本，他才知道了盖茨将军北伐胜利的事实。

不但如此，盖茨对华盛顿下的命令也是阳奉阴违。就算北方战争已结束，但是南方的战事急切地需要支援，而他对交出摩根军团之事一再拖延。华盛顿召集军官召开军事会议，打算委派一名得力的军官赶去和盖茨直接进行交涉，向他说明南方战事吃紧的情况，希望他能尽快把摩根军团交出来。通过慎重的思考，华盛顿认为只有选择贴身警卫才能放心，所以他让亚历山大·汉密尔顿上校负责这个任务。这个年轻且又充满智慧的警卫官，贴身携带着华盛顿的这封亲笔信赶往盖茨驻扎地。华盛顿在信中说：“首先，我要以总司令身份对你表示祝贺，恭喜你取得北伐重大的胜利。伯格因将军能永远离开美国战场，这是你的功劳，这对于全国人民和全军来讲都是值得庆祝的。同时，我又不得不感到遗憾，因为我不是从你那里得到这个重大消息的。根据军事规定，你首先应该向我发一封军事急件汇报这件事才对。”表面上看，这封信写得平平淡淡，但是这封信其实充分表现出华盛顿的愤怒，此时忘乎所以的盖茨不知道能不能看懂华盛顿对他的蔑视权威的谴责和批评。殊不知，现在的盖茨完全蔑视华盛顿，根本不把他放在眼里，又怎么可能会害怕一封信呢！

威尔金森被派去给大陆会议送信，他是盖茨的副官，这个人最大的特点就是拍马屁，一副十足的奴才相。而且，他还是一个有野心的人，他准备通过这次接触大陆会议的机会，把自己的才华充分展现，期望大陆会议能够注意到他。据说，他为了起草那份汇报的公文，在赶往大陆会议的时候耽误了好几天，直到英军投降18天后才把几经修改的文件带到大陆会议。他向大陆会议热情激昂地讲述着这次战争胜利的结果，他无数次地想象自己凭借精彩的陈述会得到在场所有人的喝彩，最不济也能得到一份奖励，可是大陆会议并没有赏识他的才华，更没有给予他任何的奖励。受到这样的待遇，让他感到像是受到了侮辱，所以心中燃起一股怒火，他立刻给盖茨写信，向盖茨表达出自己对受到这样的冷落感到不满和气愤。盖茨便和大陆会议进行交涉，结果，大陆会议只得以报喜有功的名义嘉奖他，把一把象征荣誉的剑授予他。威尔金森得到嘉奖后，心情才算平复下来。之后，他又晋升成名誉准将。

华盛顿查出诬蔑他的源头就是以康威为首的那伙阴谋集团，并通过一次偶然的机会知道了康威和盖茨互相通信的情况。这就和去年的李将军诋毁他的那件事相似，华盛顿沉着冷静地面对那些打算中伤他的人。他给康威写了一封信，告知他自己已经知道他们打算阴谋反叛的事，而且已经掌握了确切的证据。无可置疑，这就像一颗手榴弹扔向了阴谋集团，震惊了参与事件的所有人。眼看着大势已去，康威迫于无奈，只好主动向大陆会议请求辞职。虽然他提出辞职的原因是北伐的战争已经结束，但是他和华盛顿都清楚他请辞的真正原因。不可思议的是，大陆会议驳回了他递交的辞呈，而阴谋集团更是大力支持他，并且这使他得到了更高的荣耀。除了这些，他们企图利用一切方法打击华盛顿，降低他的影响力。华盛顿假装不知，可是他在给一位叫帕特里克·亨利的挚友写的信中，流露出了他的心声。在信中，他说："尽管我们的实力和敌人相差太多，可是这并没有影响到我们与敌人抗争到底的决心。就算是最艰难的时刻，我们也没有丢失争夺胜利的信心。盖茨将军在北伐中取得的重大胜利，值得庆祝，可是在海兰兹战场上的失利有着客观性的因素，并不是因为战略战策的失误造成的失败，这全是别有用心的人的谣传。我们的全部人马加在一起还不及敌人的一半，相反，盖茨将军带领的部队全是装备精良的精锐大陆军，而且对手也不同，伯格因仅有1400名有战斗力的民兵。这样悬殊的兵力，输赢已经早有定数。如果在海兰兹战场上，我能得到精锐大陆军的支援，相信结果会大有不同，海兰兹战场也会以我们的胜利结束。不管怎么样，战争还在继续，我必须继续奋斗。只要能取得胜利，我不会在意是在哪个战场取得的。”信的最后，表达了华盛顿真正的心声。对于华盛顿来讲，荣誉并不是最重要的，就让那些好大喜功的人享受掌声和鲜花吧，如果损失个人的荣耀就能实现伟大的革命，这又有什么不值得的呢？革命胜利才是最大的目标。

因为多次和盖茨进行交涉，他都闪烁其词、不肯轻易发兵，华盛顿的战略计划一改再改。此时，英军积极进行备战，准备攻打米福林堡和莫赛尔堡。豪将军下令让士兵们在普罗旺斯岛上修建工事堡垒，那里离米福林堡约500码，而且他们把大炮也架了起来。华盛顿发现这种情况，不得不召集所有军官商议如何应对。假如北方的大陆军能及时赶来支援，那么他们一定可以把英军驱逐出普罗旺斯岛。这个目标想要实现，必须要投入全部的兵力才行。如果这么做了，那么负责守卫别的防御工事以及医院等安全的兵力就会被抽空，要是敌人从后方攻击，那后果将无法想象。与此同时，负责提供米福林堡给养的红堤也将陷入危险中。综合各方面考虑，华盛顿最终决定等几天再看情况，他打算等到援军后，再部署战略计划。

在11月10日，豪将军对米福林堡发起攻击。面对敌军的猛烈进攻，负责率军抵抗的史密斯上校担心自己不知道能不能抵挡得住敌人的强大攻势。他派人送信给华盛顿，请求他派兵增援。华盛顿回复他必须死守阵地，否则将一败涂地；同时，他下令瓦纳姆将军带领一部分新兵赶去增援史密斯上校。晚上，新兵负责把白天炸毁的工事进行修复，第二天一早便可以回到红堤。福勒里上校严格执行华盛顿的指令，他立刻率领部队出发。福勒里上校是一名专业的法籍工程师，他一直负责修筑多个地方的要塞。可是，敌人几日以来的狂轰滥炸，已经把修筑的工事全部摧毁。炸毁了线路所，炸翻了木栅栏，就连士兵们驻扎的营地也都被夷为平地。美军在这次战斗中伤亡惨重，好几位指挥官战死，其中就包括年轻的军官特里特，剩余的官兵们也是疲乏之极，连日繁重的战事几乎耗损掉他们所有的精力。面对如此惨状，史密斯不得不命令全军撤退，回到红堤休整。

米福林堡受到敌军的几度轰击，已经千疮百孔。美军大部分人都觉得这里可能要失守了，只有福勒里坚信只要援军一到，战局便会扭转。他们终于盼来了瓦纳姆上校带来的援军，拉塞尔陆军中校接替了史密斯，全面指挥下一步战斗。可惜拉塞尔无法担此重任，只得由塞耶上校率领的罗德岛兵团驻守要塞。如今，士兵们最需要的是杀敌的勇气和必胜的决心。就在第四天，英军再次向堡垒发动猛烈的攻击，狂轰滥炸持续了整整一个晚上才结束。第二天，英军又派出几艘战舰进入美军的视线之内，2艘英军战舰准备正面进攻，另外的2艘驶向宾夕法尼亚海岸和穆德岛间的修长河道上，打算应对那里的美军大炮。英军一声令下，战场上的战舰同时向美军的堡垒开火，负责米福林堡守卫的士兵们没有一丝的畏惧，他们拼命地抵抗着敌人的攻击。但是，敌人的攻势太过强大，他们已经到了山穷水尽的地步。英军利用普罗旺斯岛较高的有利地势，从高到低地炮击米福林堡，这时狭长河道上的敌人军舰也越来越接近堡垒，火力全都向这两座城堡集中过来。炮火连天，枪林弹雨弥漫着整个战场，所有的据点几乎全被摧毁。美军伤亡惨重，炮兵连一个人都没剩，全部牺牲，福勒里中弹受伤。明眼人一看便知米福林堡即将失守，塞耶上校打算当天夜里进行突围。他带着40多个人把搜集到的可燃物集中在一起。到了夜里11点钟，他们一起点起大火，接着他们在火光的掩护下逃回红堤。华盛顿因为米福林堡失守而感到遗憾，不过他依然对守卫在那里的英勇将士们表达了高度的赞扬。华盛顿对保住红堤寄予大大的希望，竭力阻止敌人前进的脚步。他急切地盼望着北方的大陆军赶来支援，同时派遣汉密尔顿催促北河的守军以最快的速度赶来。

在奥尔巴尼，汉密尔顿侦察到哈德逊的对面是帕特南将军和克林顿州长在驻守，帕特南驻扎在菲什基尔，克林顿州长守在新温莎。就在11月2日一早，汉密尔顿迎面遇到了赶来的摩根军团。他不断敦促他们急速前进，摩根只得向他保证他们一定能及时到达战场。经过奥尔巴尼时，汉密尔顿认为北方援军能派4000人支援南方战场，其余的人留在哈德逊东边，暂时由帕特南安排。此时的帕特南将军正计划着攻打纽约。据可靠情报，驻扎在纽约城的英军大部分都被派去支援豪将军了，当前的纽约可谓是一座空城，这可是一举拿下的好机会。汉密尔顿却坚决反对，他以华盛顿总司令的名义下令，让帕特南带着2000人立刻增援南方战场。安排好这些之后，他发现此时的兵力还是不够，但是盖茨将军拒绝增援，他有他的一番道理，他觉得假如亨利爵士不去援助豪将军，却在奥尔巴尼驻扎，那在这里的美军军事装备弹药库就有很大的概率遭到英军攻打，而且英军也会把新英格兰州当作进攻目标。汉密尔顿和盖茨相比毕竟太过于年轻且经验不足，盖茨的陈词毫无破绽，汉密尔顿根本找不到任何反驳他的理由。出于无奈，他只有尽力说服盖茨调派帕特森和普尔带领的军队给他；与此同时，他请求帕特南派出1000兵力给予增援。事情进展得并不顺利，汉密尔顿只好给华盛顿写信据实汇报此时的境况，和盖茨经过几天的交涉，屡屡谈不妥，他打算放弃了，于是在信中说道："此时，我特别担心，恐怕他们根本就没打算给您调配援兵使用。"在这里的任务结束后，他便转向克林顿州长的营地，希望得到克林顿州长的帮助。克林顿州长表示他对南方战区将士们非常关心和同情，他也非常理解华盛顿此时的危机，所以他给帕特南将军写信，提议帕特南能把作战重心转到南方战场。可是帕特南却有自己的想法，他要把全部的兵力掌握在自己的手里。他现在一心想要攻占纽约，根本就没把华盛顿下的命令放在心上。克林顿州长也觉得攻打纽约的策略并不可取，这根本就是"自杀行为"，不过他十分清楚帕特南是一个固执己见的人，因此他给汉密尔顿出主意，让他以严厉的口吻给帕特南写信下命令，让帕特南立即出兵增援南方战场，明确其中的利害关系。果不其然，这封特殊的信件终于影响到帕特南，他最终还是妥协，放弃自己本来的计划，带领1000名精良的大陆军支援南方战区去了。临行前，克林顿州长还给汉密尔顿6000英镑的经济资助。这使汉密尔顿非常感动，在他遇到的这些人中，他感到克林顿州长最能体谅和理解他的苦楚，同时给予了他很大的帮助。汉密尔顿再次给华盛顿写信时，提到帕特南的自私和固执己见，他建议由克林顿州长代替帕特南负责海兰兹的军务。华盛顿也清楚帕特南的为人，他虽然年龄大了，但是特别鲁莽，已经给军队增添了很多麻烦。

频频出现的变故以及战场上的失利，让华盛顿觉得有必要重振军威。如今他在军中的威信遭到阴谋集团的恶意诋毁，很多人对他的信任已经开始动摇。可是还有一个针对他的更大的阴谋诡计等着他呢，有一点必须说明，帕特南将军为人虽然固执，但是并没有参与阴谋集团。詹姆斯·洛弗尔是大陆会议中的一名议员，他一直都是打击斯凯勒、支持盖茨的人，他在给盖茨写的一封秘密信件中，就有他明确的支持："在您英明领导下，北方战场扭转乾坤，获得大胜，这与南方战区的节节失利对比鲜明。我们都觉得正是因为指挥官的失策才导致特拉华河的失败，假如您能在南方战区指挥，结果肯定会有很大的不同。作为全军的总指挥官，如果没有足够的威信是无法服众的。现在，军队里的人事关系已经有了很大的变化，军官们因为意见不同从而进一步升级了矛盾。康威、米福林及罗斯将军相继向大陆会议递交辞呈，这将引发很多英勇善战的军官们提出辞职。在这么混乱的状况下，可能只有您站出来才可以控制局面，才能让大家重新振作起来，然后扭转南方战区的战局。"从这封信可以看得出来，阴谋集团已经把它的势力范围发展得非常广泛，他们已经开始明目张胆地反对华盛顿。他们的一言一行像剑一样刺中了华盛顿的心口，随着南方战局更加紧张，华盛顿已经没时间考虑这些个人恩怨了。据可靠消息，康沃利斯将军会在11月17日率领2000名士兵，从彻斯特出发抵达新泽西，他们要和来自纽约的军队在那里会合。华盛顿知道后，便派遣亨廷顿带领1个师的将士与瓦纳姆在红堤会师，支援新泽西。部署完这些，他还派人给负责驻守新泽西的格拉夫将军送去消息，让他作好战斗准备。华盛顿期望他们能够招架住英军的攻击。不幸的是，康沃利斯比美军的援军提前到达新泽西。想要用新泽西的民兵抵挡住敌军2000人的精锐部队，这根本不可能。时间不长，英军就把米福林堡完全占领，俘虏了大批民兵。战争结束之后，北方的支援部队才赶到。美军节节失利，使华盛顿感到特别颓丧。他给家乡的弟弟写信，他在信中诉说着自己的苦闷。他提到假如北方的援军能按照他的命令在10日之前赶到前线的话，他们就会扭转战局。现在援军虽然到了，可是大家已经没有打仗的力气，更倒霉的是，因为军需部门一直处于混乱的状态，这使部分士兵没有行军的鞋子可穿。大家光着脚一路行走在长满荆棘的树林中，就算不打仗，每个人身上和脚上也会被荆棘划伤。

华盛顿最不想看到的事情发生了。英军轰炸了在特拉华河上停靠的美军船只，有的水兵抵抗不住英军的攻打，弃船逃走的时候把不能带走的船点燃焚烧掉了，所以燃烧的船只散发的滚滚浓烟笼罩了整个特拉华河。因为天气渐渐变冷，他们没能清理掉河道上的障碍，虽然英军基本上占领了整条特拉华河，可是他们的大型战舰不能从河上通过。当前，英军的最主要的事情就是拓宽河道，让运输物资的船能够通过，以便保证供应给养。他们也可以把对方的3艘快速战舰抢过来，当作运输工具使用。华盛顿为了防止英军达成目的，他建议把军队的护卫舰破坏掉，沉入特拉华河底。可是他的建议并没有得到采纳，所以，美军为此付出更加沉重的代价。

11月24日的夜晚，通过对费城周围认真的侦察，华盛顿发现驻守在这里的士兵并不多，因为康沃利斯把大部分兵力都调到了新泽西，所以此时的费城的防守相对来讲很空虚。美军的军事实力有了很大的增强，很多将军都觉得应该趁此机会攻打费城。对进攻费城最热情的就是韦恩将军。他不久前参加了萨拉托加战争并获得了决定性的胜利，所以战斗的情绪还很高涨。同时，里德将军也跟着附和，他曾经是华盛顿的秘书，和华盛顿的关系很好；但是经历这么多事情后，里德背叛了华盛顿，已经属于盖茨阵营里的人了。由于长时间的征战，英军设立的防线四周一片荒芜。房子被炮弹炸毁，士兵们把窗户和门板拆下来搭建暂用的工房，房顶也被轰炸没了，房子只剩下光秃秃的墙壁。曾经繁花似锦的花园已经夷为平地，方圆好几里地连棵树都没有了。现在深秋的凉意令这座城市显得更加荒凉。华盛顿着急地观察着英军的防线。他发觉，敌人的防御工事几乎连接了斯凯基尔和特拉华两地，防线拉得很长。多面堡是用厚厚的木板钉住的，在防御工事前面还挖了一条深沟。他们拉上了铁丝网连接着每个多面堡，要修建这么长、这么密的防线需要的材料很多，所以周围的树木被全部砍光了。

假如这个时候华盛顿出兵攻打英军的东西两处防线，胜算很大，要是能够取胜，这也算是他对大陆会议的交代。不过，要想袭击成功，付出的代价肯定也是惨烈的，会有许多的将士牺牲。考虑到这点，华盛顿又迟疑起来，如果仅为了挣得面子，而赔上这么多将士的性命，他不能这么做。他回到军营后，召集大家商议下一步的作战策略，当问到要不要攻打费城的时候，在场的人都沉默起来。直到会议结束，也没有确定下来到底打不打费城。因此，华盛顿先让大家回到自己的营区，他把自己的想法写成书面报告呈交上去了。报告呈交后，有4位将军赞同攻打，这4位是伍德福德将军、斯特林将军、斯科特将军和韦恩将军，另外11个人都同意防守。假如华盛顿是爱慕虚荣的人，他肯定会下令发动袭击。可是他是名副其实的爱国将士，他爱惜自己的将士和部队，这比他的荣誉都重要，他不想为了取得荣誉而令将士们身处险地。因此，华盛顿与一场胜利就这么擦肩而过了。

这时，华盛顿收到来自格林将军的一封信，信中提到了年轻指挥官拉斐特的消息。拉斐特自从在白兰地酒溪中弹受伤后，接着就追随格林将军来到新泽西。虽然他的枪伤还没有痊愈，但是他竟然带领400个民兵突袭了敌军的大营，打死20多个英军士兵，活捉20多个英军士兵。拉斐特在战场上的勇猛善战极大地鼓舞了士兵的气势，他们一鼓作气就把英军赶出1英里以外的空地上，战斗到了天黑才结束。格林将军提醒拉斐特给华盛顿写封信陈述整个战斗过程，他在信中说道："虽然仅仅是一次极小的胜利，但是我希望这能够带给您一丝安慰。"拉斐特虽然年轻，可是非常善解人意，而且还很细心体贴。他的言谈举止再次使华盛顿感到欣慰，华盛顿相信自己看人的眼光没有错。他向大陆会议多次提议给拉斐特晋升，他认为，拉斐特的能力能够拥有上校这个头衔。经过他多次提议，大陆会议便晋升拉斐特担任师长的职务，顶替斯蒂芬将军带领他的部队。在德国镇战役中，斯蒂芬将军因玩忽职守造成军队很大损失，所以，大陆会议决议革去他的指挥官职务。斯蒂芬离开之后，指挥官的职位一直空缺着，由拉斐特担任正合适。

11月27日，军事委员会有很大的人员变动，这预示着阴谋集团在大陆会议内的势力变得强大起来。军事委员会由原来的3个成员增加到5个成员，他们是理查德·皮特斯、约瑟夫·特朗布尔、米福林、皮克林及盖茨将军。大陆会议虽然批准了米福林呈交的关于军需官的辞呈，不过还是同意他保留着名誉少将的军衔。此外，大陆会议还任命盖茨接任军事委员会主席的职务，并且对盖茨将军的战略指挥能力大加赞扬，请求他适时履行权力，带领美国走向自由、光明的新道路。就在阴谋集团利用大陆会议、策划要把华盛顿赶出军事舞台的时候，英军的豪将军正在准备攻打华盛顿的战役。爱伦·麦克莱恩在12月4日汇报给军事最高指挥部的消息称，英军要在当天晚上对白沼泽地的营地进行突袭。华盛顿接到消息，立即展开战略部署，而且给麦克莱恩下令，让他继续侦察。11点钟，战斗在德国镇打响了，华盛顿他们遭到敌军的先锋部队的突袭，他们的一支队伍在三里渠主动攻击敌人，逼迫敌人改变了部队行进的路线。豪将军战术奇特，他先让一小股士兵把美军引上一座小山，然后把主力部队偷偷撤走，迷惑美军。华盛顿果真上当了，他见英军撤退，便马上率领部队追上去。豪将军本就没打算和华盛顿正面交锋，只是想占领美军在小山上的布防。华盛顿为避免太多的伤亡，只得放弃追击，而且还把小山的阵地丢失了，这被阴谋集团抓住把柄，狠狠地嘲笑了他一番。华盛顿根本不惧英军，只是觉得不能因小失大、再有伤亡。

这一年就是1777年，也是华盛顿在军事生涯中非常艰难的一年，因接连失利，他的威信受到很大影响。大陆会议通过的一部分议案里，有项条款已经说明了阴谋集团在大陆会议中的势力越来越强大，这一条款是经过军事委员会提议的。大陆会议为严明军纪，打算任命两位监察长，这个职务非常重要，其中一位就是康威，大陆会议提升他为少将。从这明显可以看出，大陆会议遵照的是盖茨的意图，并没有准许华盛顿的提议。

第十章　华盛顿险遭盖茨中伤

华盛顿被各方舆论谴责的时候，盖茨的政治生活却是得心应手。如今大陆会议的议员大部分都坚决支持盖茨，当南方战区的情况越来越不利时，所有人都觉得盖茨一定能改变战局。盖茨的一个朋友甚至给他写信，希望他赶紧行动，趁机取代华盛顿的位置，然后拯救美国的命运。就在盖茨自鸣得意的时候，米福林寄来一封信，信中米福林告知他，华盛顿把康威给他写的一封谋反的信件截获了，而且华盛顿把那封信原样返还给了康威。所以他示意盖茨近期最好谨慎行事，不要被华盛顿获取了证据。收到这封信后，盖茨感到情况糟糕极了，心里很是愁闷。他与康威来往的信件很多，不知道是哪一封信被华盛顿截获了。不过，为什么华盛顿看完信后竟然没有任何动作，而是把信原样地返还给了康威呢？表面上看，华盛顿如此平静，可是他心里到底是怎么打算的呢？盖茨思前想后，心情越来越急躁。米福林的这封信也没有具体说明情况，实际上，他知道得并不多，只是略微知道一点儿而已。华盛顿沉着冷静，给阴谋集团里的每个人都造成了压力，他们感到十分慌张，根本想不到华盛顿会怎么反击他们。对于这次泄密事件，盖茨非常惊讶，他猜测集团里面肯定有奸细，他怀疑此人把他们特别重要的信函和文件通过复制的方式带到了司令部，所以才会让信函的秘密泄露。盖茨想到竟然有人背叛自己，真是又急又气，大发脾气。他咬牙切齿地说，要是让他逮到是谁泄的密，一定会狠狠地教训他。他把重要的信函和公文都放在自己办公室里，而且也只有他自己有钥匙，因此他想那个奸细肯定就在自己的身边。想到这，他便对身边的每一个人进行审讯，但是所有人都向他保证自己没有做过这样的事。盖茨最终锁定汉密尔顿上校，在这里的人，只有汉密尔顿才可以不受约束地进出司令部，而且他和华盛顿的关系非常密切。这么一想，盖茨不禁浑身发抖起来，他思虑再三，决定写一封信给华盛顿，探探他的口风。他在信中说，重要信件丢失是因为他的失职造成的，他请求华盛顿，他要借用总司令的名义缉拿那个偷窃信件的人。其实他的真正想法是要告诉华盛顿，他现在知道是谁把密信内容透露给华盛顿，就等着看华盛顿会怎么做了。他复制了这封信，把复制件上交了大陆会议。华盛顿看过盖茨写来的信后，马上就给他写了回信，他在信中表示："今天，我收到你写给我的信，同时，你又把这封信向大陆会议递呈了，这使我非常惊讶。假如像你说的那样，这封信是你我的私人信件，我不明白你为什么又把这封信呈递给大陆会议。因此，我不会答应你的任何要求，避免给自己制造不必要的麻烦。但是我能告诉你的是，麦克威廉上校也就是跟随斯特林爵士的一名副官，曾经听威尔金森上校说过康威将军以前给你写过关于造反的信件。"事情过去没多久，就在1月12日，帕特里克·亨利收到一封来自约克镇的匿名信，那人在信中说："现在我们到达红海岸边，就要进入漫天黄沙的沙漠，这个时候只有约书亚或摩西才有能力带领我们穿越这广袤的死亡之地，到达天堂的彼岸。北方战场上的大胜足以说明我们士兵出色的作战能力，我们有着无人能及的智慧和胆识，却缺少一名优秀的领导者。如今南方战区让我们失去了所有的希望，我们根本没有获胜的机会了。其实南方兵力与北方的实力相比并不差，可是我们没有一个有能力的领袖，所以才在战争中一次次地失败。”阴谋集团处心积虑地要撤销华盛顿总司令的职务，他们一次次地陷害他，华盛顿面对他们的打击和中伤，保持着一贯的沉默，对他们恶劣行径不发表任何意见。阴谋集团以为华盛顿的沉默就是一种懦弱的表现，所以嚣张气焰越来越高涨。1月17日，劳伦斯，即大陆会议当时的主席，又收到一封匿名信，信中对华盛顿的抨击更加露骨：首先列举出在南方战区时华盛顿一意孤行，不采纳别人意见；然后再与北方兵力进行对比，指明南方战区的节节失利全都是因为指挥官不当的指挥策略导致的。面对这样的诋毁，华盛顿终于忍无可忍了，他在给一个朋友的信中说：“美国本来应该有一条光明的道路，但是一些恐怖分子竟然一门心思地想阻断它。”

劳伦斯收到那封匿名信，并没有呈交到大陆会议中商议，他把信直接寄给了华盛顿。华盛顿在给劳伦斯的回信中说：“您的支持和信任令我感激不尽，一直以来，我都处在阴谋集团设计的各种圈套中，他们不断对我进行诬陷和中伤的目的是想把我赶出司令部。有的人为了得到自己的政治利益，想方设法地对一起作战过的战友进行中伤和陷害。现在革命事业还没有成功，国家内部竟然出现如此让人不齿的事情，实在是令人痛心。他们的诬蔑和打击不会动摇我的战斗意志，对我来说，个人的荣耀算不了什么，让我寝食难安的是我们民族的兴衰。英军对我们军队的内乱知道得一清二楚，他们就等着我们这里发生一场政治斗争，然后坐收渔翁之利。可是，我一定要让他们知道，我的为人是不可能让他们就此如愿的，可能您会疑惑，我既然不在意这些人对我的打击和诬蔑，怎么还要通过这封信希望您能为我正名呢？因为我心中挂念的是我们民族的前景啊。”劳伦斯主席被华盛顿诚挚的言辞感动了。他一直相信华盛顿的作战指挥能力，现在对他正直的为人更是深信不疑。

为了达到自己更多的政治目的，盖茨以军事委员会主席的权力拟订了一份出征战略计划——加拿大东征计划。盖茨准备在奥尔巴尼调遣一支队伍，先横渡香普兰湖，把圣约翰岸边停靠的英军战船烧掉，然后直达蒙特利尔。盖茨没有告诉华盛顿这个计划，而是把计划书直接呈递给大陆会议，大陆会议准许了。阴谋集团想尽办法破坏华盛顿和拉斐特的关系，想把拉斐特拉进他们的阵营里。盖茨派人给拉斐特送去了任命书，由他指挥加拿大远征军，康威当他的副官。面对这么大的诱惑，阴谋集团认为拉斐特肯定会离开华盛顿转而向他们示好。盖茨把远征计划写信告诉了华盛顿，同时把那封任命拉斐特为加拿大远征军指挥官的公函一起附上。虽然盖茨在信中假意向华盛顿征求意见，可是大家都清楚他这么做仅仅就是通知华盛顿而已。华盛顿礼貌地给他写了回信，他在信中说，因为他对这次的远征计划什么都不知道，所以提不出有帮助的意见；而关于拉斐特被任命为远征军指挥官的事情，他觉得对于拉斐特来说是一件光荣的事，怎么说都是好事。

不过，拉斐特为人正直，而且对于阴谋集团的所作所为，他都清楚地知道，所以不打算接受任命。他的性格过于刚烈，要不是华盛顿劝说他要以国家大事为重，建议他接受任命，他肯定当场拒绝。拉斐特接受了任命，便率领军队前往约克镇。盖茨他们提前到了约克镇，而且为了迎接拉斐特，举办了一个小型的欢迎仪式。盖茨和同僚们一起坐在桌旁兴奋地讨论着下一步的行动计划，拉斐特看到此幕，甚是感觉盖茨根本不能和华盛顿相提并论，盖茨太过于轻浮以及张狂，而华盛顿却是那么沉着冷静。盖茨为了收买拉斐特，对他所有的要求都予以肯定。拉斐特虽然是新人，但是并没有受到刁难和冷落。盖茨调派了2500名精锐的大陆军给拉斐特，并安排英勇善战的斯塔克老将军与他一起作战。就在晚宴即将结束的时候，拉斐特认为是机会表明立场了，所以他端着满满的一杯酒站起来并说道："让我们一起为总司令举杯！"在场的人听到他的祝词，都沉默了。拉斐特举起酒杯一口气喝下，接着说："虽然我现在和主力部队分开了，不过我会永远追随总司令，不管什么时候，我都遵从总司令的命令。"拉斐特对华盛顿的忠心使阴谋集团不得不对他刮目相看。虽然康威具有优秀的军事才能，但是拉斐特明白他目前的处境很尴尬，所以他向盖茨提议，希望考柏能成为他的副官，却被盖茨拒绝了。第二天，他便率领军队向战场出发。在行进中，他写了一封信寄给了华盛顿，信中他说道："我们行进的速度已经很慢了，天气又很恶劣，遇到雨雪，道路变得泥泞难行，这更加减慢了我们的前进速度。香普兰湖面已经结了厚冰，天气实在是太冷了，要是在这种情况下，还能获得三场胜利，那么我就知足了。”

华盛顿在1月份给盖茨的回信到了月底才被转寄到盖茨那里。华盛顿在信中只字未提盖茨恶意中伤他的事，就好像什么都没有发生过似的，收到这样的回信，盖茨心情平复了很多。后来，他再三思虑，认为有必要向华盛顿写信解释一下。在信里，他说那封信其实是别人伪造的，就是想陷害他，挑拨他和华盛顿的感情；为了给康威开脱罪名，他还补充说明，康威只是想表达加强建设部队纪律的想法，并不是质疑总司令的军事才能，这都是小人造谣生事；他说自己作为国家部队的指挥官，必须要把这些破坏国家利益和军队团结的奸人消灭掉；他认为自己没能把事情解决，导致造成恶劣的影响，他应该为此承担所有的责任。在信中，他明确指出是威尔金森伪造的这封信，并且列举出了强有力的证据。显然，他是想找威尔金森做康威的替罪羊。后来，这件事传到威尔金森那里，他在回忆自己的事情时，便澄清了此事，并且毫不留情地表示自己特别厌恶盖茨的这种行径。1月27日，康威也寄给华盛顿一封信作出解释，为了证明自己的确是遭到诬陷，他决定公开这封信，但是被大陆会议的主席劳伦斯和其他议员制止。他在信中希望华盛顿能在这件事上公正地作出判断，请求他相信自己是无辜的，绝没有在私底下讲过反叛总司令的言辞。华盛顿看过盖茨和康威的解释，他便写了一封长信寄给他们，告知整件事情他已经了解清楚，并且还指出他们二人前后相互矛盾的言辞。他在信中说：“尽管我非常想相信那件事和康威无关，不过各种证据都说明他与那封信有着直接的关系。假如他和这件事没有关系，那么他就没有必要这么紧张，而且还想急切地想除掉幕后之人。虽然你再三表示康威是忠诚于国家的，他做不出破坏军队团结的事情，但是我无法让自己相信他和那件事情没有牵连。可能你与康威将军关系更加密切一些，所以才会出现不同的判断。就以我对他为人的了解，他可不像你说的那样是一个忠于军队团结和国家利益的人。我不是无凭无据，有很多证据可以说明他其实是一个奸诈、毒辣而又善于要手段的小人。他经常在部队及大陆会议上煽风点火，诬蔑中伤我，并想凭借这些打击我在部队和大陆会议中的威信。我对他的卑鄙行为一直缄默不语，我觉得清者自清，不能因小事而耽误了国家大事。但是我的忍让没使他收敛，反而让他变本加厉，明目张胆地到处造谣污蔑我。虽然我对这些都明知于心，可是我也不想去理会这些事，目前战事吃紧，并不是解决这些小事的最佳时机。我认为作为军人，心中就得时刻装着国家利益，不能为了个人的荣誉而牺牲掉其他人的政治利益，这绝对不是一个美国军人的正确行径。”看到这样的信，盖茨不免心中恐惧，就连拿着信纸的手都在发抖。他到现在才肯定地认为华盛顿的确已经掌握了指证康威企图谋反的所有证据，假如他顺着康威这条线，再一深查，就会把幕后的人找出来。想到这些，盖茨已经吓出一头冷汗。为了撇清自己，他准备给华盛顿再写一封信，讲清楚他和康威仅有私人感情，没有政治上的往来。为了表明自己的立场，他在信中深为康威的行径感到痛心，建议总司令根据掌握的有力证据将康威送进大牢，他认为像康威这样蔑视军营和国家利益的人，被绳之以法是最终的结局。华盛顿觉得在这件事情上已经花费了太多的精力，所以他就给盖茨写了一封短信作为此事的结束。

拉斐特把他近期的行程写信汇报给华盛顿。康威在3天前抵达奥尔巴尼，他和拉斐特见面时，第一句话就是这次远征会以失败告终。拉斐特听后，期望这只是一个玩笑。可是现实就是如此，他无法不面对实际情形。盖茨曾答应给他调遣2500名精锐将士，但是目前竟然不到1200人，而且大多数的将士因缺少棉衣不得不整日蜷缩在营帐内。盖茨曾吹捧斯塔克将军有多么厉害，实际上他的本事也就只能算得上勉强可以，而另外一个负责招兵买马的将军却说必须给钱才肯工作。拉斐特为了这次出征，花费了他所有的心思。现在的情况让他有些绝望，加上其他人的冷言冷语几乎让他崩溃。任命他为远征军指挥官的消息传遍了整个欧洲，不过他明白其中的内情，所以他并没有觉得这样的任命多么光荣。反而他更愿意当一个普通士兵，至少那样的他是坦坦荡荡的，更不会为了其他的事情而感到心有压力。年轻的拉斐特侯爵一直把华盛顿当成自己的榜样一样崇拜着，因此他把自己现在的疑惑和困难向华盛顿一股脑地倾诉出来。他向华盛顿诉说着自己内心的困惑，欧洲大陆都在盯着他，等着看他的表现；可是部队现在的情况非常棘手，就是想短时间内出兵都不可能，更不用提建功立业了。他感觉受到了欺骗，阴谋集团这样的做法让他的处境很尴尬——进退不得。他每天都在想下一步该怎么做，所以整日里愁眉不展。华盛顿写信给拉斐特，就像父亲一样慈爱，他的谆谆教诲及善解人意的安慰，逐渐化解了拉斐特的烦恼。

考虑各方面的因素，大陆会议认为条件不足，所以推迟远征加拿大的计划。华盛顿便趁机召回考柏和拉斐特，让他们驻守福治山。收到华盛顿的消息，拉斐特喜出望外，他终于盼到再次回到华盛顿身边的机会了。

康威的谋反事件还在处理中。盖茨曾想把谋反罪名安到威尔金森的头上，但是威尔金森看过盖茨写的信后，表明自己并没有参与那件事情，他对这些无耻之徒的行径感到非常愤怒，决心维护无辜的自己，一定要讨个说法。威尔金森坚持说他和阴谋集团一点儿关系也没有，其实他也曾经说过对华盛顿无理的话。斯特林勋爵给他写了一封信，在信中斯特林提醒威尔金森，在雷丁的时候，威尔金森曾经指责过华盛顿，并且提醒他，假如这件事真的和他没有一点儿关系，他最好能拿出有力证据证明自己的无辜。威尔金森收到来信，发现自己有口难辩，但是目前他又苦于没能找到有力的证据表明自己和这件事没有关系，他也拿不准大家会不会相信他的话。于是，他给斯特林勋爵回了一封信，他在信中提到："在雷丁的那一夜的确令我难忘，可是那天的活动纯粹就是一种娱乐的社交活动，我已经不记得当时是否说过对华盛顿总司令不敬的话了。但是我对总司令的忠心日月可表，我相信我没有说过什么对不起总司令的话。我只记得，康威将军说过有人指控他谋反。他写过一封关于中伤诬蔑总司令的信，结果司令部把那封信截获了。"威尔金森为了证明自己与这件事情没有任何关系，他只得表明确定康威说过那些话。不过，这让他的处境非常尴尬，尤其是在军事委员会。他回到约克镇，正打算接任委员会秘书职务的时候，有人告诉他，因他泄密，所以盖茨非常恼怒，指责他是个叛徒，而且辱骂他的语言也十分恶毒。这样的消息使威尔金森特别惊讶，并且让他感觉受到了很大的侮辱。他认为自己一直对盖茨忠心耿耿，对盖茨的意愿从来没有违背过，如今为了康威，盖茨要自己给康威当替罪羊，更过分的是，盖茨竟然还打算在军事委员会中公开指责自己是叛徒。威尔金森实在不能理解，更想象不到现实竟然如此残酷，自己会有这样的遭遇。他感到十分失望，对阴谋集团的所作所为更是厌恶。他决心离开阴谋军团，而且放弃对盖茨将军尽忠。他写了一封信给盖茨，表明自己对此事的强烈不满，他在信中说："将军阁下，您此次决定根本没有顾及我的声誉及安危，这会使我永无翻身之日，这样的行为已经让我受到很深的伤害。现在的我很迷茫，就像一只待人宰割的迷途小绵羊，假若您不能公开还我清白，恐怕我今后再也不能继续效忠您了。”之后，他又拜托布尔上校捎给盖茨一封信，他邀请盖茨在第二天早上到英国教堂后面相见。他要和盖茨当面讲清楚一些问题，因此他给他的副官下令作好枪战准备。让他意外的是，盖茨没有带一枪一弹，孤身一人来赴约。盖茨的表情也没有一丝一毫的恐慌和忧郁。盖茨慢慢走到威尔金森的身边，轻轻拍了拍他的肩，邀请威尔金森去走走。一路上他们并没有言语，一直走到一栋老房子面前，盖茨突然拉起他的两只手。这时，威尔金森发现盖茨两眼含着泪！盖茨对他解释说，自己根本没有要他做康威的替罪羊的打算，更没有要在军事委员会中公开谴责他是叛徒的打算，所有的事情都是别有用心的人故意造谣诬蔑他的，他一直都认为威尔金森是他最忠诚的属下。听到盖茨如此说，威尔金森那颗虚荣心终于得到满足，此时的他已经打消了要与盖茨决斗的想法。他自认为盖茨依然非常看重他，并因此沾沾自喜。

但是事情可没有他想象得那么简单。就在他回福治山的路上，遇上了华盛顿的故交克雷克医生。克雷克医生告诉他，近日大陆会议收到47名上校一起呈交的书信，都是反对威尔金森提升名誉准将的公函。听到这个消息后，他立即把辞呈递交给大陆会议，主动申请放弃名誉准将的军衔。到达兰开斯特，威尔金森决定要和斯特林爵士决斗，因此他请莫兰上校帮他给斯特林送去挑战书。莫兰上校作为他的朋友奉劝他不要太鲁莽，应该慎重考虑。威尔金森考虑再三，觉得不适合把事情闹大，所以把挑战书收回来了。抵达福治山后，威尔金森遇到华盛顿。他们聊了很多，当提到康威将军谋反的问题时，华盛顿拿出了他与盖茨来往的信件给他看。看完这些信，威尔金森总算认清了盖茨那副虚伪的嘴脸，回想起几天前盖茨表演的那场“苦情戏”，他感到一阵阵恶心，在他心中充满了对盖茨的鄙视。于是，他决定从此和阴谋集团分道扬镳，并且他要一心一意地追随华盛顿。就在3月29日，威尔金森给华盛顿写信明确自己的立场，从此效忠华盛顿，并且请求华盛顿能够原谅自己以前因受蒙骗的所作所为。几天之后，他又写信递交给大陆会议，表达自己能得到军事委员会的秘书职位而非常感激，不过他回绝了这次任命，原因就是他不愿再听从一些奸人的指挥。经过正邪两派的抗争，威尔金森总算是醒悟了，明确了他要走的道路，他决定再也不参与阴谋集团的行动，他已经厌倦了这些内部的交恶事件。在重要关头，他幡然悔悟，纠正了自己前进的方向。这都是华盛顿的功劳，华盛顿的善良、宽容和正直，使他重新获得大家的信任。

第十一章　英军舍弃费城

整个冬天，华盛顿都在福治山驻守着，这段时间里他及时进行军队改革。他强烈请求大陆会议派人协助他进行改革工作，因此大陆会议便派出一个由5人组成的筹备委员会。他提前向营中将士征集了关于各方面的意见，并且他还把他们的意见用笔记录成册。他拟定了一份策划书，把当下军队里出现的种种弊端及解决问题的措施一一列举出来。在军队里，筹备委员会用了将近3个月的时间，才把所有的问题及其与之对应的措施写成报告，一起呈给大陆会议。在报告中，华盛顿提议的改革措施大部分都被采纳。华盛顿认为现在军人的俸禄实在太少，致使很多军官辞职离开。针对这个问题，他向大陆会议提议既然要提高军官们的俸禄，最好能让他们退役后有所保证，这便解决了军官们的后顾之忧，保障了他们退役后的基本生活。他的这个提议引起大陆会议内部的争论，部分议员执意反对这个提议。华盛顿力排众议，他的坚持终于使大陆会议作出决定：有任命书的军官退役7年之后便可以领取半份俸禄，没有任命书的军官每年也可以领取80美金的俸禄。虽然决议通过了，但是实施起来却是迟迟难行。同时，军队遇到了更大的麻烦，因周围供应给养的村庄遭到多次抢劫，这时又是冬天，补给跟不上，大家只能挨饿。虽然有些地方有牛羊等牲畜出售，不过他们不情愿卖给军队，因为他们如果把这些东西带到费城，能卖出更高的价格。这些村庄里的人已经成了金钱的奴隶，他们不会考虑谁买他们的东西，他们只想以更高的价钱把自己的东西卖出去。因此，美军派出收购粮食的人每次出去基本上是无功而返。

时间没有过去多久，军队的粮草越来越匮乏。将士们很长时间都是靠吃干面包及水过活，没有沾过一丝肉腥。大部分的伤病员由于营养不良，好起来非常缓慢。饥饿、疾病、寒冷迅速蔓延整个军队，此时的军队萎靡颓丧、意志消沉，要是这时候有英军袭击，那后果不堪设想。英国一位著名的历史学家就曾记录了两军对战时的状况。美军缺少粮食给养，有的士兵宰杀战马用以充饥；但是英军在费城里衣食无忧，整天不愁吃穿。英军暗自庆幸自己这方占领了费城，他们征用了民房，军官们便住到了此地要员的住房里，更过分的是，他们还把自己的家眷一同带进去。原来古朴静谧的费城如今变得乱哄哄的，英军士兵在军营内大肆赌博，已经到了无法控制的地步。与英军当时的放荡奢侈相比，美军的生活显得不堪入目。他们就连基本的温饱问题都不能解决，更不用提什么享受了。整个冬天，华盛顿命令军队驻守福治山，缺穿少吃，天气冷得要命，大炮也被冻住，要是打起仗来，根本派不上用场。这时的美军已经丧失了基本的作战能力，恐怕就连英军小范围的袭击都无法抵御。幸好豪将军没有带兵袭击，否则战争肯定会以英军胜利而结束。华盛顿看到军队目前糟糕的状况，他已经作了最坏的打算。他们现在的情况就像当年攻打波士顿时一样，不仅缺少军需给养，就连武器弹药也不充足。虽然困难重重，但是美军中并不缺少勇猛的军官。

亨利·李队长率领军队驻守在最前方，他曾遭到英军的一次突然袭击。李队长的军队主要是守住军需库，英军派遣200名骑兵趁着夜色掩护，去抢夺美军的战马。李队长带领着只有50人的小队伍，与英军火拼，结果他们成功阻挡了敌人的攻击，战马一匹都没少。他们还有意外的收获，战后他们收缴了大量的军大衣和武器。战斗结束后，他把战斗的经过汇报给了华盛顿，华盛顿对他的胆识表示赞赏。华盛顿和李队长是同乡，都是弗吉尼亚人。李队长是典型的南方人性格，他有着坚忍不拔的精神。华盛顿很多次想晋升他为上校，然后任命他为自己轻骑兵的指挥官。华盛顿认为他有能力胜任这一职位，相信他很快能在军队中崭露头角。华盛顿把一份写有李队长事迹的报告呈递给大陆会议，并且附上自己的一封推荐信。大陆会议收到后，很快就通过了这一决议。不久，李队长就收到了委任书，他不但晋升为上校，而且还担任轻骑兵指挥官一职。李队长接到委任书后，写了一封信给华盛顿，表达了他的激动以及诚挚的谢意。同时，被英军俘获的李将军给华盛顿寄来一封信，他在信中对作为总司令的华盛顿表示感谢，虽然他现在还在监狱里，但是目前他的处境要比以前好了很多。他还提到再过5天的时间就能获得自由。现在，他依然住在42师，与他关押在一起的还有他从前的好朋友迪斯尼将军和巴特勒将军。华盛顿能给予这么多的帮助，让他作为战俘能得到这么好的待遇，使他感激不尽。看完信后，华盛顿马上给他回信，他为李将军就要获得自由而感到诚挚的高兴，说会尽最大努力为他争取更多的权利。可是事情总有个一波三折，李将军以及爱伦上校没有顺利回归，他们不得不在英军那里再待上几个月的时间。

伯格因将军在北方战场投降之后，他们想要在波士顿坐船返回，但是受到阻拦。听说两军之间商议的投降条约中有些问题，直到目前还没有恰当的解决方法。大陆会议最终决定推迟伯格因将军上船的时间，只有英军明确答复条约上的问题后，他们才能登船回国。但是伯格因将军身体有恙，获得假释后提前回伦敦休养身体去了。到了2月份，华盛顿的夫人来到福治山和丈夫相聚，要住在司令部。她到达之后，便把本就寒酸的军营简单地收拾一番，把这里当作她的寓所。华盛顿的房间本来就小，夫人到了后显得特别拥挤。司令部因此决定临时搭建一个简单的餐厅，这样便能腾出一部分空间，让他们住起来宽敞些。

华盛顿的夫人率先抵达军营，随后陆续来到的是诺克斯夫人、斯特林夫人和其他几位将军的夫人。华盛顿精心部署战略计划，他们截获了几批英军送往费城的给养，这便解了美军的燃眉之急，而且他们还能有一些剩余。眼前危机得到缓解，看来很快就能熬过这段苦日子，华盛顿心中的愁苦终于随之解开。尤其是夫人的抵达，让一度处于焦虑状态的华盛顿顿觉轻松。

寒冷的冬天就要过去了，华盛顿的故交布莱恩·费尔法克斯先生忽然到军营来看望他。能在军营里见到许久未见的朋友，华盛顿惊喜不已。费尔法克斯先生虽然反对英国对殖民地的态度和行为，不过他依然效忠英国，他们之间的关系因为有了这样的隔膜逐渐疏远。费尔法克斯先生准备去英国居住，打算到英国迎接即将来临的和平，因此专门来向华盛顿辞行。他的到来，让华盛顿回忆起曾经在弗农山庄的愉快生活，回想起美丽的伯托马克河水，回忆起曾经伴随爵士上山打猎的有趣经历。虽然那些时光已经一去不复返了，不过回忆起这些往事，还是使他时不时地喜上心头。费尔法克斯先生准备在纽约上船，所以华盛顿帮他把护照准备好。但是就在准备登船的时候，老先生突然改变主意，如果到了英国后，政局一直持续动荡，那他恐怕就再也没有机会见到自己的家人了。所以，他改变主意回到弗农山庄。返回弗吉尼亚后，他禁不住写了一封信感谢华盛顿，并表达他非常钦佩华盛顿有着宽广的胸襟。华盛顿收到信后，诚恳地写了回信，他在回信中说起他们之间的关系，他非常珍惜这份友谊，希望他们亲密的关系能长久地保持住。费尔法克斯先生住在弗农山庄，直到1802年75岁时去世。

在这个冬天，华盛顿接待了不止一位客人，还有一位身经百战的老军人斯托伊本男爵。他不仅在欧洲战场上厮杀过，而且还参与了英法七年征战；曾经效命于大名鼎鼎的弗雷德里克将军，当过他的副官，也负责过军需部门。在德国，他的名字无人不知、无人不晓，后来他又被霍亨索伦·黑兴根伯爵招于麾下，当过大元帅；也曾经去过巴登，受到马格雷夫亲王青睐，拜为中将；此外，他还谢绝了奥地利皇帝及撒丁王国国王赐予的金银财宝。他本来应该在德国宫廷内自由自在地过悠闲的日子，但是法国的国防大臣，也就是圣·热尔曼伯爵曾给他写信规劝他，说他属于战场，战场才是他的天下，所以他听从规劝，主动请缨到美国去，他要助美军一臂之力，帮助他们争取光明。男爵在美国的所有开支，都由法国内阁支付。他有如此显赫战功，再加上圣·热尔曼伯爵、富兰克林和迪恩先生的推荐信，他便信心百倍地上路了。12月1日，他从朴茨茅斯出发（朴茨茅斯是新罕布什尔州的一个小镇），直到现在才抵达华盛顿的营区。他向华盛顿申请做一个志愿者，为解放美国投入自己所有的精力。华盛顿对他能来到军营表达了最热烈的欢迎，并且非常赞赏他的勇气及决心。华盛顿命令他去大陆会议报到，他名声显赫，受到大陆会议的热烈欢迎。他们还召开专门的委员会商议对他的任命，而他对高官厚禄没有任何兴趣，只请求大陆会议能充分信任他，然后就去福治山找华盛顿报到去了。抵达福治山后，他先对整个军队的情况进行了全面的了解，事后他认为现在的军队中存在着不少问题，要是不能及时解决，那肯定会影响今后的战争。华盛顿仔细观察后认为由男爵担当监察官一职非常合适。他发现男爵观察能力非常敏锐，分析和判断能力也是超乎常人。所以他请男爵担任监察官，男爵痛快地应了下来。他首先建议华盛顿整顿军队制度、规范军队的纪律，他还把自己的战斗技术融入美国军队，结合了目前军队的特点。过了不久，这里的军官便接受了他的意见。有男爵的帮忙，美国军队朝着正规化的方向发展。看到军队越来越正规，华盛顿心中充满喜悦。

此时，哈德逊河的防守工作需要巩固，当下最需要的是在西点修建一个新的防御堡垒。确定方案后，华盛顿就派遣帕特南将军执掌修建新据点的工作。但帕特南将军因私人事情必须要到康涅狄格去，因此他把修筑西点防御工事的任务暂时交给帕尔森上校负责。华盛顿写了一封信给帕尔森，把他拟定袭击纽约城的亨利·克林顿将军的战略计划告知帕尔森。这时，克林顿驻扎的地方就离他们要修筑的据点不远，华盛顿准备派出士兵乔装打扮，趁机把克林顿抓起来。虽然不知道有多少个警卫员保护克林顿将军的司令部，但是华盛顿确信他的计划能够成功。可惜有人反对这个计划，汉密尔顿上校极力反对这种冒险的计划，他觉得亨利·克林顿当英军总指挥官对他们有利、因为他们熟悉亨利，知道亨利的性格，也了解他的作战方式，如果打掉亨利，英军肯定会再派一个更加稳重、有作战经验的司令官，这反倒加大了美军胜利的阻力，华盛顿觉得汉密尔顿的想法很有道理，连连称赞他是个足智多谋的军人，所以这个计划最后没有实现。

春天终于来了，美英两军依然保持着相互对峙的局面。华盛顿猜想英军可能会对他们发动一次突然袭击，不过英军没有趁机偷袭。原来事出有因，英军的粮草给养已经所剩无几，威廉爵士派人在新泽西各处采购粮草，根本算不上采购，确切地说是抢夺。英军踏遍新泽西的所有角落，见到牛、羊等牲畜以及粮食，不由分说便拉到军营里去。驻守新泽西的民兵虽然竭尽全力进行过几次反抗，但是都没有打退他们。英军还派出一支船队顺着特拉华河向下，抢劫了伯德镇，而且点燃了那里美军的一个物资仓库，就连美军载满军需品的战船也被烧毁了几艘。如果之前华盛顿没有下令炸沉战船的话，会有更多的军需物资落到英军手里。20日，华盛顿寄给各个据点的将军们一封信，他在信里附上了他还在考虑中的三个战略计划：首先，要攻占费城，把英军赶出费城；其次，转移战场，把战争引到北方去，准备围攻纽约城；另外就是驻守在这里，加强对军队的训练，准备迎接敌军的攻击。华盛顿刚把信函寄出去，就接到康威所在的阴谋集团彻底被粉碎的消息。虽然盖茨仍任北方战场的指挥官继续驻守哈德逊河，负责防守工作，不过要是攻打纽约城的话，必须得到总司令的准许才能行动。华盛顿分析了目前的情况，他召集包括米福林和盖茨在内的军官们一起商讨作战计划。大陆会议最终决议限制盖茨的军事权力，因此他再也不能藐视总司令的威信而独断专行了。至于康威，当拉斐特从奥尔巴尼离开后，就赶到菲什基尔，去跟随麦克道格将军了。时间没有过去很久，大陆会议开始对康威的阴谋叛乱进行审查，因此就把康威传召到奥尔巴尼。但是康威不承认自己做过这些事，并且他给大陆会议呈交了辞职信，表明自己是清白的。让他感到意外的是，他的辞呈很快被大陆会议批准了。实际上他并不想辞职，这样的结果让他处于一种极其尴尬的处境里。他特意向大陆会议的主席写了一封信请求收回自己的辞呈，他极力想拿回，但是那已经是不可能的事了。大陆会议对他的一举一动都调查得清清楚楚，认为康威的言行不但损害了华盛顿的威信、分裂军队的团结，而且造成了严重的后果。他这样的人，要是再留在军队里，那将是军队的祸患。

英法内阁严重受到伯格因将军及他所率领的部队投降的影响，法国执政党赞成美军进行独立战争，所以自从萨拉托加大捷后，英国内阁便公布了“和解法案”，这法案专门针对殖民地，在税收、通商贸易和主权等方面，英国作出让步。英政府希望能借此和解的方法，打消美国想独立的念头，然后他们继续拥有殖民地的权益。英国一位著名的历史学家在评论此法案时说：“假如和解法案能让英美和解的话，那么在战争开始前就应该签订了。”与此同时，美国和法国准备秘密地在巴黎签订两个条约：一个是通商方面的友好条约；另一个是共同防御条约。2月6日，热拉尔先生代表法国，塞拉斯·迪恩、阿瑟·李和本杰明·富兰克林代表美国，双方在巴黎签订了条约。第二个条约中明确表明，只要他们双方有一方发生战事，那么另一方便无条件地结为盟友，任意一方都不能私自和敌对方签订停战条约。英国军方收到消息后，马不停蹄地派人赶往美国，希望能和美方达成和解。然而华盛顿不为所动，他觉得美国民众受尽英国内阁的欺侮和抢掠，吃尽了苦头，只有美国获得独立才能得到真正的自由和民主。华盛顿的意见正好与大陆会议的决议不谋而合，他们商议的结果也是拒绝和英政府签订和解条约，如果英军能从美国大地上撤出，他们便同意和解。自美国和法国签订了友好条约后，美国全民举国欢庆。5月6日，福治山上举办了隆重的军事庆典，祷告仪式结束后又举行了全军的阅兵式。晚上，华盛顿与全体军官共同进餐。当华盛顿准备离开时，军官们都齐声高呼：“华盛顿万岁！总司令万岁！”他走过去后，将士们把军帽抛向空中，表示对他的崇敬之情，此情此景令人甚是感动。如果当时米福林和盖茨在场，肯定会被这样的场面震惊，虽然他们打击、中伤华盛顿在军中的威信，但是华盛顿在军中的地位是不容动摇的。

大陆会议于5月8日召开了一次盛大的军事会议，米福林、盖茨、斯特林、格林、拉斐特、施托伊本、阿姆斯特朗和德卡布尔参加了这次会议。作为总司令的华盛顿把当前美英双方的军事部署和兵力都作了细致的表述，经过大家商讨，最终决定美军先不发动进攻，暂时实施防御措施，静等更好的时机，也好一举打败敌人。会议召开的时候，李将军还没有被假释，所以没能出席这次会议，不过后来他回来后也同意这次决议，同时签字认可。大陆会议反对签订和解条约的事刺激了英军，他们感到此次事件严重伤害了他们的尊严，很多亲英分子不免有些担心，如果美国获胜，那么他们就会被流放或者被屠杀。豪将军的军事生涯临近结束，对于他在战争中的表现，英政府极度不满。就连美军也觉得他算不上合格的将军，原因就是英军打下的阵地大部分被他丢失了。他被困在费城整整一个冬天都没有动弹，围攻他的美军却只有4000人。英国内阁对豪将军严厉指责，他却觉得主要责任并不在他，他斥责英内阁既没同意他的想法，也没能及时派兵增援，所以导致英军连连失败。他带着一肚子的不满情绪，把一封辞呈呈交给内阁，内阁很快给予批准的答复。他离开后，亨利·克林顿将军便代替他成为远征军的指挥官。豪将军战功了得，他生性豪爽、又善结交，所以在军中备受拥护。他离开前，军中部下为他举办了隆重的送别仪式，其中还有一项是赛舟会。这些事看起来非常荒谬，可是这也能看出豪将军在英军中有着很高的威信。

英美双方商议互相交换俘虏，最近这事被提上日程。据双方签下的约定，美军用俘获的普雷斯科特将军交换李将军，李将军被换回后，美军恢复了他的职务，他的级别只在华盛顿之下；同时，爱伦将军也得到假释返回美国。他首先到达福治山，在和华盛顿见面后，倾诉他在战俘营受到的待遇。华盛顿寄给大陆会议一封信，提议妥善安排爱伦将军。不久之后，爱伦将军便接到大陆会议的任命书，他被提升为上校。遗憾的是，爱伦已经返回自己的家乡弗蒙特，他可能厌烦了战争，所以才离开军营，决心不再参与战事。

就在这时，大批英军陆续撤离费城，这令人费解。华盛顿猜测亨利·克林顿将军可能要转移战场，放弃费城转战纽约，假如他们真的要去纽约，那他们准备走陆路还是走水路呢？假如走的是陆路，他就准备增援新泽西，在那里阻截英军主力。可是时间已经过去3周了，美军已作好战斗准备。华盛顿在这之前，已经派遣麦克斯韦将军带一个师的兵力提前到达新泽西，华盛顿给他们下的命令是炸毁主要的桥梁及路段，用以拖延敌人的行进速度。同时，他还给盖茨将军下令，由盖茨率领所有民兵在哈德逊河作好防御准备。尽管大陆会议早就拒绝与英政府签订条约，可是英政府好像并没有放弃。英国高官弗雷德里克·霍华德、卡莱尔伯爵、乔治·约翰斯通、威廉·伊登和马里兰被授权来美国谈判，其中，卡莱尔伯爵作为谈判人选，备受大家争议。约翰斯通先生是当中最有声望的人。福克斯作为英国政治家曾说过：“只要约翰斯通去，一定能说服美国人。”6月6日，他们带着所有的希望抵达费城，可是此处的英军已经全部撤离。3周前，亨利·克林顿将军已经率领部队转移到纽约，但他并没有告诉使团此事，所以他们满心期待地到达费城，见到的竟然是空前未有的慌乱。约翰斯通先生给内阁写了一封信，表达了他的愤怒，斥责他们这种行为是不负责任的表现;他还说假如他早知道英军撤离费城的事情，他无论如何也不会接受这个命令。

第十二章　防御西点战役

现在亨利爵士已经拥有超过17000人的兵力，这不管在人数上还是装备方面都要远胜华盛顿的军队。英军已经抵达弗吉尼亚地区，他们无恶不作，到处抢劫，抢夺了很多粮食等物资，英军的给养终于得到补足。5月9日，乔治·克里尔率领2500名海军战士占领朴茨茅斯后，他作为英军的指挥官竟然允许自己的部下抢夺物资。就在南方战事吃紧的时候，英军就要攻打纽约的消息传到了华盛顿耳朵里，因此他打算再一次攻打哈德逊。虽然哈德逊河流上游的重要堡垒克林顿堡及蒙哥马利堡已经沦陷，不过宪法岛以及西点还掌握在美军手里，这两个地方比起前两个位置更加重要。美军已经在两地建好了战略防线，一个叫普朗克角，另外一个叫斯托尼堡，这两个堡垒的作用主要是守护国王渡口。因为国王渡口连接了南部和中部各个城市，是必经之地。一旦这里沦陷，南部和中部的各个城市将危机四伏。阿姆斯特朗上校率领了70名将士负责普朗克角一切防务，只要斯托尼堡的防御工事完工，这两个据点之间可以互通，就像开启海兰兹的大门一样。

果然，亨利爵士是要攻打海兰兹，一旦乔治·克里尔将军率领的部队和他会合，那么他们将会更加强大。亨利爵士在5月30日带着整整50艘的大战舰和70艘小战舰赶往海兰兹。他进攻的第一个目标是美军还没修建完的那两个重要工事：普朗克角和斯托尼堡。他早就意识到了这两个据点的重要性，如果能攻下这两个地方，那么英军的战舰就能畅通无阻地抵达美国中部。两支英军舰队于5月31日登陆海兰兹。沃恩将军率领一支舰队在离普朗克角约7英里的位置上岸，而亨利爵士率领着另一支队伍在离斯托尼堡约3英里的位置上岸。美军的斯托尼堡只有30名士兵防守，这是美军的一次失误。如果美军真的重视这个堡垒的战略作用，就不会只留几十个人把守。所以，英军的战舰并没受到影响，轻而易举地进驻了斯托尼堡，甚至没用一枪一弹，这让亨利爵士吃惊不已。当晚，英军加强斯托尼堡的防御工事，并且连夜架起了大炮，他们打算第二天一早便进攻拉斐特堡。英军不仅拿下了斯托尼堡，另一边的沃恩将军也抢占了普朗克角。普朗克角里的美军防守和斯托尼堡差不多，虽然阿姆斯特朗上校率领70名士兵抵挡英军进攻，但是终因敌我双方力量太过悬殊，最后也是丢弃堡垒逃回去了。连着一周的时间，英军的主力战舰渐渐地离国王渡口越来越近，另外一支舰队驶向了塔盆海。华盛顿很不理解英军的做法，他猜测英军的目的是攻占西点，所以他们抢夺斯托尼堡仅仅是行动中的第一步。英军已经占领了这两个防御工事，所以美军便把所有的兵力集中在守卫西点上。他给帕特南将军下令，让他带领部分兵力死守斯密斯海角，司令部会整体向纽温莎转移，这个地方离西点最近，方便他敦促修筑西点的防御工事。麦克道格将军负责西点防线的修筑。河对岸是由斯将军领导的3个师驻守，美军部署严密，在很大程度上阻碍了英军进攻西点。英军已经占领了美军两个主要防御工事，因此亨利爵士也不着急攻下西点，他带领军队和美军战斗了几个回合后，便回到纽约去了。他决定启用另一个战略计划，打算下一步攻打康涅狄格州。美军的军队补给大部分都是从康涅狄格运来的，从美国独立战争打响的第一枪开始，这里便每天都被埋没在炮火声中。亨利爵士准备派遣部分兵力攻打康涅狄格，那么华盛顿肯定会派出重兵前往康涅狄格进行阻拦，调虎离山的办法成功后，他就会攻打哈德逊，然后成功地占领哈德逊河流域。

特莱恩将军负责这项任务的执行工作，虽然这对军人来讲并不是多么光彩的事，不过这项任务只有他去最合适。就在同年7月起始，他率领着一支由2600名将士组成的战舰队伍，由乔治·克里尔将军率领的两艘舰船护送着驶往桑德。他们在7日登上了纽黑文。一上岸，他们就突袭了美军民兵驻守的据点，而且攻占了一座小城市。驻守费尔菲尔德的美国民兵进行了顽强的抵抗，可惜寡不敌众，最终英军把他们镇压住了。英军无恶不作，这座城市被他们折腾成一片废墟。他们一共烧毁了97座住房、67座畜舍和谷仓以及48座仓库，民房更是不计其数。英军残暴的行为激怒了当地的居民，他们被迫拿起农具向英军进行反抗。然而，他们怎么能抵挡得住有着精锐武器的军队呢？英军疯狂地进行烧杀抢掠，没几天的时间，便攻陷了两座城市。

英军打算进攻纽伦顿，让这次行动更加激烈。不过想到纽伦顿的人们肯定会奋力反抗，恐怕会造成很大的损失，因此，他们打消了这个念头，转而驻守亨廷顿，等待部队其他人的到来。他们的做法令亨利爵士大加赞赏，他认为这样做可谓一石三鸟：一是失陷的两城民众会怨恨华盛顿，因为他们在遭受欺侮的时候，华盛顿竟然无动于衷，没有发兵来拯救他们，这样就会让他们感到失望；二是假如华盛顿自始至终不发兵，那么纽伦顿可能会向英军投降，然后成为英军的驻扎地；三是失去民心的华盛顿也将会令大陆会议不再信任他。英军一直在夸大自己在这次行动中的战绩，这便使华盛顿在民众中的威信越来越低。实际上，华盛顿在知道英军打算行动的时候就派民兵团赶去支援他们，虽然只有两个团，不过这是他能够派遣出的最多兵力。他非常清楚亨利爵士的战略计划，因此他不会把主要兵力派去救援，如果真的去了，那就正落入亨利爵士给他准备的陷阱里了。就在亨利爵士拼尽全力进攻纽伦顿时，华盛顿正调兵遣将，打算要抢回丢失的拉斐特堡及斯托尼堡。他先派侦察兵去察看英军在斯托尼堡的兵力分布，根据缜密的侦察，华盛顿得知英军加固了斯托尼堡，而且堡垒一面是大沼泽地，另外两面是大海，假如退潮的话，此时在沼泽地上搭一座桥，进攻成功的概率会更大一些。但是英军在那里已经有重兵驻守，并且四面都是重机枪和大炮，美军想攻占它，难度非常大。攻打防守这么严密的堡垒，很多人都会考虑放弃。不过，美军军营中的韦恩将军胆识过人，华盛顿决定派遣他去攻打斯托尼堡，韦恩毫不思索地应了下来。这次袭击选在晚上，并且保密工作做得到位，假如任务进行过程中遭遇敌人的话，后果会非常惨烈。华盛顿从西点调遣了一支队伍提前潜伏在拉斐特堡的周围，配合这次袭击，只要战斗打响，就能立即加入攻击。韦恩将军于7月15日夜里顺利赶到离斯托尼堡1.5英里的地方。晚上，一名向导带领着他成功地到达英军前哨之下。就在英军哨兵与向导交谈时，韦恩便带人上去把他擒获。用同样的办法，他们把其他几个哨兵也制服了。此时，英军还没有察觉到危险就要来临。但是夜里潮水上涨，淹没了美军行进的通道。过了凌晨，韦恩依然还在岸的这一边。同时，米伦伯格将军带领300个士兵奔向沼泽地的西侧。两支队伍会师后，便把军队分成两支，福勒里中校率领150兵力从右侧攻击敌人。另外，每支纵队又选出20多名敢死队，分别由诺克斯少尉和吉本少尉率领。英军洞察到这一点立即反击，双方激战在一起。英军占有优越的地势，他们朝美军发动猛烈的进攻。敢死队员拼命用刺刀为美军杀出一条血路。就在进攻的时候，韦恩将军不小心中弹，不过子弹没有要他的命，很快他便镇定下来并重新加入激烈的战斗中去了。由于美军的拼死战斗，英军终因不敌美军的进攻，只得投降。在美国独立战争中，斯托尼战役便是其中经典的战例之一，在此次战斗中，美军伤亡并不多，牺牲15人，受伤的有83人。英军死亡63人，投降了553人，其中包括23名副官、4名上尉和几个中校。

因斯托尼堡被美军攻占，亨利爵士马上放弃了进攻纽伦顿的想法。他把所有的船只都召集在一起，打算全力攻击多布斯渡口，那可是哈德逊河上的门户。除此之外，他向拉斐特堡派遣了一支队伍，他期望着华盛顿早就把山上的主力转移了。可惜令他非常失望的是华盛顿没有这么做。华盛顿想到必须派遣大量兵力守住斯托尼堡，可是现在他已经没有足够的兵力能够调遣到这里负责防御敌人的工作，这里已经经历了一场激战，堡垒四处遭到破坏，要想修筑完善也要花费一部分兵力才行。假如把西点的兵力调遣到斯托尼堡来，恐怕大家的身体吃不消，并且也保证不了2个据点的周全。华盛顿考虑再三，最终下定决心炸掉堡垒的防御工事，撤离此地。但是亨利爵士却想错了，他认为华盛顿一定会长期驻守斯托尼堡，让他意外的是美军竟然放弃了拼命抢来的防御工事。这便是华盛顿的过人之处，他用的就是“围魏救赵”的策略。他的目标是纽伦顿城，斯托尼堡只是他迷惑英军的战术。亨利爵士率领军队重新占领了斯托尼堡，他并不了解华盛顿的真实意图，所以他回到斯托尼堡后还有些得意忘形。经过这么多天的征战，英军已经消耗掉不少精力，再也没有向西点发兵的能力。亨利爵士下令回到菲利普堡，进行暂时休整后再计划下一步动向。

斯托尼堡战役之后没过多久，在东部又发生了一次战役，这次战役重创了美军。6月起始，从哈利法克斯来的一支英军侦察到佩诺布斯湾的东边有美军的军事堡垒。这个堡垒是马萨诸塞州的前沿，它主要负责缅因州内大部分的森林区的防卫工作。英军看中了缅因州的这片大森林，打算在这里采伐木材制造船只。波士顿人及时发现了英军一系列的行动，他们决心进行一次征战，赶走侵略者。为了筹备的海军装备，海湾禁止运行40天。拉夫尔将军率领着4000名将士，在奥尔顿带领的海军护卫下出征了。他们在5月30日到达佩诺布斯湾，麦克林上校率领部队驻守在这里，他们把防御工事建在一块突出来的岩石上，并在下面的水面上停驻3艘战舰。拉夫尔试图登上半岛，但是被英军阻拦，还好损失不大。第二天早晨，他再次带领士兵向半岛发动进攻。他指挥得当，军队终于登上半岛。当时，英军在半岛上的防御工事还没有完工，并且英军的重机枪和大炮没有架设好，如果在这个时候发动攻击，很容易就能攻下半岛。不过，拉夫尔缺少韦恩的果断，他的方法仅仅是普普通通的围攻措施，他们顺着英军外围建造防御工事，连续两周炮轰英军。但是这对英军并没有太大的影响，英军反而在这段时间内等到了援兵。英军的援兵抵达后，拉夫尔攻打半岛越来越艰难。他担心军队会受到重创，便向波士顿的军队请求支援。战略上的错误决定让他错失了进攻的最好时机，而且克里尔将军从纽约赶来，趁此机会进攻拉夫尔。克里尔将军的到达令拉夫尔惊讶，眼看大势已去，他不得不选择撤离。就在英军还没有包围他们的时候，拉夫尔趁机逃向河的上游。为了迷惑英军，他命令战舰佯装要进攻的样子，而事实上他在掩护主力撤离。不幸的是，他的计划被英军看透，他们不但攻下这艘战舰，而且还烧死了几个美国将士。他们要回波士顿，不得不走路穿过杳无人迹的荒郊野地，许多人就在这撤退的途中劳累过度，体力不支而死去。他没有征求华盛顿的意见便施行了冬征计划，这令华盛顿非常生气，并且为战死的将士们感到特别遗憾。假如他们提前请示华盛顿的话，行动肯定会成功的。就以华盛顿的战略思维，一定会给他们提出一个十拿九稳的战略计划，肯定能利用恰当的时机拿下半岛。虽然波士顿的战士们有着与敌奋战的胆量，但是缺少计谋，计划肯定不会成功。而且很多将士牺牲在战场上，这严重挫败了波士顿人民的抗敌信心。此事过去没多久，华盛顿心情本来很糟糕，幸好另一支队伍的战斗获得了胜利，亨利·李上校的胜利让他心情舒畅了很多，喜讯传来时他的脸上又有了笑容。

亨利·李上校率领的队伍收到华盛顿下的命令，要他们侦察哈德逊河畔、搜集军情。同时，他们经常出其不意地骚扰英军，阻断英军后勤的给养，狙击其将士。据他们收集到的消息，帕罗斯胡克是连接哈德逊河上的一条修长的海岬，英军虽然在这里修建了一个堡垒，但是只有萨瑟兰上校率领不到400人的兵力驻守着，防御力量非常薄弱，华盛顿觉得这是一个很好的攻击机会。不过这里容易防守，但是很难攻破，而且与外界联系的只有一条狭长的小溪。假如要进攻这里的据点，最好的办法是挖出一条壕沟。英军也不是没有任何防御，他们在堡垒的四周设有两层铁丝防御网，想攻下这个地方不是那么简单的事情。萨瑟兰作为指挥官，凭借着此地的战略优势，不担心美军能够攻打进来，所以他带领着士兵们天天在营地里吃喝玩乐，根本没把战事放在心上。对于英军军营里的状况，李上校了如指掌，他正盘算着借机好好教训一下萨瑟兰。他弄清楚所有的情况后，打算在夜里向英军发动袭击。华盛顿听说李上校的战略计划后非常同意，他认为此举肯定能给英军一个沉重的打击，并且能让美军重新树立起抗战的信心。因此华盛顿批准了李上校的行动方案，并告诉他要时刻小心。他告诉李上校袭击英军时要注意来自纽约的英军援兵，出战之前一定要确定计划实行起来能成功。他送给李上校几个词，“猛攻、突袭、速退”，李上校把这些牢牢记在心里。在所有的工作准备好后，李上校带领着300名士兵在8月18日出发，打算在当天晚上发动攻击。斯特林爵士带着500人的兵力赶往新桥附近，时刻准备着迎接李上校。为了保密，他们只能对外宣称要去给马匹寻找饲料。他们趁夜走上了一条紧靠哈肯萨克河边的狭窄小道，夜色下，道路显得更加崎岖。同时，李上校准备把几条小船停靠在河边，打算在他们袭击成功后就迅速乘船撤离此地。李上校在凌晨3时到达帕洛斯胡克。幸好萨瑟兰在前一天就派出一支队伍赶去运送军需物品了，因此李上校带领队伍靠近时，他们误以为是自己运送物资的将士回来，怎么也不会想到美军是来要他们命的。李上校带领队伍立即上前擒获了还在熟睡中的哨兵，迅速占领了这里。直到这时，萨瑟兰才意识到危险降临，他马上召集60个黑森兵与美军对抗起来。这时，他命令信号兵发射信号弹，通知在纽约驻守的英军马上赶来增援。李上校下令带走150名包括军官在内的俘虏，但是没能来得及炸掉碉堡，便赶在英军的援兵到达前建军迅速撤退了。他成功地完成了这次袭击的任务，而且只损伤了2个人。不过在撤退的路上，他们遇到点儿麻烦——准备的船只还没有就位。迫不得已，他不得不再返回去。幸好这时，斯特林爵士率领部队赶到，他们在斯特林的护卫下顺利撤离。

李上校成功地完成任务，让华盛顿非常满意，他给大陆会议写信，赞扬李上校过人的胆识和抗战的勇气。现在，华盛顿还驻守在西点，正敦促着西点的防御工事的修筑。在他的督促下，很多防御工事防线顺利完工。亨利爵士自从返回菲利普堡后，再也没有精力进攻哈德逊了。华盛顿修筑的哈德逊防线基本完工，防御力量得到增强。亨利爵士迫于无奈，只得放弃进攻哈德逊的策略，随后转战南方战区。

第十三章　功败垂成

英军大部分已撤离费城，在这次行军中被派往西印度群岛加入对法战争的士兵有5000人，被派往佛罗里达的士兵有3000人，被派往纽约的骑兵还有不少人。这时只剩下8000多人留守费城，与美军相比较，英军的人数略少。在目前情况下,华盛顿掌握了13000名的大陆军以及1300名的民兵。在六月初之际，于费城留守的英军开始陆陆续续地进行撤离，华盛顿认为英军这次行军的目的地为新泽西，但是李将军的看法和他有所不同。从李将军回归军队开始，其身旁便出现不少谄媚之人，溢美之词令他的固执己见、自高自大的老毛病渐渐显露了出来。6月15日，他写了一封信给华盛顿，信中他提出了针对华盛顿这次行动计划的不同观点。接着，华盛顿举行了一场关于是否派兵前往费城的问题的军事会议，通过大家的讨论来制定一个稳妥的作战策略。大家各抒己见，准备了两种方案：一种情况为趁敌军还未完全撤离，便对敌方发起突击；另一种情况是待敌军撤离费城，且行军到新泽西的时候，再向其发动进攻。假如采取后一个方案，那么对敌发起总攻得当，还是只进行小规模战役稳妥，议会进行进一步的探讨。李将军是支持后一个方案的，他觉得现在的英美两军兵力上虽然势均力敌，但由于美法联盟缔结不久，就目前的形势分析或从作战实力上斟酌，英军是领先于美军的。

所以按兵不动，采取后一个方案最为恰当，而前者的总攻是不适合的。李将军的一番言辞颇受国内外军官的认同，他在军中亦具有一定的影响力。然而，格林将军与拉斐特将军是支持前一个方案的。美军趁敌军还未完全撤离，便对敌方发起突击，此时处于慌乱状态，正是出击的最佳时机。华盛顿也觉得有利，支持这两位将军的看法。军官们各抒己见，产生了巨大分歧。于是，华盛顿提出让将军们写书面报告，来选择最好的作战方案。出人意料的是，亨利·克林顿在这些报告出来之前，便已得知美军要攻打费城的讯息。趁美军不备之际，他的部队已暗自撤离。6月18日凌晨，英军部队皆顺利抵达新泽西。华盛顿得知情报后，便立即派遣麦克斯韦将军率领部队赶往新泽西阻击英军部队。与此同时，他又派遣阿诺德带领部队去驻守费城。阿诺德不负众望，他虽然在前一次的战役中受伤，在仍未完全康复的情况下，明智地将手下部队分为两路，一路前往费城，一路由他亲自率领前往追击敌军。6月20日，华盛顿在给盖茨将军的信中写道："目前，我率领主力部队正在赶往敌军的路上，李将军带领的部队有可能明天渡河。我听闻情报说敌军正处于霍利山一带，其行军速度非常缓慢。因为那里的地势难测，有多条道路可供其行军，我们亦无法知晓敌军究竟会择哪条道前行。我的部队明日将到达新泽西，待我到时再另行告知最新的讯息。"然而华盛顿的部队在前行的途中遭遇倾盆大雨，使得行军的速度减缓很多，一直到24号才完成渡河。此时，英军已然到达莫里斯镇与霍利山。华盛顿认为英军有可能会选择这两条道路行军：走左边的道路，往布伦斯维克的方向前进，可直接抵达斯塔滕岛与纽约；走右边的道路，往蒙莫斯的方向前进。因为不能确定敌军动向，华盛顿便派摩根兵团率领600名的精锐支援那边麦克斯韦将军所率领的部队，而他亲自带领主力部队赶往普林斯顿。

亨利爵士所率领的部队行军速度特别缓慢，他们的行李与补给品，特别是英国军官随身携带的奢侈品，增加了部队的负重。拉行李的马车浩浩荡荡地蔓延至数十英里长。因为道路已被美军毁坏，他们在行军途中还得修桥铺路，极大地拖延了行军速度。华盛顿以为亨利的目的是将美军引向乡间平原一带，再对美军发起火速攻击，令他们处于劣势。他觉得应该先发制人、提前进攻，粉碎英军的计策。此刻，他命令部队暂时停驻于霍普威尔，并就地召开了一次特别的军事会议。此时，他们离普林斯顿只有5英里之远。这次的会议作出决定，美军要和英军的行进保持一定距离，再派遣士兵朝英军发起进击。据汉密尔顿上校回忆，李将军对这次作战计划作出积极的响应。这次会议决定，派司各特准将率领1500个将士以先锋部队的身份率先发起进攻，李将军却对此持反对意见，他认为派出这么多人来打前锋并不适合。拉斐特和格林将军与华盛顿的想法不谋而合，皆认为一旦时机合适，就应该对敌军率先发起总攻。

这时，亨利爵士已到达爱伦镇，他们正准备渡河，并朝着布伦斯维克前进。但是考虑到华盛顿已于河岸布下重重兵队，与此同时，盖茨的部队亦即将于北边包抄而来；他灵机一动，命令他的部队取道弗利霍德，前往桑迪湖克进击。这时候，华盛顿明确了敌军的行军路线之后，就命令韦恩将军率领1000名士兵拦截敌军。紧接着，拉斐特带领4000名士兵奉命赶去支援。华盛顿此时亲自率领主力部队到达克伦贝利，以备发起总攻。然而，大战即将来临，李将军的老毛病——嫉妒心又开始作祟。所有军官中，他最不喜欢的就是那个年轻有为的拉斐特军官。也许是因为拉斐特总是和他持不同意见，还有华盛顿对他总是宠爱备至，让他率领一个有着6000名精锐的陆军部队，从这里就可以看出，这个年轻的外国军官在军队的权力已经远远地超越了有着几十年作战经验的李将军，这使小肚鸡肠的李将军心里愈发感觉到不平衡。他便开始向华盛顿抱怨，将指挥官这个重要的职务轻易地交给一个如此年轻气盛的外国军官太过草率。华盛顿感到莫名其妙，但是为大局着想，也不能置之不理，不得不再次妥协。而在此时，英军侧翼遭受到美军突袭，同时后卫即将受到巨大威胁。在这种情况下，亨利爵士派康沃利斯带领一支精锐的队伍前去增援他们的后卫。因为英军更改了战略计划，于是，华盛顿不得不紧随其后作出相应的调整措施。华盛顿趁机派李将军带领2000名精锐兵前往支援拉斐特，并且同意拉斐特所任的指挥官之职由他代替。虽然拉斐特年轻，不过他十分识大体，而且他也没有因此责备华盛顿，反而积极和李将军合作，完成接下来的工作。

在27号的晚上，英军在蒙莫斯一处高地驻扎。在距美军有5英里远的米德尔镇，李将军的部队就在那里扎营。天亮之后，华盛顿便派人前去侦察英军的动向，因为树木的遮挡，假如这个时候发起攻击，美军获胜的概率不大。要是不发起攻击，敌军先行拔营，再往前10英里，美军所占据的米德尔镇在地理方面的优势就没有了。如果在平地上展开进攻，那么取胜的机会就更小。华盛顿经过谨慎的思虑后，便决定在当天晚上对英军发动突袭。他给李将军下令，命他作好突袭行动的充分准备。与此同时，摩根军团作好了攻击的全面准备。可是这时的华盛顿却得到迪金森将军的讯息，他在快报里说，敌军现在已经准备就绪，正打算继续前行。华盛顿当即就命令李将军朝英军发起攻击。李将军听闻英军行动之后，马上派遣韦恩与麦克斯韦将军增援正在和英军正面交战的轻骑兵。李将军对地形并不熟悉，再加上情报有误，使他在途中陷入困境。迷路后，李将军马上登上高处进行察看。他透过树林间隙，依稀看见有一支3000名将士的部队正朝他们的方向走来，于是马上派遣韦恩带领700名士兵包抄英军的后卫部队，他则亲自带着主力部队向敌人发起正面的攻击。他采取的是前后夹击的方式，打算把英军全部歼灭。他对这个作战部署十分自信，甚至还派人给华盛顿送去一封快报，以表明自己必胜的信心。同时，华盛顿带领着主力部队支援先遣部队。炮声轰隆隆地响起来，战争开始打响。抵达霍尔德后，一名兵士骑马赶来，报告大陆军此时正准备撤离。华盛顿知道后特别生气，告诫他在关键时候不得假传情报，不然军法论处。他收到李将军送来的快报，对李将军充满了信心，认为他肯定不负众望。当华盛顿在继续前进的时候，不多远便遇到了一大批士兵正在撤退。大惊失色的他立即派遣菲茨杰拉德与哈里森上校一同去了解实际情况。华盛顿经过沼泽地的时候，遇到已经溃败的巴顿军团。从这些人的话中得知美军已经撤退的消息之后，恼羞成怒的华盛顿恨不得马上将李将军揪过来一问究竟。

返回高地之后，他正好看到李将军带着那些残余部队溃败而来。华盛顿当即骑在马上厉声喝问李将军撤退原因，李将军一脸惊慌失措，半天也没答上话来。他又把嗓门提高了些，大声斥责李将军，要他立即给出一个合理的理由。也许被华盛顿的严厉态度惹恼了，他瞬时怒火旺盛地回答，言语相当犀利。他说，自己因为收到了一个假情报，使得战斗以失败告终。华盛顿完全不敢相信这一切竟是真的，他对李将军失望透顶。

在激烈争吵后，李将军的执迷不悟让华盛顿倍感头痛。因为敌军近在咫尺，华盛顿只好先平息怒火，指挥军队继续作战。斯图尔特上校与拉姆齐上校被派遣至左翼掩护，奥斯瓦德上校率领军队去右翼掩护。不一会儿，军队再次恢复秩序。垂头丧气的李将军站在原地，他知道总司令对自己已经失去信心，猜测自己的指挥官一职恐怕保不住了。此刻华盛顿也恢复平静，他走到李将军跟前，问他是否还愿意听命于他，此时李将军的答案是愿意。华盛顿便派李将军到英国镇，命令他把所有被英军打散的部队召集起来。

斯特林勋爵带领着部队迅速占据一个军事工事，并且疯狂地攻打英军的先遣部队。英军眼见大事不妙，就转移方向进攻美军左翼，却又遭到美军步兵团猛烈的伏击，两次进攻都没能得逞。英军又打算去进攻美军右翼，当他们靠近的时候，格林将军率领炮兵负责防御任务，向英军疯狂地开炮，英军被其炮弹打得屁滚尿流，一败涂地。韦恩将军带领部队正悄悄地隐藏在一个果园内，由于前面有谷仓的掩护，所以成功突袭了英军的中路。经历了好几小时的奋力战斗，英军终究被美军打得落荒而逃，他们急忙向后撤离。他们撤到一个在地理位置上有着作战优势的地方，一侧是茂密树林，前头是一条狭长的山道，这境况给美军带来非常大的困难。华盛顿并没有放弃追击计划，他给普尔将军下令，由普尔将军带领着卡罗莱纳的地方军从右侧包围英军；美军左侧则由伍德福德将军负责，炮兵团正面攻击英军的前沿阵地。但是这时天色渐晚，士兵们已经激战了一天，现在精疲力竭。华盛顿见此情形，便只得下令让士兵原地歇息，待天一亮，便即刻进攻。华盛顿和衣而卧于草地上，拉斐特也伴随在身旁，他们谈到李将军败北的事情。华盛顿觉得他无法原谅李将军的溃败，他的失误差点儿毁掉整个美军军队。因李将军反复不定的古怪性格，甚至让华盛顿怀疑他有可能是故意撤退，然后导致美军失败。

凌晨的时候，美军军营中吹起了起床号，从睡梦中醒来的士兵作好战前的准备。当得知英军已经趁黑夜拔营撤离的实情后，他们皆目瞪口呆。英军神不知鬼不觉地撤离了，只剩帐篷与重伤病员留在他们的营地里，竟然把驻守英军营地附近的普尔将军深深蒙蔽。这时英方行军渐远，就算追赶也已经来不及了。当时的天气十分炎热，饮用水也不足，士兵都苦不堪言，华盛顿见此情形，只得放弃追击英军的计划。华盛顿为防止亨利爵士攻击哈德逊，决定亲自带领主力部队，取道布伦斯维克，朝哈德逊方向前进。

李将军在蒙莫斯战场的失误，使他的威信在军中受到严重打击。但他并不觉得这是他的个人原因，他在给华盛顿写的信中提及他所有过失都是因为信使误传给自己的情报，如果这个情报不是假的，他不会主动撤离，也不可能一败涂地。他写的信掺杂着浓厚的火药味，特意把矛头直指华盛顿。他指责华盛顿过分偏袒那个外国军官，却轻视他，抱怨自己得不偿失；还表露出自己失望的心境，透露了打算退役的想法。华盛顿收到他的来信后，便马上答复了他，华盛顿觉得他们之间存在比较大的误会，他对于为何要提升拉斐特来做指挥官作了解释。他觉得拉斐特是一位具有超强指挥能力的人，并且他在军队里口碑不错，在李将军回归之前就已经获得了级别不低的职位，所以他提升拉斐特是理所应当的事情，这完全是遵循任人唯贤的原则。华盛顿劝李将军要宽宏大量，唯有齐心协力、共同合作，才能确保战争胜利。

对于他想退役的想法，华盛顿也没正面答复他，他了解李将军擅自撤军的罪责很重，将会上军事法庭。不出所料，大陆会议通知李将军去军事法庭接受进一步调查。但是这次李将军不再为自己申辩，反而催促法庭作出裁判，也许早已作好退役的准备。法庭最后的判决是李将军有过失，因为他故意不执行军令而擅自撤退，造成蒙莫斯兵败的事实。所以李将军不再担任大陆军指挥官的职位，并且他退役返乡的申请也获得了批准。返回故乡弗吉尼亚后，他想平静地过上隐居生活。然而，因为性格的原因使他对此事仍然耿耿于怀。他在家乡的报纸上接二连三地发布一些文章，直接讽刺大陆会议与华盛顿。但是华盛顿熟知他的性格，并不和他计较。李将军在家乡待了一阵子，仍然非常想念军队生活，所以他按捺不住对部队的思念，动身前往费城，希望获得再次参军的机会。不幸的是他抵达费城时患上了风寒，后来不得不返回家乡，紧接着不久便去世了。生来性格古怪的李将军，他的遗嘱也是非比寻常。他生前就不喜欢和一些不喜欢的人生活在一起，所以他不希望死后还继续这样。因此，他在遗嘱中嘱咐等他死后，一定要把他葬在那些离长老派或者是洗礼派教堂至少1英里之外的地方。

7月22日，法国舰队返回到桑迪胡克。但是法国舰队此次出征的目的地是罗德岛。根据协议，首先由美军从陆路开始进攻，法国舰队随后而上，并且他们要在罗德岛西海岸登岸。这时，美国的军队要求渡过希科涅特海峡，就在靠近岛屿的北侧登陆。7月17日的时候，为使联合行动顺利实施，苏利文将军驻扎在普罗维登斯，他早就收到了华盛顿的来信。信中，华盛顿要求他随时准备南下攻打哈德逊，并且命令他集结新英格兰所有民兵团的兵力，随时要接应主力到达。华盛顿随后派遣格林将军与拉斐特将军一同前往新英格兰帮助苏利文开展工作。苏利文快速地召集到两个师团的民兵，一部分交给格林将军，另一部分交给拉斐特。这次实施联合行动是为了等待华盛顿的支援，其行动时间推至8月10日。也是因为此次延误，导致计划失败。在8月8日的时候，来自法国海军上将德斯坦伯爵带领舰队驶进海港，之后在驶进哥特岛时与英军发生激烈炮战。出师不利的英军被法军打得节节败退。为了顺利撤离，英军焚烧了3艘战舰。这时，苏利文将军带领舰队从普罗维登斯向南驶去，到达郝兰德的渡口。英军这时正驻守在郝兰德对面，因担心美军会赶来切断他们的退路，所以他们在8日的夜里就撤离抵达的新港口。苏利文将军目睹敌军弃堡逃走的情形，便立刻命其部队占领了英军的据点。但是因为他擅作主张，德斯坦伯爵对他有很大的成见。不过美法联军联合行动仍然照计划进行。在9日的凌晨，德斯坦伯爵手下的舰队已逼近新港口。此时，退役的豪将军的亲哥哥豪勋爵作为英军指挥官率领部队在新港口驻守着。豪勋爵是海军司令官，作战经验丰富，不逊于法国人。之前，他就已经派人前去请求支援，获得4艘大战船和10艘护卫舰的支援。如果不是美法联军联合行动的延迟，支援的法国军队可能无法及时赶到，法军将英军制服是轻而易举的事情。事已至此，大家所面临的是一场激烈的战斗。在朱迪斯角上有一处有利方位，豪将军已经抢占了，他准备随时与法军舰队开战。夜晚之时，竟然刮起一阵东北风，对于美法联军来说，此时的风向绝对是有利的。德斯坦伯爵决定趁机攻打敌方。在穿过排炮网时，法军舰队受到英军大炮的猛烈轰击，但并没有受到实质性的打击。而此时，处于劣势的豪勋爵好像没有决战到底的想法，他决定先保留实力，再乘机扭转乾坤。于是，他下令与法军在海湾里兜圈子，双方偶尔会放一炮。到了最后，两军舰队都消失在海平线，不知去向。等到十多天后，负责驻守朱迪斯角的苏利文将军才看到法军归来。其原因是法军在海上突然遇到大风暴，遭受了严重的损害，已无力再战。得知这个消息，苏利文将军真是又急又气，此时此景，如果法军此时退战的话，仅依靠美军的兵力绝对不能与英军抗衡。可怕的是德斯坦伯爵还执意要让舰队驶向波士顿去休整，然后才能再战。英军渐渐逼近，美军无论如何也不同意法军就此结束作战计划。拉斐特将军、格林将军及苏利文将军都不约而同地规劝德斯坦伯爵，希望他能继续配合作战。但是在法国海军中，很多将军都提议离开此地。即使只有德斯坦伯爵单方面同意作战，也无力回天。结果，法军还是离开了盟军，向波士顿驶进。

美军得知法军背信弃义，全军上下愤怒至极。但英军却喜出望外，他们准备趁机狠狠打击美军。这时，美军中有人谣传美国的独立战争绝对无法取胜，继续战斗的最后结果就是一死。短短的几天内，此消息使美军出现许多逃兵，很快就少了3000多名民兵。苏利文将军目睹众人全都灰心丧气的样子，他便再次以他将军的身份展现大将气概。一方面，他写信给华盛顿报告现在的情况；另一方面，他鼓舞众心，要和英军决战到底。在没有法国联军的帮助下，他坚信他们一样能够战胜英军。虽说其战斗精神难能可贵，事实终究如此，仍需其坦然面对。美军实力很难与英军抗战，这是人尽皆知的事实，更何况，不久后英军会有大批的援军赶来支援，美军等到的将是彻底失败的结局，当务之急便是迅速撤离。当晚9时，苏利文将军下令全军拔营撤离。部队由骑兵掩护，从两路迅速撤退。直到天亮，英军才发觉美军已经撤退，这才开始追击。美军的后卫部队在撤退的过程中与英军展开激烈的战斗，尽管保证了大部队顺利撤离，但是仍有不少英勇的士兵战死。直到29日为止，英军并没有停止向美军的阵地进行连环轰击。最后，美军还是撤离了罗德岛。双方此时此刻的哨所相距不超过400码。这个距离可以观察到美军的所有行动，他们的一举一动都能引起英军的注意。苏利文将军下令让士兵们修建防线，表面上让对方看似要决战到底，实际上是打算偷偷撤退。当天晚上，美军趁英军没有注意的时候，借着月光，安全地穿过海峡。

拉斐特爵士在美军上岸的时候，便从波士顿赶了回来。他给大家讲自己和法国海军上将德斯坦伯爵会晤的情况。会面的时候，德斯坦坦白地说他的兵力不够，没有能力再向美军提供支援；与此同时，他保证只要他的兵力得到补充，他肯定全力配合美军的作战策略。美军由拉斐特爵士带领着顺利穿过海峡，并未受到英军阻截。当地的山民听闻敌军要侵占这儿的怀俄明山谷，这引起了全民轰动，他们甚是惶恐。因为此地的原有军队皆已撤离，有不少的人都加入了志愿军团，共同保卫他们的家园，他们自称是正规军。

这时，巴特勒上校所率领的一支部队火烧怀俄明山谷。顷刻之间，农庄、财产和耕田的农夫无一幸免。目睹到这一情景，大家不约而同地决定要靠自己来捍卫家园。为配合华盛顿所派遣来的一支援军，丹尼森上校带领着民兵在怀俄明河旁边潜伏下来，等敌军一靠近，他们便立刻发起攻击。泽布伦上校率兵偷偷潜伏在英军右翼，而丹尼森上校所率领的民兵静静隐藏在左翼。两支部队等待着敌军到来后，准备同时发起攻击，令其防不胜防、连连失利。然而，敌军的右侧是印第安人，此时他们冲到沼泽地，牵制住美军的左翼。为改变自身劣势，丹尼森上校下令迅速后退。可是由于士兵错误理解为指挥官下达了撤退命令，转瞬间，美军左翼被敌军打散了。左翼部队被打退后，右翼部队也被相继而来的印第安人攻陷。美军大部分士兵在混乱中被杀死，一部分被英军俘获，只有小部分逃走了。怀俄明山谷就此沦陷。

这时候，阿布思诺特将军带领着一支舰队迅速来到哈德逊支援亨利·克林顿将军。尽管兵力与武器装备全都有所加强，在进攻哈德逊河这件事上，克林顿将军仍然没有充足的把握。于是，华盛顿打算全面扭转美军的劣势处境，下令西点加强防守。亨利·克林顿眼看着进攻哈德逊没有了希望，他便把战场转移到南方，想通过占领其他地域来补偿他们在哈德逊河战役上的失利。因为南征必须要派遣大量兵力，他在准备南征的同时加强对纽约岛及布鲁克林的防守，还收到法国海军上将德斯坦伯爵已经带领军队到达哈德逊河的消息，这样看来，美法可能又要再次结盟进攻纽约。华盛顿为作好充分准备，召集了中西部各州长官前来参加会议，探讨关于筹备物资和召集民兵的相关事宜。亨利·克林顿为了保存兵力，再一次改变作战策略。他决定撤离罗德岛，并且把驻扎在罗德岛的将士和战略物资都撤往纽约州，他要集中全部兵力增强纽约州的防守。当得知西班牙决定联合法军和英军对抗的情报时，美军又一次燃起了信心。与此同时，华盛顿也收到了拉斐特侯爵的来信，在信中他表明了自身处境，且被任命为法军指挥官，从目前的一切来看，都十分顺利。当时，华盛顿就回信表示感谢，以及对他晋升的祝贺。如果没有他的努力，美国就无法得到更多国际上的支持，人民无法拥有充足的信心与英国对抗。同时，华盛顿还在信中表示他本人对拉斐特侯爵的崇敬之情，并且希望他们的友谊长存。

美法合作进攻纽约的计划又落空了，尽管德斯坦伯爵带领的舰队到达了哈德逊，但由于去年这里被英军占领，德斯坦伯爵准备和南方指挥官林肯将军配合进攻萨凡纳。因为美法联军迅速包围了萨凡纳，接连3个星期以来，英军受到连番炮轰。看到轰炸没有效果，林肯将军最后决定和德斯坦伯爵一起偷袭英军。尽管这次攻击十分勇猛，但并没有获得一些实质性的突破。美法联军在此次攻击中被击溃，法军死伤无数，狼狈不已。在这次战役中，美军一共损失了400人的兵力；而法军损失有600人之多，并且德斯坦伯爵自己也在此次战役中身受重伤；相比法军，英军的损失要小很多。在战争结束后，法军返回法国，美军的民兵也被各自遣散返回家中，剩下的美军在穿过萨凡纳河后也都撤到了南卡罗来纳。经过此次战役后，美法的合作就算是结束了。过了不久，纽约及马萨诸塞州的民兵也被解散，华盛顿只得更改他原本的作战策略。他把部队分成两支，西斯将军带领一支驻扎在西点，而他自己则带领另一支士兵队伍驻扎在莫里斯顿；此外，他把骑兵队伍派遣到康涅狄格州。但是亨利·克林顿将军正在纽约招兵买马，准备发起新一轮攻击。华盛顿为了防备查尔斯顿及南卡罗来纳被英军进攻，于是增派重兵支援这两个地方。他把大部分南方的兵力调到这两处，他的决定获得大陆会议的支持。此时，北卡罗来纳军队及弗吉尼亚军队在11月和12月分别朝查尔斯顿行进。在接下来的2个月里，英军未发动任何攻击，尽管他们已经作好了充分的准备。为了防备英军偷袭，华盛顿作了最全面的准备。亨利·克林顿将军之前一直为德斯坦伯爵担心，自从在萨凡纳战役上撤离后，他可能再次与华盛顿的军队会师进攻纽约，然而在他等了很久之后才了解到法国的舰队已经返回法国，这使他最终放下一直悬着的心。他知道法军带来的威胁已经解除，他现在要做的便是抓紧时间施行他的作战策略。他打算亲自率领几千名精英和5艘军舰朝查尔斯顿方向进发。

在拜伦上将刚离开的时候，亨利爵士就带领着海军出发了。这支英军舰队在11月3日出发，目的地是圣卢西亚。还有一支在11月末由坎贝尔中校带领着和海德·帕克尔率领的舰队一起朝乔治亚进发。因为英国内阁打算把战火从东部引往南方各州，所以派普雷沃斯将军率领舰队朝萨凡纳河两岸驶去。当地负责驻守的美军只有少量民兵和600多名正规军，罗伯特·豪勋爵也在这年夏天抵达佛罗里达，由于受到疾病困扰而最终不得不从该地撤出。坎贝尔中校带领的队伍也于12月29日在距佛罗里达有3英里的地方登陆。因为当地河流密集、沼泽随处可见导致行走困难，所以坎贝尔中校就带领部队沿着一条两边都是沟渠的羊肠小道前行，在此过程中他们迅速打败了一支当地的守卫部队。就在坎贝尔中校侵入乔治亚时，亨利爵士派遣普雷沃斯带领部队从侧面发起攻击。他先占领桑伯里据点，然后率领军队向萨凡纳河进发，截至1779年，乔治亚州已经完全沦陷。

第四部分　战争胜利　担任总统

第一章　战事紧张，支援南方

刚过立冬，莫利斯顿的天气就开始变得十分寒冷，这个冬天似乎比往年更早一些。本就难行的道路在恶劣的天气条件下更加坎坷了。雨夹雪的天气下，美国的运输车遇到了阻碍，军需物资很难按时送到，但是仓库里的物资已经没有多少了，缺粮是美国军队现如今面对的最大的问题。但这不是最严重的，美军的状况比我们想象得更加糟糕，财政危机导致军官们的薪资遭到拖欠，士兵们的温饱已经没有办法得到保证。在寒冷气候中颤颤发抖的士兵们只能蜷缩在简陋的帐篷中，期望能够感觉到一丝温暖。在这种情况下，华盛顿只能请求宾夕法尼亚州长的帮助，也许他可以解决美军面临的这个问题。在给州长的信中，华盛顿具体描述了美军目前的处境。这次的困境是十分严重的，在历史上几乎没有过如此巨大的灾难，它所造成的影响超过了美军遇到的任何一场灾难，甚至超过了1778年美国军队在福治山所遭遇的困境。很快，新年便到了，虽然是新的一年，但是美国军队所面临的困境依然没有改变，饥饿问题仍然困扰着士兵们。美国军队的内部开始军心动摇，逃兵陆续出现。很多士兵开始担心自己不是战死沙场，而是被寒冷和饥饿夺去生命，他们将被冻死，就在莫利斯顿，在自己的军营之中。虽然寒冷的气候是士兵们最难适应的，但造成现在这一状况最大的原因还是资金问题。实际上，在这场战争开始之前，大陆会议虽然宣布了打仗的决定，但并没有作好战争的准备，战争所需要的资金远远不够。想要解决这一问题，最好的办法便是直接向人民征税；但大陆会议没有这个权力，资金短缺的问题在战争开始就存在，随着战争的进行，大陆会议没有找到解决这一问题的有效办法。为了解决这个问题，大陆会议甚至决定印发纸币，并让这些纸币在市场上流通。与此同时，很多其他州的议会也开始在本州范围内印发纸币，当然这些纸币并没有可兑换性，这在一定程度上严重影响了美国的经济。导致美国经济出现通货膨胀，严重的时候，甚至达到了一张40美元的纸币的购买力仅有1美分。在这种情况下，大陆会议采取了发行国债的措施，希望能够以此来缓解纸币贬值的现象，然而效果并不理想，纸币贬值的问题不但没有得到缓解，甚至越来越严重。购买军需用品的部门凭借现有的纸币已经没有办法满足战争的需求，在通货膨胀的环境下，人们对这些部门的信任不断减少，加上军需部门大范围的人事调动，隐藏的矛盾进一步激化。在一系列的改革中，取消了军需部门长官本应得到的津贴和补助，工资则通过法币发放，这是很多人都无法接受的，更别说华兹华斯上校了，有勇有谋的他怎么可能无动于衷呢？因此，面对这一状况，他选择了辞职。

现在已经无路可走，华盛顿开始想尽一切办法，甚至不惜向附近的郡县寻求帮助。他调查了每个县的粮食和牲畜状况，希望在这一基础上能够依照比例从百姓的手中购买这些需要的物资。各地的郡县和地方部门都派出相应的负责人清点物资，协商支付方式。这并不是解决目前状况最好的办法，但现在已经没有别的选择。华盛顿在安排这件事情的时候，特意嘱咐负责人一定要友善地与当地百姓沟通，在百姓可以生存并同意卖出自己的粮食后，才可以进行买卖，绝对禁止任何强盗行径。即使环境这么艰难，华盛顿却一刻也没有放弃军队应有的纪律，从不松懈。因为在他看来，想要得到老百姓的支持，必须学会尊重他们。当然，这样严明的纪律之下，必然不会出现什么意外。也正是士兵们的这份尊重和和善打动了当地的百姓们，他们开始尽自己所能帮助士兵，甚至一些妇女们还自发地为士兵们准备保暖的衣物，这让很多士兵都感动不已。这一时期，舍己为人的事情在村庄里不断发生，很多人都做过这样的事情，如安娜大嫂。这是一个家庭状况一般的人，只是能够维持自己家人的生活，但是当她知道士兵们艰难的生存条件后，便将自己家中仅存的一些粮食贡献出来，为士兵做了美味的饭菜，并让自己的丈夫送到部队，且每天都这样坚持着。虽然她的贡献对于战局而言并没有什么影响，但是她的奉献精神却感动了所有人。华盛顿在听说这件事情后，让人把这一事情记录下来，使安娜成了大家学习的榜样。她的无私，她的奉献，是每一个人都应当学习的。

随着气温不断下降，纽约湾的天气越来越恶劣。水路已经完全行不通了，运输船也不得不暂停工作。也就是说，英国军队的燃料完全供不应求。燃料的缺乏还造成了人们没有取暖的工具，只能在周边搜寻一些没用的木料，希望能够给自己带来一丝温暖。纽约城的状况也不见好，由于温度下降，那些停泊在港湾的船只早已不能继续使用，如果美国的军舰此时选择从哈德逊河过来，那么纽约城就成了他们的囊中之物，这样的状况怎能让英国军队不担心纽约城的安全呢？当然，对于这样的状况，英国军队没有坐以待毙，他们将所有的运输船从海岸边拉到岸上，排列成一行，形成一堵坚固的防御墙。华盛顿对这一状况十分了解，但现在的他也束手无策，因为自己的军队也处于困境之中，想要抓住这个难得的机会恐怕没有那么容易，在寒冷饥饿的环境下，又怎么能期望士兵们信心百倍地投入战争呢？且在军队的数量上，他们已经处于劣势。错失了这么好的机会，华盛顿也无可奈何。不过这并不意味着华盛顿会让自己的军队什么也不做，大型攻击没办法进行，但一些小的战役还是可以发动的。在对纽约湾的士兵驻守情况进行详细了解之后，华盛顿开始了自己的计划，他命令斯特林爵士带领2500名士兵突袭英国军队。当然，这一举动不可能将纽约州夺回来，但对华盛顿来说，如果能够借此机会增长美军的士气也是一件不错的事情。1月14日，按照华盛顿的计划，突袭行动开始了。但是，这场突袭并没有预想得那么顺利，前线的士兵们遭到了英国军队的强烈反抗，且不久英军的援军便抵达了，突袭任务也因此彻底失败。斯特林爵士只能带着那些俘虏向新泽西湾一带撤退，但他们却被英国的一艘军舰盯上了，一旦被追上，那就是彻底的毁灭，斯特林爵士全力以赴，最终撤到了伊丽莎白镇，摆脱了危险。只是在撤退的过程中，一些士兵因为行动不够快而成了敌人的俘虏，还有一些士兵却因为严寒的天气出现了冻疮，这让他们难以忍受，这甚至比成为俘虏更加痛苦。而且，为了反击美军的此次突袭，英国军队在1月25日的时候，突袭了美国军队的前哨。具体而言，英国突袭军队分成两路，一路突袭纽沃克，一路突袭伊丽莎白镇。纽沃克一路的进攻十分顺利，他们不仅炸毁了美国军队在纽沃克的据点，还俘获了很多俘虏，且英军本身并没有受到什么损失。伊丽莎白镇一路的英军也没有遇到什么阻碍，他们俘获了多名美军官兵，包括上校、队长和士兵等。在这次的突袭中，英国军队收获颇丰，但在这一过程中他们却毁了当地的一座教堂，这样的行为让很多人反感。这座教堂有一个名叫詹姆斯的牧师，他是一名爱国人士，为宣传抗敌斗争作着自己的努力，也正是因为这样，他被纳入英国军队缉拿名单之中。不仅如此，詹姆斯在战争中为美国军队提供了很多帮助，如暂时安置伤员，将教堂提供给掉队的民兵，使得他们有一个休息的地方。他曾经多次在公开场合发表演说，希望人们能够加入战争，为祖国的独立贡献自己的力量，他的爱国之心大家有目共睹。当时，詹姆斯是很多人的榜样，他在美国大陆军中也享有很高的声望，这是不容置疑的。

此外，英国军队还袭击了韦斯特彻斯特县，这是伊丽莎白镇西边的一个县，是美国军队粮草的重要来源地，在这里曾经发生过无数次的战争，人们早已习惯了战争的状态，居民们英勇无比，绝没有胆小如鼠的村民。由于这个县的重要性，美国军队派兵驻守在这里，这一据点大概有60名士兵。而且这个据点边上的马路通向国王桥，美国军队可以在此拦截英国的军需物资运输车。英国军队在摸清楚这一情况后，决定派兵袭击。2月7日，突袭计划开始，大约300名英军利用雪橇向据点进发。但是由于道路坎坷，雪橇在半路便断了，英军只能徒步前行。雪越下越大，他们每行进一步都极其艰难，眼看着那4英里的距离，却毫无办法。只是这并不意味着英军要撤退，他们最终还是到达了美军据点，也正是因为天气的恶劣，美军毫无防备，临时迎战。虽然当地的村民也投入战斗，但最终没能保住美军的据点。据点在大火中化为灰烬，不少美军士兵成了敌人的俘虏。快速结束战斗后，英军撤向国王桥的方向，途中不少俘虏请求离开，因为他们并不属于美军部队，只是村民，加入战斗不过是想要保护家乡；但对于这样的请求，英军没有答应。实际上，当美国独立战争爆发的时候，韦斯特彻斯特、伊丽莎白镇和纽沃克的居民们就表明了自己的立场，他们保持中立，并不想与战争有任何关系。但国家危难之际，他们又怎么可能悠闲度日？英军几乎已经踏遍了美国所有的土地，想要完全逃离战争是不现实的。

但严寒饥饿之下，最让华盛顿困扰的并不是这些，而是那场阿诺德将军的官司。阿诺德在就任费城总指挥官之前，和大陆会议之间存在的一些矛盾还并没有完全解决。因此，大陆会议开始对阿诺德进行了一系列调查，而且事实证明这名指挥官确实存在一些问题。华盛顿却并没有意识到问题的严重性，只是希望阿诺德将军在此时能够派上用场。出于安全的考虑，在费城禁运的措施实施后，任何东西的运输在这里都不可以进行；敌人在费城留下的仓库由大陆会议接管，没有大陆会议的允许，所有的交易都无法进行。在这种情况下，华盛顿只能将大陆会议的决定告诉阿诺德，并不断叮嘱他遵守纪律，否则后果会十分严重。但阿诺德没有这样做，他和商贩狼狈为奸，利用职权之便进行货物交易，为自己牟取利益。在他的命令之下，费城关闭了所有的仓库，没有他的允许，不准任何人从仓库中提取货物。这必然会影响军队正常的物资供应。军需官想尽各种办法与他商量解决这一事情，但阿诺德不领情，反而利用自己的职务身份万般刁难。实际上，这个贪得无厌的小人早已引起大家的不满，如果不是华盛顿对他的重视，恐怕现在根本没有人将他放在眼里。他的生活条件非常奢侈，他的衣食住行几乎都是顶级的配置，日常生活所需要的开销是我们难以想象的。为了满足自己更加奢侈的需要，他想尽各种办法获取财富，不放过任何投机活动，甚至将弹药转卖到国外，虽然这一做法需要承担很大的风险，但阿诺德为了获取财富根本不在乎。他对财富的追求已经深入骨髓，我们完全看不到曾经那个英勇的爱国主义者的影子了，能看到的仅仅只是一个完全被财富冲昏头脑的行尸走肉，为了获取财富，他可以出卖任何东西，包括自己的灵魂。一心为国的华盛顿应该完全不敢相信现如今的场景吧！那个可敬的将军呢？为何会堕落到这种地步？他不知满足的行为是众人不能容忍的，无论是不是他的敌人，都难以继续忍受他这样的做法，于是他们开始搜集各种各样的证据，希望能够通过大陆会议扳倒阿诺德。

阿诺德到达费城后不久，便喜欢上了舍潘小姐，但她却是保皇党人的女儿，也就是说，从政治的角度来看，他们不应该存在任何关系，而阿诺德不但开始接触她，甚至还公开求婚。从那场相遇的宴会开始，阿诺德便对舍潘展开了疯狂的追求。为了得到舍潘父亲的认可，阿诺德还特意举办了一场豪华的舞会，并邀请她那保皇党的父亲参加，也许这对于追求美女很有效果，但这场舞会所需要的开销也是大家有目共睹的。

这一事件在美军中产生的影响可想而知，这引起很多人的不满，尤其是宾夕法尼亚执行委员会的委员里德将军，他完全忍受不了这一行为，于是便向格林将军写了一封信，在信中十分严厉地批评了阿诺德的行为，说他缺乏立场、没有原则。也正是这一行为，导致里德和阿诺德之间的矛盾出现了。阿诺德为了得到更多的金钱，想要在纽约州的西部建立居民点，并且由自己负责。当时纽约议会的主席是约翰·杰伊，他批准了这一请求，于是1779年阿诺德离开了费城，踏上去奥尔伯尼的路。他刚刚离开后，宾夕法尼亚州议会便展开对他的调查，因为大多数人都认为他的做法是不合适的，已经超出了权力和法律允许的范围，因此必定要对他的经济状况进行调查。接着，宾夕法尼亚议会执行委员会采用信件的方式控诉了阿诺德的八大罪行，并递送给大陆会议。当阿诺德得知这一消息的时候，他正在华盛顿的军营之中，他所担心的事情只有一个，就是这次的事件是否会影响到他与舍潘小姐的婚约。阿诺德为此专门写信告诉舍潘，希望她能够辨别谣言。接着，阿诺德又进行了公开演讲，讲述自己为国尽忠的经历，并强烈谴责了这些不善的言论。阿诺德表示在自己离开费城的时候出现这样的言论，无疑是因为对方嫉妒自己的才华，希望通过这样的方式打击自己以满足私欲，达到不可告人的目的。在演讲结束的时候，阿诺德甚至坦言愿意接受调查，以证清白。当然，演讲结束之后，公众的反应并不相同，不少人表示这位曾经为国建功立业的将军是值得尊重的，但另一方面也有不少了解实情的人表现出十分的不屑。

2月16日，阿诺德将里德主席的信件交给委员会，同时向大陆会议提出申述。在华盛顿的安排下，阿诺德准备辞职，不再担任费城的军事指挥官，但同时阿诺德表示他的辞职必须在大陆会议的调查结束之后，否则一些别有用心的人会认为自己是引咎辞职。3月中旬，委员会针对相关调查的报告出来了，报告显示指控阿诺德的言论并不属实，接着，阿诺德辞职。这份报告似乎减少了很多压力，但事情并没有完全解决，因为这份报告没有公开宣布，而是被送到一个调查委员会进行讨论，这个委员会是大陆会议和宾夕法尼亚地方议会组成的。得知这一消息的阿诺德正在准备自己婚礼的相关事宜，这对当时的他来说无疑是一个巨大的打击。原本以为报告一出，所有的事情都会得到最圆满的解决，但显然现实并非如此，等着他的将会是一场更大的灾难。因为指控阿诺德的言论关系到整个宾夕法尼亚的经济安全问题，必须慎重对待。在接手这份报告之后，调查委员会决定向总司令申请要求军事法庭处理相关事宜。阿诺德当然是强烈反对的，他以不想成为政治斗争中的牺牲品为理由，反对这一举措。在愤怒的掌控下，阿诺德写信给华盛顿，既表示自己对里德的强烈不满，也坦言自己近段时间以来所承受的巨大压力和痛苦，并且认为这所有的一切都是里德导致的。阿诺德在信中表示，希望华盛顿可以在短时间内任命军事委员会，这样对他的调查便可以尽快展开，所有的流言也就不攻自破。幸运的是在这样的环境下，阿诺德与舍潘小姐的婚礼按照预期正常举行。

华盛顿虽然不认可阿诺德此时表现出来的愤怒，但还是同意了阿诺德的请求，迅速任命军事法庭，预定在5月1日开庭审理阿诺德的相关事宜，但审理没有如期举行，这一事件被一再推迟。一方面，宾夕法尼亚地方议会需要等该事件相关的证人到位后才能公开审理此案，但由于各种原因，证人一直没有抵达。另一方面，处于备战状态的指挥官们现在最重要的任务是应对战争，而不是处理这个案件。在这种状况下，阿诺德只能在费城继续等待，虽然他还可以指挥军队，但自从辞职之后，他的权力已经没有办法敛财了，这也导致他身边的人越来越少，他的状况也一天天更差。甚至有一天，阿诺德在大街上因为与他人的一点争执而被打伤，虽然这是一件十分普通的小事，但对阿诺德来说，却是巨大的打击，他知道自己的地位已经大不如前，目前的处境十分危险。出于人身安全的考虑，阿诺德向大陆会议提出申请，希望能够得到一个贴身的警卫保护自己的安全，但没有得到同意，大陆会议将处理这一申请的权力推给了宾夕法尼亚地方议会。接下来的一段时间内，阿诺德的处境越来越糟糕，他非常希望军事法庭能够早日开庭，这样所有的一切都会得到解决，他依然会是那个风光无限的将军。经过几个月的等待，终于开庭了。在起初的八大罪行中，军事法庭指出成立的仅有一半，且在这成立的四项中，有两项是没有罪的。也就是说，只剩下两项了，一项是阿诺德在瓦利堡军营的时候发生的一件事情，他在总司令和州政府都不知道的情况下，让一艘战船从费城港离开，这一行为使战船最后为敌人所用；另一项则是阿诺德在费城期间公车私用，利用公用马车运输私人物品，这不利于保护国家与公众利益。面对这两项指控，阿诺德都进行了辩解，让战船离开是出于对士兵安全的考虑，因为当时的申请人和货船并没有什么异常，他是在自己的权力范围之内进行的这项工作。而对于公车私用，阿诺德也否认了，因为他在让这些车为自己服务的时候都付了相应的报酬。最终，军事法庭表示阿诺德应当受到总司令的训斥，仅此而已。1780年2月12日，大陆会议对这一审判结果表示，事情暂时得到了解决。至于阿诺德究竟是一个怎样的人呢？从目前的事情我们可以看出，宾夕法尼亚州地方委员会对他的指控基本与他居功自满有关系。阿诺德曾经确实奋战沙场，建立了不凡的军功，但在获得一定的权力之后，他却以权谋私，大范围参与投机活动，仅仅是为了满足自己奢侈无度的生活。在纸醉金迷的生活中，阿诺德渐渐遗忘了那些艰苦朴素的作风，他早已迷失了自己、模糊了未来。但我们不得不说，他依然是一名值得敬佩的战士，无论何时，只要国家需要他，他依然会奋不顾身地投身战争之中，即使身负重伤，也毫不在乎。在军事法庭宣判的结果公布没多久后，阿诺德便请求带兵出战。华盛顿不赞同，因为阿诺德的枪伤还没有完全康复。最后，阿诺德还是上战场了，由于身体上的一些原因，阿诺德此次出战并不顺利，结果战败了，阿诺德率军回营后接到华盛顿的命令回家养伤，他的所有任命都被暂时搁置。

寒冬结束，春天终于来临，气候的温暖并没有改变莫里斯顿的现状，法币还在继续贬值，军队的后勤完全供不应求，运输线可以说是瘫痪的。当士兵人数不断减少的时候，南方的战事又出现了一些紧急状况。亨利爵士已经率领部队前往南卡罗来纳了，这个地方和已经沦陷的乔治亚很近，土地广阔，人烟稀少，物资丰富。村庄和居民零星分布，大部分的村庄之间都隔着大片的森林或者是沼泽地。这里的居民大部分都是从欧洲迁移过来的，他们来自不同的国家，如德国、爱尔兰、苏格兰高地、荷兰等，当然这并不影响他们对这片土地的热爱。虽然他们对英国的感情不浅，一些亲英的居民也会让自己的孩子去英国求学，但当侵略者发动战争的时候，他们会毫不犹豫地保卫自己的家乡。对于华盛顿来说，目前美国的兵力基本都在莫里斯顿，如果南方遭到侵略者的袭击，那无疑是危险的。而英国军方对南方的这块土地没有任何犹豫，在他们庞大的海军力量支撑下，想要取得战争的胜利并不难，但关键是他们需要在南卡罗来纳港口登陆，那么取得胜利只是时间的问题。

驻扎在查尔斯顿的林肯将军并不清楚敌人的动态，对于之后还应该如何行动，他毫无计划。这么长时间以来，林肯早就习惯了听从华盛顿的命令，在这样的情况下，他唯一能做的便是将所有的状况告诉华盛顿，等着他的命令。英国军队在向南方出兵的路途中，遇到了恶劣的海风袭击，船队散了，一部分船只被美国军队炸毁，一些却成了美军的囊中之物。恶劣的天气是个意外，无疑延误了战争的时机。直到1月底，这些船只才重新聚集在一起。但是让亨利痛心的并不是损失的船只，而是那支遭到袭击的轻骑兵，因为这次袭击使轻骑兵损失了很多战马。当军队在皇家港登陆的时候，他第一件事情便是购买战马，甚至采取了一些强制性的措施，最终轻骑兵再次组建起来，但是这些战马毕竟是在紧急情况下购买的，想要达到之前的要求并不现实，只是在进攻森林和沼泽地的时候，他们因为有这些战马而不至于手足无措。2月11日，圣约翰岛上，亨利爵士带领着主力部队登陆了。也就是说，英军的进攻计划正式开始，他们开始前往阿什利河，在沿岸行驶的过程中，海军和陆军之间一直保持着紧密的联系。英国军队的行进迟缓，这是林肯的一个机会，趁着这个时间，他重新修筑了查尔斯顿的防御工事。这里是阿什利和库伯河相交的地方，是一个十分重要的位置，林肯在原本的防御工事上进行了一些改进，在外围的沼泽地中修建了一条渠，并在渠道的边上修建了铁丝网，而且是修成双层的，又在新增渠道的防御工事之间安置了一些大炮。一支战舰中队由惠普尔指挥，舰队由9艘战舰组成，虽然大小不一样，但他们帮助莫尔奇和詹姆森堡垒保卫港口还是十分有效的，同时还能和各式的大炮相结合，无疑加固了这一地区的防御工事。但当地的居民则希望林肯的部队能够在防线内部驻守，在没有更好的办法之前，林肯也只好这么做，他在外围仅仅留了200名士兵负责放哨。3月12日，由亨利爵士率领的部队已经抵达查尔斯顿的附近，在距离10英里左右的地方，他们准备开始进攻。英国海军准将阿巴斯诺特已经命令舰队驶进港口，英国军队进入了备战状态。但是惠普尔上校在这个时候却出现了一些问题，他在估算美国军队和英国舰队之间的距离时出现了失误，这很有可能影响防御任务，在开战后不久，他便选择了撤退，这一举动使得查尔斯顿沦陷得更快。与此同时，罗登爵士带领了接近2500名的英国士兵和300名黑森雇佣兵从纽约出发，正在前往南卡罗来纳，也就是说英军后援部队即将到达。这一消息让华盛顿更加焦急，南方危机的形势需要更多的兵力支援，然而北方的战局也不容乐观。一旦调兵前往南方，那么北方的哈德逊河必然会面临一场恶战，而在实力悬殊的情况下，美国很有可能会全部沦陷。面临这样两难的抉择，华盛顿只能向大陆会议报告，等待着他们的指示，华盛顿鲜明地指出敌我势力的对比，美军现如今在哈德逊河只有10400名士兵，而且在3月底的时候，其中2500名士兵就会退役，这也就意味着他们的兵力会进一步减少，而敌军在这一地带却拥有着11000名的士兵。在这一种窘境之下，大陆会议作出一个危险的决定，他们决定让华盛顿带兵前往南方支援当地的军队，也就是说他们只能让中部的各州冒险了。在接到这一命令之后，华盛顿立刻做出部署，马里兰和特拉华州的兵团准备进军。

第二章　南卡罗来纳沦陷

法币的贬值给军队造成的一系列问题我们已经谈过了，但大陆会议由于权力的局限并没有办法及时解决这一问题，因此只能将这一问题转交州政府，希望能够找到合适的办法解决本地的军队财政危机。但这样的措施也导致士兵们的待遇出现了很大的差别：对于经济落后的地区，完全没有能力负担这笔费用，因此连最基本的温饱问题都难以解决；但对于那些经济发展很好的州，士兵们完全可以享有更加优厚的待遇。这种差别很大的待遇使得士兵们内心的不满再也压抑不住：同样都是服兵役，为什么会有如此巨大的差别呢？这种抱怨进一步激化了军队内部的矛盾。华盛顿发现这一问题后，立即向大陆会议报告了相关情况，有关部门能够重视这一问题，制定出详细的计划，有效解决这一问题，能够按比例进行合理分配，达到相对公平，既能够使得社会资源得到合理利用，同时也可以减少军队内部的冲突。

大陆会议在收到这一请求之后，立刻成立了三人委员会，他们将帮助华盛顿一起解决这一问题。经过激烈的争论，计划终于制定出来，但却不可能让众人满意，针对这一计划，什么看法都有。不少人考虑到这一计划会导致权力过于集中，尤其会使大部分权力集中到华盛顿的手中，因此不少人开始反对这一计划："现在华盛顿的权力已经够大了，如果这一计划继续实施肯定会进一步扩大他的权力，很容易导致大陆会议和美国听命于他，形成独裁。"经过长时间的讨论，三人委员会的成员确定了，分别是斯凯勒将军、约翰·马修和纳撒尼尔·皮博迪。华盛顿在得知这一名单之后，对斯凯勒十分赞赏，他认为这是最适合这一工作的人选。委员会成立后立刻展开工作，对军营的情况进行了仔细的调查，而现实表明这一情况已经到了十分严重的地步。部分军队已经连续五个月没有收到任何军饷，资金短缺的现象在每个部门都十分严重，一些士兵们在为国征战的同时竟然吃不饱、穿不暖，他们只能依靠干面包和水来维持自己的日常生活，在日常的饮食中根本看不到一丁点儿肉，这样的生活状况已经持续了3个月左右。而士兵们能够奋战到现在，在很大程度上都是靠爱国的意念支撑着。虽然在这一过程中，军官们也没有享受到任何的优惠，但是随着问题的加重，士兵们很难保持平和的心态。想要解决这一问题，还需要从通货膨胀的角度考虑。在大陆会议的指挥下，各州根据具体的情况采取了相应的措施，希望士兵们在现有的经济条件下满足他们基本的生活需求。

在状况百出的环境中，幸好还有一件事情是值得我们高兴的，那就是拉斐特的回归，这一消息让华盛顿的心情好了很多。4月27日，拉斐特侯爵终于回到了波士顿，虽然从法国归来路途遥远，但拉斐特一到便赶往司令部，和华盛顿会面。对于拉斐特的到来，华盛顿十分欢迎，两人激动相拥，这种心情甚至无法用语言表达。简单的问候之后，他将自己在法国期间的所有经历全部告诉华盛顿，并且告知华盛顿一个好消息，他已经说服了法国舰队加入战争，支持美国赢得独立战争。舰队的指挥官依然是罗尚波伯爵，现在他们已经在路上了。拉斐特并没有在司令部多待一会儿，他将所有的工作汇报完毕后就立刻赶到政府。智勇双全的他赢得了众人的赞赏，5月16日，大陆会议也对他进行公开鼓励称赞。

拉斐特离开之后，华盛顿草拟了一份计划，内容是关于主动攻击英军的。华盛顿分析了当时的状况，认为现在纽约市是英军防守最为薄弱的地方，这里只有8000名士兵防守，而剩余的4000人基本都是一些难民和民兵，可以说是进攻的最佳目标，于是华盛顿将纽约作为联合军队进攻的首个目标。华盛顿计划让法国舰队趁机占领纽约港，这样可以切断英军和外界的所有联系，美军只需稍加配合，便能够让敌军举手投降。于是华盛顿通知法国的指挥官，希望他们在到达港口后以最快的速度前往桑迪胡克，然后在那里候命。实际上，华盛顿在下达这一命令的时候并没有了解到实际情况，即当时亨利爵士率领的军队已经返回纽约。如果知道实情，相信华盛顿会改变这一命令，让法国舰队直接开向罗德岛。

此时的阿诺德还困在费城，经济问题的调查对他的打击是巨大的。他求助于三人委员会，求助于法国公使，希望能够摆脱困境，但没有得到任何回应，这让他十分沮丧。当法国援军抵达的消息传到阿诺德这里的时候，他很兴奋，似乎又找回了曾经的激情，他希望在这场战争中得到建功立业的机会，并将这一想法告诉了斯凯勒将军。斯凯勒在回信中说他已经把阿诺德的请求告诉了华盛顿总司令，至于结果如何并不是他能左右的。现在华盛顿一方的军队势力大不如前，三人委员会没有彻底解决军队的财政问题，士兵饥寒交迫的情况没有得到任何改善，不满的情绪正在蔓延，矛盾更加激烈，一切都在爆发的临界点。5月25日，康涅狄格州就举行了示威游行活动，士兵们集体表示，如果继续拖欠军饷，那么他们会选择全部退役，不再上战场为国效忠。这一行为引起众多士兵的共鸣，在美军中产生了很大的影响。甚至有一些州开始响应，如宾夕法尼亚的军队，士兵聚集抗议的事情不断发生。为了防止军心动摇，不少组织者被逮捕。但这并不能从根本上解决问题，华盛顿十分清楚，如果军队的财政问题得不到妥善的解决，美军的未来令人担忧。在复杂的情况下，敌军乘虚而入，在美军中散播谣言，希望这场内乱继续。华盛顿越来越意识到问题的严重性，情急之下，他不得不请求地方政府的帮助。但实际上每个州的情况都不好，新泽西州已经没有任何多余的粮食，长年以来军队的影响使他们自顾不暇，也就是说现在能够指望的只有宾夕法尼亚州。12月16日，华盛顿给宾夕法尼亚执行委员会主席写信，告诉里德将军军队的现状，士兵们完全被财政问题困扰，军饷何时发放似乎成了士兵争论的焦点，他们无暇顾及民族独立和自由，这些光荣的使命在军饷面前早已不是第一位了，华盛顿希望宾夕法尼亚州能够竭尽所能帮助美军度过这段艰难的时光。实际上对于军队这样的状况，华盛顿从来没有见过，一直以来，他认为精神才是军人最强大的支撑。但现实却证明，军人同样需要基本的物质保证，否则即使军纪严明的军队也有可能崩塌。当然，华盛顿不是一个容易放弃的人，尤其是在对美国如此重要的时刻，既然法国军队已经开始帮助美国，那么美国有什么理由不坚持下去呢？如果这个时候放弃，无疑会成为一个笑话。所以，不管遇到多大的困难，华盛顿都不可以放弃。正是华盛顿这封慷慨激昂的信极大地鼓励了里德主席，也使得宾夕法尼亚州的爱国热情再一次掀起高潮。最终，在各方的共同努力之下，军队的财政危机得到一定的缓解，而此时，南方的战报也传了过来。

英国海军准将阿巴斯托特的战舰早已进入了查尔斯顿港口，并且在战舰上架起了重机枪和大炮，进入备战的状态。3月20日，他们的进攻受到美国海军的抵抗，在惠普尔的命令下，美国军舰向英军开火，禁止他们接近库伯河。但惠普尔没有坚持，因为缺乏兵力是现实的问题。此时，由帕特森上校率领的亨利爵士的援军已经在南美大草原上了，他们正在向查尔斯顿潜行。军队想要完全依靠双腿的力量穿过无边的草原和沼泽地，必然会遇到各种各样的困难。帕特森到达皇家港口没几天，由塔尔顿率领的骑兵也到了，两支军队在此碰头。但由于南卡罗来纳的民兵事先听说了英国骑兵被击散的事实，看到眼前的骑兵，他们十分惊讶。幸好威廉·华盛顿及时赶到软土桥，他率领的南卡罗来纳骑兵团拦截了塔尔顿骑兵。4月7日，伍德福德准将率领的弗吉尼亚地方军终于在经过长途跋涉之后到了查尔斯顿，这700名将士历时30天、途径库伯河、走了500英里，终于赶到了。他们的到来意味着北方兵力增强，这对于民兵不足2000人的查尔斯顿来说无疑是一个好消息，他们的到来受到了众人的欢迎。同一时间，在苏利文岛上，阿巴斯诺特上校率领的舰队抵达，亲英分子兴奋不已。在这片海域，英国的战舰和运输船共9艘进入备战状态，他们准备向穆特里堡据点开炮，这里驻扎的是皮克利上校带领的军队，他们顽强抵抗。在英国军队的一艘军需物资的运输船被炸毁之后，他们将所有的船只开进约翰斯通堡，这里的一个港口可以作为暂时的避难所，因为这个港口不在美军火炮攻击的射程内，所以说是安全的。现在，美军已经将查尔斯顿完全包围，这意味着他们已经完成了首个平行战壕。面对这一状况，英军加强了火力，他们希望能够在猛烈的攻击下让守城的官兵知难而退，放弃城池，双方就这样对峙了60天，美国军队的精力已经耗损得差不多了，但他们没有放弃的打算，作为战士，他们有责任保卫自己的家乡。现在查尔斯顿唯一的希望便是库伯河，他们只能通过这里和外界取得联系，如果打通河道，那物资问题就能全部解决，同时这里也可以成为美军在危急时刻撤退的安全通道。于是，打通库伯河势在必行，州长早已调用了部分战士在库伯河开始行动，但是现实并没有他们想象得那么简单，由于兵力分散，这给库伯河的工程带来了更大的困难。

在韦伯特中校率领的军队攻击下，美国西边的防线在不断后移。与此同时，亨利爵士还指挥帕特里克上校掩护先头部队展开进攻。两条措施结合下，战线不断向前推进，沿路的美军要塞也在不断减少。和尚堡便是消失的要塞之一，这里和查尔斯顿相距很近，只有30英里。这一任务是由塔尔顿上校完成的，负责支援他的是福尔森。这两位都是出了名的冒险家，如果非说区别的话，那可能是塔尔顿比福尔森更加沉着冷静。4月13日的深夜，塔尔顿率军前往和尚堡，沿路他们碰到一个黑人，逮捕他后找到了一封出自休格将军的书信。这封信将休格将军的很多部署计划都泄露了，英军利用这封信在偷袭休格将军的军营一战中取得了胜利。除了一些被杀的士兵外，其他人和休格将军一起逃到了沼泽地，黑夜成了他们最好的掩护。这次的偷袭对英军来说可谓收获颇丰，100多名俘虏和400多头牲口是他们胜利的果实，但在胜利之后，英军却开始了恶劣的行径，他们企图强奸妇女，妇女们拼尽全力逃至和尚堡后才得以安全。这一消息传到福尔森上校那里，他十分生气，希望能够就地处决这些行为恶劣的士兵；但韦伯斯特上校却持有不同的观点，他认为这些对士兵的最终处决权应当归军事法庭所有。这两位将军的制止避免了战争的进一步恶化，没有他们的组织，这些恶劣的行为将会完全改变战争的性质。

林肯将军面对被包围的困境，多次准备撤退，虽然这一计划得到了德伯特将军的认可，但却引起居民的恐慌，他们害怕自己成为战争的牺牲品。在居民的数次请求下，林肯最终放弃撤退的打算。北方的骑兵在怀特上校的指挥下再次集合，由威廉·华盛顿率领的民兵团也胜利到达，两者会师。在康沃利斯将军的安排下，塔尔顿负责库伯河一带的驻守，这一带的警戒绝对不能放松，一旦有美军的任何情况都需要马上汇报，对发现的所有的美军军需品必须马上销毁，防止这一地带的控制权被美军夺回。在听说美国的军队重新整顿后，塔尔顿决定攻打拉诺渡口，与其说这是一场战争，不如说是一场虐杀。在这场战斗中，惨遭毒手的大约有41名美军士兵，至于其他的官兵和怀特上校、华盛顿等人都是选择了跳水才幸存下来的。纽约的3000名士兵使亨利爵士有了更加雄厚的兵力，进攻也更加肆无忌惮，他指挥康沃利斯带着精英部队袭击库伯河的东岸，一路上美军所有的要塞基本被炸毁，英军几乎毁了美军所有的撤退道路。在猛烈的火力攻击下，穆特里堡失守了。这也就意味着英国军队的第三条平行线开始进攻，经过两天的战斗，英国军队渡过了库伯河，计划从海陆两边同时向美军开战，当地的居民们已经被战争吓得无所适从，他们希望林肯能够在一定条件下接受投降的请求。当时美军预先计划好的补给线已经被切断，修筑的防御工事也基本被摧毁，林肯知道这场战争几乎没有胜利的可能，于是接受了大家的建议。经过一段时间的谈判，5月12日，正式签订投降协议。协议对很多方面都作出了明确的要求，如大陆军行李的处理，他们可以留着自己的行李，但是却不能带出查尔斯顿，因为他们依然无法摆脱战争罪犯的身份。至于海军，则不需要接受检查，可保存自己的私人物品；而民兵可以选择在保证永不参战的前提下返回家乡。实际上，在整个战争中，英美两方军队的伤亡状况并没有相差太多，英军战死76人，受伤人数达到189人，美军也基本如此。只是由于英军成了胜利方，他们得到了很多俘虏，俘虏中包含大陆军2000人，但这其中的500名只能待在医院中，因为他们在战争中受到的枪伤还没有完全愈合。当然，俘虏还包括一些成年男子，共计5618人。查尔斯顿的失守意味着英军占领南卡罗来纳指日可待，这是亨利爵士可以预见的结果。为了加快这一目标的实现，战争将继续进行，布朗中校率领一支部队经过萨瓦纳河前往奥古斯塔；克拉杰中校则率领另外一支部队前往桑迪河东岸；康沃利斯也带领了一支部队，穿过桑迪河，准备前往北卡罗来纳。塔尔顿的部队在经过一天的劳累后，暂时在一条小溪边上休息，就在此时，他得知在前方20英里的地方驻扎着美军布德福上校的部队。于是塔尔顿决定立即发动进攻，如果能够在这支部队和美军主力部队会合前将其完全击败，那无疑是大功一件，但目前的情况是随行的战马已经没有任何力气了，他们本能地拒绝继续前行。在这一情况下，塔尔顿想到了一个办法，他写信告诉布福德，希望他能够举手投降，这是目前来看最明智的选择。传信者将信件快速送到，布福德看到信中内容后，快速回信，表示想要劝其投降是不可能的，这场战争必须光明正大地进行。被拒绝之后，塔尔顿内心的怒火再也压抑不住了，他不顾战士的疲惫，加快了前进的脚步，当天下午3点钟，他们追上了布福德上校的军队，并立即投入战备状态。刚一开战，美军便损失了9名军官和骑兵。布福德没有想到英军会在这么短的时间内追赶上他们，所以立即部署迎战，先让部分士兵在树林中找到一个可以避身的地方，然后迎战。塔尔顿让手下包围森林，美军在四面八方都受到了敌人的攻击，很快便被打散了。一些官兵在无情的炮火之下失去了四肢，即使万般请求也没能在英军的刺刀下保住性命。战斗结束，士兵清理战场时发现战斗中牺牲的美国官兵多达150人，受到重创的士兵有100多人，50多名美军以战犯的身份被带走，只有布福德上校和为数不多的几名士兵逃走了。这场惨绝人寰的屠杀引起民众强烈的不满，可以说是美国独立战争中英国军队永远抹不去的黑历史。但是事情的亲身经历者塔尔顿却不这么认为，面对众人的指责，他极力争辩。之后，在英国军队进攻南方的时候，他曾鼓励黑人奴隶奋起反抗，这使很多备受压迫的黑奴成了英军的支持者，并直接加入英军。看着被占领的南卡罗来纳，亨利十分开心，6月3日，他发布通告，表示将于6月20日赦免全部战犯，但查尔斯顿和穆特里的战犯除外。所有被释放的战犯需要做到不再参战，并且支持亲英政府。6月5日，亨利爵士从这里踏上了回纽约的路途。

第三章 卡罗来纳的战事

南卡罗来纳被占领之后，英国军队本应沿着哈德逊河继续前行，但他们却没有，反而待在新泽西，不断寻衅滋事。对此，华盛顿命令康涅狄格和马萨诸塞的民兵前往新泽西支援。至于军队的正常补给，华盛顿则开始向各个地方的议会施加压力，迫使他们为军队提供必要的物资。费城的女性们为此也想尽了各种办法，她们积极组织募捐活动，共筹集资金6000美元，并将其交给华盛顿，希望能够有所帮助。由于南卡罗来纳失守，林肯将军成了俘虏，导致南方的指挥官一直无人担任。但南方的战事十分重要，因此华盛顿需要解决这一问题，思量再三，他希望让格林将军出任这一职务。华盛顿对格林将军十分信任，凭借他丰富的战斗经历，完全有能力担任这一职务，而且他强烈的爱国热情是每一个人都能感受到的。但对于华盛顿的这项提议，大陆会议没有接受，6月13日，大陆会议决定将盖茨任命为南方战事的指挥官。得知这一消息的盖茨正在弗吉尼亚安心静养，这对他而言无疑是个出乎意料的好消息，他以最快的速度走马上任，希望自己能够重新在战场上建功立业。7月10日，一支由7艘战船、2艘护卫舰和3艘运输船组成的法国舰队在泰尔奈骑士的率领下到达罗德岛，约5000人，这是第一批援军。在拉斐特的要求下，第二批援军正在布里斯托尔待命，不久后便会到达美国。负责指挥法军的是罗尚波伯爵，55岁的他有过很多的战斗经历，曾经在战场上建立了不菲的战功。而法军的另一名将军是夏特吕侯爵，46岁的他是拉斐特好友的亲戚，他不仅是打仗的能手，在写作方面也有很深的造诣，对法律颇有研究。7月16日，夏特吕侯爵到达福治山，对当地情况进行了简单的调查了解，他意识到经济问题对军队力量造成的影响，虽然政府也在想办法解决，但通货膨胀的问题依然没有得到有效解决。美国的很多士兵参军仅仅只是为了服兵役，一过服役期便会立刻从军队中退出，这导致华盛顿手下的士兵现在还不到3000人。而此刻法国军队的到来无疑给了他们更多的希望和信心，当然，在保皇党眼中这些都没有任何意义，他们认为这些法军很快便会撤退。

福治山的情况十分复杂，亲英派和独立派并存，不仅规模宏大，人员的复杂性也不容忽视。侯爵来到这里的时候本以为会受到众人的欢迎，但实际上这里荒无人烟，从大街上看去，能够看到很多人躲在家中，不少女性靠着窗户看窗外，脸上的表情透露了他们内心的痛苦和忧愁。直到侯爵和几个人进行了短暂的交流后，将法国援军到来的消息透露给他们，人们才开始欢呼雀跃，居民们纷纷走出家门，奔跑到大街上，欢迎他们的救星。接着，侯爵考察了当地的地形，决定好安营扎寨的地方，希望部队能够尽快赶到。独立党们向侯爵表明自己的想法，想要将英国军队彻底从美国赶出去，他们至少需要2万名的士兵和20艘战舰的帮助。

小镇的东面，地势很好，整个岛上几乎都是法国的援军，他们已经成了这里的居民日常谈论的焦点，这一次的军事援助似乎让我们又一次看到了法国人民对于战斗的激情，那种勇猛无惧的骑士精神是法国人独有的，他们将这种精神发扬到正处于战争中的美国。不少法国贵族在这次的战争中都建立了功勋。华盛顿对于法国的帮助是十分感谢的，他的热情和尊敬是每个人都能感受到的，法国的援助使美国这场独立战争获得胜利的可能性更大了。华盛顿将这种革命的情谊融入帽徽的设计之中，他建议将盟军的帽徽设计成黑白相间的样子，白色是法国的象征，而黑色则是美国的标志，两种颜色的结合是这种情谊最好的证明。在华盛顿的指挥下，法国盟军将纽约作为自己进攻的第一个目标。但是这一计划还没有实施，英军的格拉夫上将便带领着6艘战舰到达纽约，这使得英国海军的势力大大提升，华盛顿无奈之下只能将这一计划暂时延迟，等待着第二批援军到达。实际上，这个时候亨利爵士已经知道了美国和法国军队联合行动的计划，他准备袭击罗德岛，这样可以将法国援军全部消灭。于是，阿巴斯诺特上将带领了6000名海军前往罗德岛，而亨利爵士自己也带领了一支运输队作为后卫。华盛顿得知这一消息的时候马上派主力部队前往国王桥阻挡敌人。他这样的安排其实有两个目的：一方面，他希望重兵之下亨利爵士可以知难而退、放弃这一计划；另一方面，华盛顿希望能够在纽约城兵力最弱的时候，将其一举拿下。正当华盛顿安排这一系列行动的时候，阿诺德来了。他之前便和华盛顿通过信，希望能够在军队中谋得一个指挥官的职务，华盛顿也答应了他，并给了他一支小分队，主要负责抵御敌人的左翼。可这并不是阿诺德想要的，他更希望自己能够安全一些，而不是带兵打仗，现在他最想做的事情是去西点驻防，因为敌人目前的目标在哈德逊，西点相对来说更加安全。而这显然不是华盛顿希望看见的结果，所以自然不会答应。这使阿诺德对华盛顿产生了一些不满。与此同时，亨利爵士也得知了华盛顿的行动计划，他知道法国援军会在新港附近埋伏，这让他有些害怕，因为所有的计划都会因为这个消息而作废，所有的计划都需要改变。于是，亨利爵士命令阿巴斯诺特将军赶到新港，将这里完全封锁，法国的第二批援军便被阻挡在了新港之外，亨利爵士则亲自带领了5000名士兵赶到纽约，以避免这里发生意外。华盛顿也因此改变了自己的计划，开始将所有的兵力集中在哈德逊的西岸，并且在多布斯渡口修建了一些防御工事。

由于计划的改变，阿诺德的愿望实现了。华盛顿派遣了一批轻骑兵给他，让他负责修筑西点防御工事，并且尽快完成。华盛顿在安排完这些事情之后，前往哈德逊河，在橘县建立军事据点，以便随时能够突袭纽约。就在这个时候，华盛顿听说法国的第二批援军竟然被挡在了新港之外，这使得他的计划再一次被打乱。在华盛顿、格林将军和斯凯勒将军的商量下，他们制定出了一个新的方案，希望能够推动军需部门的改革，但遗憾的是这个计划没有得到大陆会议的同意。而格林将军为了表示自己的不满竟然选择了辞职，大陆会议也以最快的速度批准了，皮克林上校成为格林的接班人。这位年轻有为的军官在上任之后便进行了一系列改革。可是由于军需部门的旧体制中本就存在着很多问题，这些改革虽然进行了，然而没有起到很好的效果，混乱的现状依然没有改变。华盛顿为了军队补给的问题忙得不可开交，然而祸不单行，南方的战事传来了一些紧急消息。

康沃利斯驻扎在南方，本来是等待着进攻北卡罗来纳的命令，但是这件事情说起来容易、做起来却有些困难，与南卡罗来纳相比，这里并没有那么轻易得手。首先，这里的居民状况十分复杂，与南卡罗莱纳的人相比，他们唯一的共同点便是都来自于欧洲，但这里的人们却更多地受到宗教或者政治的迫害，他们憎恨统治者的集权统治和对百姓的不闻不问，他们更加向往自由和独立，例如部分苏格拉的移民为了表达自己的不满情绪而成立了政府。北卡罗来纳是美国第一个实现自治的州，在大陆会议还没有宣布脱离英国政府统治的时候它便站了出来。除此之外，北卡罗来纳的地形也是不容忽视的，这里森林与河流遍布，当暴雨来临的时候，水位上涨，几乎所有的交通要道都会被大雨淹没，完全无法通行，这样的环境无疑增加了英国军队进攻的难度。康沃利斯想要攻占这里，所面临的困难早已超过了他原来的想象，这也是过了这么长的时间，他依然按兵不动的原因。他目前能做的仅仅只是让军队驻扎在南卡罗来纳和乔治亚的边境，等待时机。之后，康沃利斯转移了司令部的位置，早已沦陷的查尔斯顿是个不错的选择，这里可以作为指挥军事活动的中心地带。双方就这样对峙了很久，打破这一局面的是一份来自亨利爵士的声明，这一声明使南方的很多州再也无法容忍英国的统治。北卡罗来纳的民兵已经组织起来，他们与华盛顿调来的2000名援军相互配合，展开了对英军的反击。3000名士兵在盖茨将军的率领下正在赶来，华盛顿的行动激发了不少南部爱国者的热情，他们自发组织反击敌人，为民族独立而战，为自由而战。萨穆特中校便是其中一位知名的爱国者，这位年龄已有45岁的爱国战士，是一位坚定勇敢的军人，他曾经在英法战争中发挥过自己的作用，是亲自率兵打击印第安人中的亲法者。那场战争结束之后，萨穆特中校便带领着家人来到北卡罗来纳的阿巴拉契亚山附近，在此地住了下来。原本的沼泽地经过几代人的开发，现在已经可以种植水稻了。这里的地形复杂，如果不熟悉，很容易在荆棘中迷路。也正是这样的沼泽和原始森林，成了抵御敌人最好的屏障。但在这样的环境保护下，侵略者并没有放过他们，敌人闯进了这片土地，烧杀抢掠。这种暴行使得人民对英国侵略者的仇恨不断增加、忍无可忍，于是萨姆特专门组织了民兵团队，再利用有利的自然条件，成功打击了侵略者的一个小分队。这一事情很快传遍了北卡罗来纳，越来越多的人成为他的拥护者，他的部队人数也在不断增加，由原来的200人到现在的600人，这支不断壮大的民兵团，凭着干农活的镰刀袭击康沃利斯在洛基山的要塞时成功了，而那些居住在北卡罗来纳的亲英分子也被他们赶了出去。

卡斯维尔将军正在率领着北卡罗来纳的民兵团向卡姆登前进。由于军队行进过程中必需的粮草出现了一些问题，迪卡布尔的援军只能在迪布河边停留，自然也就延误了到达南卡罗来纳的时间。为了不耽误和卡斯维尔率领的部队顺利会合，迪卡布尔只能向大陆会议寻求帮助。7月25日，盖茨将军来到了这里，迪卡布尔十分欢迎，甚至还举行了鸣炮的仪式，简单问候之后，两人便开始商讨战争的下一步行动。盖茨表示希望能够以最快的速度进攻北卡罗来纳，这让迪卡布尔十分惊讶，因为在粮草短缺的状况下，进攻并不是最明智的选择。但盖茨也仅仅只是想要弥补迪卡布尔途中滞留所造成的损失，时间是他考虑的最重要的因素。虽然迪卡布尔已经解释了军队现状，但盖茨并没有在意。他保证粮草缺乏的问题在两天内定会顺利解决，不会影响出征。于是，27日，盖茨带领一部分军队从巴福罗浅滩出发，希望从这里直接打到卡姆登。对于这一计划，威廉上校也曾提出过不同的建议，他认为这一路线道路艰难坎坷，不适合行军，最好可以向北绕行；但是盖茨执迷不悟，他所考虑的仅仅只是能够尽快与卡斯维尔的军队会合。不得不说，不考虑现实因素的盖茨受到了应有的教训，想要从计划的这条道路中穿行而过，所面临的困难比他想象得更大，大片的沼泽地和布满荆棘的原始森林是不可回避的。军队的粮草问题并没有像之前承诺的那样在两天之内顺利解决，他们为了维持士兵的体力只好宰杀了一些瘦小的驮马。士兵们为了填饱肚子，也采取了各种各样的办法。但适得其反，不少人因为吃了野苹果和野山梨出现了痢疾的病症。8月3日，可以说是这支军队的幸运日了，他们不仅成功渡过了佩蒂河，还迎来了弗吉尼亚的一支正规军。这是由波特菲尔德上校指挥的一支军队，自从查尔斯顿沦陷后，他们便在北卡罗来纳的周围活动。13日，在离卡姆登还有12英里的时候，盖茨和斯蒂文森将军会合，这也给盖茨的部队注入了新的活力。

罗登勋爵听说盖茨将军将要到达卡姆登，立刻下令加强这一地区的防守。这是沃特里河和松树溪之间的一个要塞，周围早已修筑了无数堡垒。这一情况同样引起了康沃利斯的注意，得到消息后他马上从查尔斯顿出发，8月13日成功到达卡姆登。14日，萨穆特将军通过信件的方式请求盖茨支援，如果这一请求得到了允许，那么他便会着手准备攻击英国军队在卡姆登的要塞，同时还可以阻断敌人的后勤补给。盖茨在收到信件之后，马上派出支援部队，率领援军的是伍德福德上校，大约有100名正规军和一支炮兵连。当天晚上，盖茨将军带领主力部队驻扎在卡姆登附近，准备突击罗登勋爵。但是盖茨将军的情报却出现了一些问题，即有关康沃利斯到达卡姆登的消息，他并不知情，康沃利斯则在当天晚上带领军队悄悄离开了卡姆登，袭击了美国军队在克莱蒙的营地。半夜，一场激烈的战争爆发。战斗中，波特菲尔德一方的军队和敌人均损失惨重。通过对捕获的俘虏审讯，他们知道了对方的真正目的，于是在原地安营扎寨，等待着黎明的到来，也许还会有一场恶战。当康沃利斯带领着3000名士兵的支援部队达到卡姆登的时候，盖茨目瞪口呆，为了应对这一紧急状况，他不得不召开紧急军事会议，但是大会开始后，并没有人想到什么对策，只能集体沉默，直到斯蒂文森将军开口，他表示现在才商量对策为时已晚。很明显，大会上的所有人员都很怀疑盖茨的情报，这个时候没有什么更好的办法，只能接受现实。迪考布将军提出撤退到克莱蒙，但并没有什么人支持。大会最后决定开战，在兵力部署上，担当右翼的是迪考布带领的马里兰州的军队，左翼是斯蒂文森带领的弗吉尼亚的士兵，而北卡罗来纳的军队则归卡斯维尔将军指挥，在中间留守，剩余的所有士兵均作为后备队留守后方。

16日的凌晨正式开战，英军以纵队向美军发动进攻。在盖茨将军的命令下，斯蒂文森将军带领民兵迎战。在民兵尚未准备好的时候，敌人已经部署完毕，在40码开外向美军射击。面对这样的阵仗，没有什么作战经验的民兵吓破了胆子，开始不断后退，虽然斯蒂文森一直在鼓励，但显然没有起到任何作用。弗吉尼亚民兵的撤退在一定程度上影响了整个军队的士气，不少北卡罗来纳的民兵团也开始逃跑。在塔尔顿带领的骑兵的追杀之下，民兵们早已散了。仍然在战争上浴血奋战的只有那些正规军，但他们并不知道民兵已经撤退的消息，不然连这仅有的战斗力也会消失。正规军在自己的阵地上坚守，多次击退敌人。但不幸的是他们最后还是被塔尔顿率领的军队击败，只能在周围的森林中四处逃窜。在这次战斗中，最值得赞扬的便是迪考布将军，他身重11枪，但却毫不退缩、战死沙场。总的来看，这次战争失败很大程度上是由于刚刚开战民兵就撤退了，英美军队实力差距很大，无论美国正规军多么顽强，最终也不可能取得胜利。在撤退时，盖茨将军重新组织了民兵，但最终民兵依然抛弃了他。让盖茨更加无奈的是，萨穆特率领的民兵竟然袭击了英国军队在沃特里的堡垒，这200名民兵抢走了英军40辆运输车，俘虏了英军100多名官兵。在这种情况下，盖茨已经不可能和萨穆特合作了，之后命令其撤退，而卡斯维尔的部队则和盖茨一起前往夏洛特镇，目的地离这里只有60英里。在康沃利斯看来，英军新的攻击焦点很有可能就是萨穆特的军队，于是在8月17日时，他派塔尔顿率领军队前去追击。虽然萨穆特已经沿着沃特里西岸逃跑了，但他在战斗中截获的物资拖累了整个军队的进程，当塔尔顿沿东岸快速前进时，很快便会追上他们。傍晚，塔尔顿便看见了他们的营地，立即下令军队渡河。可是，他们还没有渡河时，美军便撤退了。直到第二天中午，塔尔顿的部队仍然在继续行军，但从森林中射出的子弹却通知了所有人，危险来了。虽然子弹没有射中塔尔顿，但这危险确实致命，塔尔顿的部队立即反击，以最快的速度射杀了萨穆特的狙击手。下午，两军交锋，由于萨穆特率领的民兵经过长时间的行军已经精疲力尽，正当他们休息的时候，塔尔顿率军围攻。美军损失惨重，最终萨穆特仅仅带领了为数不多的几个人突围出去。

盖茨到达西洛特镇后，集结了一部分民兵，但由于大部分南北卡罗来纳民兵已经逃跑，现在军队的总数加起来不到1000人。华盛顿得到这一消息的时候已经是九月份了，虽然南方战事紧张，但华盛顿也没有多余的兵力派遣支援，他现在唯一能够采取的有效措施便是把敌军围困在原地。他建议南卡罗来纳的州长不要再依靠民兵，他们需要的是一支有着严明军纪的部队。与此同时，华盛顿还建议大陆会议立即成立军校训练正规军，这在当前的形势下是十分必要的。他希望北卡罗来纳、弗吉尼亚、马里兰和特拉华等一些南方的州建立属于自己的正规军，至少需要6000人，虽然这样的一支军队无法成为主力部队，但起码能够应对一些小规模的战役。依靠美国现有的军事力量，想要将英国军队完全赶出去是不现实的，他们必须依靠别国的帮助。但这并不意味着美国就可以放松对自己军队能力的建设，只有让自己变得更加强大，才可能和盟军更好地配合，取得胜利的机会也就会更大。华盛顿至今也没有放弃与盟军联合攻打纽约的计划，如果这个计划能够顺利实现，那么他们在很大程度上便能够阻止英国军队继续南下。因此，当华盛顿听说法国的第二批援军已经到达的时候，他便立刻前往哈特福德，与盟军开始商讨这一计划。

9月18日，在几个随从的陪同下，华盛顿到达维布兰卡斯，并且准备从水路前往哈特福德，由阿诺德的专用舰护航。一路上，他们讨论了很多事情，其中提及贝弗利上校土地被充公的事件，但华盛顿一直采取回避的态度，并且不希望阿诺德谈论此事，因为这件事情最终应当交由政府裁决，他们会给出一个公平的结果。当天晚上，阿诺德却在给贝弗利的信中表示这一事件已经和总司令商讨过了，会得到合理的解决。21日，美国军队截获了一艘小船，船上坐着乔舒亚・赫特・史密斯和安德烈，他们是从国王渡口过来的。而此时的阿诺德本就因为与大陆会议之间的一些不同观点想要投敌，安德烈是他的重要介绍人，虽然安德烈重病卧床，但一直承诺会亲自同阿诺德见面商量此事，这次他和史密斯就是为了见阿诺德来的，但没想到被美军抓获。虽然很惊讶，但他很快便恢复了平静，安德烈表示自己是大陆军官，此行是为了传递重要的情报，正准备前往多布斯渡口，同时拿出之前阿诺德帮他办理的通行证。民兵的指挥官波尔丁对他进行了简单的询问和搜身后，准备放行，却突然要求安德烈脱下靴子，这使得安德烈完全丧失了理智，拔腿就跑。民兵控制住他后，强行脱下其靴子，发现了一封密信，经过字迹对比，证实了写信人正是阿诺德，这封信使阿诺德的计划泄露。波尔丁知道问题的严重性，便将这信件转交给詹姆斯中校，而詹姆斯中校在了解了相关情况后又将信件交给了华盛顿。安德烈被扣押在美军的军营之中，詹姆斯以写信的方式告诉了阿诺德这一消息。

第四章　阿诺德通敌叛国

阿诺德投敌事件被揭穿的时候，华盛顿正在忙着商讨美国与法国联合行动的方案，但在哈特福德进行的谈判并不顺利，因为法国的第二批援军已经回到了欧洲。谈判并没有按计划进行那么长的时间，华盛顿提前两天就回到了哈德逊。但他没有回司令部，而是去了西点，华盛顿想看看这一地区的驻防情况，陪同前去的还有拉斐特，华盛顿本想利用这个机会展示西点修建的防御工事。他们在菲什基尔暂住了一晚，将所有的行李和华盛顿的一些信件送到了罗宾森府，这是阿诺德的司令部。9月24日，华盛顿和拉斐特开始行动，这一天华盛顿的心情很好，他和拉斐特、诺克斯将军谈论了很多事情，时不时发出笑声。当到达罗宾森附近的时候，华盛顿表示希望先去看看工事，然后再去司令部。侯爵提醒华盛顿说，阿诺德的夫人已经在家中做好了早餐等待着他们的到来，所以最好还是先去吃早饭。华盛顿开玩笑地说："看来你们都很欣赏阿诺德的妻子啊，这么急切地想见她。你们先过去吧，我们先去工事那边看看，再回司令部，希望你们向阿诺德妻子表示我们的感谢。"说完，华盛顿和拉斐特、诺克斯便一起去了工事那边，剩下的人按照原计划去了司令部。阿诺德的妻子在六天之前便带着她6个月大的孩子从费城来到了西点，看着她端庄贤惠地迎接着远道而来的客人，阿诺德表情复杂，和她形成了鲜明的对比，其实是因为这一天正好是英军派人前来接阿诺德的日子，如果华盛顿没有提前回来，所有的事情都会顺利进行，但现在华盛顿回来了，而且还来到了西点。庆幸的是华盛顿现在还不知道这一切，一旦知道了，这将会变成一场灾难，正在他万分忐忑的时候，收到了一封信，信是詹姆斯写的，詹姆斯告诉他华盛顿已经知道了他通敌的事情。阿诺德觉得整个世界都塌了，但面对这种情况，他没有任何办法，只能让自己快速平静，冲动不能解决任何问题，甚至会加重现在的矛盾，最好的办法是想想怎样解决问题。阿诺德从餐桌上起身，带着自己的妻子回到内室，阿诺德坦白了所有事情，言明自己需要马上逃走。听了所有的事情，阿诺德的妻子吓得直接晕了过去，没等妻子醒来，阿诺德便走了，他跟客人们说自己现在要前去迎接总司令，这一理由十分合适，众人都以为他只是想要表达自己的礼貌并没有在意，表达了自己的谢意之后便和阿诺德道别。阿诺德转身离开了自己的家，只是他没有去西点，而是到了河边，他看到了那只已经等着他的船，他跟随船只前往泰勒角。阿诺德走后，华盛顿来到了司令部，和大家打过招呼后他才知道阿诺德的妻子身体欠佳，正在休息，而阿诺德则出门去迎接他了。华盛顿简单吃过早饭后便又前往要塞去了，并且告诉厨房准备三餐，因为他们计划今天晚上在这里暂住休息。过了河之后，华盛顿本以为在阿诺德的安排下，会有人热烈地欢迎他，然而并没有，周围十分安静，只有驻守在这里的副官朗姆上校连忙赶了过来，并且再三表示歉意。华盛顿惊讶地问道："您难道没有见到阿诺德将军吗？"朗姆说："没啊，两天前将军就离开了，没有说要回来，更没有说您要来啊！"这样的说法让华盛顿有些惊讶，前后不一的说法肯定是有问题的，但问题究竟出现在哪里呢？华盛顿并不知道，他还没有开始怀疑阿诺德。这两天他的心思全部放在防御工事上，不久，华盛顿收到了詹姆斯转发给他的信，得知了阿诺德投敌的消息，这让华盛顿的心情十分沉重。回想几天来发生的事情，华盛顿几乎可以确定，阿诺德已经投靠了敌人，他是在自己到达的那一天逃走的。华盛顿内心波涛汹涌，但在众人的面前需要保持冷静，他将拉斐特和诺克斯叫到办公室，将这一消息告诉二人。二人得知消息后的反应和华盛顿差不多，但却不敢多说什么，只是小心翼翼地注意这总司令的反应，他们看得出此时的华盛顿十分失落。沉默了好久，华盛顿终于开口说话了，只是更像是在自言自语："还有谁是值得信任的呢？"简单的几个字中包含了太多的意思，华盛顿内心的复杂情绪一览无余，接着华盛顿下发了逮捕阿诺德的命令，他稍加思考便想到了阿诺德逃跑的路线，立刻派汉密尔顿上校前往海兰兹，告诉沿途的要塞逮捕阿诺德。

现在的阿诺德更像是一只过街老鼠，躲藏着希望能够逃过所有人的追捕。两年的时间，阿诺德早已从一个爱国勇士变成了一个通敌叛国之人，我们该怎样接受这个事实呢？太无奈了。他让自己踏上了一条通往地狱的不可回头的道路。阿诺德现在在海兰兹，汉密尔顿的逮捕令还没有传到这里，因此他能够畅通无阻。汉密尔顿回到罗宾森府向总司令报告了这一消息，顺便带回了两封信。一封是阿诺德写给华盛顿的，在信中，阿诺德承认了自己通敌叛国的罪行，但希望华盛顿能够对自己的妻子网开一面，因为这件事情和她无关，如果能允许妻子和娘家人团聚，阿诺德将感激不尽。另一封信则是贝弗利上校的信，希望美国能够释放安德烈，停止战争。但无论华盛顿多么成熟稳重，此时的他都难以掩盖自己内心对阿诺德的恨意。阿诺德对西点的情况十分清楚，他一旦投敌，这一地区就变得十分危险。于是，华盛顿马上给西点的驻防将军韦德写了一封信，将现在的情况告诉他，并提醒他提高警惕、加强防御，同时也给菲什基尔写了这样一封信。当天晚上7点半左右，华盛顿又给格林将军写了一封信，十分紧急，他命令格林将军率领左翼军队前往国王渡口，在此待命；并且强调了轻装上阵，火速赶到，否则会错过最佳的时机。当天晚上收到信件的还有詹姆斯，华盛顿写给他的信说的是关于安德烈的事情，虽然华盛顿并不认识此人，但能够使阿诺德背叛祖国，这个人一定不简单，所以对他一定要严加看管，避免出现意外。阿诺德的夫人在得知丈夫通敌叛国的事情后，一直面临着巨大的精神压力。不过，华盛顿是一个十分公正的人，他知道这件事情跟阿诺德的妻子没有关系，于是宣布阿诺德夫人无罪并且将阿诺德的信交到了她的手中。汉密尔顿在一封信中曾经写到过他对阿诺德夫人这一阶段状态的印象：知道丈夫通敌叛国，她失去了精神的支撑，丧失了理智，甚至有些神志不清，时而放声痛哭，时而大声尖叫，她抱着刚刚6个月的孩子痛哭流涕，直到心情慢慢平静之后，她才带着孩子和娘家人团聚。

安德烈被逮捕的消息很快传到纽约，由于他是亨利爵士身边的红人，在部队中和很多人都保持着不错的关系，于是亨利爵士以休战作为交换条件，要求华盛顿释放安德烈。但这一次，华盛顿没有因为任何人的劝说改变决定，他决定召开军事会议来讨论对安德烈的处理。9月29日，会议在格林将军的主持下正式开始，参会的还有斯特林将军、克莱尔将军、拉斐特侯爵，豪将军以及其他8名准将。汉密尔顿将军对于安德烈十分同情，不仅仅是因为他们年龄相仿，更是因为安德烈的一些言论曾影响着他。尤其是在安德烈被逮捕之后，只是供认了自己的罪行，对于其他人的行为一点都没有说，这让汉密尔顿更加敬佩了。安德烈多次请求给亨利爵士写信，最终得到了华盛顿的同意，信件由亚伦·奥格登上校传送。在他出发之前，汉密尔顿悄悄告诉他，希望见到亨利爵士之后，他能够以总司令的名义提出要求，将安德烈和阿诺德交换。亚伦对此十分惊讶，便求证这是否是华盛顿本人的意思。汉密尔顿只是说，他不确定，但如果这笔交易能够达成，那么安德烈便可以活下来了。据此，我们便可以看出汉密尔顿跟安德烈的关系并不简单。凌晨，亚伦到达纽约，并向亨利爵士提出了交换的条件，但没有得到允许，反而被亨利爵士训斥，因为他违反了军事原则。既然如此，安德烈只有接受死亡。在安德烈被关押时，他凭借着自己的个人魅力得到不少人的认可，他的生活水平几乎和总司令保持在同一档次，汉密尔顿和其他军官还会抽时间和他聊天，虽然总司令不允许，但这并没有阻止他们和安德烈交流诗歌、哲学、军事。在这其中，值得一提的是托马其，他帮助詹姆斯抓获了安德烈。但他对安德烈充满了敬佩之情，认为这位年轻的军官满腹才华、让人欣赏，但现今的处境却让人同情。托马其在写给华盛顿副官的信中曾经写道："安德烈昨天被用刑了，虽然我不知道他受到了哪种刑罚，但我知道那一定很痛苦。从个人角度来说，我很同情他现在的遭遇。这是一个很特别的军官，年轻潇洒、才华横溢、学识渊博，他本应该有一个更好的未来，但前途并没有那么光明，这让我有些痛苦。"

从汉密尔顿和托马其的举动上，我们能够感受到来自安德烈的无法掩盖的个人魅力。在双方交战的情况下，能够得到本国和敌军崇敬的军官并不多。经过多方讨论，众人决定在10月1日下午5点对安德烈用刑，但在9月30日的晚上，华盛顿收到了来自亨利爵士的信件，信中说罗宾逊上校正在前来谈判的路上，如果能够释放安德烈，那就再好不过了。于是，美方对安德烈用刑的日子延后。美方派出的谈判代表是格林将军，经过一个上午的谈判，没有达成共识，在谈判结束之后，格林将军向华盛顿汇报了谈判的所有细节。罗宾逊对华盛顿处决安德烈的决心感到震惊，希望能够见见华盛顿，当面谈论此事。但格林将军并没有给他这个机会，他只能返回纽约向亨利爵士汇报谈判的情况。安德烈在受刑之前曾以士兵的身份向华盛顿提出一个请求，那就是拒绝绞刑。安德烈并不害怕死亡，但他希望自己可以走得体面一些，如果他能够当面向华盛顿提出这个请求，相信华盛顿是不会拒绝的，因为华盛顿是一个善良慈悲的人，他会不忍心。但现在的情况却是华盛顿没有作出任何回复，安德烈直到受刑之前都不知道自己将会面临着怎样的命运。10月2日凌晨2点，是安德烈受刑的时间，在房间内，他吃过早饭，穿上自己的英军军装，整理好衣服、帽子，然后叫了卫兵。在两名副官的陪同下，安德烈来到了刑场，一路上他感谢了所有帮助过、关心过他的人。直到这一刻，他才知道自己还是没有逃脱绞刑的命运，他知道自己什么也改变不了，只能摘掉帽子，松开领巾，然后将绳索套在了脖子之上，我们看不到他一丁点儿的慌张，那平静的神情中似乎没有一点儿恐惧。实际上，这是美国军队第一次实行绞刑，相信每一个得知这一事情的人都会同情安德烈，这个故事将会成为美国独立战争中最动人的一部分。之后，华盛顿写信告诉大陆会议，希望他们能够奖励逮捕安德烈的士兵，大陆会议也同意了这一请求。这些士兵每人得到一个农场以及每年200美金的养老金。同时，大陆会议还向他们颁发了银质奖章。

阿诺德到达英国之后，成了一名准将，但并没有得到众多爱国人士的尊敬。我们不知道英国政府是否向其颁发了金质奖章，但可以肯定的是英国政府给了他6350英镑奖金。阿诺德一直不敢承认自己背叛国家的行为，对这一行为一再辩解。他曾公开演讲，表示美国的独立宣言本就是一个不成熟的决定，独立战争也并不符合法律的规定。在演讲的最后，阿诺德还严厉地抨击了盟军法国，认为法国是一个自负阴险的国家，他们是追求民主、自由之人的敌人。同时，阿诺德还呼吁那些向往民主、自由的人士认清现实，大陆会议不过是将其当作工具，想要使美国获得真正的独立自由，只能是在英国的庇护之下。阿诺德还以奖金作为诱惑，希望更多的人能够投靠英国。阿诺德的一系列行为让华盛顿十分惊讶，他相信没有人会相信一个通敌叛国的人，事实也的确如此，几乎所有的美国人都反感阿诺德这样的行为，除了零星的逃兵和流亡者之外，没有人响应号召。华盛顿在给宾夕法尼亚州州长的一封信中写道："阿诺德如此卑鄙的行为太令人讨厌了，我已经反感到极致，私欲早已占领他的理智，我完全感受不到他的道德和羞耻心，也许目前能够得到的利益可以满足他的欲望，却让他的未来一片黑暗。"

阿诺德夫人在回到费城之后，对丈夫的言行也难以接受，她希望能够通过离婚来划清与丈夫之间的界限，获得正常的生活。但大家并不接受她的行为，而且费城的执行委员会还怀疑阿诺德夫人和丈夫之间存在着一些联系，这些联系很有可能危害到美国，于是下令让其在15天之内离开，战争没有结束就不可以回来。虽然她的亲人万般恳求，但并没有改变现状，最终，阿诺德夫人也去了纽约。阿诺德虽然担心妻子会发生什么意外，但是美国对女性的尊重和保护远远超过了他的想象，美国人民并没有因为他的行为而为难他的妻子。五年之后，阿诺德的妻子回到费城，但没有得到众人的原谅，那些冷漠是她无法忍受的，只能说以后不再回来。她的遭遇得到了不少英国人民的同情，这在一定程度上维护了阿诺德的地位。1796年冬天，阿诺德的妻子在伦敦逝世。

自从得知阿诺德投敌的消息后，华盛顿便下令西点地区的防御工事修建一定要加快速度。格林将军作为这一地区的指挥官，带领着新泽西、纽约、新罕布什尔州和宾夕法尼亚州的地方军来到西点，使这里的紧急状况得到缓解。华盛顿甚至考虑过抓捕阿诺德，他看中了约翰·钱埔，这是弗吉尼亚的一名士官，如果他能够答应做一名特工，那抓捕阿诺德就有望了。经过亨利·李上校的劝说，钱埔答应了。他们计划让钱埔逃跑，然后潜入阿诺德军队之中，取得他的信任，等待时机成熟便可以在同盟的帮助下动手。但华盛顿特别强调，只能将阿诺德带回哈德逊，绝不可动用私刑，或者处死，他只能接受军事法庭从法律的角度审判，任何其他的方式都会对美国造成不利的影响。10月20日的晚上，计划开始实施，这对钱埔是一种考验，他只能依靠自己的力量通过所有的阻碍，李上校唯一能做的事情便是拖延追捕的时间，为其创造更有利的条件。晚上11点，钱埔行动了，李上校正准备休息，半小时后，副官向其报告了这一事件，但李上校并没有在意，只说可能是附近的农民乔装的。这样的无视让副官十分惊讶，但也并没有多想，直到后来清点马匹的时候，副官发现马匹少了，又向李上校汇报了这一事情，在这种情况下，李上校只能下令追捕。凌晨，他们发现了钱埔，和他们相距很近。钱埔在紧急情况下，选择了一条捷径，之后便顺利地混进阿诺德的军队中，并取得了他的信任。等到时机成熟，他本来已经准备动手了，但纽沃克特工却没有按照约定出现，计划只能改变，错过了这次机会，钱埔只能继续潜伏等待时机。作为卧底的他面临着太多的压力，忍受着同胞的痛恨，还需要在敌营中时刻保持警惕，保护自己的身份安全。

卡姆登战争的失败给盖茨将军带来了很大的麻烦。萨拉托加大捷后，他曾得到过无数人的赞美，但这次的战争却使他遭受更多人的嘲讽。他所指挥的军队是美国的主力，全军覆没的结局无疑会给指挥官造成巨大的压力。10月5日，在大陆会议的要求下，华盛顿成立了调查委员会调查此事。而这一期间，南方军队的指挥官一职便空缺了。华盛顿推荐了格林，华盛顿对格林寄予很高的期望，他认为这一职务本就应是格林的，只是由于大陆会议考虑不周才任命了盖茨。格林将军得到了南方三省代表的支持。10月22日，格林将军接受任命。同时，调查委员会也在盖茨曾经指挥过的地方成立了，他们本着公平、公正的原则对这一事件展开调查。华盛顿在给格林的信中表示希望他能够不负众望，在照顾好自己身体的同时做好南方的指挥工作。南方的战事还未解决，北方的战事又降临了。情况危急，华盛顿只能任命詹姆斯·格林顿作为北方远征军的指挥官。

第五章　国王山大战，扭转南方战局

目前担任美国大陆军轻步兵指挥官的是拉斐特侯爵，这支部队的兵力不断壮大，在军队的装备上也有很多改变。所有的军官不仅配备了警棍，还带有短柄马刀，这是侯爵特意从法国带过来的。装备升级之后，整个军队都变得不一样，侯爵十分满意。由于侯爵多次提议出征，华盛顿就答应了。10月初，侯爵便会带领部队前往斯塔滕岛，准备攻击英国军队的黑森军营。但这个计划因为船只不够而一直被推迟。侯爵请求华盛顿拟定其他的计划，毕竟依靠美军现在的实力，想要在一些小规模的战斗中取得胜利并不是一件难事。而且，美军长期没有行动已经引起了大陆会议的反感，美方需要这样一场战争。在攻击黑森军营的计划搁置后，侯爵认真地分析了当实的状况，他希望华盛顿能够攻击华盛顿堡，发动总攻的同时，也可以直接夺回纽约北方的一些小岛屿。虽然华盛顿十分赞赏侯爵的激情，但这次的总攻计划华盛顿并不支持，华盛顿是一个十分谨慎的人，绝不会在冲动之下作出这个决定。依华盛顿所见，美国目前的军队实力还不能和英国军队较量，还需要更加了解敌军的状况才能够作出决定。因此不管拉斐尔侯爵多么希望能够发动总攻，但最终还是听从华盛顿的建议。华盛顿安排侦察兵调查了英国军队在哈德逊对岸的军队部署，在充分掌握相关情况之后，决定发动攻击。拉斐特的轻步兵负责开路，主力部队随后接应。同时，西斯将军则负责带领轻步兵向威斯特彻斯特前进，以期分散敌人的注意力，虽然设计周密，但由于多种原因，这一计划并没有实现。

在这个时候，夏特吕侯爵来到了军营，这是拉斐特侯爵多次邀请的结果。夏特吕侯爵原本驻扎在罗德岛，但因为天气逐渐变冷，战事越来越少，他的时间便有些宽松，由于对华盛顿早有耳闻，正好趁着这个机会前来一见。11月23日，夏特吕侯爵在副官的陪同之下来到了司令部。华盛顿的司令部其实是一个很大的农舍，周围修建的帐篷都是警卫居住的。在农舍前面停靠着华盛顿专用的马车，这些都有专人精心照顾。司令部十分安静，一切都有条不紊地进行着，十分规律。夏特吕侯爵看见司令部的门口站着两个人，一个是拉斐特，他和另一个人热情地交谈着，他能感受那个人强大的气势，身材魁梧却十分和善。经过拉斐特热情地介绍，夏特吕才知道他原来就是华盛顿，两人热情握手后走进屋内。虽然已经过了晚饭的时间，但诺克斯将军、韦恩将军、豪将军、汉密尔顿将军等人依然还在，华盛顿一一介绍了这些军官，并吩咐准备晚餐。大家围坐在一起，轻松地谈论着很多事情，华盛顿基本都是听着，偶尔也插嘴说几句，现场气氛随和，并没有因为华盛顿在场而有所束缚，令人能够感受到他的随和。当夏特吕发现这一点的时候，也十分开心。夜幕降临，军官们纷纷起身告辞，华盛顿则带着夏特吕来到一个休息室里面，这个房间不大，华盛顿对此表达自己的歉意。第二天，华盛顿准备了一些马匹，希望拉斐特陪同侯爵前去检阅部队，华盛顿挑选出来的马匹都是上等的，这些马均产自弗吉尼亚，他一眼就看了出来。侯爵从拉斐特那里知道这些马都是华盛顿亲自训练出来的，他对此十分惊讶，但也心生敬意。到达炮兵连的时候，负责接待他们的是诺克斯将军，侯爵发现这些士兵应该全部是在欧洲的训练模式下练出来的兵，军纪严明。由于天气的原因，检阅只进行到一半便结束，他们提前赶回司令部。华盛顿准备的晚餐十分丰盛，除了一些英国菜和肉类蔬菜外，还有坚果和布丁。整个晚餐中，侯爵发现山核桃是华盛顿最喜爱的食物之一，也正是这个兴趣引起了侯爵的注意。华盛顿的身边还有一个副官，他负责为华盛顿斟酒、切肉，而华盛顿则与客人们相谈甚欢、开怀畅饮。

与幽默风趣的韦恩将军相比，诺克斯的儒雅君子之风更受侯爵欢迎。

7点半，那些不在司令部住宿的将军们便离席了。晚餐过后，餐桌上还有剩余的波尔多的红葡萄酒和马德拉的白葡萄酒，留下来的人继续喝酒聊天。其间，汉密尔顿将军还念了祝酒词。大家甚至做起了游戏，如在场的人都用心呼喊爱人的名字，华盛顿虽然未参与其中，但从他的眼神中我们能够看出他不反感这样的活动，甚至有些喜欢。华盛顿的随和深深印在侯爵的脑海中，他在传记中曾经这样谈道："华盛顿虽身居高位，但没有居高临下的气势，反而十分平和，这让他更受众人的喜爱。他很勇敢但却不粗暴，气质高贵却不傲慢，为人大方却不浪费，做事谨慎却不死板。他独特的人格魅力征服了大多数人，使人们愿意成为他的追随者。"

就在夏特吕侯爵拜访期间，哈德逊前线的最新情况传来，他们发现了英国的军舰。英军的突然袭击打乱了华盛顿原本的计划，大规模的进攻只能暂时停止。但是，在这期间，美国军队在一些规模较小的战役中不断取得胜利。在斯塔克上校的带领下，2500名士兵攻击了威斯特彻斯特的英国军队，11月22日，托拉马奇上校则率兵偷袭了华盛顿堡，虽然只有80名骑兵，但他们最终却成功炸毁敌军的碉堡，火烧仓库，带回52名俘虏。冬天正在临近，北方的战事暂时结束，华盛顿将主要的兵力安排在了哈德逊，并进行了一系列的部署，现在南方战场成了众人关注的焦点。

康沃利斯在打败盖茨之后，由于天气的温度越来越高，他率军驻扎在卡姆登，当然，粮草的短缺也使得他不得不在这里停留。卡姆登战争胜利之后，康沃利斯便派兵前往北卡罗来纳，将盖茨的余党全部剿灭。在他的安排下，帕特里克·弗格森将军已经带领部队前往西部了。弗格森将军手下的军队多数是轻步兵和他亲自训练的民兵，虽然只有1100人，但军队的战斗力是不容置疑的。他现在接到的任务是要在卡托巴一带扰乱居民，并且征集一支民兵，但必须打着保皇党的旗号。如果这一任务顺利完成，他就会前往梅克伦堡的夏洛特，因为他要和康沃利斯率领的军队集合，夏洛特是他们的会师地点。虽然在这一路上他们也碰到来自美国军队的阻拦，但并没有起到应有的效果，美国军队很快被打散。夏洛特作为梅克伦堡州的行政中心，一直被称为"蜂巢"，因为这是北卡罗来纳第一个宣布独立的城市，十分难缠。夏洛特一片荒芜，道路狭窄，几乎没有车辆通行。由于土地贫瘠，种植业十分惨淡，没有什么粮食产量，因此英军也不可能在当地得到粮食补给。当地的居民也不安于在家中坐等，他们拿上自己的武器前往附近的森林，只要碰到英国军队的补给便会上前阻拦，英国军队的信件传送也常常在这里中断，这让康沃利斯十分苦恼，因为如果情况一直如此，那么他就会被孤立起来，完全得不到外界的消息，更不要说打探美军的情报了。

弗格森在去与康沃利斯会合的过程中，得到了一个立功的机会。因为准备攻打奥古斯塔的美国军队没有成功，如今在克拉克上校的率领下往北卡罗来纳撤退，而弗格森却计划着切断他们撤退的道路。于是，弗格森带领部队驻扎在吉尔伯特镇，并在这里修建了一个碉堡，对此弗格森十分满意，自己认为这么荒芜的地方一定是十分安全的，但事情总有意外，他没有想到自己早已成了吉尔伯特居民攻击的目标。我们通常叫这里的人为“山民”，因为他们常年生活在大山之中，也正是因为这样的环境使得他们必须依靠打猎来维持自己的生活，自然更加勇猛。而这一地区常年受到奇客索人、切诺基人和克里克人的侵扰，他们之间便形成一种默契，只要有个地区的山民发出危险的信号，所有人便会立刻集合在一起抗击敌人。也就是说，现在的弗格森早已处于危险之中，吉尔伯特镇的山民正准备攻击他的军队，除了7名民兵连长带领的民兵之外，还会有肯塔基人和阿勒格尼山脉一带的部分居民，当然还包括一些狙击手，因为坎贝尔、克利夫兰正率领着军队从霍尔斯顿河、鲍威尔山谷、博特陶、芬卡斯尔和弗吉尼亚赶过来，弗格森仅靠600名骑兵又怎么会是他们的对手呢?

面对敌军如此强大的力量，弗格森意识到了危险，但此时的他没有任何解决办法，虽然他已经求助于亲英分子，但由于山民们的勇猛是当地的亲英分子早已见识过的，此时，他们不敢采取任何行动。情况危急之下，弗格森想起了康沃利斯的忠告，如果遇到敌我力量悬殊的时候就立即会合。于是，弗格森一方面下令撤军，另一方面则写信告诉康沃利斯，让他们马上会合。但不幸的是信件被山民截获，得知这一消息后，山民在半路上设下了埋伏，想要将两军一网打尽。这些山民们除了武器之外，没有任何的军用物资，行动迅速。听到弗格森会从切洛基向北卡罗来纳撤退的消息后，大陆军的900名骑兵也准备追击，这支骑兵队由威廉姆·坎贝尔上校指挥，但由于他很少下令，所以也可以说是地方军自己准备行动。

当天晚上，骑兵就到了考彭斯牧场，他们在这里屠杀了两头牛，享受了美味的烤牛肉之后便接着赶路。半夜，突然间下起倾盆大雨，由于任务紧急，他们没有耽误半刻。凌晨的时候，军队渡过了布罗德河，但没有发现敌人的任何踪迹。于是他们暂时在这里安营扎寨，准备早餐，补充能量。早饭过后，休息了一会儿，9点继续上路。虽然整夜行军，但没有打消士兵的积极性，当他们得知弗格森就在前方的国王山上、距离他们现在所在的位置也就12英里时，于是一刻不停地赶往国王山。他们走了3英里左右时，听说弗格森占领了另一个据点，位置在山顶，是一个十分有利的位置。弗格森正是想利用地理优势击退美军。国王山的地理条件对弗格森来说十分有利，这里被森林覆盖着，只有南面有一个大峡谷，可以说是险要的军事位置。美军想要攻打此处，唯一的办法就是从北边开通道路，于是美军召开了军事会议，希望能够确定下一步的行动方案。经过多人讨论，方案最终形成：美军将所有马匹全部留在山脚下，并命人看守；而其余的人则分成三路，由谢尔比和坎贝尔配合从中路发动进攻，赛维耶和麦克道尔则从右路进攻，从左路进攻的是克利夫兰和威廉姆斯，三路军队同时攻击；他们还规定，战斗一旦开始就得随机应变，可以暂时躲避，但绝对要坚持作战，在战斗结束之前不允许撤离战场。

凌晨4点，美军左翼部队的枪声预示着战斗开始，然后中路军紧随其后，英国军队虽然展开反击，但坎贝尔却命令士兵分散开来，以树木作为掩护，瞄准敌人后再开枪。弗格森的军队被这样的战术激怒了，他们没有了耐心，从山上冲下，试图引出躲藏的士兵，但还没有冲出去便被左翼和右翼的部队包围。在这种灵活的战术之下，弗格森完全没有了胜算，战争开始没多久，弗格森便陷入了美军重重的包围之中，绝无突围的可能。不少英军士兵已经战死沙场，这让其余的一些士兵也开始逃离战场，但弗格森却没有退缩，直到他被命中头部，此时英军的抵抗已经毫无意义，于是选择了投降。在这场战斗中，美国军队只损失了20人，英国军队却损失了300名士兵；美军的威姆斯·威廉姆斯上校在战斗中牺牲了，他也因此被称为率领96军的“最勇敢的军官”之一。此外，美国军队还抓获了810名英军俘虏，但这些人中只有100人是正规军，剩余的基本都是亲英分子。之后，军事法庭开庭审理这些战犯，不少战犯因危害国家独立罪成立而被判处绞刑，这一刑罚实际上是为了给卡姆登战役中牺牲的美军报仇。因为卡姆登战役之后，很多美国士兵也被英军实施绞刑。同时，那些准备袭击弗格森的山民们也和美国大陆军会合，在得知战争胜利之后，他们又心急地返回自己的家乡。从战争的整体局势来看，国王山的这场战役很大程度上扭转了南方的战局，因为弗格森的牺牲，康沃利斯进攻北卡罗来纳的计划无法进行，导致英军进一步攻打南方的计划失败。现在让康沃利斯头疼的事情是南卡罗来纳的情况，英军在气势上绝对抵不过英勇的山民，但如果美军此时攻打南卡罗来纳，那么现阶段英军取得的胜利很有可能功亏一篑。于是，康沃利斯决定以最快的速度返回南卡罗来纳，希望能够集合现有的力量抵抗美军。10月14日晚上，撤退行动开始，但由于军事物资过多不利于行军，一路上他们丢掉了20辆运输车，南方雨季的到来让行军路途更加艰难。无奈之下，他们在卡托巴驻扎了两天，期间，他们再次被山民袭击。山民们切断了他们的粮草补给，摧毁了营地的岗哨，英军遭到了巨大的打击，粮草缺乏和身体疾病的双重打击，他们的锐气早已不比之前。接近半个月的时间，英国军队士气就是这样低沉，当他们到达南卡罗来纳的温莎堡时，康沃利斯写了一封信，这封信是给莱斯利将军的，希望他能够攻击北卡罗来纳，从南北两面夹击美军，打散美军。随后，康沃利斯便驻扎在温莎堡，等待着接下来的行动。

国王山的大战进一步增强了美军的士气，弗朗西斯·马里恩被南卡罗来纳的总督任命为准将，这位年过50的将军手下的部队基本都是一些民兵和山民，虽然人数不够稳定，但这位将领对他们的关心远远超过了对自己生活的关注。他们主要在匹迪山和黑河活动，整个部队的生活都十分简朴，日常的食物主要是土豆，睡觉用的毯子都是两人一条。马里恩的军事能力是不容置疑的，他战斗经验丰富、有勇有谋，曾带领着几十个人便炸毁了敌人在查尔斯顿周围的要塞，同时还切断了查尔斯顿和卡姆登之间的联系路线。因为他的神出鬼没，英军称之为“老狐狸”。塔尔顿是目前查尔斯顿驻守军队的将领，他对“老狐狸”早有耳闻，对他的恨意一刻也未减少，他希望自己能够将“老狐狸”从查尔斯顿清除。于是，塔尔顿带领一支轻步兵赶到沃特里，但马里恩早已知道了一切，命部队紧跟敌军。塔尔顿命令部队兵分两路，夜晚会合，虽然马里恩开始没有意识到这一点，但在跟随一支部队的时候，马里恩得知了这一消息后立即撤退。经过7个多小时的周旋，他们最终从沼泽地突围，只有十几名士兵落入了敌人手中。

马里恩的这场战斗失败后，萨穆特回到了战场上，他精力旺盛，不知疲惫，带领部队在桑迪河一带活动，不仅击退了英军，还斩杀了一名敌人军指挥官。之后，他率领部队顺利渡过布罗德河，与克拉克会师。而在沃特里的战役取胜后，塔尔顿有了进一步行动，他准备以最快的速度袭击萨穆特，但不巧萨穆特从一名士兵的口中得知了这一消息，准备迅速渡过爱诺里河，这样敌人的威胁就不存在了。为了阻止萨穆特的计划，塔尔顿带领200多名轻骑兵赶到了河边，阻击他们。下午5点，英军发动进攻，战争持续到夜晚，美军三死四伤，萨穆特本人也受伤了，但没有倒下，一直到战争结束。

萨穆特知道在这样的情况下渡河已是痴心妄想，于是便驻扎在斯托克山上，山前的那条溪水变成了天然的屏障。萨穆特利用河边的谷仓作为碉堡。塔尔顿则驻扎在美军的对面，等待援军，他的骑兵们此时正在喂马，而萨穆特抓住时机，趁其不备，发动攻击，这一招果然有用。接着，萨姆特便顺利渡过了爱诺里河，塔尔顿没有再追赶，只是在美军撤退之后宣布了自己的胜利，但实际上他们损失惨重。

马里恩和萨穆特在战场上浴血奋战的时候，盖茨集结了之前的部队，但除了民兵，军队只有1400人，这样的军队实际上并没有什么战斗力。在上次的失败后，盖茨的军队一直十分低沉，他们有些绝望。士兵们的物资供应也无法满足，无论是饮食住宿还是保暖，都没有足够的物资。盖茨接受不了这个事实，那场战斗严重打击了他的虚荣心，也使他失去了官兵的信任。当康沃利斯从夏洛特撤退后，盖茨便将这一地区当作自己的活动地点，在此地驻扎，准备过冬。但生活对盖茨的打击并没有停止，他的孩子去世了，同时大陆会议宣布了对他的罢免。华盛顿通过信件安慰他，希望他能够尽快恢复，准备指挥左翼部队。华盛顿的来信让盖茨看到了希望，他十分激动，不断亲吻信件，他对华盛顿此时的恩惠十分感激。

12月2日，格林将军到达夏洛特，在前往南方的过程中，他安排了各个省的物资运输工作，并命令托伊本男爵留守在弗吉尼亚，负责物资运输。到达夏洛特的第二天，格林将军接受了指挥官一职。按照大陆会议的指示，他需要和其他军官成立调查委员会，但当时的情况不允许，盖茨也没有心情为自己辩护。如果在这样的状况下强制展开调查，是不符合人道主义原则的行为。于是，格林将军提出修改命令的请求，但盖茨希望委员会对自己展开调查，因为他很清楚现在的状况，只有军事调查才能还他清白，否则他将永远活在阴影之中。但最终调查委员会没有成立，盖茨此时已经回到自己在弗吉尼亚的农庄，他没有回家，而是选择了北上。12月7日，格林将盖茨去北方前线的消息告诉了华盛顿，这两个人的支持让盖茨想开了很多，他对这两个人的反感已经完全没有了。弗吉尼亚议会对盖茨也是十分欢迎的，当他到达时，甚至开了一场欢迎会，这是对盖茨最好的肯定，同时他们也希望在这场独立战争中盖茨能够拿出更好的成绩。

第六章　阿诺德踏平里士满

南方的战事越来越紧张，华盛顿为此一直劳心劳力。内心苦闷的华盛顿还向富兰克林诉说过自己苦恼，华盛顿在信中提及法国的第二批援军迟迟不到的事情，他们本来计划着在法国援军的帮助下扭转战局，但现在法国海军不断延迟抵达日期的行为，已经让美军处在了不利的位置上。从海军的实力上比较，美国海军和英国海军差距太大了，他们能做的仅仅是眼看着英国海军舰队从纽约不断地前往南方的战场。12月20日，英国最后一批海军舰队从纽约出发，他们正在开往莫里斯顿，这是一支由英国士兵和德国士兵组成的战队，大部分士兵都是莱斯利将军的手下，大概有1700多人，而负责指挥的军官是阿诺德，他现在已经是准将了。但由于亨利爵士对阿诺德的人品不完全认同，所以这支舰队还有其他2个指挥官——邓达斯和西姆，且亨利爵士命令阿诺德在遇到重大问题的时候，必须征求两位将军的同意。他们现阶段的主要任务就是侵入弗吉尼亚州，在这里炸毁美国军队的军需用品仓库，将亲英分子集合在一起，随时准备接应康沃利斯。阿诺德对于美军的仇恨已经到了极致，这次出兵他发誓要打败美军。看着南方战场上英军的势力不断增强，华盛顿十分忧心，兵力和资金的严重缺乏使华盛顿的下一步计划无法展开。为了解决这一问题，华盛顿甚至请求大陆会议申请海外贷款，经过多次申请，大陆会议终于批准了。12月28日，约翰·劳伦斯被任命为特派专员，负责前往法国申请贷款一事。他本是华盛顿的警卫员，他十分清楚美国军队现如今面临的状况，也很理解华盛顿现在的心情。在出发之前，华盛顿不断叮嘱他一些事情，甚至考虑到了细节上的很多问题；又担心出现问题，同时还交给了劳伦斯一封信件，希望能够在紧急的时候对他有所帮助。华盛顿在信中再次强调劳伦斯此次出行的目的，希望他能够申请到一大批贷款，帮助美国克服这次的困难，帮助国人重新树立自信；除了申请经费之外，华盛顿还表示希望能够向法国申请一些援军，美国这次面临的兵力和军费短缺的问题能否顺利解决和他们存在很大的关系。劳伦斯还没有出发，战场就传来了一些新的消息，这加重了他此行的负担。

由韦恩将军指挥的宾夕法尼亚军队已经驻扎在莫利斯顿周围了，六个团的士兵正面临着寒冬的考验，士兵们没有过冬的棉衣棉鞋，单薄的衣物让他们在寒冷中瑟瑟发抖，甚至连睡觉的毯子也只能是三个人共用一条。士兵们已经有一年的时间没有领到军饷了，在艰难的生存环境下，士兵们的积极性也在不断衰减，韦恩将军看着眼前的一切感到十分心痛，却无能为力。虽然他是指挥官，但他的生活状况几乎和士兵们差不多。为了能够平衡士兵们的心理，鼓舞大家的士气，韦恩将军将自己的一些衣物拿出来分享给士兵们，希望能够帮助他们抵御严寒，他还在寒风中坚持和士兵一起训练。在这样的环境中，很多士兵在服役期满之后决定退伍回家，然而军饷的拖欠让他们很不爽。很快，新的一年到来了，1780年的1月1日注定不平静。由于长期拖欠军饷，部分士兵集合在一起，准备前往费城讨要军饷。韦恩在得知这一事情之后，想尽一切办法劝阻他们，但却没有起到任何作用，情急之下，韦恩甚至用枪对准了他们的脑袋，希望能够起到震慑作用，但现实却是士兵们用刺刀对着韦恩的喉咙，让他让开。士兵们保证自己仅仅只是希望讨回应得的军饷，并没有任何投敌的想法。此后，军队中也出现了一系列讨要军饷的行动，都出现了流血事件，一名上尉甚至因此牺牲。随着事态严重性的加剧，造反势力在军队中的影响越来越大，不少造反的士兵以生命作为威胁，强迫一些没有想法的士兵参加进来。这使得造反的士兵人数不断增加，甚至最后达到1300人左右，他们抢了军队的6门野战炮，准备前往费城。虽然士兵们没有其他的想法，但韦恩却担心他们会被有心人利用，为了防止事情进一步恶化，韦恩派遣了新泽西的一支部队前往查塔姆，希望当地的民兵能够帮助他们。全国几乎进入了紧张的状态，此时韦恩尽力保持着理智，密切观察着发生的一切，希望自己能够对形势作出准确的判断，并采取相应的措施。首先韦恩派遣了两名军官快速赶往费城，通知大陆会议，造反军队即将抵达，希望他们能够想好应对之策；其次，他给华盛顿写了一封信，将现在的情况进行了简单的说明；最后，韦恩带着巴特勒和斯图尔特追赶造反军队。他希望通过自己的努力能够阻止造反部队前往费城，即使不能成功也可以将危害降到最小。

1月3日，正在纽温莎的华盛顿得知造反军的事情，他本想派兵镇压，但经过几分钟的冷静思考，他意识到现在不是派兵的最好时机，时间上存在着问题，当援军赶到的时候，造反军可能已经回到了自己的军营之中，或者大陆会议早已掌控了局势。而且，和造反军相比，自己军队的状况也不太好，况且此时哈德逊的防线很脆弱，一旦稍有放松，西点肯定会受到英国军队的袭击。考虑到这些现实的状况，华盛顿还是决定留在纽温莎，他只能写信告诉韦恩希望他能够理智处理，避免冲动，最好不要用武力方式镇压，以免将士兵推向敌人。华盛顿认为最好的解决方式是韦恩前往特拉华与造反军的组织者进行谈判，尽量满足他们提出的要求，同时派诺克斯前往东部各州，告诉他们实情，然后想办法尽快解决军队物资经费短缺的问题。

正如华盛顿所想，亨利爵士在得知美军造反的消息之后，进行了一些部署，希望能够使形势朝着有利于自己的一面发展。1月4日，天降大雨，亨利爵士指挥手下的一支舰队逼近塔滕岛，这一行动的目标有两个：一个是进军新泽西的安博伊，说服造反军投靠英军；而另一个则是企图进攻西点，当时华盛顿并不在西点，是一个很好的时机。1月3日，韦恩在米德尔布鲁克追到了造反军，带领这支造反军的是一个英国的逃兵，整个军队都是通过暗号指挥沟通的，经过韦恩苦口婆心地劝说，一小部分士兵接受赔偿放弃了造反，但大部分人没有同意，他们准备在第二天就向普林斯顿进军。而韦恩将军则希望他们能够走特拉华的方向，因为这样可以减少敌人对他们的干扰，然而造反军没有听从建议，仍然按照原计划行军，这就使得韦恩不得不紧随其后，以免发生意外。韦恩在军队的地位显得十分奇怪，他虽然是军队名正言顺的指挥官，但没有得到任何实权；造反军也并不听从他的指挥，大家只知道造反头子。

宾夕法尼亚军队发生的造反事件确实震惊了大陆会议，于是他们任命里德作为委员长和造反军的头子进行谈判。里德率领的骑兵在特伦顿安营扎寨，然后通知韦恩，希望能够在下午4点与他见面，地点约在距离普林斯顿4英里的地方，同时希望韦恩告诉造反军，如果对方同意谈判，他会答应对方所有的要求。韦恩选择将这封信读给所有的造反军，结果很明显，我们看到了这封信的作用，很多人被州长以官职作为交换维护他们利益的行为感动了，这动之以情、晓之以理的语言激起了他们内心最柔软的思乡之情。士兵们将信使围住，他们想了解更多关于州长的为人，与此同时，韦恩与州长约定在7日见面，但他其实并没有把握自己可以按时赴约，因为他现在可以说是被囚禁在造反军之中，只有对方同意，韦恩才能够离开。

亨利爵士确实派遣了两名间谍出动，他们带着一封信，希望能够鼓动造反头子投敌。造反军虽然对自己的政府存在一些不满，但这并不代表着他们愿意成为间谍。这两名间谍被韦恩发现，他们随身携带的信件自然也落在了韦恩的手中，造反军因为此事轰动一时。里德已经不能接受事情进一步恶化了，于是在危险之下和造反军的头子见面，他到达营地的时候，发现士兵们队列整齐地欢迎着他的到来，几发大炮似乎让场面更加庄严了。谈判开始，造反军便提出了自己的要求，他们希望士兵们在服兵役期满之后可以退役，同时对于拖欠没发的军饷，士兵们希望政府能够开具有效的证明，并且在现阶段为他们提供必要的军需物资。这些要求都得到了里德的允许，谈判可以说是很成功，然后造反军十分高兴地前往特伦顿，这是签署条约的地方。而亨利爵士派遣的两名间谍则被移交军事法庭，最终被判处绞刑，就在特伦敦周边的一个十字路口执行。

华盛顿知道事情圆满解决之后，并没有特别开心，他内心感觉到了一丝不安，这一条约的签订是否会影响其他的军队呢？事实证明，他的担心并不是毫无道理。1月20日，新泽西的一群士兵因为同样的理由在盘普顿集合，他们要求与宾夕法尼亚的军队获得同等待遇，否则会马上造反。这种混乱的情况让亨利爵士再次看到了机会。他派遣部队到达斯塔滕岛，再一次派出间谍企图说服新泽西的士兵。在听到这个消息之后，华盛顿并没有像之前那样柔和处理，反而采取可十分强硬的措施。这可能是因为与宾夕法尼亚部队相比，新泽西的军队数量上较少，且他们大多数人并不是本国的士兵，外国士兵居多的情况似乎让华盛顿的同情心理减少很多。他对自己的手下有着绝对的信任，他确信东部各州的士兵会服从指挥；而对于那些造反的士兵，华盛顿在进行一系列调查之后，便严厉处理了几个带头者，可以说是杀鸡儆猴。同时，华盛顿还发表了公开演讲，通过他的一系列措施，不少士兵举手投降，士兵们造反的事情就此解决。通过整个事件，我们可以看出美国军队内部的团结，无论他们之间存在什么样的问题，但在面对外敌的时候大家绝对是团结爱国的。

除了造反事件的平息，让华盛顿更加开心的是《联邦条约》的签订。其实这个条约的草案在1775年就被提出来，当时是富兰克林交给大陆会议的，但1776年大陆会议才开始成立委员会讨论这一草案，1777年这一草案通过。但由于很多州都不同意，议案便被暂时搁置了。现在，这一条约终于被签署，华盛顿十分开心，条约的签署意味着美国独立战争取得胜利的日子已经不远了。

阿诺德在到达美国之后，曾经夸下海口，说自己一定会踏平美洲大陆，但如今天气的状况越来越糟糕，阿诺德只能在港口躲避，什么也做不了，他的舰队早在海浪之中受到重创。当他到达切萨皮克的时候，已经是年底了。弗吉尼亚没有任何防备，由于施托伊本男爵早已调遣该地的主力军去支援南方的格林将军，这里的兵力现在只有600人左右。当杰弗逊州长听说敌人的舰队抵达时，只好快速召集民兵，这并不是一件容易的事情。刚过新年，阿诺德便扫荡了此地，虽然他一直希望活捉杰弗逊州长，但是州长在几天之前就已经逃离了里士满，他在渡过詹姆斯河的时候看见了阿诺德的军队进入里士满，可以说只有一步之遥。当地的很多军民也只能逃到农村，而那些实在逃不走的人就坐在了周边的山上。留在里士满的军队只有200人左右，自然不是阿诺德的对手，没几天的时间，他们也投降了。就这样，阿诺德占领了里士满。同时，阿诺德向州长提出了很过分的要求，比如让弗吉尼亚拱手让出烟叶，这必然得不到允许，于是阿诺德便以此为理由对城市展开炮火攻击，整个城市在瞬间变成了一片废墟。阿诺德像强盗似的进入仓库搜刮烟叶，并将其占为己有。而此时，西姆上校则在距离阿诺德6英里的地方炸毁了美军的弹药库，然后赶到此处和阿诺德会合。

随后，阿诺德在维斯托夫上船，沿着詹姆斯河一路行军，无恶不作。施托伊本男爵也组织军队阻拦过，纳尔逊将军的部队也火速赶了过来，和阿诺德的军队交锋了几次。虽然在这几次的战斗中阿诺德也受到一些损失，但这并没有阻挡他的行程。1月20日，阿诺德到达了朴茨茅斯，并驻扎于此地。施托伊本本想将阿诺德从詹姆斯河流域驱逐出去，但在兵力对比悬殊的情况下，这根本不可能实现。于是，他改变了计划，决定召集现有的兵力包围阿诺德，这最起码可以制止他继续南下。阿诺德从里士满离开后，杰弗逊州长回来了，看着自己的家乡面目全非，他内心十分痛苦，也很愤怒。于是，他给华盛顿写了一封信，在信中严厉抨击阿诺德的行为，痛斥了他通敌叛国、烧杀抢掠的举动。华盛顿十分清楚，这所有的一切不过是康沃利斯计划中的一部分，在整个战场中，里士满的遭遇甚至不值一提。所以，华盛顿建议杰弗逊州长打消派兵里士满的念头，而将注意力放在南方战场的部署之上，只要这一问题得到合理的解决，里士满自然会恢复平静。

大陆会议在此时也通过了一项重要的决议，华盛顿明确提出，大陆会议的体制问题造成如今军队经费短缺的现象，同时大陆会议在工作中存在的一些问题也应当尽快解决，改变工作方式。现在，大陆会议的工作主要是通过委员会讨论决定各项事情，但这样的工作方式在客观上造成了工作效率低下、所需经费较高的问题，甚至还会使大陆会议的工作保密度不断降低。针对这些问题，大陆会议施行改革措施，首先任命了一些部长、外务大臣、陆军大臣、海军大臣、财务主管等，这些改变让华盛顿十分开心，因为这意味着他的压力减少了很多。同时，苏利文将军在向华盛顿咨询财政主管人选的时候，表示有提名汉密尔顿将军的打算，但华盛顿没有打算替汉密尔顿做主，他希望能够征求将军本人意见。华盛顿只是表示十分支持汉密尔顿，因为在现今的美军之中，能够与其相比的人确实不多。汉密尔顿可以说是华盛顿看着成长起来的人，在担任警卫官的4年时间中，他进步了很多。华盛顿对他的重视使其在30岁成为上将，这是在美军中十分罕见的。这一事件过去没几天，华盛顿和汉密尔顿之间便产生了一些误会，这件事情还需要从汉密尔顿写给岳父的一封信中说起，他在信中提到几天前的一件事情：有一天，汉密尔顿赶着去寄信，在楼梯口碰见了华盛顿，华盛顿叫住他，有几句话想说。但汉密尔顿因为赶时间，便让总司令等了几分钟，急着下楼送信，回来的时候碰见拉斐特侯爵，简单说了几句之后便赶紧上楼去见总司令，但此时总司令已经走了。汉密尔顿当时想，可能是华盛顿有急事要处理吧！但第二天再碰见拉斐特侯爵的时候，却被告知不应该让华盛顿一直等着他，且等了10分钟左右，这对于警卫员来说是不应该的。汉密尔顿觉得十分委屈，因为他并没有要求总司令等他那么久，于是他猜测可能是华盛顿对自己存在一些不满，这样的状况让他感觉到自身可能存在一些危险。虽然汉密尔顿向岳父抱怨了这件事情，但斯凯勒十分清楚，华盛顿并不是那种小心眼的人，可能是汉密尔顿的一些做法过于夸大，才使华盛顿心有不满。汉密尔顿已经在司令部待了4年，他希望自己可能获得一个更好的职务，比如指挥官，那样便可以单独带领军队。在斯凯勒将军离任的时候，汉密尔顿便提过请求，但华盛顿没有允许，因为在他看来，汉密尔顿的经验还不够，这也让他对华盛顿的不满度增加，他始终觉得华盛顿没有再提携自己的意思，也许这就是人的贪欲吧！汉密尔顿无法忘记自己想当指挥官的想法，于是便直接向大陆会议提交了申请。这件事情跳过了华盛顿，让他心里有些不满，因为在他眼里，汉密尔顿只是还没有成熟，但绝对是有能力的人，只需稍加磨炼即可。这一事件的发生说明了汉密尔顿已经厌烦了司令部的生活，他需要更加广阔的空间。

第七章　英美激战，伤亡惨重

摩根军团在帕考利河渡口防御的时候，塔尔顿发现了他们的行踪。康沃利斯应该驻扎在温莎堡，和这里相距70英里。此时，莱斯利将军带着1500名的士兵来到了查尔斯顿，他们是从弗吉尼亚过来的。这意味着康沃利斯的军队实力进一步增强，于是他开始计划再次进攻北卡罗来纳。首先，康沃利斯准备亲自带领军队包围格林将军，使其孤立。这样格林就只剩下两个选择，要么和他直接开战，要么举手投降，相信格林那么刚强的性格必然不会投降，因为那是一种侮辱。与此同时，康沃利斯早就派罗登勋爵带着部队驻扎在卡姆登的中心据点，这样可以有效限制美军真实力量的发挥。根据亨利爵士的情报，摩根军团已经过了卡托巴和布罗德河，现在正在向96区前进。于是，他命令塔尔顿带领355名骑兵阻拦摩根军团。12月12日，主力部队在康沃利斯的带领下到达了罗德河的西北角，便于随时渡河，如果塔尔顿的行动失败，那他将会负责阻截摩根军团，最终的目的就是不让摩根军团和格林将军相遇。而莱斯利将军的军队也在向卡巴托赶来，相信很快便回到达布罗德河。总之，康沃利斯已经制定了十分完美的计划，这场大战必胜无疑。

塔尔顿在几天之后，经历了各种困难，终于发现了摩根军团的踪迹。他将自己的计划告诉了康沃利斯。一方面，塔尔顿将采取强制性的措施渡过帕考利河，迫使摩根军团撤退，但塔尔顿需要康沃利斯把军队的主要力量聚集在东岸，以便采取行动。就这样，康沃利斯把主要的军队力量调到了土耳其溪。而摩根军团则将北卡罗来纳和乔治亚的民兵调了过来，最起码保证了自己和敌人的兵力相当，虽然在战斗力上不能与对手匹敌。15日晚上，塔尔顿率领军队到达帕考利河，他们发现河对岸竟然还有美国军队，所以没有继续前进。第二天凌晨，塔尔顿顺利渡过了帕考利河，晚上10点到达摩根军团的驻扎地。从现场的痕迹可以看出，这里的美军应该是刚刚离开，塔尔顿在休息片刻之后，又继续追赶美军。17日的凌晨2点钟，塔尔顿终于抓到了两名摩根集团的哨兵，从他们的口中，塔尔顿得知摩根军团的最终目标不是躲避和撤退，而是作好开战的准备。实际上，摩根所接到的命令是渡过罗德河后往山里面撤退，但由于行军时间过长，军队已经筋疲力尽，如果再接着行军，很有可能会与敌人相遇，于是他决定开战。当然这也是军人荣誉感的驱使，现在摩根军团暂时停留在汉纳·考盆斯的农场，这里原来的主人是汉纳。这个农场地域广阔，是骑兵作战的不二选择。摩根命令自己的部队驻扎在高处，但没有在左右两边修建任何防御工事，这一地点唯一的不足之处便是地理条件阻断了他们后退的道路，看着汹涌的布罗德河，想要从这里撤退是不可能的。正处于涨潮时期的布罗德河没有给摩根军团任何考虑的机会，这一战必须胜利，否则就为国牺牲。观察周围的地势，摩根军团发现了两个高地，他们将据点建立在最高的位置，军队被分成两路：皮肯斯上校带领着南北卡罗来纳的民兵，其中不仅有北卡罗来纳的先头部队，还有狙击队，他们是由佐治亚州义勇军的枪手组成的；霍华德上校负责轻步兵和弗吉尼亚的狙击手，他们在高地的顶部建立了一个据点，这场战争的胜利关键在于霍华德上校带领的军队，他们被寄予了很高的期望。

17日凌晨，塔尔顿来到了这里，他观察了美国军队的部署，但没有发现有什么不一样的地方，于是简单安排之后准备开始战斗。塔尔顿组织了一个轻步兵的战队，负责两翼的战斗，剩下的骑兵则作为后备队，也正是这么简单的安排导致了战争最后的失败，这样的安排无疑是对美军的轻视。英国军队本就行军一夜，早已疲惫不堪，这与刚刚休息了一个晚上，并且吃了美味早餐的美军相比，早已处于下风，不仅体现不出英军的优势，反而在战斗力上也处于不利的地位。塔尔顿的轻步兵毫无疑问地落进了摩根军团的圈套之中，自然倒下一片。瞬间，血染沙场，不忍直视。当双方用刺刀交锋时，均出现了伤亡。一个小时后，摩根军团撤到山上，英军见此状况，全力追击，但实际上这是另一个圈套。敌人已经没有反败为胜的机会了，只能举手投降，这场战斗中，美国军队收获颇丰，除了缴获不少大炮之外，还抓到了一批英军的骑兵俘虏。

此时正在土耳其溪的康沃利斯坐等着塔尔顿的好消息，但他没有想到的是塔尔顿竟然战败了，这个消息让人难以相信，康沃利斯甚至开始怀疑情报的真实性。第二天凌晨，康沃利斯看到几名骑兵护送早已伤痕累累的塔尔顿来到军营的时候，他彻底相信了，英军在对抗摩根军团的战斗中失败了。19日，康沃利斯和莱斯利的部队顺利会合，之后他们便前往国王溪。此时，摩根军团的指挥官摩根早已将这一消息告诉格林，格林将军则上报给华盛顿，这次战争的胜利让不少美国士兵重新燃起了自信。

格林将军的情报显示，阿诺德在威尔明顿登陆之后，正前往费尔河角，在这里，他们将会和菲利普的军队会合。于是，格林将军决定采取行动阻止他们会合；同时，格林也向摩根军团派遣了一些士兵作为支援。战争中的俘虏则由斯蒂芬将军带领弗吉尼亚民兵团押送，与此同时，格林还以书信的方式通知了北卡罗来纳和弗吉尼亚的州长，希望他们能够支持美军，又把征兵的任务交给了施托伊本男爵。在安排好这些事情之后，格林命令哈杰尔上将带领匹迪河分队前往索尔兹。他亲自率领一支轻骑兵向摩根军团进发，会合之后，他们计划阻拦阿诺德。由于前往摩根军团的路途十分遥远，道路也艰险，行军过程对他们来说是痛苦的，经过几天时间，他们终于在1月31日的晚上到达了卡托巴营地，看着河对岸敌军的军营，除了攻击敌军强行渡河之外，没有其他选择。格林推测康沃利斯这个举动是为了能够和阿诺德把会合时间提前于是格林通知哈尔杰上将，命令其快速行军，最好能够在两人会合之前将康沃利斯的军队一举歼灭。

实际上，在威尔明顿登陆的不是阿诺德的全部军队，只是一个分遣队，他们主要的任务是在查尔斯顿建立一个仓库，用于军事储备，他们十分轻松地便占领了威尔明顿。知道这一消息之后，格林马上改变了计划。从目前的状况来看，英军的军需物资缺乏，如果此时能够大力攻击，一定会将其彻底摧毁。于是，格林打算改变战略，新的作战计划很快就形成了。格林命其部队不断骚扰敌军，但绝不与其正面交锋，这样敌人就被有计划地引到了一些比较偏僻的地方。这一作战方案参考了华盛顿的战斗经验，十分有效。30日的夜晚，摩根军团低调出发，希望能够提前到达弗吉尼亚。格林则按兵不动，监视敌人，只有康沃利斯渡河，他才会下令出击。31日，卡托巴的水位下降了，英国军队便开始准备渡河。为了减少渡河的难度，康沃利斯使用了障眼法，他先是命令韦伯斯特和塔尔顿带领一小拨人攻打美军的军事据点，而在这里驻守的人是戴维斯上校。实际上，他真正想要达到的目的是带着军队的主力从麦克高万斯渡口登陆。第二天凌晨，康沃利斯便带着军队出发，在大雨的冲刷下，道路十分艰险且难行，他们整整走了一个晚上才到达目的地。更让英军惊讶的是，这里的防守森严，河对岸的美军火力非常集中。

眼看着卡托巴的河水开始快速涨高，河面的宽度已经达到了300码，如果不抓住这个时机，英军就没有机会了。于是康沃利斯命士兵快速渡河，在水中的动静一定要小，为避免美军发觉，最好不要开枪，否则会暴露身份。而下着大雨的夜晚确实给他们渡河提供了很好的掩护，但当他们走到水中央的时候，美国的哨兵发现了他们，哨兵在连续3次问了口令之后，并没有得到任何回应，于是便开枪，这吓着了英军的向导，他逃走了。霍尔不得不继续带着部队渡河，他们的目标就在前方，而他已经看好了一个没有人防守的地方，一定可以渡河成功。此时美军军营听到枪声之后，立刻进入战斗状态，机枪扫射之下，3名英国军官丧命了。霍尔上校拼命还击，但很快他便中枪了。戴维森继续带领军队朝着登陆点逼近，英国军队一上岸便马上展开还击。双方交战后，美国军队伤亡大约有40人，剩下的人则逃跑了。戴维森上校坚持到最后一刻，但当他准备撤退时还是不幸中枪了，一击致命。塔尔顿则带着骑兵继续追击，大多数的民兵已经逃走了。塔尔顿可能是为了洗刷自己的耻辱，他一直带着军队追到卡托巴河附近，然后抓了几个民兵。之后，塔尔顿表示自己在这场战斗中一共击毙了50名美军，但另一名军官表示他仅仅击毙了10人，具体的数字我们已经无从考究，但大概的数字我们还有记录，应该是40人左右。塔尔顿对自己在这次战斗中的行动十分满意，于是回去和康沃利斯会合。实际上，如果塔尔顿继续追击，他便可以抓获格林将军。格林在听说塔尔顿已经渡河之后，就一直在等待着民兵。凌晨，他听说民兵逃散的消息，并且得知戴维森将军已经牺牲，于是马上启程，希望能够早日与摩根军团会合。他独自一人艰难地在道路上前行，直到中午才抵达索尔兹波里，身心疲惫的情况下，他选择了一家小旅馆稍事休息。在这里他碰见了老板娘斯蒂尔太太，她对格林将军的事迹早有耳闻，并且十分敬佩他。在斯蒂尔太太的带领之下，格林将军来到了一个小屋子，斯蒂尔太太从一个十分隐秘的地方拿出一个小箱子，并将其交给格林将军，原来里面装的都是钱。这一举动让格林将军十分感动，他十分正式地向她敬了一个礼，表达自己的感激之情。这实际上是独立战争时期发生的十分感人的爱国故事之一，也正是因为有斯蒂尔太太这样的爱国人士，美国军队才能够从最潦倒中走出来坚持战斗，直到胜利。

在渡过卡托巴河之后，康沃利斯一直在等着运输辎重的部队到来，因此行军速度并不快。2月1日，他们到达了离索尔兹伯里5英里的地方。格林将军和休杰上校胜利会合，马上召开了军事会议，对关于是否开战的事情展开讨论。当时参加会议的很多将军都表示反对，因为目前为止他们手中的兵力加起来只有2500人，且部分士兵处于病中，战斗力很弱。经过讨论，大家决定撤退。格林将军调整作战方案，准备带领军队渡过丹河，然后再向弗吉尼亚进军。而康沃利斯的目标就是阻止格林将军成功完成此次任务，他准备从东西两路阻拦美军，在丹河的东岸截住他们。根据康沃利斯的情报，丹河现在的水位正在上涨，这也就意味着美国军队必须依靠船只才能够顺利渡河，但就目前的状况来说，他们船只的数量不够。基于这一情报，康沃利斯决定切断美军后路，将其逼到无路可走的境地后一网打尽。但是，康沃利斯忽视了形势的发展，当地的渔民给了格林将军很大的帮助，他们提供了足够的船只，仅仅几个小时的时间，河岸边便停满了各种渡河的工具。所有的事情安排完毕后，格林将军带领军队开始渡河，摩根将军负责殿后，他手下现在有700名骑兵。15日，美国军队在英国军队之前到达了弗吉尼亚。

由于格林将军得到了人民的帮助，康沃利斯只能放弃追击，撤到北卡罗来纳。英军撤退之后，格林将军命令李上校带领两支轻步兵渡过丹河，与康沃利斯抗衡。2月20日，康沃利斯到达希尔斯堡，在这里，康沃利斯发表了公开声明，他认为英国军队之所以能够驱逐叛军是因为上帝的保护，于是他希望英国的臣民能够带上武器和干粮在英王的旗帜下集合，如果谁能够招募一个连的兵力，那么就会得到金钱和土地。他本希望自己的这一举动能够增强英国的兵力，但实际上收效甚微，希尔斯堡周围的人民几乎没有人配合。大家所希望的是真正的和平，不希望加入战争。而且不少人认为虽然大陆军现阶段被驱赶出去，但不久之后他们还会再次回来。面对这种情况，塔尔顿不得不亲自上阵，召集豪河与迪普河周围的亲英分子。与此同时，格林将军也得到了这一消息，英军还散布谣言，说现在已经招募了7个团的兵力。当然，格林将军知道这不是事实，他现在忧虑的是需要尽快对英军发动进攻，不然他们的兵力会覆盖整个北卡罗来纳。于是，格林将军制定了渡过丹河袭击康沃利斯军队的计划，这一计划于23日开始执行。

这时，在希尔斯堡周围的李上校和皮肯斯上校也在寻找机会，他们听说塔尔顿在霍河附近招募军队的事情，有去看一看的想法。他们先派人前去打探情况，自己则埋伏在霍河周围，侦察兵带回来的情况是他们与塔尔顿的军营之间只有3英里。他们决定立刻出击，打对方一个措手不及。在行军途中，他们看到了一支部队，大概有300人左右，理所当然地认为这就是塔尔顿的部队，便与之展开斗争。在疯狂的炮火攻击之下，“敌人”四处逃窜，伤亡众多。但在战斗结束之后他们才知道，原来他们所攻击的并不是塔尔顿的军队，只是一支亲英分子，其带领者是派尔上校。但现在追击塔尔顿已经来不及了，因为枪声一响，塔尔顿已然撤退，李上校和皮肯斯上校失去了这个机会，他们在这次战斗中太过凶残，因此很多英国的历史学家认为这就是一场赤裸裸的屠杀。

康沃利斯没有想到格林将军会带着军队回到北卡罗来纳，这彻底打乱了他征兵的计划，因为很多亲英分子在听到康沃利斯回来的消息后便逃走了。康沃利斯对于这样的状况也无计可施，只能放弃希尔斯堡，带领军队渡过霍河，驻扎在阿拉曼溪。由于粮草不够，他们希望在这个地方能够征集到一些粮食。这个地方的地理位置很好，它是索尔兹波里、吉尔福德、洛克福德、克洛斯和希尔斯堡公路的交叉口，同时还和威尔明顿连接，英国军队不久之前在这里建立了一个军需仓库。而格林将军此时就驻扎在离这里15英里的地方，格林计划从北边彻底断了敌军的退路，但由于现在军队的力量还不够，所以他必须等待援军，在这期间，他只是不时地动用一小部分军队骚扰敌军，但不与其发生较大的冲突。接连两天的时间，华盛顿命令皮肯斯和威廉姆斯的轻骑兵不断转移地点，和塔尔顿的部队相遇了很多次，都以胜利结束战斗。3月6日，康沃利斯得知威廉姆斯的骑兵防守很弱，他抓住这一机会攻击美军的营地，希望惹怒格林，以期在美国的援军抵达之前开始大战。但他们的行动却被美军提前发现了，威廉姆斯早早撤离，在撤退的过程中，他还遇到了李上校的援军，英美两军之间展开了一场激烈的战斗。实际上，从地理位置而言，美国的军队是十分不利的，仅仅一场战斗后，他们便损失了50人。威廉姆斯看到这样的状况，便下令撤退。康沃利斯也没有继续追击，天慢慢暗了下来，他们这次的目的没有实现，因为格林将军没有出兵，反而撤退到霍河的对岸，这样可以和外界保持联系。不久后，美国的援军到达，在华盛顿的命令之下，劳森将军率领的弗吉尼亚民兵团和巴特勒与伊顿指挥的两个旅一路奔波，终于与格林的军队胜利会师。两军会师后，格林手中的军队已有4243名步兵，其中有2000人的正规军，剩余的是新兵。虽然不能保证具有超强的战斗力，但起码在气势上足以和对方匹敌。援军的顺利到来减少了格林将军的压力，他开始准备和康沃利斯一战，而此时威廉姆斯上将的骑兵团也到达了。格林决定将所有的军队集合在吉尔福德，这里距离英国军营只有8英里；运输兵则负责将军队的行李辎重运送到一个铁厂里面，这地方距离聚集地大约有10英里。

美军割断了康沃利斯与外界联系的途径，使得他对美军近段时间的行动都不清楚。在康沃利斯看来，美军大概有8000人左右，所以他满怀信心，决定和美军正面开战。同时，还为战后的撤退作了准备，他命令军队将行李辎重运到迪普河的一个磨坊里面，然后和吉尔福德将军一起出发。在离吉尔福德还有4英里的时候，塔尔顿和李上校的骑兵不期而遇，双方免不了一场恶战。李上校手下的士兵大多都来自弗吉尼亚和宾州，而塔尔顿的士兵则多数来自南卡罗来纳种植园，两者的身体素质相差很多，随着战斗的进行，塔尔顿的劣势也自然显现了出来，逐渐处于下风。李上校本想继续追击，却发现了英国的主力军队，只能撤退。此时的格林将军早已在1英里之外的树林中，他们正在等待着英国主力部队的到来。这次的军队部署主要分成3条防线：第一条防线是巴特勒将军和伊顿将军带领的北卡罗来纳的民兵团，他们以栅栏作为自己的屏障，前方是开阔地，后方则是森林；第二道防线则位于距离此地约200码的公路边上，两边都是森林，这里由史蒂文森和劳登森控制；第三道防线则设在距离第二道防线400码的位置，威廉姆斯带领的马里兰部队负责此地左侧的防守，而哈杰尔上校则带领弗吉尼亚的军队守在右侧。从整体的3道防线而言，李上校带领着骑兵团，坎贝尔上校带着弗吉尼亚的狙击手负责左翼，华盛顿上校手下的轻骑兵、科克伍德手下的特拉华步兵团和弗吉尼亚民兵则守在防线的右翼，格林的部队处于部队的最后方，在美国军队的第一道防线和最后一道防线前还有2门野战炮，部署十分周密。

时至中午，战斗打响，英国的第一支部队从索尔兹的方向过来，美国军队打响了战斗的第一枪，英国也在同一时刻开始还击。但双方的开战却带有试探性，并没有发挥真正的实力。英国军队兵分三路向美军缓慢推进。莱斯利上校带领着苏格兰高地和德国的雇佣兵走在军队的最前方，紧随其后的是皇家炮队和森林卫队，处于军队左侧的是韦伯斯特指挥的军队。守在美军第一道防线上的民兵在与英军相距150码左右的时候，看到英军浩浩荡荡的气势，开始变得慌张，有些人甚至没有目的地打枪，一些人甚至在开了几枪之后便选择逃跑。英国军队开足火力，美军早已被打散，有些人躲进了附近的树林之中，有些人到了第二道防线的位置。守在第二道防线的史蒂文森将军看到撤退的民兵后下令放行，但在民兵后退到一定距离的时候，便开枪射击，几名民兵倒下了。弗吉尼亚的步兵仍然坚持战斗，但是由于英国军队的战线拉得很长，使得他们的反击没有起到很好的效果。而此时史蒂文森将军受伤了，他只能选择撤退，美军的第二道防线也就因此垮掉。格林将军将所有的希望寄托在第三道防线上，守在这里的基本都是正规军，于是他赶到这里，希望能够鼓舞士气，呼吁大家坚守阵地、坚决反击。韦伯斯特上校带领着英军的左翼攻击美军的右翼，而弗吉尼亚军团和特拉华军团则配合马里兰第一团将韦伯斯特逼到了悬崖边缘。但是，马里兰第二团的进攻却遇到了阻碍，在斯图尔特军队的攻击下，美国军队被打散，就连预先放置的野战炮也被敌人收归囊中。当第一团的战斗胜利之后，他们马上赶来支援，最终英军还是撤退了。美军继续追击，斯图尔特在逃走的过程中被美军一击毙命。英军已经失去指挥官，士兵们陷入一片混乱，刚到手的野战炮也被美军重新收回。这场战争十分激烈，但第一道防线瞬间崩塌使得美军在这场战争中失去了有利的时机，他们已经不可能取得胜利了，为了减少损失，他们只能撤退，在格林的命令下所有士兵都十分有序地撤退，虽然保住了士兵们的生命，但战场上的一些大炮和战马却带不走，在撤退了大约3英里后，格林命令部队稍事休息，等待那些离队的士兵归队，等所有人赶到后再继续撤退。

虽然英军取得了战争的胜利，但是他们也损失重大，塔尔顿本想继续追击，但康沃利斯没有同意，而是将其召回。这场战争使英军也被打散一部分，他们需要集合伤兵和逃兵，重整军队，恢复精力。天逐渐暗了下来，并下起了大雨，士兵们的帐篷根本不够用，连吃的东西都不够。他们已经战斗了两天了，但却仅仅吃了一些面包补充体力，连基本的温饱都无法满足，又怎么会有战争胜利的喜悦之情呢？部队所需的必要急救药品根本不够，50多名伤员在坚持了一夜之后还是失去了生命。整个夜晚充满了士兵的抱怨、哭喊、咒骂，这样的场面我们无法用文字表达。

美军经过战后的统计，伤亡人数巨大，大概有400人死亡、900人失踪，虽然英军的损失没有这么严重，但他们也需要很长的时间才能恢复。本来只有2000人的兵力，经历了这场战斗，英军受伤的有413人、死亡的有93人、失踪的有26人，且有不少知名的战将牺牲了。康沃利斯虽然取得胜利，但这和毁灭又有什么区别呢？格林将军在命令军队撤到铁厂之后，重新集合现有的士兵，他希望能够像华盛顿一样为士兵们鼓气，暂时的失败并不代表什么。

第八章　南方战局有所扭转

南方的战事还没有结束，北方的战事又即将爆发。几天前，华盛顿收到情报显示英军正在向哈德逊河的对岸进军，而且他们在克罗登河的北岸兴风作浪，无恶不作。华盛顿得知消息后便马上命令康涅狄格州的军队前往此地查看情况。克罗登河是美国军队的天然屏障，它贯穿威彻斯特镇。华盛顿的部队正驻扎在这里，主要是想做好这一地区的防务工作。因为这一地带经常有亲英分子出没并扰乱居民，使得军民对其痛恨不已。英军和美军在这里开展过一次战争，虽然规模不大，但双方的损失都十分惨重。现在，这些亲英分子将目标放在距离松树桥不远的一个哨所，这是美军设立的，由格林上校驻守。格林上校是一个十分有能力的军官，他曾经带领部队阻止英国军队对特拉华莫赛堡的进攻，他的能力是大家有目共睹的，华盛顿对其十分重视。英国军队这次的攻打计划和攻打杨格堡的战略存在相似之处，敌军在夜色的掩护下潜到哨所，大约有100名骑兵和200名步兵，格林听到动静后十分警惕，但为时已晚，敌军踹开了他的房门，用刺刀无情地刺杀格林上校，他虽然尽力抵抗，但面对众多敌军，格林上校还是无能为力，最后壮烈牺牲。英军不允许任何人问起格林上校的情况，甚至威胁众人，如果有人不守规矩，就会把格林上校扔在荒野之中。格林牺牲后，这一地区的人们都十分痛心，他们为这么有才能的军官死去而惋惜。格林将军一生中参加过克星顿和班克山的战斗，北伐中我们也能看到他的身影，直至莫赛堡，格林一战成名。但就是这样一位英勇的军官，却被亲英分子以如此残忍的手段杀害了。华盛顿在听到这个消息之后十分悲痛，他吩咐士兵将格林上校的遗体运至司令部，并隆重安葬。

就在这个时候，法国的巴斯特伯爵在一艘护卫舰的保护之下来到了波士顿，他前来的目的是指挥法国的军舰。虽然他已经60岁了，但他丰富的作战经验是没有人可以替代的。同时，伯爵还告诉华盛顿，格拉斯伯爵正带着20艘军舰赶往美国，而且这些军舰上都带有陆军，这对华盛顿来说是一件值得高兴的事情。与华盛顿见面讨论作战方案的是罗尚波伯爵，这是法国国王的指令，他们会在5月22日见面。但他们两个人都不知道康沃利斯已经带着自己的军队到达了弗吉尼亚。因此，他们的作战方案是围绕卡罗来纳制定的，且法国军舰至今还封锁在新港，行动的主要力量放在了陆军上。但是这里距离南方太过遥远，想要在短时间之内依靠步行到达南方是不可能的，甚至会产生不必要的消耗。接着他们讨论了针对纽约的行动计划，英国的军队在纽约的防守已经减少了一半，这是夺取纽约的最好时机。即使没有成功，也能够使敌军从南方战场上调回一部分军队。经过双方讨论，他们决定将法国的军舰从新港撤回，转而前往哈德逊，在这里和美军会合，双方的力量相结合，攻打纽约就有了胜算。同时，格拉斯伯爵也会援助此次战斗。随后，华盛顿将行动计划告诉给新英格兰和新泽西州的州长，希望他们能够召集民兵，准备粮草。华盛顿已经尽力，但最终在皮克斯基尔的士兵只有5000人，且粮草不足的问题依然存在。幸运的是罗伯特·莫里斯解决了这一问题，他刚刚被提名为大陆会议的议员，他的爱国之情让很多人赞赏，也正是凭借着这种个人魅力，莫里斯征集到不少粮草。实际上，这样的状况已经不是第一次了，在整个战争中，华盛顿不止一次地遇到粮草不足的问题，幸运的是总有一些有志之士在关键的时刻伸出援手，这可以说是美国大陆军最强大的支柱，正是他们的支持才使美国军队坚持到今天。

罗尚波伯爵已经率领军队到了康涅狄格，他们正在加快速度和美军会合。华盛顿也在准备着军事行动，华盛顿希望通过这次的行动达到两个目的：一是摧毁英国军队在纽约岛北岸建立的防御工事，另一个则是彻底摧毁莫里桑尼亚地区的亲英分子。这两个行动预计会在7月3日展开，计划暂时还处于保密的状态，他希望林肯将军能够完成占领纽约州军事据点的任务，如果失败了，他就会带领军队潜伏在国王桥的周围，准备和亲英分子展开一场激烈的战斗。他把自己的部队分成很多个小分队，希望能够迷惑敌人。华盛顿还通过信件的方式告诉克林顿州长这次的行动安排。他在信中提到，希望这次战争能够取得胜利，他们需要强大的后援，因此希望在行动结束之后能得到克林顿州长的支持，这是一件十分紧急的事情。州长收到这封信后，十分激动，他一定不会错过这次建功立业的机会。他马上召集民兵，等待消息，随时准备出发。

7月1日，林肯将军从皮克斯基尔旁边的营地出动，在黑夜中悄悄行军，他们进了塔盆海，在黎明之前躲藏起来。而洛奇公爵也从康涅狄格赶路过来。2日的凌晨，华盛顿带领军队从皮克斯基尔出发，他们行走了一整天，经过了克罗顿大桥和沉睡谷教堂，在黎明前到达国王桥附近的瓦伦丁山。2日凌晨，林肯派出侦察兵查看敌人在华盛顿堡附近的状况，令他意外的是英国的海军舰队就在纽约州的北边，是从新泽西回来的，敌人的戒备比他们想象得更加森严，如此一来，偷袭纽约就成了一个不可能完成的计划。于是，林肯率领军队从杜伊维尔河上岸，占领了独立堡，但他们不慎暴露了自己的行踪，双方激烈交火。洛奇将军在听到枪声之后，前来增援，华盛顿也赶了过来，无奈之下，英国军队只能撤退。

这也就意味着华盛顿的两个计划全部失败，他只能让部队在原地待命；

同时，派出侦察兵查看敌人的情况，只有这样才知道下一步应该做什么。部队驻扎的地方十分美丽，山清水秀，看着眼前美丽的自然景色，华盛顿内心的忧虑减少了很多。年轻的法国军官们还采集了不少野花来装饰自己的帐篷，并让大家评选哪个帐篷比较漂亮。华盛顿被这种浪漫的情怀感染了，也会经常去法国军官的帐篷里和他们聊天。华盛顿性格随和，得到很多人的喜欢。只要华盛顿一来，年轻的军官就会包围着他，问他各种各样的问题，虽然他们的语言并不一样，但华盛顿却非常耐心地听他们那并不熟练的英语，时不时回应以微笑，这对他们是最大的鼓励。就是在和这些年轻人的交流中，华盛顿制定了特伦顿战役和西点战役的具体行动方案。法国军队和美国军队相处得很好，他们经常在大谷仓前面的空地上集会，虽然战争十分艰苦，但没有影响他们的心情，这让战争多了一些更加欢快美好的回忆。

亨利·李上校请求华盛顿派兵到弗吉尼亚开战，但华盛顿似乎没有这个打算，他现在只有两个计划——或者攻打纽约，或者撤出弗吉尼亚。华盛顿在罗尚波伯爵和贝维尔将军的陪同下渡过了多布斯渡口，认真观察了敌军在纽约岛北岸的情况，他们准备继续查看敌人在国王桥和纽约岛东岸的兵力部署。负责攻打这两个堡垒的是林肯将军，他手下现在有5000名美法联军。7月21日晚上8点，部队分成两路攻击敌人。两路军队分别从锯末河山谷和哈德逊河道路出发，在此之前，斯凯默将军带领着一支军队沿路设下埋伏，目的是为了阻止这一地区和外界进行任何有效的联系，只有这样才能够做好军情的保密工作。谢尔登将军的骑兵部队接到任务，他们需要侦察罗格山一带的情况。两个小分队在第二天凌晨到达国王桥，并在独立堡的后方集合，美军的行动正在顺利展开，而英军还处于什么也不知道的状态。华盛顿等几位将军已经对附近的情况了如指掌，地形图也已经绘制成功，各个小分队也按照原计划埋藏好，所有的一切都井然有序地进行着。7月26日，英国军队才知道美军准备大举进攻的消息，亨利爵士迅速写信给康沃利斯，希望他能够调动卡罗来纳的军队支援纽约，华盛顿得知这一消息，十分高兴，因为所有的事情都按照他的计划在发展。只要敌人的军队从南方撤出，那么他们就有把握将其从南方彻底驱逐出去，华盛顿马上把这个消息告诉了拉斐特侯爵。

5月，康沃利斯在匹兹堡会师，这一行动的主要目的是把拉斐特赶出里士满。拉斐特的军队大约有1000名正规军、2000名民兵和50名骑兵，他们此时正驻扎在詹姆斯河的北岸，他们一直在这里等待着韦恩将军的援军。虽然早在三个月之前，华盛顿便命令他率领2000名宾州民兵前往南方支援，但由于各种原因，他们迟迟没有行动。如果宾州的援军按时抵达，那么拉斐特与康沃利斯正面的战争肯定会爆发。而此时的康沃利斯也作好了援军没有抵达的情况下攻打拉斐特的准备。26日，一支纽约来的英国援军到达南方，在康沃利斯的指挥下，这支军队分成两路，一路支援攻打拉斐特，另一路则全力配合莱斯利将军，守住朴茨茅斯。军队集合完毕之后，康沃利斯便开始准备战斗了；而拉斐特对现在的状况十分清楚，兵力悬殊，他不可能取得胜利，于是在敌人尚未开战的时候，他便撤退了。但这并不是逃跑，拉斐特在撤退的过程中，和康沃利斯进行了一系列小规模的战斗，希望能够打消敌人的气焰。他下令让部队北上，这样可以和韦恩会合。康沃利斯一直紧追不舍，他相信自己可以打败拉斐特,甚至扬言：“他已经在我的手掌心了，别想逃脱。”然而康沃利斯低估了拉斐特的能力，一段时间后，康沃利斯发现自己根本不可能追上拉斐特，他没办法阻止他和韦恩会合，无奈之下，只能转变作战方案。

当格林将军路过弗吉尼亚的时候，曾经提醒过当地的军队一定要看管好马匹，避免被敌军掳走，然而对方没有特别重视格林将军的话，导致自食其果。康沃利斯将弗吉尼亚的很多好马都抢走了，彻底摧毁了美国军队的军需仓库，在这个时候发生这种事情，对拉斐特侯爵来说，情况更加危险。战马丢失，对他们产生了巨大的影响，这可能会使他们在撤退的道路上遇到各种各样的阻碍。州议会已经撤退到夏洛特镇，同时开始在那里征用民兵。康沃利斯知道这件事情后，命令塔尔顿前去添乱，并强制抓捕了一些议员。6月4日，在塔尔顿前往夏洛特镇的途中，与一支北卡罗来纳的民兵团相遇了，塔尔顿将其彻底歼灭，同时还抓到了几个沃克爵士家的议员。他们在吃早饭的时候，一个信使以最快的速度前往夏洛特镇，希望能够向议会报告这件事情。所以当塔尔顿到达的时候，这里的议会早已解散，议员们都逃走了。塔尔顿只抓到了7个议员，他下令搜山；同时，命人前往杰弗逊州长的家中，希望能够活捉州长，但这所有的计划都没有成功。塔尔顿十分生气，甚至下了命令火烧城池，仅仅一瞬间，美军所有的仓库都陷入了一片火海。在放完这场大火后，塔尔顿带领军队前往里万纳河。此时驻扎在这里的是施托伊本侯爵，他手下大概有500名正规军，都来自于弗吉尼亚，在得知消息之后，他们全部撤退到安全地带，并转移了所有的物资。西姆科带领军队不断靠近的时候，他们以为是敌人的主力部队赶到，于是快速地撤退了30英里，一些物资因为时间不允许便丢落在途中，最终被敌人毁了。

6月10日，韦恩将军带领着900名宾州民兵与拉斐特会合，在兵力增强之后，拉斐特决定发动进攻。经过一个晚上的行军，他们来到了一个秘密据点，其位置大概在敌军的军营和美军的仓库之间，还有一些民兵团在这里等着，他们企图制止敌人抢劫军需物资的行动。康沃利斯在知道拉斐特有人增援之后，便撤到里士满，因为在兵力如此悬殊的情况下，他不可能获胜。在敌人撤退之后，拉斐特始终保持着15英里的距离跟踪敌人，且时不时骚扰敌人的后卫军。6月25日，康沃利斯到达威廉堡，他命令几个狙击手和一个巡逻队摧毁美军的船只，并且扫荡周围的村庄，将所有的牛掳走。听到这个消息，巴特勒中校接受了拉斐特的命令狙击敌人。巴特勒一到，双方便开始了激烈的战斗，虽然在这场大战中双方都损失惨重，但由于不清楚对方的具体情况，谁也不敢松懈，导致战争持续了很长时间。直到远方传来威廉堡的警报声音，美方才知道英国的主力部队很快就要过来，于是迅速撤退，这场战争可以说是双方打平。美军撤退之后，英军也没有继续追击。

亨利爵士的一封来信打乱了康沃利斯的计划，他接到命令要迅速赶回纽约，这一消息说明华盛顿攻打纽约的计划已经得到了想要的结果，英国军队开始从南方撤退。于是，康沃利斯赶紧命令军队撤退。7月4日，他们撤到朴茨茅斯，拉斐特跟随在他们后面并设下潜伏，准备歼灭英军的后卫部队。康沃利斯准备抓住这次机会反击美军，他在军队中进行了一些部署。7月6日凌晨，他命令一个黑人和一支骑兵部队伪装成逃兵，在美国军队中四处造谣，说英国军队已经撤退，主力部队已经到了詹姆斯河流域，而剩下的只是一些后卫部队。拉斐特听信了这些谣言，他带领着部队穿过沼泽地。其实这里埋伏了大量的敌军，韦恩将军已经作好了进攻的准备，拉斐特侯爵带着900名大陆军也作好了接应的准备。这里树木丛生，高耸入云，导致韦恩将军并没有注意到周围的埋伏，等他们进入包围圈之后，英军马上发动了攻击，韦恩此时才知道自己中了敌人的圈套，即使如此，韦恩也没有放弃希望。这位“疯狂的安东尼”正在想办法突围，他沉着掌控全局，指挥军队，希望能够突出重围。面对蜂拥而至的敌人，韦恩将军损失重大；拉斐特在听到枪炮声之后，才猜测到敌人的实力状况，派人侦察周围的环境，知道了真实的情况，他意识到危险后下令撤退，并带领军队前去营救。韦恩迅速撤离，但对军队的三门大炮感到无能为力，只能丢弃。韦恩逃出了敌人的包围圈，但康沃利斯没有乘胜追击。夜幕降临，韦恩突然发动袭击又突然撤退已经让康沃利斯有点晕了，他想美军一定拥有十分强大的兵力，这很有可能是一个圈套，如果追击，局势很可能对英方不利。经过这场战斗，美军损失了180人，而英军不到75人。拉斐特命令部队撤退到格林泉，并在这里重新集合部队。康沃利斯则带领着自己的部队渡过了詹姆斯河，赶往朴茨茅斯。拉斐特计划在切萨皮克建立一个军事据点，这可以作为美国军队在中南地区的核心根据地。

4月5日，格林将军从迪卜河出发，他们准备前往卡姆登，攻击罗登爵士在这里的守备军队。萨穆特此时早已在东北地区建立了一个根据地，马里恩也在匹迪河和桑迪河之间建起根据地，革命的火苗已经播种。格林这次带兵过来是很受欢迎的，在前往卡姆登的路途中，李上校被派去和马里恩的军队会合，同时穿过小路攻打沃森堡。当他到达卡登的时候，发现这里守卫森严，想要攻克还存在着很大的难度，于是他下令让部队撤退2英里，驻扎在霍布科克山上，准备把敌人从卡姆登引诱出来，然后再攻打。4月25日，他们成功引出罗登爵士，双方展开了激烈的战斗，但是在战斗中，由于美军的决策性失误而致全盘溃败，格林只好命令军队撤退。罗登爵士没有追击，留在原地等待援军。此时，格林则驻扎在卡姆登渡口，希望能够阻拦敌人的援军。李上校和马里恩完成了任务，攻占了沃森堡，并在此地占据有利地形，还在桑迪山上修建了防御工事。但这些努力都没有用，因为当援军和罗登爵士会合之后，对方兵力太强大了，美军完全处于被动的地位。格林很清楚现在的处境，军队经过接连几日的大战，已经失去大量精力，加上弗吉尼亚的援军一直没到，他的内心十分忧虑，但这不意味着他认输了，他只是转变了战略，决定撤退。罗登爵士一直想将美军驱逐到山外，但格林有着自己的计划。5月9日，格林在给戴维将军的信中向大陆会议详细说明了美军现在的状况。

仅在几天之后，事情就发生了戏剧性的扭转。当康沃利斯发兵弗吉尼亚的消息传开后，罗登爵士完全失去了得到援助的希望。美国军队切断了他的一切供给，现在军队的粮草供给严重不足，在面临内忧外患的形势下，罗登只能撤退到卡姆登。这一撤退，使美军在更短的时间内解放了南方。马里恩和李上校占领了卡姆登和96区后，又继续占领了格兰比，此时格林上校已经率领部队配合皮肯斯攻打奥古斯塔。6月18日，英国和美国之间还会有一场激烈的战斗，格林已经率领部队到达布什河，就驻扎在离英军20英里的地方，这里可以观察到敌军的一举一动。其实最让格林担心的是敌人的骑兵，这是南方的地势决定的，也许在北方战场上，骑兵不能发挥奇效，但在南方战场上，骑兵可能会决定战争的胜败。

7月8日，罗登爵士带领部队和斯图尔特上校带领的部队在橘子堡会合，兵力更加强大。格林将军一直跟在他们的身后，10日，格林宣战罗登。但罗登没有迎战，而是一直守在堡垒之中，他们的防守十分森严，格林不可能强制开战取胜。于是，格林便在橘子堡周围徘徊了两天，这期间，他听说了克拉杰上校正带领着军队准备从96区出发，赶来与罗登爵士会合。如果行军顺利，那么罗登的兵力又会得到很大的提升。7月16日的晚上，格林下令让部队撤退到桑迪山，在山顶占据一个据点驻扎。这里环境优美，空气清新，他们可以在此等待北卡罗来纳援军的到来，同时调整自己。其实在几天前，格林已经让萨穆特带着1000名士兵勘察周围的形势了，在格林的安排下，汉普顿上校准备攻打奥兰治，而李上校和韦恩将军则会攻打多切斯特，主力部队则由萨穆特率领，向蒙克科内逼近。汉普顿在开战之前就切断了多切斯特和蒙克科内与外界的一切联络，这让敌人感到十分害怕，弃堡逃走的不在少数。17日上午，由阿姆斯特朗率领的一支骑兵正在追赶英国军队的主力部队，英国的部队是由科茨指挥的，听着马蹄的声音越来越近，他赶紧让士兵作好应战的准备，又让士兵拆掉石板桥。阿姆斯特朗得知这样的状况后，迅速率领骑兵过桥，用刺刀砍伤了很多敌方的炮兵。阿姆斯特朗在渡河之后，和敌人进行了一场激烈的战斗；但是因为没有援军的支援，在战斗进行了一段时间后，他们便撤退了，去寻找主力部队。

第九章　华盛顿准备攻打约克镇

美国军队现在正在焦急地等待着援军的到来，他们一直驻扎在多布斯渡口和格林山附近，但没有援军的任何消息，更不利的是敌人在这一段时间内又加入了3000名黑森雇佣兵。面对这一状况，华盛顿焦急万分，开始给东部的各州写信，希望他们能够加快征兵的速度。几天后，拉斐特在7月30日寄出的信到了华盛顿的手中，华盛顿得知康沃利斯的军队已经从朴茨茅斯出发了，他推测康沃利斯这次是准备前往纽约，只要美国的援军能够就位，那么华盛顿就有信心一举歼灭康沃利斯。此时，罗尚波爵士的舰队到达了新港。8月3日，他们打算开往切萨皮克，这可以说是扭转了整个战场的局势。华盛顿重新调整了自己的作战计划，攻打纽约的计划暂时搁置，法国所有的援军都会前往弗吉尼亚，支持美国在南方的军队。华盛顿给拉斐特侯爵写了一封信，表示希望拉斐特想尽一切办法阻止敌人撤退到北卡罗来纳，同时提醒拉斐特注意行动的保密性，只有这样，敌军才不会有任何动作，保证华盛顿的计划顺利实施。他准备从水陆两个方向同时对敌军发动进攻。华盛顿亲自带领了2000名将士出征，其他的士兵交给西斯将军，他们会驻守在西点和哈德逊。华盛顿从这个战场的局势出发安排这一切，表面上营造出攻打纽约的假象，但实际上他将军队调到南方，导致敌军根本不清楚华盛顿想要做什么，甚至连一些美国士兵都不知道自己下一刻会前往哪里。他们只是服从长官下达的指令，积极作好战斗的准备，等待开战的时机。

在不久前，华盛顿派士兵负责修建国王渡口的道路，罗尚波爵士的军队也收到来这里的命令。威彻斯特开始变得十分热闹，到处都是美国军队的运输车。8月20日，华盛顿的部队到达国王渡口，并驻扎在这里。当晚，华盛顿写信告诉拉斐特美军如今的状况；同时，也给格拉斯伯爵下了命令，希望他马上发兵厄尔克，最迟在9月8日到达，巴拉斯伯爵会在那里等着他。

8月22日，法国的军队渡过哈德逊河，与华盛顿会合。25日，华盛顿开始安排美法联军进攻新泽西，亨利爵士知道这个消息的时候，华盛顿已经到了特拉华，英军完全处于被动的地位。采取武力阻止美军行军已经没有希望了，他们只能在现有的基础上进行部署，于是亨利爵士开始调回一部分士兵，然后出兵康涅狄格州，想要攻打新伦敦港口。其实，他真正的目的无非是扰乱美军的视线，从而牵制他们。亨利爵士将攻打新伦敦的任务交给了阿诺德，这样的安排多么讽刺啊，那可是阿诺德的家乡，让一个将军去践踏他的家乡，这该是怎样的心理呢？阿诺德背叛家国的行为在这一刻被放大了，似乎没有人比他更适合这个任务。9月6日，阿诺德带兵到达目的地，这里是泰晤士河的西岸，在这里有特伦布尔和格里斯伍德两个重要的据点，两岸各一个。阿诺德到达西岸的时候，几乎没有遇到什么阻碍，驻守在这里的士兵听到英军抵达的消息后便逃跑了，英军可以说是一路畅通无阻，没有花费任何精力便占领了这座城市。但到了格里斯伍德，情况却不一样了，驻守在这里的民兵奋力抵抗，他们拼尽全力反抗敌军，在这里诞生了一位伟大的民族英雄，那就是雷德雅德。他本是驻守在这里的指挥官，在这场战争中他奋战到最后，直到被敌人的刺刀刺中，英勇牺牲。在这场屠杀中，敌人疯狂地杀害了70名美国士兵，40名美国士兵身受重伤。英军占领新伦敦后，在阿诺德的命令下，一把大火，将这里的仓库、公共建筑和民居都变为灰烬。人们的家园没有了，他们流离失所，阿诺德的残暴行为是很多人都不能容忍的，人们对他更加憎恨，他所犯下的罪行是美国人民无论如何也没有办法原谅的。

即使如此，华盛顿也没有把军队从南方调离。8月31日，华盛顿带着士兵到达费城，虽然没有人知道他来这里是为了什么，但这并不影响人们对他的欢迎。在费城，华盛顿会见了莫里斯先生，与这位金融家讨论现在军队缺乏资金的问题，这是华盛顿如今面临的最严重的问题，他手下的士兵们已经有很长时间没有拿到应得的军饷了，为了解决这一问题，华盛顿希望能够实现一些硬通货。此时罗尚波爵士的2万美元的贷款起了一定的作用。8月25日，约翰·劳伦斯这位驻守在法国的公使回来了，顺便带回250万美元的现金，帮助华盛顿摆脱了目前面临的困境。9月25日，美国军队离开费城，行军壮观。第二天，法国的军队来到费城，费城人民用鲜花和军乐欢迎他们的到来。大街上站满了手捧鲜花的费城人民，他们十分欢迎这支英雄军队的到来。

华盛顿在费城就收到了拉斐特的信件，信是从弗吉尼亚的约克河寄来的。在信中，拉斐特简单说明了英军现在的情况，本以为离开朴茨茅斯的英军会前往纽约，但实际上他们去了约克镇，准备在那里建立永久的军事根据地。约克镇在约克河的南岸，这里与格洛斯特角正对。虽然约克河的河宽只有1英里左右，但这里的水很深，足以让大轮船通过。康沃利斯现在在这里修建防御工事，接下来便会进攻切萨皮克，因为这个时候在这里驻守的只有拉斐特，敌军完全不需要担心自己的安危。同时，康沃利斯已经写信请求亨利爵士派1000人的兵力到纽约对抗美军。但是康沃利斯对对手的力量估计错误，拉斐特早在华盛顿的指挥下修建防御工事了，而且还将康沃利斯的所有退路都切断，只要格拉斯伯爵的援军到位，康沃利斯就会被围困在现在的军事据点中。同时，拉斐特还向弗吉尼亚的州长请示，希望派兵600人前往黑水河驻守；而另一方面，他还将一支部队带往詹姆斯河的南岸，扰乱敌人的视线。拉斐特则在等着和格拉斯伯爵的会合。伯爵只要一到，他就会带领军队前往威廉斯堡与其会合。就在康沃利斯还没有将拉斐特看在眼里的时候，拉斐特已经进行了详细周密的部署，只要时机成熟，便会给其致命的一击。拉斐特并不知道在他等待的这段时间里，华盛顿已经派兵支援了。因为华盛顿担心英军的援军一到，拉斐特的兵力不够，难以完成任务，于是派兵支援，但是华盛顿不知道格拉斯的援军也要到了。拉斐特得知华盛顿前来的消息后，十分开心，因为和华盛顿一起作战是他梦寐以求的心愿。拉斐特在写给华盛顿的信中并没有提到格拉斯即将抵达的消息。当华盛顿得知法军军舰即将抵达的消息后，终于安心了。对付康沃利斯，拉斐特和格拉斯足够了，于是华盛顿命令军队调转方向，迅速向厄尔克行军，罗尚波爵士正在途中等着他。当天晚上，华盛顿和罗尚波共进晚餐。之后，军队便连夜赶往目的地，9月6日，华盛顿顺利到达厄尔克，华盛顿写信给格拉斯伯爵，祝贺他们胜利会师。同时，他安排了接下来的工作，想尽一切办法阻止康沃利斯逃跑。

所有的工作安排完毕，现在唯一让华盛顿头疼的事情就是船只了。因为这个问题，部分军队只能陆地行军。8日，罗尚波伯爵陪着华盛顿来到巴尔的摩，在那里进行了演讲，当地居民十分欢迎。9日凌晨，汉弗莱上校陪着他一起离开了巴尔的摩，他们要在第二天凌晨赶到弗农山庄。华盛顿离开家乡已经有6年之久，现在能回到家乡，内心十分激动；但在这里停留的时间不会太长，他们只能在这里休息一天，就需要赶往威廉堡和拉斐特会合。

8月28日，刚刚睡醒的康沃利斯得知格拉斯伯爵已经到达特拉华，这让他有些不知所措。如果只有拉斐特的军队，那尚且不足以构成威胁，但是援军这么快抵达，事情变得复杂了。在约克河口上岸的有3支法国军队，大约3300名士兵，负责指挥的是西蒙侯爵。和华盛顿所想的一样，康沃利斯得知这一消息的第一反应便是赶紧撤退到卡罗来纳，但实际上已经不可能了，詹姆斯河到处都停着法国的军舰，他已经没有退路，只能退守。他一边加强防御，一边写信将这里的状况告诉亨利爵士，通知他英军现在正处于危险的处境中。

由于格拉斯伯爵希望赶紧回到西印度群岛，于是催着拉斐特加快步伐攻击英军。西蒙侯爵也同意这样做，因为这时约克镇的防御工事还没有修建完成，是一个难得的机会。他们所提出的建议都有着切实的依据，但拉斐特没有同意，因为他和华盛顿早已拟定了作战计划，只有当总司令的舰队到达后，才会开始进攻。为了不辜负总司令的希望，他一定会遵照计划行事。格拉斯爵士已经等不及了，他甚至在没有和拉斐特商量的前提下派了24艘船拦截英国将领格拉夫的舰队，虽然格拉夫在实力上稍弱一些，但他很想和法军大战一场。在华盛顿的命令下达之后，格拉斯不敢再冲动了，他现在要做的就是牵制住敌人的力量，从策略上取胜，阻止敌人攻打切萨皮克。过了3天，巴拉斯爵士的舰队到达，两支舰队胜利会师，他们一起回到了登陆的地方准备一场大战。格拉夫没能阻拦巴拉斯爵士的舰队，格莱斯与巴拉斯的会合使得法军的军队实力大大增强。格拉夫攻打切萨皮克几乎没有胜算，只能撤回纽约。

华盛顿对于格拉斯爵士的胜利感到十分开心，他想要亲自会见格拉斯，表达自己的谢意和尊敬。18日，华盛顿在罗尚波伯爵士的陪同之下和格拉斯爵士见面了，他们在“女皇”号上相见，这次见面给彼此留下的印象很好，华盛顿十分喜欢这个高大、朴实的法国人，两人见面后对之后的合作进行了详细的商讨。在船上共进晚餐后，华盛顿就离开了，回到自己的船上。22日，华盛顿接到新的消息，迪格比上将已经带领了一支舰队到达纽约，这会大大增强英军的实力，对华盛顿原本制定的行动计划产生一定的影响。于是，华盛顿赶紧将这一消息传递给格拉斯，格拉斯得知消息之后，也产生了相同的忧虑。在给华盛顿的信中，他写道，现在英军的实力已经比之前强壮太多，如果我们率先发动战争，很有可能会失败。同时，他提出了新的战略安排，希望华盛顿能够在约克河口留2艘战舰，剩下的可以全部派出去，这样或许可以在英军从纽约出发之前将其阻拦在港口之中。收到格拉斯爵士的信后，华盛顿十分担心之前的计划落空，他本想在法国援军到达之后直接拿下约克镇，如果现在分散舰队，很有可能让敌人有机可乘，如果敌人的舰队进攻约克镇，那么美军就会十分被动。同时，华盛顿十分担心法国的舰队离开之后，康沃利斯争分夺秒地撤离约克镇，虽然康沃利斯因此也会有一些损失，但这比起全军覆没的结果好多了。综合考虑了多方面的因素，华盛顿又派人送了一封信给格拉斯，表示自己反对他从詹姆斯河撤退；为了防止意外发生，华盛顿还给拉斐特送了一封信，希望他能够尽力劝说格拉斯爵士按兵不动。在拉斐特和华盛顿的共同努力之下，格拉斯同意了。25日，美法联军全部集中在威廉堡，准备进攻约克镇。

而康沃利斯为了保护自己，也已经修建起7个堡垒，在堡垒的外面修建了战壕，战壕很深。约克镇的两边本就是大峡谷，这是十分有利的地势。同时，康沃利斯还命令士兵将约克镇的树木全部砍掉后扔进河里，这样可以切断法国舰队的后路。利用自己的地理优势，康沃利斯架起了大炮。邓达斯中尉带领着700名士兵驻守在格洛斯特堡，外围的堡垒安排重兵把守，主要的部队均守在约克镇。

第二天凌晨，美国的军队到了碧蛱溪。美军与法军的策略是：美国军队主要攻打右翼，在东岸占领据点；而攻打左翼的任务则交给法军，他们会在西岸占领据点。当天晚上，康沃利斯收到一封信，信是亨利爵士写的，他告诉康沃利斯，迪格比将军已经带领着5000人的军队赶到了纽约，会尽力赶往约克镇，10月5日左右便会到。听到这个消息，康沃利斯放心了一些，他相信只要他坚持几天，援军就会到来，美国军队到时就会束手无策；于是，他将驻守在外围的士兵全部撤回来。英军撤回之后，美军便占领了这些堡垒，美军的包围圈也缩小了很多。斯凯默在观察这些据点的时候，碰到了黑森兵，于是他被抓捕了，在到约克镇后没几天便牺牲了。华盛顿得知这一消息后悲痛万分，因为斯凯默上校曾经是他的警卫员，是一名非常优秀的军人。

美国和法国的联军现在已经有1.2万人了，如果将弗吉尼亚的兵力算在内，那人数就更多了。9月28日，美法联军从威廉堡出发，进军约克镇，在离约克镇只有2英里的地方停止行军，在此驻扎。10月1日，联军保卫约克镇，这里和外界联系的所有道路几乎都布满了军队。格拉斯爵士带领着法国的舰队在海文湾驻守，他们接受的是从水路攻击约克镇的任务。当天晚上，美国的军队在外围修建起两个堡垒，第二天凌晨便被炸毁了，牺牲了3名士兵，同时受伤的也有几十人。当时在场的还有华盛顿，但幸运的是炸弹爆炸离他还有一定的距离，只是被灰尘溅到，并没有造成实质性的伤害。

被包围的英国军队缺乏粮草，他们把很多马匹宰杀后丢在河里。10月2日晚上，塔尔顿带领着一支部队悄悄出现在格洛斯特角一带，想要寻找一些草料。3日上午，可谓收获颇丰，但就在他马上要到约克镇的时候，背后的追兵赶来，他们没有机会逃跑，于是塔尔顿让士兵们快速投入战斗，准备展开激战。双方从实力上来讲，英军是处于有利地位的，因为法国骑兵的人数并不多。但是战争开始没多久，法国骑兵的援军便到了，兵力增强的骑兵迅速围住了英国军队，塔尔顿只能让士兵快速撤退。他们放弃了运送粮草的打算，准备逃走，刚上马却遭到子弹的袭击，子弹打中了马的腿部，塔尔顿从马上摔了下来，他赶紧换上另一匹马逃进灌木丛中。在这场战斗中，英军损失了3名军官，受伤的士兵也有10人。这是塔尔顿在整个美国独立战争中最后一次战斗，当他回到约克镇之后，再没有传来任何和他有关的消息。

在美法联军攻打约克镇的时候，华盛顿收到了格林将军的来信，他把北方战场上的一些情况作了简单的介绍。7月、8月，格林将军一直驻守在桑迪，等待着援军，而马里恩上校带领着部队驻扎在桑迪河的下游。因为援军一直没有消息，格林将军担心错过机会，便将军队分成两路，准备进攻斯托尔特上校带领的军队。但他还没有达到目的地，对方便撤退了。斯图尔特在撤退的途中和一支从查尔斯顿撤退出来的军队会合了，格林将军一直跟在他们身后，监视其行动。9月7日，格林将军发动正式攻击，部队被分成两路，马里恩将军带领南、北卡罗来纳的民兵团，而另一路军队又被分成三个小队，北卡罗来纳的地方军、弗吉尼亚的地方军还有马里兰的地方军。李上校负责右翼，左翼则交给汉德森上校，机动部队是华盛顿上校带领的特拉华部队。在前进到离英军4英里的地方时，他们碰见了科芬上校指挥的50人步兵团和50人骑兵团，这实际上就是斯图尔特的侦察兵。双方遇见后便投入战斗，格林将军将驱赶灌木丛的英军这一任务交给了华盛顿上校带领的大量骑兵，汉德森上校负责配合。灌木丛十分影响战斗能力的发挥，英国军队凭借刺刀占据上风，美军损失较大。当汉德森上校赶到的时候，华盛顿的骑兵已经没什么战斗力了，汉德森上校迅速集合了岸上骑兵，以刺刀反击英军，逼得英军只能撤退。格林继续追击，占领了英军的驻扎地。但是没多久，英军的援军便到了，他们炮击美军，将其围在军营之中，格林无奈之下只能命令士兵撤退。

第十章　约克镇战役取得胜利

10月6日，林肯奉命在约克镇挖了条平行战壕，和敌人相距约600码，主要是为了修建两个多面堡。行动是在黑夜中进行的，法军十分小心，敌人发现的时候已经天亮，虽然被发现后他们立即展开了炮火攻击，但这丝毫没有影响到美军，他们只是躲在安全的地方接着挖。美法联军之间合作得很好。9日下午，战壕挖好了，第二组和第三组的炮队已经准备好开战。华盛顿一声枪响，炮兵们便开始轰炸敌人的堡垒。尼尔逊州长为筹集资金而卖掉自己的房子，他告诉士兵们，他的房子很有可能被敌人占领了，把那里当作司令部还是很不错的，让士兵集中炮火攻击那里。但当时所有人并不知道自己攻击的是州长的房子，战争结束后，所有人都对这位州长十分敬佩。在独立战争时期，尼尔逊州长总是舍小家为大家，这种无私奉献的爱国精神得到众人的认可。尼尔逊州长的叔叔一直住在约克镇上，他之前是政府秘书，因为身体痛风，没能加入到独立战争中；当英军侵占约克镇后，他没有搬出来。而他的孩子们早已投身到了战争中，均在华盛顿的手下。华盛顿曾写信给英军，希望他们能够允许这位年迈老人安然离开，因为老人享有很高的声望，康沃利斯也不敢怎么样，只能给他通行证。老人就这样离开了约克镇，在仆人的陪同下来到华盛顿的司令部，甚至还将轰炸带来的效果告诉华盛顿。从老人的描述中，他们知道正如州长猜测的，那栋房子确实是康沃利斯的司令部，只是在第一轮轰炸之后，他们便撤退了。美军连续三四天都轰炸这里，隔天换一次班，以保证战壕中一直有人守着，交战双方的炮弹在空中划过，如果是白天，我们还能清楚地看到那就是炮弹，但到晚上的时候，却只能看见冒着白烟的球了，更像是流星。炮弹落地，在地面开花，那巨大的声响，大地都被震动了。

英军还没有修建完成的工事就这样在瞬间被炸毁，美军的炮弹不仅摧毁了那些工事，还杀伤敌人的生命。法国的军队也正在轰炸英国军队在西北边停靠的舰船，3艘巡洋舰和1艘运输船被炸毁，远远地能看到桅杆上尚未熄灭的火，战舰被毁，更别说士兵了。他们四处逃窜，一些人就这样被轰炸而亡，一些逃到了水中。9月11日，施托伊本男爵的另一条战壕也挖好了。这两天，英军只是躲在工事之内拼尽全力扫射美军，美军对此无可奈何，想要在密集的火力之下继续推进战线有些困难。于是，美法联军准备炸掉两个堡垒，扫清障碍，进一步进军约克镇。14日晚上，拉斐特侯爵带领着美军的一个支队攻打距离河口较近的那个堡垒，另一个堡垒交给了维奥梅尼。在开始行动之前，罗尚波爵士举行了一场演说，希望能够为士兵们鼓劲，一举成功。

美国军队下达的任务，拉斐特已经交给了吉迈特，这是他的副官，这一举动引起汉密尔顿的不满。他认为这是不公平的，因为他才是当天值班的人，这个任务应该是他的。拉斐特对其解释是华盛顿的意思，不能随便更改。汉密尔顿就此事向华盛顿写信，希望能够完成这项任务。但华盛顿不清楚情况，只能求证侯爵，了解到汉密尔顿确实是当天值班的人，就把这一任务交给了汉密尔顿。侯爵服从命令重新进行安排，汉密尔顿担任先锋，攻打敌人另一面堡垒。

晚上8点，先锋队开始攻两个多面堡垒。汉密尔顿快速对棱堡发动攻击，士兵们早已等不及了，工兵还没有将铁丝网拆下，不少士兵已经爬了上去。他们用身体铺成道路，汉密尔顿将士兵们的肩膀作为阶梯爬上了堡垒，接着所有的士兵也都上去了。在这个过程当中，敌人没有开枪，美国军队用刺刀占领了堡垒，并和敌人近身搏斗。这一场战斗中，美军8名将士阵亡，7名军官受伤；而英国军队则有8人阵亡，坎贝尔上校等17名英国官兵成了俘虏。新罕布什尔州的一个炮兵队长差点儿一枪打死坎贝尔，也许是他还无法忘记斯凯默将军的牺牲吧，但汉密尔顿没有允许他这么做。相对而言，法国军队攻击的堡垒防守更加森严，他们在开始进攻的时候就遭到英军的顽强抵抗。他们的行动力稍显落后，因为在等待工兵清除铁丝网时花费了不少时间；此外，他们一开始行动敌人便开始枪战，法军几乎是在敌人的炮火下进攻的，所以一开始损失了不少士兵。但他们牢记着罗尚波爵士的鼓励，他们会坚持战斗。在敌人的攻击之下，法军损失了将近三分之一的兵力，面对这样的场景，华盛顿怎能不感动呢？他下马和诺克斯、林肯一起走上瞭望台，希望进一步了解战况，敌人的炮火已经朝这边射击了，炸弹在不远处爆炸，华盛顿甚至能够感受到弹片飞来，仅差一点儿他可能就会受伤。诺克斯希望总司令赶紧回到指挥部，起码那里是安全的，但是华盛顿不想回去，他想站在这里及时了解战场上的情况，他一直站在这里直到战争结束。华盛顿激动万分，抓着林肯将军和诺克斯将军的手，呼喊着："我们胜利了！"他眼中泛着的泪花，既是激动也是感伤，战争的胜利怎能让人不激动呢？但眼睁睁看着那么多战士在战争中牺牲又怎能不伤心呢？

在占领了这两个堡垒之后，美国军队的第二条平行战壕就要顺利挖通了，康沃利斯的防御工事在美法联军的攻击之下几乎全部被摧毁。面对这样的形势，康沃利斯焦急万分，他写信告诉亨利爵士，英军如今的处境可谓生死攸关，也许下一刻美军的士兵就会冲破所有的防线。英国的援军仅仅在海上多停了一天，就改变了整个南方的战况。原本10月5日就应该到的海军，现在还在港口停着，康沃利斯在知道这一消息之后，彻底绝望了。但他写给亨利爵士的信，语气还算平缓，他建议援军暂时不要过来，因为对于目前的战况来说，援军到来时，约克镇恐怕早已成了美军的势力范围，与其如此，不如让援军停留在纽约，或许会更有帮助。为了可以坚持得更久，康沃利斯下令让阿波科尼中校突击联军炮台，16日凌晨，他率领了350名士兵开始行动。兵分两路，在轻骑兵的掩护之下，护卫队和榴弹兵开始攻打联军。美军的炮火集中在他们身边，在如此猛烈的炮火攻击之下，几乎没有人能够逃过，无奈之下，他们只能撤退。但是这次攻击也确实产生了一定的效果，法国军队中的4名军官牺牲了。第二天晚上，美军的第二条平行战壕顺利挖通，所有的炮台也完工了。而英军的炮台已经全部被摧毁，甚至连弹药也快要用没了。

至此，康沃利斯已经十分清楚战争的结果了，但他不想投降，如果能逃走那是最好的。康沃利斯决定放弃那些伤残的士兵，带领一支精英部队突围，他已经为自己设计了好了严密的路线，经过马里兰、宾州、新泽西，便可以逃走，如果能够到达纽约和亨利爵士会合，那必定会有东山再起的一日。这是一个十分危险的计划，如果不是无可奈何，他断然不会作出这样的选择。想让康沃利斯投降，几乎是不可能的，与投降相比，他更愿意赌一把。为了能够顺利逃走，康沃利斯命亲信悄悄准备了16艘大运输船，大部分的士兵都会通过这几艘船逃往格洛斯特，而被留下照顾伤员的士兵仅仅是一小部分，他们准备趁着夜色行动。但可惜他们的运气太差了，行动当晚的大风吹散了所有的船只，他们费了很大的精力才将所有的船只重新聚在一起，趁夜逃走的计划已经不可能实现。凌晨，这些准备好的船只被美军发现，他们知道了康沃利斯准备逃走的消息。

这一计划失败之后，康沃利斯真的绝望了。随着时间的推移，美法联军的炮火攻击越来越强大，约克镇所有的防御工事已经没有任何作用，英军在不断地减少，军队的战斗力在不断下降。康沃利斯现在只有投降一条路了。17日上午10点，康沃利斯派代表前去华盛顿的司令部，希望能够休战一天，然后双方就投降的条件进行谈判。但华盛顿没有同意，仅仅允许休战2个小时。休战时间一到，双方的谈判就开始，谈判进行了3个小时，双方达成共识。19日凌晨，华盛顿命人将投降的条款送给康沃利斯，并表示上午11点之前完成签字。事已至此，康沃利斯没有第二个选择，只能签字投降。约克镇的战争全部结束，英军投降，英国的海军成了法国的俘虏，而陆军成了美军的俘虏。他们的待遇和亨利爵士之前给查尔斯顿的美军俘虏的待遇是一样的，英国的士兵可以保留私人财产，他们的行李和私人信件可以免除搜查。此外，英军俘虏所得到的粮食供给和美军也相同。在这场战役中，他们一共俘虏了7073名英国官兵，其中士官头衔以上的有5950人。英国的俘虏可以假释回到自己的家乡，且在这一路上，不需要接受盘查。

同时，美法联军表示，英国军队需要按照美国军队在查尔斯顿的方式投降。接受他们投降的是林肯将军。12点，美军站在公路的左侧，法军站在公路的右侧，他们的队伍有1英里长，华盛顿将军和罗尚波爵士是领导者，法国所有的士兵都穿着整齐的制服，奏响军乐。这一场景对于美国军队来说是陌生的，他们十分好奇。虽然他们没有统一的制服，但保持军队整齐是没有问题的，面对这样的场景既好奇，也十分激动，在气势上没有一点示弱。附近很多居民也闻讯来参加投降仪式，虽然人数众多，但绝不混乱。下午2点，英国的士兵投降，他们的情绪低落，步伐沉重。队伍最前面的是哈拉将军，他慢步走向华盛顿总司令，脱下军帽行礼，并表示康沃利斯爵士因身体不适不能参加投降仪式，希望华盛顿总司令和罗尚波爵士不要介意。华盛顿也很有礼貌，向他介绍了受降官林肯将军。英国士兵一路走来都显得有些木讷，毫无军队的整齐可言，在放下武器的瞬间，他们的情绪很激动，甚至有人将武器摔在了地上，也许这是士兵的耻辱。这样不文明的行为遭到林肯将军的阻止，他很理解士兵们的心情，但决不允许这样的事情发生。仪式结束后，士兵们被送回了约克镇，他们只能在这里等待着回欧洲的船只。

第二天，华盛顿祝贺全体士兵，赞扬了美法联军在这次战斗中的表现，同时也直接表扬那些表现出色的军官和指挥官。此外，美军中不少在押人员被赦免。这次投降是康沃利斯一生的耻辱，而他接下来收到的消息更让他纠结，原来就在他签署投降条款的那一天，英国的援军就离开了纽约，25艘战舰、2艘炮舰和8艘巡洋舰，如此盛大的队伍由亨利爵士带领着，同时还有7000名士兵。25日，援军到达弗吉尼亚州，此时的他们却得知康沃利斯投降的消息，于是在切萨皮克周旋了2天，又回到纽约。后来康沃利斯写了一份证词，表示美军接受了英军的投降且给予英军士兵很好的待遇，甚至拿出他们所有的金钱帮助英军。

约克镇战争胜利的消息很快就在整个美国传开了，大多数人都认为这是一场决定性的战争，康沃利斯投降之后，可以说美国的独立战争已经结束了。人们的感谢信蜂拥而至，大多数人都是想要表达对华盛顿总司令的感谢，对援助美国的罗尚波爵士和格拉斯爵士表达感激之情。大陆会议也十分高兴，他们同意向法国盟军鸣炮感谢的建议，同时还将缴获的英国国旗送给华盛顿，这是属于他，也属于美国的战利品。而罗尚波和格拉斯得到了从英军缴获的两门野战炮。一个大理石圆柱也将落在约克镇，以此缅怀那些在战争中牺牲的将士们。此时英军的心情则截然不同，当诺斯勋爵听到英军投降的消息后十分惊讶，情绪激动，在屋子里徘徊不停，人们甚至感觉他很有可能自我了断。英国的国会对此悲痛万分，他们无法相信美国竟然可以打败如此强大的英国。

约克镇的战争结束之后，华盛顿本想在法军的帮助下将查尔斯顿一举拿下，但由于格拉斯爵士需要尽快回到西印度群岛，所以这一计划就暂时被搁置了。10月31日，西蒙侯爵带领军队登船。11月4日，格拉斯伯爵带着部队出发，同时将华盛顿赠送的两匹弗吉尼亚良驹一起带走。英军的俘虏则被送到弗吉尼亚州的温彻斯特、马里兰州的弗雷德里克斯顿。康沃利斯在投降之后回到了纽约，而华盛顿则在积极地准备下一场战争，他们计划前往哈德逊。

11月5日，华盛顿从约克镇出发，当天还去了巴塞特的家中。他赶到弗农山庄的时候，继子约翰已经去世了。华盛顿一直将他当作自己的孩子，十分关爱。约翰在成年时便去了弗吉尼亚州，是那里的立法委的公职人员，而他去世的时候只有28岁，留下来的两个孩子都被华盛顿收留了，这让约翰的妻子和妈妈都感到十分惊讶，但也很安心。接着，华盛顿在弗农山庄停留了几天。自从独立战争爆发，华盛顿几乎没有在自己的家中待过，他总是在忙国家的事情，很少管理家中的事情。华盛顿写信告诉格林他接下来的行程安排，最先会前往费城，因为他需要向大陆会议汇报工作。但是华盛顿也表明了自己的担忧，他担心大陆会议会因为约克镇战役的胜利而放松警惕，那么，战争的胜利便会成为敌人的囊中之物，所以对下一步的行动需要更加谨慎，他希望得到格林将军的支持与配合。从这里，我们可以看到华盛顿的冷静，他在任何时候都能够理智思考，作好万全准备来应对每一种变化。

拉斐特在经历了漫长的假期之后，准备回国，华盛顿给拉斐特写了一封信，表达了自己的诚挚的感谢，华盛顿认为来两个人的友情在促进战争胜利上起到了十分重要的作用，法军在这场战争中的表现是值得称赞的。如果没有法国的援助，美军不可能这么快便取得如此巨大的胜利。如果法军能够继续留在美国，那么现在卡罗来纳和乔治亚说不定都已经夺回了。大陆会议对于此次拉斐特侯爵的表现也给予了充分的肯定，他还托侯爵给法国国王带一封信。在信中，大陆会议表达了对拉斐特的赞赏，并希望法国国王能够对其委以重任。人们相信通过这次表现，拉斐特一定会在法国大有作为。

11月底，华盛顿到达费城，大陆会议热烈欢迎，他趁这个机会向大陆会议说明下一步作战计划，这些计划在写给格林将军的信中也说过。现在最让华盛顿担忧的便是大陆会议被暂时的胜利冲昏头脑，放下警惕。因为华盛顿认为虽然约克镇战役胜利了，但美国的独立战争尚未取得成功，他们还需要更加努力。尤其是对北方来说，乔治亚和北卡罗来纳还没有得到解放。对华盛顿的这一建议，军事委员会十分认同，也很重视，并召开了军事、财政和外交部长会议，讨论下一步行动计划。在华盛顿的不断催促之下，1782年的军事部署已经形成。12月10日，大陆会议开始在各个地方征兵，筹集军需粮草、军饷。富兰克林在也在为此事忙碌，通过不懈的努力，法国国王给予大陆会议600万美元的贷款。但是，对于美国的国民来说，他们不希望得知战争的消息，尤其是在刚刚取得胜利之后，他们得知美国在准备下一场战役的时候，没有在经济上给予支援，各州的工作都进展得非常缓慢。

1782年3月，华盛顿在费城住了四个月之后，便前往纽堡的军营。3月28日，华盛顿抵达新泽西的莫里斯镇，在这里，奥格登上校提出了一个可行的办法。因为此时英格兰的威廉·亨利正在军队中服兵役，他的将领是迪格比上将，奥格登认为应当抓住这次机会，将威廉王子和迪格比将军抓住，然后与英军谈判。而且他已经作好了准备，派36名士兵前往纽约参与这项行动，华盛顿同意了这一计划。但再三叮嘱，希望他们在袭击威廉王子的时候不要出现任何不尊敬的行为，行动成功后，需要马上将人转交给大陆会议。一切都看似可以正常进行，途中却出现了意外，计划泄露了。在英国的军营之中，很多人都在传美军会袭击威廉王子，所以英国军队在纽约的港口增加了兵力，并且加强了威廉王子住所的防守工作。在敌人严密的防守下，这一计划很难进行。

去年5月，盖伊·卡尔顿爵士前往纽约，替换了亨利爵士，继续指挥英军。在约克镇战役胜利之后，华盛顿收到盖伊爵士的来信，盖伊爵士表示自己和迪格比将军都希望能够成为和平委员会的委员，和美军一起实现和平。在信中，还有和平协议复印件，这是英国下院通过的，而且这里面还有一份和平意愿书，是英国国王亲自签署的。虽然华盛顿已经看出英国希望休战实现和平的想法，但他一刻也不敢放松警惕，武装力量是绝对不能放弃的。

因为各州应对战争的积极性不高，这使得粮草和军饷供应没有及时到位，部队的日常供给开始紧张起来，士兵们对此十分不满，原本对于战争的激情也减退了不少。此时，一封来自路易·尼科拉上校的信被送到了华盛顿的手中，他希望政府能够提高办事效率、恢复粮草供给，并且还表示美国现在的共和政体必然会导致国家在财产分配上的不公平，如果不能改变体制，这一问题没办法从根本上解决，先要实现公平，需要像英国一样实现君主立宪制。虽然只是简短的一封信，但华盛顿看到其中的危险性，他意识到尼科拉的信背后隐藏着巨大的阴谋，也许尼科拉已经成了某个军事集团内讧的发言人，这表明有人企图把军队变成政治的工具。为了防止事情发展到不可收拾的地步，华盛顿在回信中严厉批评尼科拉的言论，希望他放弃这一想法。因为没有任何人能比华盛顿更懂美国，他很清楚美国如何才能繁荣富强，美国的政治体制是历史发展的选择，是人民的选择，只是国家现在还没有完全独立，导致体制上出现诸多弊端，但这些弊端随着国家的发展会被不断改进，美国一定会朝着更加繁荣、更加自由的方向前进。这里的人们在不远的将来会过上更加美好的生活，华盛顿对此深信不疑。

8月2日，华盛顿收到了盖伊爵士的一封信，华盛顿从信中得知英国与法国关于缔结和平协议的谈判已经展开，而且就在巴黎举行。这场谈判的主要内容是希望美国能够获得独立，虽然这个消息不错，但华盛顿却保持着万分警惕，因为他早已对英国政府失去了信心，华盛顿见识过他们的言而无信，所以他绝对不会再轻信他们。虽然这场战争已经胜利在望，但绝不能掉以轻心。到现在这个地步，英国还没有主动提出停战，华盛顿不得不怀疑他们的诚意，这也让华盛顿开始怀疑盖伊写这封信的动机。英军司令官的权力虽然被下院控制，但就他们现有的权力来说，是完全可以将兵力调往西印度群岛的，也就是说，他们可以攻占法国目前的领地。想到这里，华盛顿便开始给罗尚波爵士写信，希望他能够带领军队一路向北，为法国和美国共同的事业努力。1782年9月中旬，法国和美国军队在维卜兰克要塞胜利会师，对于盟军的到来，美军十分欢迎。

第十一章　战争结束，华盛顿辞职

1784年1月20日，英国和美国在巴黎签署了和平条约，期盼多年的时刻终于降临，这意味着美国独立战争的胜利。3月29日，德斯坦伯爵的舰队到达费城，同时带来了拉斐特侯爵写给大陆会议主席的一封信，信中告知了关于和平条约的一些事情。在这一事情发生的几天前，华盛顿已经收到了英军想要停战的消息，是盖伊爵士发出的。4月17日，大陆会议也表明即将停战，但是公告中并没有表示要解散军队，这让华盛顿不知道该怎么办。而且停战的通告和签署和平协议的通告发出时间并不一样，很多士兵对于军队是否解散还存在着疑惑。这使军队管理方面出现一些问题，因为部分士兵在得知签署和平协议之后，理所当然地认为军队应该解散，他们经过多年的战场奔波，此刻只想回到自己的家乡，和自己的家人在一起。

华盛顿将这些情况全部反映给大陆会议，并且希望大陆会议能够对士兵最终的服役期限作出明确的规定，将一部分军队解散。同时，华盛顿表示希望大陆会议能够对那些在战争中有重大牺牲的士兵进行一些补偿，如允许他们在离开军队之后带走自己的武器和服装。这是对军人的一种尊重，可以让士兵们内心有更大的归属感，实际上这么多年的磨难是这些东西远远弥补不了的，但美国的现实状况并不好，这是他们在能力范围内尽可能实现的补偿了，希望士兵能够获得一些满足。战争的武器陪伴多年，士兵们内心对它们的感情自然不一样，这些武器可以留给自己的后代，告诉子孙们自己曾经经历过一场光荣的战争，曾经为美国人民的独立和自由奋斗过。

1784年4月19日，是一个值得纪念的日子，在这一天，美国经历了八年的独立战争结束了，他们看到了胜利，看到了希望。同时，这一天也是莱克星顿战役的纪念日，华盛顿心情激动地给大陆会议写了一封信。在信中，华盛顿说："长达8年的独立战争结束了，大陆军光荣地完成了自己的使命。我们凭借自己的力量，在经历艰难万险之后取得了革命的胜利，向世界人民证明了我们的实力，那些在战争中为国牺牲的英勇将士们将会流传千古，被历史铭记。"在华盛顿的建议下，大陆会议表示在和平协议正式生效之后，服役期满的士兵们可以离开军队回家，与此同时，他们可以将武器带回家中。华盛顿告诉士兵们他们可以无限期地休假了，这让士兵们激动不已，立刻收拾行囊踏上回家的旅途，许多士兵为了安全还相约一起出发。一路上，士兵们得到很多居民的帮助。退役的士兵们在回到家后便和家人幸福地生活在一起，再也没有回到军队中。

此时，盖伊爵士也准备把军队从纽约撤出，当他知道英国军队准备停战的消息后，就希望能够从西印度群岛和欧洲调来足够的船只，以便撤退。4月27日，7000名士兵从纽约出发返回欧洲，这其中有一大部分美国的亲英分子和难民，由于他们已经被美国政府流放，只能跟随着英国的军队回到欧洲。他们离开的时候情绪都很低落，亲英分子一脸沮丧；相对而言，英国军官们的反应比较淡定。5月6日，华盛顿在橘县和盖伊爵士进行了交谈，这次的交谈十分私密，他们主要讨论了关于美国军事据点和财务的主要问题，这都需要英军移交。5月8日，大陆会议将这项工作交给了艾格波特·本森和威廉·史密斯以及丹尼尔·帕克。同时，这也代表着他们需要和相处八年的战友分开，想到这里，很多军官都表现出不舍。诺克斯将军注意到这些，建议大家可以建立一个友谊联盟，以纪念8年的友情，这一建议得到很多人的支持。于是在施托伊本伯爵的主持之下，结成友谊联盟的会议召开了，就在菲什基尔举行。会议决定把每年5月份的第一个星期一作为纪念日，同时，他们还给联盟的成员们颁发了奖章。在他们的邀请下，一些法国的军官也加入了这个联盟。1784年6月8日，华盛顿通知各个州的州长解散军队。战争结束之后，华盛顿回到自己的弗农山庄，回归悠闲的田园生活。尽管他对军队也有着很深的感情，但他仍然希望自己以后的生活可以更加平静。

但华盛顿的高兴不够彻底，他依然心系祖国，回归田园是希望自己可以获得平静，但现在的美国面临着十分重要的政治改革，这是一个很关键的阶段，如果这个时候出现差池，那就很有可能使得美国这么多年的努力毁于一旦，华盛顿又怎会不担心呢？他是一个性格直率的人，在这种情况下，他会简单直接地表达一些自己的政治观点，当然这可能会引来很多人的反对，甚至是误解，但华盛顿有责任保护自己多年来取得的成果，那是无数士兵用生命换来的。因此，华盛顿提出了自己的政治观点。首先，美国是一个在联邦领导之下、各州紧密联合的整体，国家的元首必须是一个各州认可、宪法授权、能够充分行使权力的人。其次，政府在偿还债务和实行大陆会议制定的战争条约时，一定要将公众的利益考虑在内。再次，美国在和平时期也应当建立起应有的部队正规编制，同时应当加强对民兵的重视与管理，他们需要统一的制度管理，他们是国家安全的保障，是美国应对战争的第一有效防卫手段。最后，美国人民应当放弃地域的歧视，在地方性政策上作出一些让步，大家共同为祖国利益而努力。华盛顿认为只有坚持这四点，美国才能够发展起来，这是实现人民自由的基础，任何人都不应该质疑，蓄意毁坏这一制度的人必然会遭到人们的唾弃，受到严厉的惩治。

在军队宣布解散时，部分军队拖欠军饷的事情仍然没有得到合理的解决，虽然大多数士兵并不在意这件事情，但是还有一部分士兵被不法分子利用，他们聚集在费城寻衅滋事。华盛顿得知这一消息之后，便派豪将军展开了调查，结果得知这些士兵原来都是一些刚刚加入军队的新兵，他们并没有太多地参与到美国的独立战争之中，对战争的了解很少，更别说在情感上建立防线了，没有经历过战争的磨难，他们永远无法理解战争带来的荣誉感是多么强大，这远远超过了个人的利益。豪将军在调查清楚这些闹事士兵的头子之后，很快便解决了这件事情。而两个所谓的领导者经过军事法庭的审判被判为死刑，只是最终被赦免了。军事法庭按照法律对两个帮凶进行了处罚。

8月5日，华盛顿离开费城，前往纽约堡的司令部，他准备去西北部一些城市看看，看看签订和平条约之后人们的生活有什么变化。华盛顿邀请克林顿州长一起前往，他们这次大概要走750英里的路程，纽约堡是出发站，之后会经过奥尔巴尼、萨拉托加，经过乔治湖，再途径迪贡德拉、王冠角，最终到达安大略湖。经过2个多月的视察后，华盛顿写信给夏特吕，描述了自己一路上的所见所闻。他说："这些旅行让我再一次看到我们祖国的壮美河山，是上帝将这块美丽富饶的地方赐给了我们，我们要懂得感恩，利用好这块土地，在这里建造起我们美丽的家园。相信美国人民一定可以通过自己的努力，在不久的将来将美国建立成一个繁荣昌盛的国家。"

10月18日，所有士兵无限期休假的公告发表，服役时间还不够的士兵从11月3日开始休假。11月2日，华盛顿提出休假申请，希望大陆会议能批准。华盛顿先是简要介绍了这8年的战争，作为总司令的华盛顿最能体会独立战争所带来的一切，他对于这期间所经历的种种艰难，永远无法忘怀。华盛顿也曾失望过，也曾绝望过，但从来没有放弃过。现在，美国人民已经取得了胜利，全国人民都在为此兴奋不已，华盛顿内心的感慨自然也少不了，在信中，华盛顿表达了自己对祖国最美好的祝愿。

11月21日，按照协议内容，英国的军队撤离国王桥和长岛东岸。25日，布鲁克林的英军也开始撤退，华盛顿受到盖伊爵士的邀请接管纽约城，希望可以让英军安全撤离。虽然华盛顿不相信英军会遇到什么危险，但他不会辜负盖伊爵士的这份信任。25日，美国军队接管纽约城，英国军队撤出之后，纽约的气氛十分活跃。纽约州州长专门设宴招待法国大使、华盛顿总司令和一些其他的军政要员。但华盛顿没有在纽约停留很久，他需要前往阿纳波利斯，正式提出辞职申请。

12月4日，华盛顿到达惠特豪尔渡口，他会从这里出发前往阿纳波利斯。几乎全军的军官都在这里送别华盛顿，看着这些与自己战斗多年的军官，华盛顿十分激动，心情不能自已。他紧握好友双手，却什么也说不出来，也许此时无声的语言更能传递出他内心的不舍，眼里的泪花是最好的证明。华盛顿举起酒杯，对大家说："这么多年来，感谢大家的支持，我希望你们在以后的生活中更加幸福。"说完，一饮而尽。华盛顿和每一个在场的人握手，希望可以传达自己内心最真实的感受。诺克斯将军站在队伍的最前面，他率先努力地握着华盛顿的手，其他人也纷纷跟了过来，抢着和华盛顿握手告别。大家泪流满面地呼喊着华盛顿的名字，将自己的手尽力伸到最前面，希望能够和将军握手。这样的场景感动了无数人，人们会将这份感情永远记在心中，船离开岸之后，大家还是注视了很久，直到船只在视线中变得越来越模糊。

在旅途中，华盛顿在费城待了几天。这期间，他和财政部的审计员核对了战争期间自己名下的所有财产，华盛顿亲自将账单给了审计员，账单十分清楚，几乎每一张上面都表明了资金的用途，很快便算清楚了，将劳务支出和一些其他的费用加起来，一共是14500英镑。这些全部都是独立战争中需要用到的，但并没有大陆会议应该付给华盛顿的工资。在战争期间，华盛顿将自己的大部分积蓄都贡献了出来，没有向国家要一分钱。他的作风成了每一个美国公民的榜样，人们对他十分尊敬，华盛顿所到之处，几乎都是鲜花和掌声。但面对所有的赞美声，华盛顿却表现得十分低调。12月24日，华盛顿在到达安纳波利斯几天后，提交了自己的辞职申请书，12点，华盛顿的离职仪式在礼堂举行，会场的各个角落都站满了将军、政府官员和一些女士们。除了代表美国行使主权的代表之外，所有人都是站着的。华盛顿从门口进来，坐在指定的位置上，几分钟之后，米福林议长表示会议可以开始了，华盛顿便站起来，神情肃穆，开口说道："今天能够将大陆会议交给我的职责重新归还，我感到十分荣幸，我已经完成了应该完成的任务，希望你们能够接受我的辞职，在此，我感谢所有到场的人，向你们致以我最崇高的敬意。"虽然华盛顿已经不再是总司令，但他会在美国名垂青史，成为人们心目中的英雄。第二天，华盛顿再也等不及了，飞奔回自己的家乡，这里正处于平安夜的欢乐当中，一片祥和的气氛，家人准备了美味的节日盛宴等待着他的归来。经历了多年的战乱之苦的华盛顿，终于可以和家人幸福地坐在一起。

第十二章　回归弗农山庄

华盛顿在弗农山庄度过了一整个冬天，大雪天气使交通变得堵塞。华盛顿的社交也因此受到影响。华盛顿回到家后本想想去周围看看亲朋好友们，再去探望下母亲，母亲还住在弗雷德里克，但在恶劣的天气条件下，这些都只能推迟。实际上，现在能回来，华盛顿已经十分高兴了。刚回来的时候，他对山庄的生活还不适应，经常会梦回沙场，惊醒后，看到周围熟悉的一切，甚至有些恍惚。这里的清晨时分安静，没有军队中的战鼓和起床号，窗外是一片皑皑白雪，周围寂静无声，十分安详，这才是华盛顿一直向往的生活，但现在真的得到了，他反而开始有些不习惯。于是，他开始给诺克斯将军写信，华盛顿在信中提到："现在的生活我还需要一段时间去适应。早上醒来，在山庄中四处漫步，感受着清新的空气，欣赏着无边的雪景，但我的耳边会想起属于战场上的声音，我需要不断提醒自己，现在已经辞职了，告诉自己现在的身份是离开军队的军人、是美国的公民、是一个简单的农场主，我需要开始新的生活。"同时，华盛顿也给拉斐特写了一封信，他说："在辞职之后，我开始了新的生活，这一切让我感到十分轻松，现在这样悠然自得、与世无争的生活才是我最喜欢的。"同时，华盛顿邀请侯爵及其夫人一起来自己的家乡，请他们品尝庄园中酿制的葡萄美酒。

冬天慢慢过去了，弗农山庄也开始热闹起来，很多市政要员和华盛顿的朋友都赶到这里，当然也包括一些十分尊敬华盛顿的人，他们的到来打破了山庄的宁静。军队生活使华盛顿养成了勤俭节约的习惯，即使回到山庄，他依然保持着这种优良的作风，但这并不影响华盛顿对客人们的热烈欢迎。当客人来时，他会准备葡萄酒和羊肉，还会说笑道："这些是我们拥有的最好的食物了，如果有人失望那就实在抱歉了。"其实继续发扬勤俭节约的生活习惯，对于华盛顿来说是十分必要的，因为在整个战争期间，华盛顿都没有支援过家里任何资金，更别说管理和经营山庄了，山庄的状况并不好，由于经营管理不当，农作物的产量在不断下降，宾州的高级议会也想到了这一点。现在闻名拜访华盛顿的人越来越多，华盛顿所面临的经济压力也就会很大，因此议员们决定给华盛顿划拨一笔专款，这可以算作是他在美国独立战争期间应得的奖励。在提交这一申请之前，人们将其复印件传给华盛顿，希望得到他的允许，但华盛顿没有接受，他认为为国效忠是自己的荣誉，绝不能以此来换取个人利益。这时，历史学家们开始思考将美国的独立战争记录成史册，不少人要求查看华盛顿手中的重要文件，但华盛顿没有答应。在华盛顿看来，这些东西没有国会的批准，是不允许泄露的；而另一个准备为华盛顿写人物传记的人也遭到拒绝，他觉得这不符合当初参加独立战争的本意，如果借着战争为自己扬名，那是不道德的。

华盛顿回到山庄后不久，就收到了范布拉姆先生的来信，这是他之前的剑术老师，也是他的朋友。在这封信中，范布拉姆简单介绍了这几年的生活。在英法战争结束之后，他便定居在了威尔士，身体上的不便使得他没有加入独立战争中，但他一直关心着战争的动态。他利用自己的一点名声在威尔士发表各种演讲，希望能够支持美国的独立战争，但他的行为却令英国政府不满意。于是，英军的总司令阿姆斯特朗勋爵下令将其安排在阿莫斯特第60团服兵役，虽然他并不愿意，但也毫无办法，只能去了。在他离开之后，农场破产，他跟着军队前往佛罗里达州。1776年，他在奥古斯丁爵士的手下服兵役。1779年，在乔治亚战争中，他想尽办法逃出军队，返回英格兰，由于在德文郡发表演说，反对英国政府，被驱逐出境，之后住在法国的奥尔良省，在那里开始了新的生活，认识了很多新的朋友。这位老师一直十分欣赏自己的学生，他在信中对现在华盛顿已经取得的成就表示祝贺，并希望他能够获得更好的生活。

华盛顿依然在庄园招待着各种来客，按照自己的方式生活，他更像是一位乡绅，但这种改变没有让华盛顿有任何的不舒服，他总是十分热情地招待每一位客人，给人们展现出一个儒雅的形象。而华盛顿的夫人也在忙着各种事情，本来她处理的都是总司令部的内务，但是现在因为他回到了弗农山庄，她需要处理的事情就更多了，整个山庄的内务她都需要处理，但她没有因此而有抱怨，而是将最好的一面展现给每个人，面带微笑地接待每一个人，这让人们都感觉到了踏实。华盛顿夫人的女工很好，在福治山的时候，经常会和女客人们一起织袜子，送给生活困难的士兵们。

华盛顿的日常除了接待客人，便是经营农场，他本来就很擅长种庄稼，现在回到农场，华盛顿依然精力充沛，他经常会向农民们了解农场的状况，在了解清楚之后，便会和他们一起劳作。在这段时间，华盛顿还收到了一些国外的信件，不少共事过的军官向华盛顿请教军事上的问题，华盛顿都一一认真回答。他在军官和农民之间自由转换，虽然生活十分忙碌，但十分充实。

华盛顿在弗农山庄的生活使得他想起在费尔法克斯农庄的日子，那已经是小时候的事情了，如今费尔法克斯爵士已经定居在英国，那种快乐再也享受不到了。华盛顿回到费尔法克斯先生的别墅里，今非昔比，这里已经成为一片荒凉之地，残破的废墟让他的内心有些伤悲。因为政见上的分歧，费尔法克斯先生回到英国，在约克镇战役之后，他的自尊心受到了严重的打击，92岁的他离世了。

第一届辛辛那提会议召开了，华盛顿能感觉到反对的势力越来越强大，他竭尽全力掌控全局，他向会议的负责人写信，希望详细安排布置会议，这样才能够赢得全国人民的支持和信任。华盛顿主持了这次大会，大会废除了很多选举代表的不当方式，如从贵族中遴选代表，也正是这些举动使得这次大会有了更加普遍的群众基础。华盛顿持续担任这一大会的主席很多年，直到他离世。华盛顿十分真诚地邀请一些法国的军官参加这次会议，并对法国盟友在独立战争中对美国的支持表示了最诚挚的感谢，对他们表示十分赞赏。8月17日，华盛顿邀请拉斐特来到美国，在山庄以老朋友的身份热情欢迎。半个月后，拉斐特因为有紧急公务要处理离开了，虽然很不舍，但拉斐特必须要回到法国。侯爵回到祖国之后，华盛顿也动身去了阿巴拉契亚山，他在那里有一块很特别的地，那是他从祖父继承而来的。陪同华盛顿一起前往的是克莱克医生。华盛顿在走之前便再三叮嘱，他只需要一个看马的人；同时，华盛顿准备了一些在野外生活需要的东西，如帐篷等必备品，加上一艘小船和一些钓鱼的工具，他们便出发了。看着这些装备，华盛顿不免想起了以前和费尔法克斯爵士在一起的日子，但现在和以前不一样了，以前的自己只是个毛头小子，而现在的他成了一个历经沙场的老兵。华盛顿想起曾经的经历，十分感慨。华盛顿本想去测量自己的土地，但在到了俄亥俄州之后，粗鲁的印第安人打乱了他的计划。面对那些残暴的人，华盛顿觉得自己最好还是不要招惹他们，于是放弃了测量的计划。在返回家乡的时候，华盛顿一直在想开通俄亥俄河与詹姆斯河的计划，这个计划如果能够成功，庞大的河流疏通工程一定会给沿岸地区带来有利的影响，俄亥俄州和马里兰州都会成为受益者。此外，华盛顿还发现，美国的边境基本都是外国人的地盘，大河的疏通必然会使对外贸易开始繁荣。西部的各个地区本就需要东部的产品，但由于路程太过遥远，这些东西无法在短时间内送达，如果交通枢纽得以开通，那么所有的问题便会迎刃而解。而剩下的还被英军侵占着的港口，在未来还会重新回到美国人的手中，相信到那时东部和西部的经济必然会更加繁荣。

10月4日，华盛顿在外出2个月之后回到了家中。回去之后的第一件事情便是给弗吉尼亚州长写信，详细说明疏通河道的事情。州长收到信件后，十分惊叹华盛顿的想法，迅速将信件转交给州议会，议会对华盛顿这一建议也很有兴趣，便将其请来详细讨论这件事情。11月15日，华盛顿来到弗吉尼亚，参加了州议会会议，主持这次会议的是帕特里克。华盛顿的出席受到众人的欢迎。其实每个人都知道，华盛顿虽然回到了家乡，但他的心中始终放不下国家和人民的安危，在考虑任何事情的时候，他依然会将国家的利益放在第一位。接着，华盛顿前往里士满，会见了拉斐特侯爵，他们又一起前往安纳波利斯，分别的时候，华盛顿内心的不舍更加强烈。他写信给侯爵说："看着你的身影慢慢消失，我的内心感慨万千，今日一别，不知何时再见，也许我们再没有这样的机会了，但你永远是我最真挚的战友。"华盛顿内心对拉斐特的情谊一览无余，面对战场，他是沉着冷静的；但是面对朋友，他却那么感性，与拉斐特的相处让我们看到了华盛顿内心最真实、最感性的一面。

此时，亨利·李将军收到了华盛顿的来信，他是刚刚上任的国会主席，华盛顿就疏通西部河道的事情在信中作了详细的汇报。12月底，华盛顿再次前往安纳波利斯，他出席了马里兰省和弗吉尼亚代表们的会议，开始讨论波托马克河与西部各河流之间的航道开通问题，并专门成立了两个航运公司，分别是托马克河航运公司和詹姆斯河航运公司，华盛顿担任总经理，负责处理相关事情。同时，会议表示将会给华盛顿波托马克公司的50个股份和詹姆斯河公司的100个股份，这两个加起来大概有4万美元，华盛顿对此事感到十分为难。一方面，他不想违背自己的原则接受这些股份，但另一方面华盛顿也不想因为自己的决绝而被他人误解。最终，华盛顿想到了一个很好的办法，他虽然接受了这些股份，但不是以个人的名义接受的，而是以托管人的名义，然后将这笔资金投资到公共教育中。

虽然华盛顿十分重视国家大事，但弗农山庄才是他最想要去的地方，尤其是在退役之后，华盛顿对这里越来越依恋，他在给朋友的信中就曾写过："弗农山庄对我而言是任何地方都无法替代的，在这里待得越久，对它的感情就越深，我已经离不开这个地方了，我找不到第二个如此安静祥和的地方。"甚至在写给克林顿州长的信中，华盛顿也曾说过："您送给我的棕树种子我已经收到了，这个季节正适合种植，对此我十分感谢，我可以用它来装饰、点缀我山庄周围的环境，您对我的援助和建议我都十分重视。"克林顿州长也曾指挥千军万马，现在转而从事政治工作的他，反倒喜欢在有空的时候种些花花草草，修身养性。这使他和华盛顿之间有了共同点，两个人会经常就花草的种植展开交流，华盛顿还请克林顿州长帮自己注意下法国朋友寄来的葡萄树苗什么时候能够到达纽约港。他相信在午后温暖的阳光下，坐在葡萄架和无花果树之下享受这静谧的日光，会是一件十分幸福的事情。

1785年春天，华盛顿大部分时间都在研究如何种植树木，并且将自己研究的过程详细写在自己的日记之中。1月10日，华盛顿在忙着种植铁杉树；1月20日，忙着收拾那片小小树林；2月，常青藤布满了整个院子；3月，铁杉树又成了华盛顿的最爱；4月，冬青树籽被种在花园的大门口。在每天的劳动中，华盛顿收获了很多种植的学问，虽然整日的劳动很辛苦，但华盛顿过得十分轻松快乐。他没有与世隔绝，收到的信件堆在他的办公桌上，都快成一座小山了。虽然很多信件根本没有意义，但华盛顿坚持亲自阅读回复，这占据了他很多休息的时间。处理这些信件让华盛顿感到有些累了，这是战争时期都没有体会过的感觉，这个问题一直困扰着华盛顿。最终，还是李尔先生帮助华盛顿解决了这件事情，他是华盛顿的私人助理，毕业于哈佛大学。他开始帮助华盛顿先生读信回信，同时还担任起华盛顿继子的两个孩子的家教工作。但一些无聊事情的打扰并没有停止，华盛顿的一个朋友希望一位画家能够画一幅华盛顿像，因为不知道该怎么拒绝，华盛顿便同意了，这也就意味着他需要一动不动地坐着，服从画家的命令。画家总共花了2周的时间才完成这幅作品，并且带着它回到巴黎。霍顿的华盛顿塑像就是在这一基础上完成的，现在我们还能在里士满的大楼中看到这幅画。

华盛顿在处理完所有的事情后，回归到平静的田园生活。骑马是华盛顿很喜欢的一件事情，他经常会在一块经过改造的沼泽地中骑马，这里的改造其实是在独立战争之前进行的，那时的他便有这个爱好。华盛顿还曾经骑马前往波托马克河边，将自己看到的一些情况写在日记里。如在穆乐泽湿地、多戈小河、奈克种植园等地，其榆树、桉树、枫树、山楂树、酸苹果树的生长状况，我们都能在华盛顿的日记中找到，同时，我们还能从他的日记中感受到那些乡间美景，甚至让很多读者都沉浸其中。其实，华盛顿是一个十分会生活的人，在山庄的日子，他每一天都在享受，在动手劳作的过程中，感受着自己的双手创造出的美好，同时也起到了强身健体的作用，使自己的心境更加平和。这一切都使得华盛顿从热闹的战争和政坛中解脱了出来，他的华丽转身让我们没有丝毫的不适应，因为我们看到了一个生活积极快乐的华盛顿，身处田园，悠然自得。漫步乡间小道，徘徊古井深林，这所有的一切都勾起了华盛顿对过去的回忆，那是他内心最美好的记忆。

我们现在依然能够在弗农山庄中看到华盛顿绘制的庭院规划图，上面十分清楚地标记着需要种植的各种树木，人们前往观赏时依旧能够看到这里绿树成荫，这就是华盛顿曾经生活过的地方，我们似乎能够看到他曾经劳作的痕迹。其实，华盛顿的农场不只是弗农山庄，还有一些其他的庄园，剩下的4个农场，大概有3260亩，且每个农场都有专人负责管理，如监管人员、仓谷、厨房、黑人住的小屋等都十分齐全。与此同时，华盛顿还培育了一片广阔的优质林场，大约有几百亩，而上好的马匹也有不少。他和阿瑟·杨一直保持着联系，他经常向这位农业专家请教如何管理农场。阿瑟不仅会给华盛顿提一些建议，还送给华盛顿不少种子，教他如何种植，对此，华盛顿十分感谢。

在山庄居住的一段时间，华盛顿养成了有规律的生活习惯，7点半是早饭时间，之后他会骑马去户外走一圈；2点半是午餐时间，华盛顿回到山庄。午饭过后，华盛顿一般都在书房处理信件，除非有什么特别的宾客，只要一进书房，华盛顿出来可能就要9点多了，这个时间是留给晚餐的。约翰的2个孩子让家中热闹了很多。1785年的冬天，学者沃森带着格林将军的介绍信来到弗农山庄，看在格林将军的情面上，华盛顿热情款待了沃森。但对于沃森来说，这个曾经的总司令让他十分敬畏，经过几个小时的相处，沃森感受到了气氛的放松。华盛顿在接待客人的时候，总会和夫人坐在一起，这使一切都更加自然。他的家人会在旁边谈论着各种各样的事情，此时的华盛顿并没有很多话，只是静静地听着，时不时给一些回应，听到紧张的时候，也会紧锁眉头。在这里，沃森能够感觉到家庭的温馨幸福，这并不像是一个军人的家庭，沃森很喜欢这样的氛围，他希望华盛顿享受到应有的快乐。

在家人吃饭的时候，身边也会有仆人站立，他们在等待华盛顿给他们下达任务。和大多数的南方农场主一样，黑奴在华盛顿的农场也是可以看到的，华盛顿从来不会随便对他们发号施令。仆人们在长久的相处中，十分清楚主人的脾气，他们知道华盛顿每一个眼神所传达出来的含义。在与华盛顿的交谈中，沃森发现华盛顿从来不会在客人面前谈及当年战场上的辉煌，甚至在沃森主动提起时，华盛顿也会巧妙转移话题，这一点是沃森没有想到的，但也正是因为如此，沃森对华盛顿的尊敬又增添了不少，他的低调是很多军人做不到的。不久，冬天来临，弗农山庄的冬天异常寒冷，沃森由于不适应而患上了感冒，这让华盛顿十分担心，他赶紧给沃森找医生。但沃森没有答应，他觉得自己贸然前来居住，已经很麻烦了，如果再找医生，他会过意不去的。夜晚的时候，沃森躺在床上休息，房门被推开了，进来的是华盛顿，他手中端着一碗热汤，华盛顿放在床头，并告诉他趁热喝，这样无微不至的照顾，让沃森十分感动。这件事如果换一个比较普通人来做，也许没什么，但对于曾经的总司令华盛顿来说，我们不得不思考了。就像是怀特大主教说的那样，华盛顿对自己的言行十分注意，在与任何人的交往中，他都在试图改变那个大家印象中的形象，他不想以英雄的样子出现在众人的面前，而是愿意以最真实的样子面对任何人，他只是一个普通人而已。华盛顿喜欢和年轻人一起畅谈，自由欢快，但是由于身份的限制，很多人见到华盛顿都会感到紧张。华盛顿在一次舞会上便碰到过这样的事情，当华盛顿进入会场的时候，所有的声音都停止了，原本欢乐的气氛变得十分严肃，华盛顿为了避免尴尬，主动跟一个年轻人打招呼，但年轻人紧张到不敢看华盛顿，像军人一样站着，与其说是交谈，不如说是他在回答华盛顿的问题。见此状况，华盛顿只能和一些中年的绅士走进另一个房间，让这些年轻人继续玩。不久，属于舞会的声音又响了起来。华盛顿小心翼翼地走到门口，推开一道缝儿，看着外面的欢快的场景，笑了。其实，华盛顿本就喜欢这种热闹欢快的社交场合，但是因为他表情很严肃，总是让很多人误认为他很难接近。因此，只要有机会，华盛顿便会对周围人表达自己的关心，希望他人能够感受到真实的自己。

华盛顿在弗农山庄的日子并没有忘记自己心心念念的国家，关于美国现在的政治体制对国家发展的影响，华盛顿进行了认真的分析。在他看来，独立战争期间，美国建立起来的联邦政府已经没有能力应对现在美国的国情了，这个由13个省联合建立起来的政府必须践行改革，才能够让美国更好地发展。为了偿还美国在战争期间欠下的外债，国会通过了一项法案，希望能够筹集4000万美元，但大部分州不支持这一法案。独立战争结束之后，各省再一次回到了最初的模样，总是为自己考虑，却忘记了整个国家的利益，更不会想起国家的信誉受损后自己将面临什么样的命运。华盛顿给马萨诸塞州的州长写信，这里的州长是詹姆斯·沃伦，华盛顿表示："现在的美国联邦政府其实已经没有什么意义了，国会和联邦政府都失去了人民的信任，已经没有办法发挥它的作用了，但是各州这样的做法是不明智的，当初建立联邦政府是为了实现我们整个国家的共同梦想，当独立战争开始的那一刻，独立宣言将我们每个人的命运都和国家联系在一起，国亡家亡。实际上，让美国更加繁荣昌盛，是我们每个人的责任和义务，国家如今的状况需要人民团结在一起，为了民族的繁荣而努力奋斗，只是现在的情势并非如此。"华盛顿表示他希望各州能够更加支持联邦政府，给予其充分的权力和信任；现在的美国只有两个选择，要么各州团结一致服从联邦政府的指挥，要么13个省各自分裂，独立发展。但无论怎么说，团结一致才是美国最好的选择，只有这样才能够保护好八年战争获得的一切，才能够保证美国未来有更好的发展。如果各自分裂，那么美国的灭亡只是时间问题，我们依然会回到殖民地时代。华盛顿就这一问题向国会提出了很多建议，而这一过程，也使华盛顿又一次完成了身份的转变，他已经成为一名政治家。华盛顿的大多数建议都得到了国会的支持，经过一段时间的商量，国会决定从各州选出代表参加制宪大会，会议将在费城举行。而弗吉尼亚州理所当然地将华盛顿选为代表团的团长，只是华盛顿没有接受，既然已经退出政坛，他并不想招来不必要的闲话，诸如谋划复出之类的谣言是华盛顿不愿意听到的。将自己放在最容易引起争议的位置，华盛顿更不乐意，他还希望自己能够回到弗农山庄，继续当自己的农夫。同时，华盛顿还准备从军人联谊会辞职。但这些拒绝并没有起到什么作用，这只能说他在民众中产生的影响太大了，没有人比他更适合这个职位。正当华盛顿不知道该怎么办的时候，两件事情使他下定了决心。在制宪大会上，不少君主制度的支持者扬言，如果不建立君主制政体，他们肯定不会支持联邦政府。而此时马萨诸塞州发生了反叛，这是华盛顿最不愿意看到的事情，他希望国家能够向着更好的方向发展，而不是像现在这样越来越乱，也正是这种责任感使得华盛顿将这样的任务担在了自己的肩上。他答应担任代表团的团长，临出发的第一天晚上，华盛顿收到消息，马萨诸塞州的反叛已经得到解决，挑事者逃到了加拿大，这让华盛顿悬着的心放松了一些。

1785年5月9日，华盛顿出发参加制宪会议，目的地是费城。13日，到达切斯特，在这里，华盛顿见到了米福林将军，并和当地的一些军政要员见面。华盛顿由一队轻骑兵护送前往费城，他们在格雷渡口列队欢迎华盛顿的到来。代表们赶到费城的时候已经是5月25日了。几天后，制宪会议的主席团选举产生，华盛顿成为主席。大会一开始，便收到了很多关于成立新政府的提议，参会的每一位代表都收到一份来自大会的汇编，他们需要对此次会议的内容严格保密。但令人没想到的事情是，休会期间，竟然有人不小心将汇编丢失了。米福林将军发现后，及时归还。华盛顿起身站立，语气严肃地说：“我没想到会有人如此粗心，在会议开始之前，我们便多次强调了汇编的重要性，但竟然有人遗失了。显然，大家对此还不够重视。在此，我再一次强调，希望每个人都能够妥善保管汇编文件，做好保密工作，严禁出现类似的错误。”话语落下，华盛顿行礼后，走出了会议室。这段话让代表们开始重视自己所犯的错误，实际上，很多代表都对这份文件不够重视，放在哪里的都有——住所以及衣服口袋内，甚至有人还放在了别人的桌子上。很多人开始整理自己的文件，不敢再出现任何问题。

在大会的一些讨论上，华盛顿由于身份的限制，很多发言都不能进行，但是他的建议却受到很多人的支持，这次的大会在美国的历史上意义重大。大会进行了四个月之久，讨论了很多事情。这里可以说是集中了美国所有德才兼备的人，经过长时间的讨论，美国的第一部宪法修订完成了，除了一小部分的修改，美国现在还在使用这部宪法。会议结束后，华盛顿回到弗农山庄，继续隐居的生活。按照宪法规定，国会通过了一项协议，1789年1月，美国将通过大选选出一位总统，3月份的第一个星期三大会便会在纽约召开，而这将会是美国的第一任总统。

第十三章　众望所归，就任总统

其实在美国这次的大选开始之前，华盛顿早已成为人们心目中的总统，没有人比他更适合这个职位。但是以华盛顿低调的行事作风来说，选择担任总统，确实有一定的难度。于是，华盛顿给拉斐特侯爵写信，信中说道："我不想担任什么总统，只想跟家人一起快乐地生活在庄园之中，慢慢变老。至于总统的职责还是应该给更多年轻人机会，他们才有这个能力。"同时，华盛顿收到一封来自亨利·李上校的信，在信中上校说："美国新政府的成立让每个人都看到了希望，如果没有您的努力，新政府是不可能这么快成立的，因此您应该成为这一届的总统，这是我的希望，也是全国人民的意思。"

总统选举大会按照计划举行了，华盛顿毫无意外地当选第一任总统，按照宪法规定，任期四年。在众多好友的支持劝说下，华盛顿终于决定担任总统，他已经作好准备，只等着国会下达命令，命令一到便马上出发。在这之前，华盛顿始终放不下的是自己的母亲，他想去弗雷德里克看看自己的母亲，母亲久病卧床，这次见面可能就是最后一次了。华盛顿和母亲十分相似，如他的坚韧、他的低调、他的勤俭节约，都有母亲的影子。虽然华盛顿的母亲从来没有评价过儿子今日取得的成就，但相信她的内心一定是骄傲的，为儿子感到自豪。

4月14日，国会主席写信给华盛顿，正式将其任命为总统，并请他以最快的速度前往纽约。华盛顿在日记中详细记录了自己那天的心情。早上10

点，华盛顿告别弗农山庄，内心充满不舍。对于未知的道路，华盛顿的内心十分忐忑，对于自己是否有足够的能力担任这一项工作，他并不确定，他甚至担心自己无法把握好美国以后的发展方向。在前往纽约的旅程中，华盛顿先到了亚历山大市，在那里，旧年好友为其举行送别仪式，由亚历山大市的市长主持。在大会上，市长深情演讲，他认为华盛顿对美国而言十分重要，他应该成为年轻一代的榜样。市长的话让华盛顿的内心感慨万千，他不由得起身对市长表达了自己的感激之情。在离开家乡的时候，华盛顿内心涌上的苦闷之情在此时完全消散，周围的热情完全感染了他，一路上，华盛顿都被鲜花和掌声围绕。在途经巴尔的摩的时候，不少居民骑马欢迎他，市政府还以鸣炮的方式表达了对华盛顿的尊敬。在宾夕法尼亚州，华盛顿见到之前自己的战友，米福林已经成为宾州的州长了，而彼得斯现在正担任法官的职务，他们带着宾州的市民和军人等候着华盛顿的到来，并表示热烈的欢迎。虽然华盛顿不想感受这么隆重的仪式，但他无处可避。在切斯特，华盛顿还在吃饭的时候，就已经有一支骑兵列队欢迎，圣·克莱尔上将带领骑兵护送华盛顿入城，之后，华盛顿骑着白马在众人的欢迎下进入费城。

费城的街道边上站满了手捧鲜花的市民，他们站在这里是为了对华盛顿的到来表示热烈的欢迎。为了表示对大家的尊重，华盛顿摘下帽子向人们挥手，众多鲜花朝着华盛顿的方向飞来，有些人甚至落下了激动的泪水。

由于如何称呼华盛顿的问题一直没有落实，所以华盛顿的就职仪式被推迟，议会官员就这一问题召开了紧急会议，但让华盛顿十分担心的是他没有参加这次会议。关于他的称呼必须十分谨慎，如果稍有差池，很有可能引起共和党人的不满，而对于此时的美国来说，任何的嫉妒和纷争都很有可能导致动乱的发生。经过讨论，华盛顿的称呼被确定为“美国总统”，既简单也没有任何争议。4月30日上午9点，就职仪式正式开始，纽约城中所有的教堂一起敲响钟声，希望上帝能够庇佑新政府。中午12点，华盛顿的府邸中陆续驶出护卫队、国会议员、政府部长乘坐的车辆，接着是华盛顿总统的马车，跟在他们后面的是市民队伍，整个队伍很长很长，当距离会场200码的时候，华盛顿等一行人下车步行，从两边整齐的队列中走过，步入议会大厅的参议院会议室。此时，已经就任副总统的亚当斯前来迎接总统，将他带到准备好的座位上，并把相关的事情进行了简单的汇报。在所有的事情准备好之后，就职仪式便开始了，纽约州的法官罗伯特·利文斯顿担任主持人。会场的外面早已站满了民众，他们都前来观看这一神圣的时刻，在预定的时间，华盛顿在参议院和众议院的议员的陪同之下，出现在楼厅，顿时成了所有人的关注点。大家一起欢呼，华盛顿本人也很激动，一直将右手放在胸前的位置，向大家颔首表示感谢。

站在华盛顿左边的是纽约州的法官利文斯顿，右边的是副总统亚当斯，华盛顿走在最前面，后面跟着一大批人，包括罗·谢尔曼、亚历山大·汉密尔顿、诺克斯上将、圣·克莱尔上将、施托伊本男爵等。宣布誓词的任务交给了利文斯顿，此时华盛顿的手虔诚地放在《圣经》之上，宣誓完毕，华盛顿严肃地说："我在此宣誓，希望上帝能够帮助我完成梦想。"接着，利文斯顿法官带着很多人喊道："乔治·华盛顿万岁！美国总统万岁！"当美国的国旗冉冉升起时，千钟共鸣，万炮齐发，美国的每一个角落都充满了欢呼的声音。华盛顿在向人们表达自己的谢意后便离开了，他需要前往参议院的会议厅，向两院的代表们发布自己的就职演说；最后，华盛顿前往圣·保罗大教堂，普雷沃斯特主教在这儿等着为他祈祷，这就是整个就职仪式。

华盛顿成为美国的总统之后，瞬间便成了全世界关注的焦点，人们都在看着这位曾经在军事领域创造了非凡成就的人是否会在政治领域再度发光发亮。华盛顿现在的处境十分艰难，对于管理国家的事务，华盛顿本就缺乏经验，再加上美国的新政府刚刚成立，很多政务都无先例可循，华盛顿需要自己探索。当然，他身边也存在很多支持者，但更多的人选择不信任或者是保持中立的态度。同时，宪法也受到不少人质疑，对宪法完全支持的只有新泽西、特拉华和乔治亚，剩下的一些州都有反对的倾向，只是程度不同而已。反对声最强烈的是罗德岛和北卡罗来纳，这里的代表们甚至提出修改宪法的要求。不少人对新政府也不看好，还存在一部分人担心联邦政府对各州的控制力太弱，这会导致很多政府的政策没有办法落到实处。相对应的，自然也会有一部分人开始担心新政府在加强对各州干预的同时，是否会出现专制政府。这所有的问题都在影响着华盛顿，他内心的压力很大。在不少偏僻的地方，人口不断增加，很多人开始思考成立独立政府。就像西部的人民，这里是密西西比河流域，本是美国的天然港口，但是控制权却在西班牙人的手中，他们明令禁止美国人在这里自由通航。其实，华盛顿在离开弗农山庄的时候便听说了这件事情，而且西部的居民对西班牙不满的声音十分强烈，他们希望能够在政府的帮助下实现自由通航，但是美国的国会对这一事情的重视度并不高，这就导致西部地区的人们对政府表示不满。而且英国人还火上浇油，在英国人的鼓励之下，西部地区的人民占领了新奥尔良，并且在密西西比河沿岸建起堡垒，宣称他们通过自己的力量来保护自己，而不是指望得到联邦政府的帮助。在独立战争结束之后，英国人仍然占领着西部的部分据点，他们以“保护美国西部地区的人民”为借口，拒绝撤退。在这种情况之下，西部地区和联邦政府之间的分歧越来越大。英国人以国债尚未还清还为由驻扎在此地，但很明显这只是一个借口，他们从根本上来说是想要控制北美的皮货贸易；然而西部印第安部落并不清楚这一状况，他们在英国人的支持之下，成了新政府的反对者。

美国目前确实处于内忧外患之中，他们所面临的不仅仅是国家内部的问题，还有对外贸易问题。在新的联邦政府成立之后，美国很多商船都在不同的国家海域遇到了海盗，甚至连阿尔及利亚和突尼斯这样的国家也会抢劫美国的商船，他们将货物劫走之后，便将船员残忍杀害。其实，这也是美国对外政策的失误。当时与美国签订对外贸易条约的只有摩洛哥，那么在其他的国家美国商船遭遇危险的可能性便会大大增加。不仅如此，美国现今的财政状况也令人担忧，在刚刚建立的美国，国库几乎什么也没有，更别说偿还债务了。前一任政府曾经也想过发行国债解决问题，但事实证明不可行。对于现在的美国来说，急需偿还外债，不管是对内还是对外，他们都欠下了很多债务，如果再这么拖下去，那么美国政府的公信力就会越来越低，这对美国来说很危险。刚刚上任的华盛顿面临的问题十分巨大，走错任何一步，都有可能造成新政府的毁灭。华盛顿给很多故友写信，将自己说成一个初学者，他不知道自己该怎么走，没有方向、没有道路，甚至看不到未来的希望。华盛顿需要一个富有智慧的团队来帮助他，给他提出更多的意见，但是那时的美国没有这样专门的机构。在这种状况之下，华盛顿只能和昔日的好友交流这些问题。诺克斯将军，现在的他已经是美国军事委员会的书记了，奥斯古德这位财政部部长、利文斯顿大法官以及亚瑟·李，这些都是华盛顿可以寻求帮助的人。他们都向华盛顿提出一些建议，这些人中我们不得不提的是麦迪逊，华盛顿在遇见困难之后总是跟他交流，麦迪逊能够提出很多有建设性的意见，华盛顿每次都会十分客气地说："不好意思，又要打扰您了！"而诺克斯也是给了华盛顿极大鼓励的人，华盛顿在担任总司令的时候，就十分钦佩诺克斯。他相信这位行事大度的人绝非杰出的军事家那么简单，他的睿智和敏捷绝对会促使他成为一个杰出的政治家，他比很多人都有远见，能够更先一步考虑问题，预见国家的发展。

华盛顿在上任没多久之后，便意识到了自己失去了很多私人的空间，即使是在自己的家中，从吃过早饭到晚上睡觉之前，都需要应对各种各样的来客，且必须礼貌性地回应。这是华盛顿之前没有经历过的，因为在他担任总司令的时候，门口的护卫可以替他挡掉一部分的来客，这可以给他一个相对安静的环境，但现在担任总统后却不可以。那么，有什么办法可以让自己的生活清净一点儿呢？华盛顿希望接触民众的时候也可以处理工作，因为现在的生活状态真地太辛苦，每一件和"总统"两个字扯上关系的事情都需要经过大量的讨论之后才能决定，甚至包括"总统"这个称呼，他们担心因为任何一点儿错误造成严重的后果。华盛顿一直被这个问题困扰着，他希望有人能够帮助他制定一套总统的行事方案，他问过亚当斯、汉密尔顿、杰伊、麦迪逊等人，希望可以得到帮助，至少让自己有一套可以遵循的方案，让自己对生活有更合理的安排。

之前在美国的国会有一个不成文的规定，每周都会举办两次宴会，前来参加宴会的都是一些社会名流，国会每次都会邀请一些人，这使很多受邀前来的人都认为自己有资格和总统一起用餐。但需要邀请的人真的太多了，很多时候安排不过来，这就引起一些人的不满，很多人没有受到邀请，内心自然产生了嫉妒之情。这使华盛顿在完全不知情的情况下得罪了很多人，意识到这一点后，华盛顿决定取消这样的宴会，改为以日常的方式、每周会见一些政府的要员和社会的名流。那些想要见到总统的人，可以先向内阁提交申请，内阁同意后，才可以与总统单独见面。此外，亚当斯认为，总统内勤、侍卫、礼仪执事和那些代表着高层领导的内阁成员们需要保持一定的威严和社会地位，这样才能够使总统与大家之间产生一定的距离感，保持总统的威严，保护总统的安全。

5月17日，埃莉诺·卡斯蒂斯和乔治·华盛顿·帕克·卡斯蒂斯陪着华盛顿夫人前往纽约和华盛顿相聚。这一路上，人们对华盛顿夫人极其尊敬，当马车进入费城之后，宾州的州长和一些其他的政要都出城欢迎，接着华盛顿夫人在骑兵的护送下进入费城。其实在经过新泽西州的时候，华盛顿夫人便感受到了这样的待遇，在伊丽莎白镇，华盛顿正等着她。他们一起乘坐华盛顿的专用舰艇前往纽约，船上有航海多年的领航员和不少知名人士。当舰船驶过纽约炮台时，华盛顿夫人受到鸣炮欢迎，接着众人欢送华盛顿夫人上岸。第二天，华盛顿专门摆了晚宴，感谢人们对华盛顿夫人的照顾。副总统、外交大臣、各部的部长、新罕布什尔州和乔治亚的议员们都受邀参加了这次的晚宴，宴会的规模并不大，也没有牧师在场，只是在就座之前，华盛顿祈祷了几句。在晚宴结束之后，华盛顿站了起来，其他的客人也陆续离开了，没有什么隆重的仪式，只是一场简单的晚宴，就这么结束了。

5月29日，华盛顿夫人邀请各界知名人士参加一场招待会，而之后的每个周五晚上，在总统府举办招待会成了一个传统，很多身份尊贵的人可以自行参加。但是宴会并不奢侈，十分简单随意。华盛顿逐渐形成一些属于自己的生活规律，在每周日的上午都会前去教堂做礼拜，然后下午选择不见任何客人，修身养性。华盛顿将自己艰苦朴素的生活习惯带到总统府，在这里一切从简。塞缪尔·福伦斯负责总统的内务，他每周都会将所有的花费账单交给华盛顿夫人过目，这样可以杜绝浪费的情况出现。华盛顿夫人也受到了人们的称赞，她的善良与随和是很多人认可的。她和华盛顿十分相似，向往着悠闲的田园生活，在给朋友的信中，华盛顿夫人曾表示，也许这些热闹的生活更适合年轻人，对于现在的她来说，弗农山庄的生活会更加舒适。华盛顿出行一般都会坐一辆6匹马拉着的马车，和大多数的南方种植园主出门时相同，这对于一个总统来说是难得的。当然，华盛顿还有个更加简朴的代步工具，是华盛顿夫人从弗农山庄带过来的一辆4匹马拉的马车，如果家里有什么私人的事情需要外出处理，一般都会选择这辆马车。这几匹马是华盛顿精挑细选出来的，都是在弗吉尼亚培养出来的良驹，华盛顿十分满意。在万里无云的天气里，华盛顿得闲时还外出骑马。

第五部分　跨界政坛，为国尽忠

第一章　新政府建立初期

华盛顿开始整理手上的一些档案文件，但在工作进行没多久之后，华盛顿便患上了炭疽热，只有几天的时间，皮肤就开始溃烂。一时间，他的健康问题成了众人关注的焦点，只有他自己不当回事。负责治疗华盛顿的是塞缪尔·巴德，他是纽约一位十分著名的内科医师，医术高超，不然也不会将总统交到他的手上。巴德医生很用心地治疗，但华盛顿的病情却更加严重了，他的身体恢复得很慢，使他在连续六周的时间里都保持着侧卧的姿势睡觉。处于病痛之中的华盛顿听到了本杰明·菲什伯恩落选的消息，这是他提名的参议院议员，华盛顿在选择用人时十分谨慎，总会认真地进行考察，即使是自己的好朋友也不会徇私，他也会按照所有的程序进行审查，避免因为感情用事而出现一些差错。但是这一次，参议院没有给出任何解释，直接否决他提名菲什伯恩的建议，这对他来说是一个打击。但华盛顿对此却没有什么办法，于是他写信给参议院，批评了他们这次匆忙的决定，并且提名了另一位候选人。据华盛顿了解，菲什伯恩是一位军官，也是一个绅士，他在斯托尼堡战役中建立了不凡的功勋，之后曾多次被人们选为乔治亚议会的议员和国家军事委员会的委员。正是因为这样，华盛顿才将其提名为参议院的议员，他享有人们的信任，这是十分难得的。但是参议院最终没有改变决定，也没有给出一个十分合适的否决理由，虽然他们能够感受到华盛顿的不满。也许正是因为这个原因，第二个被提名的候选人没有费什么力气便得到了参议院的认可。

华盛顿的身体在慢慢恢复，母亲病危的消息却在此时传来，当时已经82岁的华盛顿的母亲本就身体不好，久病缠身。8月2日，弗雷瑟里克斯堡传来了玛丽·华盛顿去世的消息，听到这个消息，华盛顿内心十分悲痛。对他来说，母亲的影响很深。华盛顿的母亲一生都过着简朴的生活，虽然家中的经济条件优渥，但她却为人低调，即使在华盛顿担任总统之后，她也从未改变过自己的生活，当然内心也替儿子感到高兴，但她却从不在众人面前炫耀此事，更不会利用孩子的名声为自己行方便。她身上很多优良的品质都影响了华盛顿，在华盛顿长大成人之后，每次遇到困难时都会想起自己的母亲，母亲的品格让他更有勇气和自信。

到现在为止，美国的第一届政府还没有正式建立起来，因为各个部门的职员没有更换。9月10日，国会成立了，同时外交部、财政部和国防部的一些政府官员也在那一天就职，其中，财政部长的职位最为重要，这是因为当时的美国经济发展实在不景气。在财政来源不稳定的情况下，美国只能再次借外债来偿还之前的债务利息。长此以往，美国的国家信誉必然受到损害，华盛顿意识到必须加快美国的经济建设，这就需要任命一名得力的干将成为财政部部长，这个人必须对美国现在的状况了如指掌，且必须和自己有足够的默契。在考虑多日之后，华盛顿向国会提议，任命亚历山大·汉密尔顿为财政部部长，因为之前关于人事任命存在一些分歧，所以国会这次十分爽快，当天便批准了华盛顿的提议。在汉密尔顿任职不久之后，参议院便通过了一项决议，希望政府能够准备足够的粮款，以便支付国家的信用贷款。在财政部部长的人选落定之后，华盛顿开始思考应该将什么人安排在司法部门的位置上。9月27日，华盛顿写了一封信，是给埃德蒙·伦道夫的，这位弗吉尼亚的将军之前在参加独立战争的时候，曾经是华盛顿的副官，在国会工作过，可以说有丰富的司法工作经验，他在1786年时当选为弗吉尼亚州的州长，1787年代表弗吉尼亚参加过修改宪法的会议，在华盛顿的眼中他是司法部部长的不二人选。伦道夫十分支持政府三权分立，多次发表公开演讲，感染了很多人。在收到华盛顿的来信之后，他马上就答应了，但并没有宣布就职，在诺克斯、汉密尔顿等人都正式就职之后才公布。一位首席大法官和5位法官组成了联邦司法机构的最高法院，他们在各州建立起了地方的法院和巡回的法庭。就纽约州来说，他们的首席大法官是约翰·杰伊，而约翰·拉特里奇、詹姆斯·威尔逊、威廉·库欣、约翰·布莱尔以及詹姆斯·埃尔德尔这5位法官，他们分别来自南卡罗来纳、宾夕法尼亚州、马萨诸塞州、弗吉尼亚州和北卡罗来纳州。

9月29日，按照预期，国会正式召开，与会人员就很多重要的问题进行了讨论。这一届的国会出席人员和独立战争时期召开的国会相比，并没有那么知名，大多是一些冷静睿智的人员，立法者和执法者之间配合默契、相互团结，得到了众人的认可。

但是现在外交部部长的人选还没有定下来，华盛顿依然在思考，他想到了托马斯·杰弗逊。在独立战争胜利之后，杰弗逊便前往巴黎，现在已经有两年多了。在华盛顿的眼中，他是一个民主共和主义者，对人友善，拉斐特和一些高级军官都是他家中的常客。杰斐逊对这些人也十分赞赏，认为他们德才兼备、不拘传统。实际上，这些人大多数都曾在欧洲游历过，之后便回到了自己的国家为国家的繁荣富强而努力，他们是一个热情的爱国主义党派，具有浓郁的革命思想，吸引了不少女性参与其中。杰弗逊在这个组织当中名望很高，很多人都希望他能够为如今的政治改革运动提出自己的建议，杰弗逊虽然没有亲自参与制宪会议，但是华盛顿和麦迪逊提出的很多问题都有杰弗逊的影子，最后这些问题都成了大会的重要议题，虽然杰弗逊的政治观点使他看上去更像是一个激进主义者，但是他的真诚不容置疑。1774年，杰弗逊撰写了《英属美洲民权概观》，将维吉尼亚的地方议会领向了国会。这个小册子为美国辩驳英国殖民者提供了有力的证据，进一步促进了美国的独立民主，它证明着杰弗逊是一位思想深刻的爱国主义者，也是一位十分有能力的辩士。1776年9月，杰弗逊重新回到维吉尼亚，成为维吉尼亚州代表议会中的一员，在他担任议员的期间，一直致力于法制体系的改革，使得维吉尼亚成了一个民主的州。在3年之内，杰弗逊起草了126条法案，废除了长子继承权，提倡宗教自由，倡导司法体系不断现代化。1778年，杰弗逊促成了《知识大幅普及散播法案》，随后在自己的母校进行了一系列的学术改革，甚至建立起美国所有大学之中的第一个选修制度。1779年到1781年之间，杰弗逊担任维吉尼亚州的州长，在威廉和玛丽学院中倡导教育改革，创立了学生自治荣誉法则。1779年，杰弗逊的建议得到了威廉和玛丽学院的支持，他们将乔治·席勒任命为美国多所大学中的第一位法学教授。但是杰弗逊希望美国以农业作为国家的基本大业，这和约翰·亚当斯和亚历山大·汉密尔顿的看法不同，以这两人为代表的联邦党和杰弗逊的看法甚至可以说是对立的，因为杰弗逊在一定程度上受到不少欧洲启蒙思想家的影响，在他看来，人类具有一种不可转让的权利，这是人类最基本的权利，和政府成不成立没有任何关系。杰弗逊十分尊重自由。他认为自由是在他人根据相同的权利划分界限之后，人们在这一界线之内便可以按照自己的意愿行事。

杰弗逊反对独裁，认为美国应该成为一个民主共和制的国家。他甚至在1788年5月给华盛顿总统写信的时候，表明了自己对总统连任制的反对，因为总统连任很有可能会出现总统终身制，这和欧洲的君主制还有什么区别呢？曾经亲身感受过法国政治阴暗面，杰弗逊无法忍受美国在总统连任制之下走向独裁，那是多么恐怖的事情啊！此外，杰弗逊对“大人”一词十分反感，尤其是将这个字用在总统身上，他认为这根本就是封建统治的表现，这样的称呼违背了人人平等的原则。杰弗逊对于目前爱国党的所作所为十分赞赏，但对此也有人表示反对，如莫里斯州长。1789年2月3日，莫里斯州长决定接受华盛顿的命令前往法国、英国以及荷兰，他因绅士气质和睿智思维赢得了很多人的尊重，不凡的口才更是为他加分不少。1789年2月23日，在给法国驻美公使的一封信中，莫里斯表示，法国现在处于一个十分关键的十字路口上，面对这一关键点，法国有两个选择，成立一个根本大法管理国家的运行，或者继续将国家交给议院掌控。对于法国这次大选，人们都十分看好，认为通过这次的大选，法国一定会获得不一样的发展。民众强烈要求法国召开三级会议，进一步研究改革的具体方案。国王无奈之下只能如此，杰弗逊也成了这里的常客，在凡尔赛，他积极地参与每一场讨论，因为这能够让他感受到革命的激情。杰弗逊和所有的激进的爱国主义者想法一致，呼唤着民主、自由、平等，但对于这所有的一切，莫里斯却表示了自己的担忧。因为在他看来，每个国家都有自己的具体状况，如果这一状况被忽视，那么一定会出现错误。所以他只是赏识杰弗逊的热情积极，但对他的主张不敢苟同。1789年7月14日，巴黎发生起义，巴士底狱被攻占标志着法国大革命的爆发，这场革命太突然了。在给莫里斯的一封信中，华盛顿发表了自己的看法。他认为，法国大革命所产生的影响是巨大的，深深地渗透到法国的各个阶层中，这场革命现在虽然看似结束，但它仍然存在着很多隐患。汉密尔顿对于这一观点十分赞同，他认为法国的革命者对于宪法的制定存在不同的观点，而对于贵族阶层来说，他们并不满足目前的利益，如果这些问题不能得到很好的解决，那么法国日后的状况令人担忧。而此时杰弗逊和汉密尔顿则有了完全不同的看法，他们还就这一问题展开了讨论，十分激烈。

10月15日，华盛顿在杰克逊上校和里尔上校的陪同下开始视察东部各州，虽然他不喜欢繁琐的礼仪，但民众的热情使华盛顿十分感激。只要他到的地方，街道上都站满了人，高声欢呼，教堂里传出庄严的钟声，工厂甚至为了表示对他的欢迎，机器都停止运转了。22日，当华盛顿到达马萨诸塞州的时候，他收到了总督汉考克的信件，总督希望总统能够前去相聚，而且会派一支护卫队来接送，确保总统可以安全进入波士顿城。但是华盛顿没有接受这一邀请，他不希望打扰别人的生活。在这一次考察的过程中，华盛顿不准备接受任何人的邀请，以免干扰大家的生活。他只是托一位在波士顿的朋友帮自己安排了住的地方，在打理好一切之后，便想着独自前往城中各处看看，了解当地的情况。总督汉考克是这里的一位富裕乡绅，他热情好客，对于总统的到访怎么可能无动于衷呢？所以即使华盛顿已经拒绝了他的邀请，他也没有放弃，坚持邀请华盛顿前来做客。波士顿其他地方的官员也一样，早已准备好迎接总统的到来了，他们想尽办法掌握华盛顿的行程，前往剑桥迎接。这样，便出现了众人邀请华盛顿的场景，甚至有些可笑了。在汉考克不知道的情况下，布鲁克斯和塞缪尔·亚当斯这两位将军分别带领护卫队赶到了剑桥，导致华盛顿的私访在浩浩荡荡的护卫队之下进行。到达市政府大楼的时候，队列停了下来，与此同时，仪仗队的军乐响起，这都是为了欢迎华盛顿的到来而作的准备。但总统却在这里足足等了半个小时，直到询问杰克逊上校才知道发生何事，原来市政府的官员和执行委员会的官员就关于究竟谁接待华盛顿的事情而发生了争执，最后市政府官员获得了迎接华盛顿的权力。除了军乐声之外，街道两旁人山人海，十分热闹，这些是各行各业的代表人物，他们手捧鲜花等待着总统的到来。华盛顿衣着简单，身穿普通的制服，骑在马上，向人们微笑致意，表示自己的感谢，这使得人们对他有了更好的印象。欢迎仪式结束之后，华盛顿在众人的簇拥下回到了住所。华盛顿在波士顿仅仅停留了几天便走了，他最后去了朴茨茅斯，然后转往哈特福德，11月14日结束视察，返回纽约。

在华盛顿回到纽约之后没多久，约翰·特朗布尔也回到了美国，他是一位著名的画家，曾经担任过华盛顿的副官。他是从欧洲回来的，之前他在那里的任务是为了给美国独立战争的历史书配上插图，在他的笔下，一幅幅生动的表现美国独立战争的画面诞生了。不少法国军官在杰弗逊的住宅处进进出出，这些军官是法国革命的主要煽动者，特朗布尔也经常前往此处，在这里他认识了这些军官，并用自己的笔为这些军官留下了回忆。特朗布尔给华盛顿传递了一个消息，这是拉斐特侯爵让他帮忙的，拉斐特希望华盛顿能够对法国现在的情况有所了解，并且简单汇报了自己现在所从事的革命事业的进展。根据拉斐特的消息，包括罗什富考尔公爵、孔多塞侯爵和他自己在内的一些人希望法国能够以英国的宪法作为参照，制定出一部宪法。在拉斐特看来，法国应当保留国王的权力，将国王作为宪法的主体，不同的是需要通过一些条款对国王的权力进行一定的限制。现在，法国的贵族不多，侯爵希望能够加封一些新的贵族，以便国王夺回属于自己的权力。法国国王对于侯爵的观点十分认可，他是十分善良的人。侯爵最终的目标并不是废除王权，而是建立君主立宪制，上院中的组成人员应当是法国的贵族，侯爵希望自己的想法能够得到三级立法机构代表的认可，但实际上并非如此，他的提议被拒绝了。奥尔良公爵对此极力反对，他利用金钱收买了很多人，这些为钱卖命的人四处游行，妄图将法国国王处死，然后由奥尔良公爵取代国王。在巴黎，越来越多的人以“优秀爱国党人”的名号作为掩护，寻衅滋事，他们煽动工人、农民的情绪，企图在国家混乱之际牟取私利，喊着“自由、民主、平等”的口号，却打着自己的算盘。从本质上来讲，他们的行为是不利于国家和人民发展的，他们的行为很有可能导致法国毁灭。没用多长时间，国民工会将大会的会场由凡尔赛改为巴黎，雅各宾修道院成了布列塔俱乐部的地点，之后雅各宾俱乐部成立。拉斐特侯爵对于这一俱乐部的成立十分反对，他认为这会给人民造成反面影响。

此时杰弗逊已经在诺福克了，华盛顿写信邀请他担任国务卿，杰弗逊对此十分惊喜，但他却表示更喜欢现在的职位。接着，他又说明了原因，现在的职位十分重要，和人民的利益息息相关，他更愿意为此努力。在邀请信中，华盛顿给予杰弗逊高度的肯定，并表示国务卿除了他之外没有第二个更合适的人选。于是，杰弗逊同意了，他表示预计在3月份的时候回到美国。

1790年1月4日，国会召开，但是两院的人数在8日才超过一半。国会的开幕式是华盛顿亲自主持的，在会上他发表了激情澎湃的演讲。他提出国会现阶段需要重视的问题，如国防预算和外交，削减驻外开支，规划外国侨民，统一美国货币和度量衡，促进商业化、农业化，发展邮政邮路，进一步促进科学文化发展，支持政府信用等，虽然在众人的支持下新政府已经成立，但是他们的办事效率并不能令人满意，这让华盛顿十分担心。现在想要加强人民对政府的信任，不仅仅要尽快解决财政问题，同时应当提高政府职员的公信力。13个州在偿还国债的问题上有自己的看法，他们可以帮忙也可以不帮忙，因为如今国会的权力并不比各州高，甚至远远低于他们。联邦政府现在需要的是各州政府的支持，只有在他们的支持下，一切事务才能够正常运转。经过独立战争，美国的内债高达4200万美元，算上外债，一共有5400万美元。这些债务中，外债占据了1450万美元，美国已经欠下法国800万美元、荷兰400万美元、西班牙250万美元，因为国家没有偿还的能力，公债的公信力一直在下滑，实际价值已经不到票面值的六分之一了。其实，不仅联邦政府有着巨额外债，各州政府也有，共计2500万美元，其中最多的应该是马萨诸塞州和南卡罗来纳州，均有500多万美元，而弗吉尼亚则有350多万美元。

对于目前的美国来说，急需一个有效的办法解决这一问题。无疑，汉密尔顿作为财政部的部长成了人们关注的焦点。他认为国债的持有者并非原始股民，而是之后购买的那一群人，他们的目的引人怀疑，这种意图发战争横财的人有问题，因此，现在政府应当做的是免去债务的利息。汉密尔顿的这一建议在递交给国会之后受到强烈的反对，但最终在投票的环节他获胜了，31：26胜出。

3月21日，杰弗逊来到纽约准备担任国务卿一职。他十分讨厌君主制，对于宫廷的礼仪更是厌恶至极。当他听说华盛顿在总统府多次举办较为奢侈的舞会，而华盛顿的夫人也经常称自己为女皇的时候，内心对华盛顿的做法十分不悦。他曾经跟麦迪逊说过他的想法，他认为，如果华盛顿身边再围绕着这群谄媚之徒，那他迟早会走向毁灭。由于这样的偏见。杰弗逊在抵达纽约之后，看待周围的一切都无法摆脱这样的偏见，在他看来，新政府虽然成立了，但是人民的君主主义传统仍然根深蒂固地存在于人们的思想中。在招待的许多客人中，华盛顿几乎没有见到大力宣传共和制的人，甚至一些对新政府表示支持的共和党人也没有这样做，反而很多人会将宪法当作是国家迈向另一个制度的桥梁。虽然情况并没有杰弗逊说的这么严重，但不得不承认当时的纽约确实存在着各种各样的人。由于法国大革命爆发，国会中很多人开始讨论政府的体制，众人之间都存在着不同的观点。从目前的状况来看，没有哪一个国家可以供美国效仿，即使是体制完美的英国，两国的国情相差很多，他们体制目标也并不相同。美国现在最需要考虑的问题是怎样才能使各民族之间平等和谐地长期共存，想要解决这一问题，依靠经验是没有用的，他们必须从实际出发。没有一个国家有过类似的经济，他们只能摸着石头过河。在美国的体制问题上，汉密尔顿和杰弗逊存在很大的分歧，甚至成了对立的两个阵营，他们在不少政治问题上展开过激烈的争论。在杰弗逊的眼里，汉密尔顿和那些所谓的狂热联邦党人、保皇党并无差别，他和麦迪逊等人建立民主共和党，成了党的领导人。

1790年3月29日，国会召开会议，围绕联邦政府代各州偿还债务的问题展开讨论。议案一经提出，就遭到了北卡罗来纳五名代表的激烈反对，而其他的一些代表在讨论的过程中也掺杂了不少个人感情，这导致整个关于议案的议论十分混乱，国会的尊严几乎荡然无存。华盛顿目睹这一切，内心感慨颇多。国会关于这项议案的讨论持续了几个月，最终决定由联邦政府偿还各州的债务，但通过的议案和汉密尔顿最初的议案存在一定的差别，议案中定下的联邦政府偿还的债务应当是2150万美元。1790年7月22日，经过修改的议案在通过时，支持票仅仅只比反对票少2票。7月24日，众议院再次对该议案进行表决，最终票数以34：28通过了法案。华盛顿对此十分满意，通过大家的努力，美国终于避免了一次较大的动荡。因为每个州都在为自己的利益考虑，所以新政府究竟应该选择建在哪里，成了一个迟迟没有解决的问题。在这一状况之下，人们只能选择一个折中的办法，那就是在未来的十年，国会将继续在费城办公，而在这十年之中，国家会拨款修建政府的办公大楼，十年之后，政府将会永远修建在这里。最终，国会将办公地修建在弗吉尼亚和马里兰州的交界处，这里被称为哥伦比亚特区。

杰弗逊在与华盛顿的一次见面中提到了他所听到的那些谣言，并询问华盛顿铺张浪费的事是否属实。华盛顿回答说自己对于那些礼节性的东西也不喜欢，希望能够保持艰苦朴素的作风，而且自己也一直是这么做的。对此，杰弗逊十分满意，在亲眼看见之后，他觉得华盛顿并不像外界所说的样子。总统府怎么样先不说，在当时的一些地方性政府中，奢靡的生活方式已经成了一种追求，当时在纽约州和弗吉尼亚州的一些种植园主或者是金融家们，只要具有一定的经济实力，他们就会花费很多资金在家里举办各种各样的宴会，和这些人的生活相比，华盛顿的生活真称得上勤俭节约。华盛顿会在每周二下午的时间接待客人，没有那些隆重的仪式和酒会，只是客人的谈话结束之后，门童会带着他们去当天的住所。华盛顿夫人则会在每周五举行一次接待会，但也没有铺张浪费的现象，都是按照预算安排的。杰弗逊亲自到这里看了之后，才发现之前的那些谣言确实不属实，是自己对华盛顿存在一些误会，误会解释清楚之后，两人的关系就更和睦了。

在华盛顿刚开始执政的时候，他十分关注法国的形势，尤其担心拉斐特在法国的状况。实际上，拉斐特现在已经成了法国大革命的领导者，这对于整个法国来说是幸运的，但是对于拉斐特本人而言，却是十分危险的。因为对于现在的法国来说，正处于一个十分关键的时刻，这个时候他的工作会面临前所未有的困难，这也必然会使得拉斐特更加劳心劳力。拉斐特十分相信自己所信仰的革命会在不久的将来取得成功，但是莫里斯却不这么认为。在11月的时候，拉斐特写信给莫里斯，希望能够征求他的意见，拉斐特那时便说过，如果法国的国王在这个时候能够支持新的宪法，那么拉斐特就会处于十分尴尬的境地，他的革命指挥官一职就是一个虚名，这会使得拉斐特的政治前途令人担忧。

1790年1月22日，莫里斯给华盛顿写了一封信，他在信中表示，现在的拉斐特对战争十分狂热，已经失去了理智，他下一步竟然准备取代联省行政长官指挥佛兰德这一地区的军队，实际上他现在很危险，只是他自己不知道而已。虽然在新宪法的问题上，拉斐特已经退了一步，但现在他支持的很多政策都是不理智的。因为不了解法国的实际情况，在给侯爵的回信中，华盛顿并没有给出可行性建议。实际上，突然而至的法国大革命早已让华盛顿打翻了之前对法国的看法，他不知道法国该何去何从。为了让侯爵能够安心一些，华盛顿在信中写到，虽然未来充满未知，但有些事情是可以确定的，我们之间的友谊会一直存在，无论如何，我都会关注着你的一切，成为你最坚强的后盾，我真心地希望法国会有一个美好的未来。3月中旬，侯爵将最近两个月的状况写信告诉华盛顿，他指出法国的大革命在一定程度上确实推动了整个民族的进步，但是由于人们对自由的定义并不明确，很多人将自由视为是任意妄为。国民公会需要在短时间内制定出一部新的宪法，但是贵族们不放弃对旧政权的支持。随着革命的不断进行，法国的贵族们手中的权力被削减了很多，旧的制度面临着毁灭，但是新的宪法还没有成熟，这使得很多小人寻找机会挑起事端。就现在的法国而言，两股敌对势力需要引起注意，反动的贵族阶级和那些无政府主义者，是十分可怕的存在。但此时的侯爵对法国大革命的信心显然增强了不少，他相信自由、平等、民主就在不远的未来。

美国刚刚建立，边境很多地方依然存在问题。尤其是俄亥俄州西北部地区，在这一地区居住的印第安人经常会闯入居民区杀害白人。华盛顿曾多次和印第安部落进行交流，他们之间也曾签订过和平条约，但每次签署不久之后，印第安人便不顾条约的内容继续为非作歹。当然，我们并不能把所有的责任推到印第安人的身上，这一地区的一些土地投机者的行为也违反了条约的内容，而且这一地区存在一些心怀不轨的外国商贩，这使得白人和印第安人之间的矛盾似乎变得更加激烈。且居住在迈阿密的印第安人大多数都有武器，枪支弹药在这里并不少见，这些大多都是从美国境内的英军那里得来的。华盛顿本想和平解决这一问题，但根据现在的情况来看基本已经不可能了，华盛顿只能向国会提出议案，要求哈默尔将军带领一支民兵团前往迈阿密，经过17天的行军，他们终于抵达那里。印第安人在还没有开战的时候，就火烧村庄，然后逃进树林。看到这样的状况，哈默尔再也抑制不住内心的怒火。他下令侦察队负责寻找印第安人的落脚处，通过认真的侦察，他们终于发现了印第安人的落脚地。接着，他便下令让哈丁上校带着肯塔基的民兵按照侦察的方向围剿印第安人的总部，而阿姆斯特朗上校则带领着民兵团殿后。部队出发没多久之后，竟然遇到了伏击，他们中了印第安人的埋伏，他们就是想要将民兵团引到这里。印第安人的总指挥是“小海龟”，一个土著领袖，他十分奸诈，被伏击的民兵团只能赶紧逃离，印第安人就这样取得了胜利。而被追捕的阿姆斯特朗则逃到了一片沼泽地，这里的沼泽深到可以淹没到他们的脖子，在这里躲藏了很久之后，他们才躲开敌人的追捕。10月21日，再次开战，双方均受到很大的损失。这次围剿没有取得成功，哈默尔将军只能带着部队回到华盛顿堡；而华盛顿则在弗农山庄养病，这些事情他并不知道，他一直在等前线的消息。11月底，他才知道战果，华盛顿对于这件事很气愤，他认为哈默尔将军此次的失败将会是他一生的耻辱。

第二章　内阁矛盾不断，争斗激烈

12月第一个周一，国会在费城召开会议，这一次会议主要是讨论新政府究竟建在哪里的问题。华盛顿将莫里斯总督的房子租了下来，这就是他最近的住所了。他对部下下令，房间的布置一定要简单，里尔先生作为华盛顿的秘书自然准备好了所有的一切，同时也为华盛顿准备了一辆十分豪华的马车，舒适度自然不必多说，但是华盛顿知道这件事情后表示自己更希望有一辆装饰简单的马车。在会议开始之后，首先讨论的便是怎样才能够使人们对政府的信任重新建立起来，只有这样他们才会帮助政府筹集资金。财政部的秘书长对于美国目前的债务状况作简单的报告，报告指出美国需要82.6万美元来偿还国债。他提出的建议是对洋酒征税，同时，也递交了征收关税和消费税的法案，但是没有得到支持。汉密尔顿很久之前便对建立国家银行的建议十分支持，现在他更确信美国需要建立国家银行了。所以在这次会议上，他向国会提交了相关的议案。参议院对这项议案表示支持，但在众议院却持有反对的观点，他们反对的原因主要是这与国家制定的宪法有冲突，这件事情在议员们之间引起了十分激烈的争执，当然最后的结果是好的，支持的票数比反对的票数多了19票。华盛顿对于这一事件十分关注，他知道内阁对这一事件存在着不同的看法。杰弗逊和伦道夫对此都表示反对，但汉密尔顿和诺克斯也指出了建立国家银行的必要性。华盛顿对两方的观点都认真地倾听、思考，在权衡利弊之后还是选择了支持，法案就此生效。杰弗逊对于这一议案的反对可能并不仅仅是因为宪法，更是因为国家银行会用纸币替代硬币，这样会导致金融贵族的产生，给一些人创造搜刮百姓的机会。杰弗逊甚至认为汉密尔顿这么做是为了获得更多的权利，实现财政部对立法机关的绝对控制，最终使国家发展成为君主政体；而且在杰弗逊的眼中，华盛顿现在还被汉密尔顿的外表迷惑着，并不清楚他的真实意图。在公众场合，杰弗逊就指出了华盛顿之所以会通过这一议案，纯粹是因为他对财政的事务一无所知。但实际上并非如此，华盛顿对于这一事情的决策是经过认真考虑的，他绝不会感情用事，当他不了解这一领域的问题时，会和很多领域内的专家进行交流，在对问题有所了解之后才会作出决定，这是他的习惯，不管是之前担任独立战争的总司令还是在管理内阁的事务之后，华盛顿从来没有改变过这种习惯，他的谦虚好学对他产生了很大的帮助。华盛顿对于汉密尔顿是十分信任的，他知道这是一个德才兼备的人，即使如此，面对他所提出的议案，华盛顿也会进行仔细的研究，这也是华盛顿对待杰弗逊的态度。但由于汉密尔顿和杰弗逊关系不和，这使得两人之间经常出现争论，在内阁中，他们经常会因为一些问题发生争执，就像是两只战斗中的公鸡，十分激动。在每次的争执中，诺克斯都会成为汉密尔顿的支持者，这是他对战友的信任，也是他对自己的信任。也正因为如此，他也成了杰弗逊嘲讽的对象之一。面对这样的状况，华盛顿总是机智地处理。他会耐心地倾听两方的观点，然后给出自己的意见，但绝对不会利用自己的权力压制任何一方，他机智地解决着面对的所有问题，他发挥着自己作为一个政治家的才能团结着所有的人。他将杰弗逊和汉密尔顿的斗争范围限制在内阁之内，而没有波及其他的地方，使他们的争吵不影响整体的利益。汉密尔顿和杰弗逊虽然成立了自己的政党，但他们对美国的热爱是不会改变的，他们只是对对方不够信任，认为对方的一些举措是别有企图的。汉密尔顿建立起来的联邦党希望美国能够加强全国性政府的建设，减弱地方政府的势力，防止地方政府压制中央政府。但杰弗逊成立的民主共和党却希望能够维护地方政府的权益，削减联邦政府权力，希望能够实现无政府主义，他们不希望国家走向君主制。

抛开体制的问题，华盛顿现在最担心的就是印第安人的问题。哈默尔将军在回到华盛顿堡之后，在国会上对迈阿密的战事进行了全面的汇报，这使得很多议员十分不满意。在他们的眼中，民兵团在与印第安人的战争中落败是一件不光彩的事情，而印第安人竟然能够战胜民兵团更会使他们无所顾忌。接着，和美国签订了贸易协定的3个赛尔卡族的酋长前去劝说“小海龟”，希望他们能够答应与政府合作，放弃武装抵抗。华盛顿对此十分满意，并表示大力的支持。虽然华盛顿一直希望能够通过和平的手段解决这一问题，但是显然他们并不友好。华盛顿甚至想让印第安人学习种植技术，这样他们的生活条件便会逐渐变好，自然也就不需要再骚扰在边境居住的白人了，华盛顿也不需要再因为这件事情担心了。

在国会召开会议的这段时间中，肯塔基和佛蒙特申请加入联邦，得到了联邦的批准。这一次的国会会议在3月3日就结束了。在国会的各种讨论之中，华盛顿感受到了大家团结一致、求同存异、积极进取的精神。从征收关税和建立国家银行的讨论中，华盛顿发现分歧基本存在于南北两地的议员代表中，虽然他们都在保护各自的利益，但在所有的讨论中还算真诚，最终的目的是一样的。

3月，华盛顿开始视察南方。一路上经过了弗德里克斯堡、里士满、威尔明顿、查尔斯顿，接着从无树平原前往奥古斯塔、哥伦比亚、北卡罗来纳、弗吉尼亚的一些内地城镇，整个旅程约有1887英里。华盛顿马不停蹄地奔走。7月6日，他回到了费城，对于这次的视察，华盛顿十分满意，他看到了南方各州的真实情况。体察民情，对于百姓的思想有了更进一步的了解，这使得他对今后的政策制定有了更加明确的方向，对未来充满了信心。在整个的旅途中，华盛顿一直用祥和的目光看着周围的一切，老百姓对他的尊敬和爱戴让他十分安心。新政府不断走向成熟，也使得人们对其信心倍增。对于国会制定的很多法律，人们也纷纷表示支持。如国会通过的对国产酒征税的法案，起初很多人认为这项法案在实施的过程中会遇到各种各样的问题，但在实践过程中却得到很多人的支持。在政府成立3年后，人们对它越来越信任，国家银行在建立之后发展迅速，人们认购股份在高潮时1个小时内就卖出了20000股，完全证明了人们对政府的信任。

看着新政府一天天步入正轨，华盛顿的内心十分激动，在给拉斐特的信中，他毫不掩饰自己的心情。欧洲还处于战火之中，而此时的美国已经在一片祥和之中发展起来了，两者的对比不得不让人感到惊讶，但是美国绝对不会独自霸占胜利，他们会把所得到的经验和每一个有需要的国家分享，会密切关注法国的形势，希望法国能够早日结束战火，步入和平发展的社会。

10月24日，国会在费城召开了第二次会议，25日，在开幕式上，华盛顿致辞，简单介绍了美国目前的状况：现在的美国虽然刚刚建立起来，但发展还算稳定，无论是政治上还是经济上，一切都在朝着更加积极的方向发展；建国初期的很多经济政策都落到了实处，这使政府得到更多人的支持，百姓的生活也在不断变好；虽然国家整体的发展环境趋向和平，但边境的一些不安宁因素仍然存在，对于这一问题政府会尽快想办法解决。为了解决印第安人的问题，华盛顿将圣·克莱尔任命为军事委员会的主席，克莱尔将会带领一支部队解决这一问题，他被授予调用民兵团和调配肯塔基军事物资的权利。肯塔基州此次也召集了两支民兵团配合行动，他们将民兵团派到瓦伯什的一些印第安人相对较密集的地方。查尔斯·斯科特将军和威尔金森将军分别率领军队负责具体行动。5月和8月，他们分两次征讨瓦伯什地区，到达指定地点之后，他们把印第安人的棚屋和庄稼地付之一炬，并且还抓捕了一些顽固抵抗的印第安人，他们成了美国军队的俘虏。9月，克莱尔将军在华盛顿堡集合了2000名正规军和1000名民兵，他们将要接受的任务十分艰巨：一是开辟道路；二是修建桥梁，运输军需物品。同时，他们还得在瓦伯什和俄亥俄之间修建军事要塞，为战争作准备。9月7日，部队向北行军，他们不断开辟新的道路，在路上合适的位置修建堡垒。由于刚刚结束战争的生活，很多士兵不想再次投入战争中，加上行军条件十分艰苦，使得很多士兵在行军过程中不够专心。

克莱尔将军在行军的过程中患上痛风，别说行军了，连上马都需要他人的帮助，但在这样的情况下，他还是坚持率领部队继续行军。10月27日，弗吉尼亚的一名地方士兵要求退出军队，这一行动很有可能引起其他士兵情绪上的效仿，于是克莱尔命令部队加快行军速度，在6天之后，他们到达了目的地。10月30日，60名士兵准备离开部队，他们甚至拦住军队后面的军需车辆，希望坐车回去，哈姆特伦科上校看穿了他们真实的意图，并及时制止。部队继续走了30英里，这时他们距离迈阿密印第安人居住的地方只有15英里了，部队在一条小河边安营扎寨，他们错误地以为这是瓦伯什河的一个支流圣·玛丽河，而这周边居住的数量极大的印第安人正好证明了它是瓦伯什的一个土著人保留地，且规模不小。于是，克莱尔命令将军队分成两部分驻扎。克拉克军团为第一营地，他们由巴特勒少将带领，担任右翼；而德丁杰和盖恩手下的士兵和美国的第二军团则由达克上校带领，担当军队的左翼。营地的长度有400码，尾翼部队的阵线较长：负责右翼的部队是杜鲁门上尉带领的一支骑兵部队，而左翼则是斯诺登上尉带领的军队。从地形上来看，印第安人营地的周围都是一些小河，水并不深，这似乎使进攻的难度减小，但实际上这些小河的周围都是一些密集的丛林、沟壑，反而增加了进攻的难度。在观察地形之后，民兵接到命令驻扎在小河周围的高地上，这里的位置很好，使得他们可以成为很好的后备军。克莱尔将军此时正在等着哈姆特伦克上校的到来，到那时他们便可以发起进攻。前一天晚上，他和弗格森上校已经在讨论作战的计划了，并且让巡逻兵对周围的情况作详细了解。但在此时民兵团却出现了意外，连日的行军使得他们身体过于疲惫，第二天的凌晨就要进入备战状态，他们对此十分不满，感觉自己的身体已经支撑不住了，拒绝接受任务。对于克莱尔将军下达的命令，他们总是在找各种各样的借口，其实就是希望能够逃离军队。11月4日凌晨4点，恰逢军队集合完毕，树林里便传来了马蹄声，这是一支印第安人派来突袭美军大营的部队，民兵们被吓着了，开了几枪之后便逃到周围的丛林之中，而丝毫没有准备的正规军在这样的袭击之下，被打散了。印第安人进入了美军的营地，在如此近距离的情况下，士兵们只能使用刺刀。炮兵团虽然也在奋力反击，但由于印第安人钻进密密麻麻的丛林之中，他们根本搞不清楚敌人的位置，而这样开炮却暴露了他们自己的位置，没多久，大部分的炮兵已经被印第安人消灭了。印第安人趁着这一机会第二次到美军的军营之中，他们用斧头砍杀美军，十分残忍，巴特勒将军和斯诺将军等人带领着骑兵进行猛烈的反击，拼尽全力将他们赶出了营地，但是狡猾的印第安人却在背后放枪，巴特勒将军中枪后摔下马，一个印第安人还没有就此罢休，而是冲过来割下将军的头皮，然而他还没有来得及逃走，美军便将这个残忍的印第安人击毙了。印第安人的援军到了，他们冲进了美军的军营之中，但是现在的美军没有炮兵和骑兵，实力削弱了很多，一半以上的正规军都牺牲了，克莱尔将军带着军队匆忙逃走，而印第安人追了1英里后才停止。晚上7点，美军逃到了杰弗逊堡，由于害怕印第安人继续追击，他们一刻也不敢停歇，连夜撤回华盛顿堡。在这场大战之中，美国的正规军牺牲了550人，200人受伤，其中英勇献身的军官有31人，24名军官受伤。这次的失败让克莱尔十分沮丧，他不知道该怎么跟华盛顿汇报情况。出发之前，华盛顿就曾说过，一定要保持警惕，严防印第安人的偷袭，但现在都被他说中了。当华盛顿知道这一消息的时候，正在和客人进行交谈。得知消息的他明显不高兴了，但没有说什么，依然保持着正常情绪。在客人离开之后，华盛顿将信使叫到办公室，详细地了解了战争的经过，怒火再也忍不住了，华盛顿猛然站起来，用力地攥着拳头喊道：“遭遇偷袭！美军战败！”他的这种反应是里尔上校几乎都不曾见过的，华盛顿几乎没有因为什么事情发过这么大的脾气，这一次他是真的生气了。但是现实已经这样了，生气是解决不了任何问题的，华盛顿让信使退下之后，自己站在窗边，看着窗外的远方，什么也没有说。里尔上校就在旁边，但不敢说一句话，他也不知道此时的他能够说什么。过了很久，华盛顿平静了许多，回到了沙发上，里尔知道华盛顿只是暂时控制了自己的情绪，他随时可能大发雷霆。首先，华盛顿命令里尔封锁消息，他准备亲自询问克莱尔将军，他需要知道这次的战争为什么会失败；其次，面对这场失败，克莱尔需要负起责任，他应当受到军事法庭的审判。

第一届国会对于各州怎样选派议员进行了讨论，依据宪法的规定，每3万人之中就会产生一个众议院的代表，众议院则规定每个州都会有1名众议院名额。而这中间就忽视了那些人口不足3万人的州，他们在立法机关中很难行使权力，因此人们希望代表的分配办法能够作出相应的调整，更加公平合理。在这样的状况下，众议院制定了新的方式进行代表分配，从全国的人口来看，在众议院中能够产生120人名代表，这120是按照30000：1的比例计算出来的。而众议院仍然按照这样的方式分配，只不过将多余的名额留给那些人口数量较大的州。经过一段时间的争论，参议院和众议院达成共识，他们将最终形成的议案交给华盛顿总统，现在对这份议案唯一存在的争议便是这是否和宪法相符合，如果没有违背宪法的规定，那这项议案就没有什么问题了。华盛顿把这个争议留给内阁，希望得到众人的规定。杰弗逊和伦道夫当然认为这有违宪法，而汉密尔顿则认为这项法案的表述不够准确，需要立法机关进一步解释。因为宪法规定的是依据每个州的人口总数确定最终的名额，但现在却按照全国的人口进行计算。在这样的情况下，华盛顿否决了议案，经过国会的讨论，最终确定为按照33000：1的比例选定各州的代表。

这一届国会争论十分激烈，这是华盛顿没有想到的。华盛顿意识到国会中已经形成了两个政治派系，在舆论的影响下，两者之间的矛盾更加尖锐。当时的费城已经出现了两种政治观点不同的报纸，《合众国公报》和《国民公报》分别代表了两方的观点，他们会站在自己的立场上驳斥对方的观点。当时《纽约日报》的主编是弗雷诺，后来成了杰弗逊办公室里的一位翻译。虽然是政府要员，但他依然没有放弃自己激进的思想，对于政府的很多观点他并不支持。毫不夸张地说，他只支持杰弗逊支持的法案，对于国会所支持的一切他都不赞成。内阁之间的斗争从来没有间断过，这使得华盛顿内心烦躁，他感觉到想要管理好整个国家是一个艰巨的任务，这一任务让华盛顿有些力不从心，他甚至开始想要返回弗农山庄过着简单的生活，他希望自己可以坚持到这届任期结束。他想辞职，但是距离任期结束的时间还有1年，在这段时间内，他依然需要坚持。同时，杰弗逊也有了离职的想法，他希望能够和华盛顿一起离开，华盛顿十分担心这件事情，他期望杰弗逊能够继续担任国务卿，而自己的离职是多种原因造成的结果。当初上任本就是众人劝说的结果，任期一满他就应该离职，以防众人产生不必要的猜测；而且担任总统也不是自己的意愿，如果在这一情况下还要承受他人言语上的讥讽，完全没有必要。而且华盛顿十分清楚自己现在的身体状况，繁重的工作之下，华盛顿的身体状况已经大不如前，记忆力和精力都在退步，他现在只希望时间可以过得快一些，那样他便可以脱离这堆繁杂的事务，回归到简单平静的生活中。而杰弗逊的状况不一样，他一旦离职肯定会在国会中引发争议，以他的才智应当在国会中发挥其应有的作用。面对华盛顿的劝说，杰弗逊表示，他所有不满的情绪都是由于财政部造成的，他们之间存在太多原则性的分歧，这也导致了这一矛盾不可调和，因此他只能选择离开。只是在华盛顿看来，财政部所管辖的范围只局限于国家税收，而国务卿需要掌握的是所有的事务，他的作用与财政部相比更加巨大，所以华盛顿不断劝说他从大局出发，不要在工作中带有私人的情绪。他的劝说只是想要让杰弗逊继续留职，并没有任何挑拨离间的想法。

麦迪逊则致力于劝说华盛顿的工作，他希望华盛顿能够打消辞职的想法，继续担任总统。华盛顿也认真听了他的说法，但没有改变自己的决定。因为他已经公开表示过自己会辞职了，如果这个时候再连任，传出的流言蜚语一定会更多。他把自己的想法告诉了麦迪逊，然而麦迪逊认为华盛顿的担心是不必要的，因为华盛顿对美国的贡献十分巨大，人们对他怀有很高的期望，就算有些人另有企图，也不会影响到人们对于华盛顿的尊敬和爱戴。

华盛顿回到费城后，收到了杰弗逊的来信，信中表示美国的立法机关已经被一些有不良企图的人控制了，他们希望国家发展成君主制，而这一指控的矛头对准了汉密尔顿领导的联邦制派，他认为这些人会对美国产生很大的威胁。而对于杰弗逊这样公然的挑战，汉密尔顿也进行了反击，他认为这纯粹就是诬陷，国会中的所有代表都在为国家的发展而尽心竭力，绝对不会是投机者。两派之间的斗争让华盛顿有些厌烦。7月10日，华盛顿抓住了一个可以和杰弗逊好好交谈的机会，他表示杰弗逊的担忧是多虑的，如果这样的猜忌继续发展肯定会对国家造成不利的影响。华盛顿并不否认国会中存在一部分人希望实现君主立宪政体，但他们也只是将这一事情停留在了想一想的阶段，并没有做出什么实际的行动，更不存在所谓的阴谋。他坚信东部各州和南方各州的想法是完全一致的，他们都是共和制的支持者。《国民公报》对政府是有一些攻击，但华盛顿认为他们的主要目的不在于政府，而是个人，且这个人正是自己。在华盛顿看来，国会中存在政见的分歧是再正常不过的事情，但这一事情绝对不应该上升为没有缓解余地的矛盾，这会对全局造成影响。华盛顿和杰弗逊之间的这次非正式谈话，让我们看出了华盛顿内心的苦闷，但他对自己的情绪掌控得很好，努力压抑着自己消极的情绪。他以一个政治家的眼光来看待、分析周围的一切，沉着应对，理智判断，在这一基础上再提出可行的建议。

两大派系在政治上的矛盾日益激烈，华盛顿不可能坐视不理，他在中间努力调和。对于华盛顿的一片好心，汉密尔顿感到十分抱歉，他知道两大派系之间的斗争给华盛顿造成了很大的困扰，他自己的内心也十分犹豫。于是他写信给华盛顿表达自己的歉意，他坦言，他对杰弗逊的反击确实带有某种报复的心理，但自己也是被逼无奈。大家都知道，汉密尔顿已经成了杰弗逊公开反对的人，《国民报》便是由杰弗逊自己办起来的，目的也很明确，就是想要打压和他观点不一样的人。这场政治斗争，他也感到力不从心，并不想要继续，他相信时间可以证明一切，总有一天，人们会看到他对祖国的一片忠诚。

其实汉密尔顿和杰弗逊之间的斗争主要都是围绕美国的国家政体和一些财政政策。汉密尔顿曾在制宪会议上公然表示对英国政府的赞赏，这使得杰弗逊将其定位为君主主义者，他认为汉密尔顿有目的地引导美国朝着英国的方向发展。但实际上，汉密尔顿虽然欣赏英国的国家制度，但他从没有提过要在美国建立君主制，他是支持三权分立的，对美国的共和制更是十分拥护。而他这样说只是因为他不信任人民和民主制度，他希望政府能够实现高度集权化；可是杰弗逊希望建立起来的民主共和国是以农业为基础的，这是两人产生分歧的关键。汉密尔顿在自己的政见之上提出一系列促进国家发展的举措，制定了财政经济纲领，在这一纲领之下制定财政政策，如建立国家银行。但在杰弗逊的眼中，这些政策都是设计好的，其目的只是为了将美国引向君主制。从美国的现实状况来说，汉密尔顿所提出的一系列政策对美国产生了有利的影响，不仅结束了财政混乱的境况，也指明了美国经济的发展方向。他完全可以称得上是美国财政事业的开创者和奠基者，他的政治才能我们毋庸置疑，他的很多思想都对美国产生重大的影响，但是汉密尔顿作为一位共和主义者，在政治观点上极为保守，他个性独特、思维灵敏、善于观察，对于自己认定的事业能够为之奋斗并坚持到底，他的无私奉献的精神是值得称赞的。但他身上的缺点也是我们需要注意的，为人直率、从不伪装自己且脾气急躁，使得他在做事的时候思虑不够周全。他敢于面对困难，征服阻碍，但对于一些和自己不同的意见不够包容。作为一名政府的要员，他在报纸上公开批评杰弗逊。在1800年总统的大选年，他又对本党的候选人亚当斯进行抨击，甚至发表小册子，这些做法缺乏理性，使得他的声誉受到很大的损害。

经过长时间的思考，华盛顿最终还是参与了第二次总统的竞选。当然，竞选在没有意外的情况下，华盛顿会继续连任。而约翰·亚当斯当选副总统，他比乔治·克林顿高出了27票。华盛顿对人民的信任十分感动，但是对于此次竞选的胜利他却不高兴，在华盛顿的眼中，这就意味着他需要再处理国家大事4年，他的归隐计划又一次推迟了，每次想到这些，华盛顿的内心便会感到郁闷。1792年11月5日，国会开幕，这是华盛顿第一届任期内最后一次国会，这一次国会主要讨论的是美国边疆地区的安全。此时，印第安人的事件还没有平息，华盛顿希望能够早日解决这一问题，维护国家的安全。华盛顿本来派出了两名使者去和印第安的酋长进行谈判，但他们竟然被杀害了，这进一步促使政府决定以武力解决印第安人的问题。这一次，韦恩将军将担任总司令。在众议院的演讲中，华盛顿表示国家财政混乱的状况已经得到有效的解决，对于现在的美国来说，他们完全有能力偿还一部分的国债，人们对政府的信任逐渐提高。参议院和众议院都对华盛顿的演讲感到十分满意，他们非常支持总统。根据总统的提案，财政部部长也提出了相应的方案，他认为应当按照国家有权偿还的数额减少国家的债务。议员们将用于军队的开支和军队对国家作出的贡献进行对比，发现常备军在一定程度上造成了国家的负担。而华盛顿将筹措贷款的任务交给了财政部，但并没有收到财政部关于贷款使用情况的报告。弗吉尼亚带头反对财政部，使得国会通过了一些决议，希望财政部能够给出合理的解释。最终，财政部也提交了详细的报告。但是一些人却抓住财政部这一失误不放，一直纠缠到国会闭幕的时候，事情才慢慢被人们遗忘。华盛顿作为总统，很注意自己的一举一动，他尽量减少参与政治派系斗争。华盛顿在国会的威望一定程度上保护了他，当然，也许一些别有企图的人一直在攻击华盛顿。

1793年2月22日，这天是华盛顿的生日，国会为了表达自己的尊敬之情，作出了休会半小时的决定。但这样的举措受到很多人的反对，有些人认为这是在为国家树立偶像，很可能使国家发展成君主制，这会对美国的自由产生影响。华盛顿本人也不喜欢这样的做法，他不希望因为他的职务而产生任何特殊的待遇，在他刚刚担任总统的时候，很多人就因为就职仪式的隆重而对他产生了误会，杰弗逊就曾表示过这种奢侈、隆重的礼仪是有问题的，和宪法的原则是冲突的。因此，就第二任总统的就职仪式，华盛顿召集内阁成员开会，希望提出一个可行性方案，尽量简单一些。各部门的部长都在为此事忙碌，但最终却没有找到合适的方案。3月4日，就职仪式在参议院的议会厅举行，与上一届相比简单了很多。

而此时的法国，大革命的浪潮越来越高，拉斐特侯爵已经掌控不了军队了，他的处境十分危险，就像莫斯利预料的那样，如果拉斐特前往巴黎，一定会被人们杀害。华盛顿知道这个消息之后，十分担心，他希望拉斐特侯爵能够平安。6月，法国国王的宫中闯进了一群暴民，他们逼着国王涂上口红，在所有的皇室成员面前对国王极尽羞辱。拉斐特对此事感到十分愤怒，拉斐特赶到巴黎，但他的到来没有起到任何作用，暴民并没有将他放在眼里，无奈的他只能在失望中回到军营。8月9日的夜晚，巴黎警报声响起，法国国王的宫殿被围攻了，防守的瑞士士兵全部被杀害，国王和王后希望能够得到国会的保护。这时候，法国的君主制度彻底灭亡。而拉斐特因为政治观点的不同，被关进监狱，雅各宾派将拉斐特定义为国家的罪人，下发通缉令。知道这一消息后，拉斐特本想前往巴黎和这些人争论，但是冷静下来后，决定还是暂时躲避，然后再作长远的打算。他带着几个可信任的人，准备前往荷兰或者是美国，希望能够得到保护。但是在他们还没有达到目的地的时候，便被抓住了。华盛顿听到这一消息之后，内心十分悲痛，白色恐怖已经在法国悄悄蔓延，人们在无休止的血腥屠杀中度过了1个星期。200多名牧师被杀害仅仅只是一个开始，紧接着被杀害的就是各种嫌疑犯。这些牧师被杀害的理由十分简单，就是他们不愿意宣读政府颁布的誓词，对于这场残忍的屠杀，杰弗逊十分痛心，这件事情很有可能导致雅各宾派在法国丧失应有的声望。华盛顿对这一事件也感到十分惊讶，10月23日，莫里斯在给华盛顿的信中详细讲述了法国国王被斩首的经过，这让华盛顿内心不免产生了一丝同情，实际上法国国王本身是一个十分善良的人，他也一心希望法国人民能够过上更好的生活，但是他所面临的时代却使得他成了法国革命的牺牲品。相对于法国国王来说，华盛顿更担心拉斐特以后的命运，他的夫人已经被押进巴黎，但她却不知道丈夫的任何事情。当他知道拉斐特已经被关押在奥地利的监狱时，她只想带着两个女儿和丈夫相聚。

第三章　华盛顿处境艰难

对于法国国王路易十六被送上断头台的消息，美国人民似乎十分激动，这证明着又一个国家推翻了君主制，但谁又曾记得在美国最艰难的独立战争时期法国国王给予的帮助呢？对此，华盛顿永远也不会忘记，他一直记得曾经的恩惠，他希望法国国王在天堂能够得到快乐。几个月后，英法开战的消息让美国人民又一次激动起来，尤其是内阁成员里共和制的支持者，甚至有人希望美国也加入战争，幸亏这样的说法只局限于一小部分人当中，华盛顿冷静地处理了此事。听到这个消息的时候，华盛顿人在弗农山庄，他马上给杰弗逊写信，希望杰弗逊能够赶紧采取措施，阻止这种思想的蔓延；同时，华盛顿让国会表态，美国会保持中立；接着，他马不停蹄地赶回费城。4月19日，华盛顿召开内阁会议，表示美国在这个时候应当将安全和发展放在首位，绝不能凭着一时冲动作出决定。这次大会主要讨论了美国接下来应该采取怎样的行动计划，经过讨论，众人一致认为美国公民应当避免在公海进行任何敌对活动；同时，禁止美国公民向交战国的任何一方贩运违禁物品，只要是现代国家惯例法规定的禁运物品，都不可以运输，任何不利于保持与交战国双方友好关系的行为也被禁止。与会人员一致表示，一旦法兰西共和国派使者前往美国，那么美国应当热烈欢迎。至少到现在，没有人对华盛顿的决定产生怀疑。因为美国现在正处于战后的恢复期，并没有精力参与到战争中，虽然华盛顿的决定和众多公民的想法不一致，但由于他们尊敬华盛顿，所以没有表示反对。可是依然有人将华盛顿的一系列举措当作是对法兰西共和国的敌视，华盛顿清楚地知道自己的决定和民意的冲突，但他经过理智的分析依然认为中立是对美国最有利的决策。无论他人持有怎样的看法，华盛顿必须将美国的利益摆在首要的位置。但他不知道，法国的公使即将到达，这将是他巨大的考验。不久，埃德蒙·夏尔·热内来到了美国，这是一位年轻有为的政治家，他希望能够得到美国的支持。在君主制被推翻之后，他成了人民党的一员，也是雅各宾俱乐部的重要组成人员，对革命有着狂热的感情。莫里斯在给杰弗逊的信中说，热内这一次前往美国的任务就是招募300名军官，只要他们愿意担任并且有能力担任军职即可，法国人需要美国的支持，这样才有把握在与英国的对战中取得胜利。热内的行为说明这一切都是真的，在南卡罗莱纳的查尔斯顿，热内登陆了，接着便坐船来到了港市，美国虽然宣布了中立，但是对热内的到来表示十分欢迎。热内这次前往美国的身份是外交使臣，但他的目的众人都十分清楚，从惯例来说，外交使臣需要先进行一系列的外交礼仪，然后才能被正式接见，进行会谈。但此时的热内怎会考虑到这些呢？他所想的只有一点，怎样才能让美国人民加入战争。登陆时，热内便向前来接见的政府要员表示美国的军队可以从查尔斯顿出发，破坏英国和西印度群岛之间的贸易往来。4月底，热内来到北方，从舆论来看，我们能够感受到美国人民对他的欢迎。5月5日，杰弗逊在给麦迪逊的信中写道："美国人民现在内心的激情让他想起了1776年的情景，热内所到之处，人们纷纷表示热烈的欢迎，就连那些支持君主制的报纸也是为法国发行的，显然，美国人民是希望加入这次的战争的。"但是对于这一点，汉密尔顿并不赞成，他认为热内虽然有着高贵的气质、看起来也十分文雅，但他却没有外交使臣的样子，因为他在与美国人民的谈话中，更多提到的是希望美国人民加入战争。5月16日，热内抵达费城，他之前在查尔斯顿的举动已经让英国驻美大使感到不满了，哈蒙德大使甚至向美国政府提出抗议，但是他的抗议并没能阻止美国人民对热内的欢迎。华盛顿的态度十分平静，但这影响不了美国人民啊！民众们自己组成队伍，在格雷斯渡口欢迎热内的到来。

但热内这一次却一反常态，低调地前往费城，在见到总统之前，热内先参加了共和党派的欢迎宴会。那庄严的法国国歌和艳丽的大红色，都是自由的代表，杰弗逊对此十分满意，还进行了大力宣扬。但是汉密尔顿却觉得热内这样的行为对法国没有任何好处。

5月18日，热内向华盛顿递交了正式的委任书，虽然他之前有很多不恰当的行为，但是华盛顿并没有计较，而是礼貌地接待了这位法国的外交使臣。华盛顿借着这个机会将他对法国局势的一些看法表达出来，杰弗逊当时也在现场，他对热内无微不至的照顾使得热内更加激动。华盛顿坦言，现在的美国正在被一种无政府主义的思想干扰着，如果这一思想过于严重，很有可能将美国引入歧途，这明显就是在说弗雷诺的《国民报》，同时，这也是对杰弗逊的批评，因为他没有掌握好舆论的导向。虽然英国公使对热内在查尔斯顿的表现有一些看法，但这并不严重。7月，法国商船在俘获英国“小萨拉”号商船之后，竟然将其拖至费城，这使事情变得严重，因为他们不仅在那里将英国的船员处理了，还改造了船只、配上120名船员，英国公使对此感到十分不满，华盛顿也表明这是违反政府的规定，国务院很快站出来抗议此事。但内阁针对这一问题却出现了分歧，以汉密尔顿为代表的官员认为法国应当将英国的商船归还，对这一事件作出合理的解释，并进行一定的赔偿；但是杰弗逊却表示这件事情应当由司法机关进行审理，审理出结果后再采取相应的措施。这使得华盛顿十分为难，他只能暂时保持沉默，同时命令杰弗逊会见两国公使，希望能够调解此事。而热内对美国迟迟不表态的做法感到不满，指出美国现在的行为已经违反了美法两国的条约，事情被闹大，此时杰弗逊只好再次重申华盛顿命令，保持中立的态度，禁止热内再次采取行动。热内十分不满，甚至公开表示美国政府的这些行为就是为了帮助英国争取更多的时间。

针对美国的行为，杰弗逊作出解释，这是由于美国的政治体制决定的，政府采取的是立法、司法、行政三权分立的体制，每个部门都有自己的权力作出决定，并且不会受到其他部门的约束；同时，杰弗逊表示国会即将召开，但这并不能影响总统的决定。热内十分惊讶，当他向杰弗逊求证美国的国会是否是最高国家权力机关时，杰弗逊给了否定的答案。直到此时，热内才发现原来他对美国的了解真的太少了，对美国的宪法更是一无所知。这个时候发生的另一件事情让热内的不满再次加剧。他本来在查尔斯顿招募了两名美国军官，他们会前往法国参战，但是由于这两名军官违反了美国的法律已经被抓了起来，热内就此事与华盛顿交涉，希望能够得到解决。但是华盛顿拒绝了他释放两名军官的请求，于是热内便愤怒地辱骂美国政府不守信用。在“小萨拉”号事件发生时，华盛顿的管家去世了，他立刻返回弗农山庄。这一突发状况，使他再无心处理家事，赶紧返回费城，在还没有到达的时候，他收到了一封神秘的来信，信中主要说的是英美两国缔结条约的事情，希望华盛顿能够尽快处理。这封信是军事委员会主席皮克林写的，他建议总统和伦道夫、沃克特以及自己就此事进行商议。华盛顿在得知此事后，快速返回费城。8月11日到达的同时，一份文件交到了他的手中，这是法国大使福吉起草的，翻译者为皮克林，文件上说法国的一艘商船被英国舰队没收了，这件事情就发生在美国的境内，这件事情引起法国政府的不满，希望华盛顿能尽快解决。文件中这样写道：

“在美国还没有宣布中立的时候，国务院有人见过我，他十分沮丧，希望能够和我悄悄见面。他对未来没有任何的希望，因为国家将会陷入战争之中，而现在的状况只有4个人可以改变，他们有这样的能力，也有这样的影响力。但同时他们也是英国商人的债务人，无论作出什么样的决定，他们都会面临着毁灭性的灾难。因此他希望我能够提供一定的资金保证他们的安全，但这个要求让我感到惊讶，我没有办法给他们一个满意的回答。我希望能够得到权力，但是对于资金上的任何帮助我都没有办法做到，因为我没有这个能力。美国人民会不会加入战争，竟然是几万美元就能决定的事情，美国人民的爱心原来是明码标价的。”

看完这封信之后，华盛顿开始思考。最近一段时间，各种事情接连不断地发生，在将一件事情解决完之前，华盛顿根本考虑不到另一件事情。第二天，华盛顿将内阁成员召集在一起开会，希望他们能够批准议案。内阁成员对于这一议案大部分是支持的，但是伦道夫在此时却不赞成。他坚持英法两国之间先停止战争，他才会支持这项议案。最后，华盛顿坚持通过议案，紧接着，华盛顿开始调查文件的事情。他叫来了沃克特和皮克林，因为文件中他还有一些不清楚的地方需要得到这两位的帮助。当然，华盛顿并没有想到这件事情会得罪甚至伤害伦道夫。所以当华盛顿询问伦道夫的时候，他找了各种借口推辞，甚至还提出了辞职。在辞职信中，伦道夫写道："我为人坦率，并不喜欢伪装，在我看来，总统您已经不信任我了，这让我感到有些伤心。既然您已经不信任我，那我何不辞职呢？但是，即使我辞职了，我还是会继续关注着那份文件的事情，我会对此展开调查，如果有机会和福吉大使见面，我一定会问清楚的。现在，请您答应我复制这份文件，这样会更有利于调查工作的展开，我保证我不会借着调查的名义敛财。"华盛顿马上写了回信："在事实没有弄清楚之前，这份文件的内容是保密的。同时，我也会强调知情者做好保密工作。在调查清楚之后，我一定会有自己的判断。"听说自己的信件被拦截之后，福吉发表了公开的声明，证明了伦道夫的清白，并表示伦道夫绝不会做出敛财的事情，同时表明了自己的信无意伤害伦道夫。接着，伦道夫开始调查这件事情，这期间他和华盛顿一直保持着联系，就相关问题通过信件进行讨论；而且，还将其中的一部分内容在报纸上进行发表，他这么做似乎是在为自己留一条路，以免自己所有的努力都毫无价值。华盛顿并不支持他这样的做法，他在回信中写道："虽然我无权阻止你公开我们的信件，但是对于你的做法我不予赞成，你这是在利用人民的同情心证明自己的清白，但究竟结果如何，你应该更加清楚。"实际上，伦道夫不支持议案，已经让很多内阁成员不满意了，现在文件的事情又将他推到了舆论的焦点上，来自社会各界的人士都对他为人处世的方式产生了怀疑，也因此开始怀疑他的军事能力和人品。他的做法无论从军人还是政治家的角度来看，都是不明智的。与此同时，有人指控伦道夫违反宪法，因为他在没有得到参议院同意的前提下和法国私自谈判，而且他很有可能与泄露秘密文件一事有关系。国会对此看在眼里，一致同意弹劾伦道夫。此时，华盛顿也遇到了难题，总统府被人指控财政开支超支，当然，财政部部长在第一时间便作出了声明，这一事件和华盛顿本人并没有关系，他一直保持着艰苦朴素的作风，不可能动用公款。这是每个人都能够清楚地看到的现实，且总统府的每一项开支都有详细的清单，如果对此有疑问可以将账单进行核对。关于这件事情，马里兰州议会专门写了一封信，表示对华盛顿的信任和支持。

华盛顿在回费城的时候，就听杰弗逊汇报了热内的事情，对此华盛顿十分生气，他认为热内对美国的宪法和政府没有应有的尊重，于是在第二天便召开了内阁会议，准备扣押在美国港口逗留的法国船只。国务院将这一决定告知热内后，并没有引起他的重视，他反而起锚开航，这是对美国绝对的轻视。事情至此，似乎所有的矛盾和两国人民之间已经没有什么关系了，更多的是华盛顿和热内两个人之间的矛盾，这让一些爱看热闹的人有了讨论的话题。甚至有人印刷发表名为《华盛顿的葬礼》的打油诗，在百姓中传播。这件事情极大地影响了华盛顿的声望，一些人在没有弄清楚事情原委的情况下竟然开始指责华盛顿。面对这样的处境，华盛顿十分郁闷；但此时的杰弗逊似乎有些窃喜，因为这样的状况在一定程度上意味着华盛顿已经不能控制局面了，美国的政府可能会因此垮掉。这件事情对华盛顿的打击是巨大的，因为被质疑的不仅仅是他的权威，甚至连人民都不再支持他了，这种精神上的强烈打击让华盛顿没办法接受。

从华盛顿担任总统开始，他便处于内阁斗争和政治派系的斗争之中，对此，华盛顿并没有什么特别好的解决办法。他知道如果任由事情继续发展，内阁很有可能就此解散。此时，华盛顿收到了汉密尔顿的辞职信，不管是出于对国家大局的考虑还是出于对自身发展的考虑，汉密尔顿都不想再继续干下去。接着，7月31日，华盛顿又收到了杰弗逊的来信，这封信中同样也表示了辞职的想法，看着自己的左膀右臂都将离去，华盛顿的内心十分伤感。华盛顿亲自前往杰弗逊的住宅处，向他诉说自己内心的苦闷。实际上，从新政府成立开始，华盛顿就开始招募社会上的能人贤士，希望美国在他们的帮助之下能够更加稳固，得到进一步的发展，国家变得富强，实现人民的民主和自由。华盛顿很清楚凭借一己之力根本不可能完成这一目标，因此华盛顿希望杰弗逊能够打消辞职的念头，继续帮助他。但是杰弗逊却对这样的生活充满了抱怨，他希望自己的生活能够简单一些。不过最终在华盛顿的劝说之下，杰弗逊还是留了下来，但是来年的1月份他一定会离职，华盛顿也同意了。

“小萨拉”号的事情并没有得到妥善的解决，热内回到了纽约。在前不久，英法之间的商船展开了激烈的战争，最终法国商船获胜。这极大地增强了热内的自信，在回到纽约的时候，他表现出胜利者的姿态。美国人民对于他的到来依然十分欢迎，在他到达纽约州的时候，一支来自法国的舰队也从切萨皮克启程到达了哈德逊河口。舰船上士兵穿戴整齐，都戴着三色的帽徽，船上传来《马赛曲》的旋律。知道热内即将到达，美国的一些共和党人纷纷跑到街头欢迎，每个人手中都拿着法国的国旗，喊着“停止中立，支持法国”！当热内激动地接受着这一切的时候，杰弗逊的信件到了。在信中，杰弗逊表示希望热内能够对美国的宪法给予应有的尊重。但是这没有起到任何作用，甚至使热内更加猖狂，他不顾杰弗逊的忠告，表示自己十分讨厌华盛顿政府，内阁中的那些人不过是一些胆小怕事、不讲信用的人。

实际上不仅法国不希望美国保持中立，英国的内阁也做出了一些举动，使得美国的中立政策出现了危机。法国由于农业发展不景气，造成了严重的粮荒。而此时英国正在想办法切断法国和海外的运输路线。1793年6月，英国内阁扣押了前往法国的所有船只，在补贴运费的情况下购买了船上的所有物品，然后让空船离港。英国的这一举措是美国难以接受的，对此他们表示强烈的抗议，因为这一做法不符合中立国法律，与人道主义精神相违背；而且英国还占领着美国在南方的一些军事据点，他们强迫美国的海军帮他们做事，这让美国与英国之间的矛盾加剧，美国人民对英国的不满越来越强烈。而法国人民在此基础上火上浇油，这导致东部的不少州支持美国加入战争。但是华盛顿政府现在还没有采取任何措施，华盛顿表示即使加入战争，也应当准确定位美国与英法两国之间的关系，不然这场战争将会对美国造成毁灭性的伤害。但是国内的一些激进派并不考虑这一问题，他们认为美国需要迅速向英国宣战，夺回那些原本属于美国的军事堡垒。很多人认为华盛顿不开战是因为他从根本上是亲英的，人们对此十分不满。1793年12月2日，新一届国会正式开始，很多问题需要尽快讨论解决。随着英国的一些煽动行为和热内从中作梗，开战的氛围笼罩着费城，华盛顿在开幕式上表达了自己对人民的感谢，再度担任总统绝对是因为人民的支持；然后华盛顿分析了美国目前的状况，实际上，华盛顿连任之后，美国一直被世界的局势困扰着，无论是法国大革命的浪潮，还是英国与法国之间的战争，都对美国产生了较大的影响。美国到今天仍然坚持中立，是因为刚刚建立起来的美国还没有强大到可以再次投入战争的危险中，美国现在需要的是保证国内的和平，来促进国家经济的发展，只有在相对稳定的政治和社会环境下，美国经济才有发展壮大的可能。但是中立的政策却受到不少国人的反对，那些激进分子一直支持美国加入战争，但加入战争对美国会产生什么好处呢？实际上这种不理智的决定只会导致刚刚建立起来的美国崩溃瓦解，除此之外，没有任何好处。现在的美国需要和平的发展环境，而这一点只有拥有强大的军事力量才能够实现，因此，华盛顿提出，在当前这个阶段，美国应当增强自己的军事力量。华盛顿通过开幕词警告议员们：美国现在首要的任务是还清债务，重建人民对国家的信任，再这么拖延下去一定会对美国的政府造成极大的影响。他希望人们能够认清美国的现状和未来的方向，努力发展经济，避免受到激进主义的影响。当热内还在期待着美国放弃中立的宣言时，华盛顿的演讲给了他直接的打击，虽然参议院和众议院中很多人对华盛顿的做法十分不满，但在听到他对美国现状和发展的分析后，纷纷成了华盛顿的支持者。他们不得不钦佩这位政治家的长远眼光，在面对众人质疑时，他依然可以保持冷静思考一切，美国的当务之急是发展经济，于是他们纷纷表示支持总统，美国会继续保持中立。

根据众议院的决定，2月23日，杰弗逊对美国和他国的贸易情况作出详细的汇报，并提交了统计表。从统计表中，我们能够一眼看出美国各类进出口商品；同时，杰弗逊表示，美国的商品在进出口上遇到了很大的阻碍。他们只有两个选择：第一个是和各国缔结平等贸易的协议；第二个是拟定抵销关税的方式，主动换取和平、安全的出口环境。此外，杰弗逊还指出，美国应当制定一些具有针对性的法规，以维护公民在商业贸易和海上交通的权利。杰弗逊完成这些工作之后便辞职，虽然华盛顿坚持将其留在内阁，但杰弗逊没有答应。

美国的政治情况越来越艰难，欧洲的局势也发生了巨大的变化，雅各宾派秘密处死了法国王后，人们感到十分恐慌，不知道什么时候才是尽头。而美国政府内部充满了各种各样的矛盾斗争，华盛顿能够感觉到自己的处境越来越艰难，责任越来越重大，他为国家大事整日操劳，他希望能够找到一个解决问题的办法。众议院快速审核通过商务报告，这是杰弗逊在辞职之前提交的；接着，麦迪逊提出了一些关于美国商业政策的议案，议员们针对这些议案讨论得十分激烈，虽然这些议案本身只是为了商业发展而设立，但很多人却认为这些议案背后存在着不可告人的政治目的。无论是亲英派还是亲法派都有着自己的猜测，两派争论了半个月之久，都没有达成共识，表决第一项议案的时候，仅以5张支持票通过，而其他的议案直到3月底都没有讨论出结果，最后就这样搁置了。阿尔及利亚的海盗劫持了美国的商船，有人在国会提交关于打击海盗的议案，但是没有得到支持，因为在他们看来被扣押的美国商船是无法及时救出的，即使是临时征集军队也达不到想要的效果。不过，这条议案却为美国日后建立海军打下基础，因为建立自己的海军比支付保护费更加划算。议员们对这项议案展开了激烈的讨论，最后凭借 5 票的微小优势通过。他们还在国会召开时探讨了热内在美国的所作所为。11月，热内派人到肯塔基召集了一支美国民兵团，并下令让他们前往新奥尔良，还亲自给他们颁发了委任书。乔治亚也聚集了一支民兵团，他们正在等待法国舰队的到来，然后一起前往佛罗里达州。热内的举动，只有一个目的，那就是让美国不得安宁。在此状况之下，华盛顿召开内阁紧急会议，决定罢免热内的外交官头衔，剥夺其特权，并将其逮捕入狱。国会负责执行这一决策，但此时国会收到莫里斯的一封信，信中表示热内在美国的所作所为已经远远超过了他的权力范围，法国已经罢免了他的外交使臣之职，福谢先生会随后前来接替他的工作。

11月6日，法国在殖民地的全部商船都被英国扣下，商船的所有商品被没收，其中也有一些美国的商船，这引起了美国人民的不满。但英国政府并没有因此作罢，反而下达禁运令，所有的欧洲商船在1个月之内都不允许出现在美国的港口。1794年3月，美国国会终于行动了，他们扣留了应该偿还给英国的债务，算作是对美国商船的补偿。国会下令停止与英国谈判，除非英国答应为此次事件对美国造成的影响进行赔偿并归还西部的军事据点。美国人民对英国的强烈不满使得人们亲法的情绪更加高涨。很多人表示，英国既然无视美国，那么，美国如果再保持与英国之间的联系就显得有些委曲求全了。为了表示反对英国的态度，很多人鼓励亲英派投入亲法派。而在此时，美国驻英公使给华盛顿写了一封信，他在信中表示，他们已经将扣押的美国船只释放，禁运令也已经取消。而且英国政府公开表示，英国对美国商船所做的事情欠妥，并就此向美国致歉，希望两国之间能够继续保持友好关系。英国的这一行为对美国的民众起到了安抚作用。在联邦党的眼中，这是一个促成两国和解的良机，因此美国应当放弃一些针对英国而实行的强制措施。对于反联邦党的人来说，英国政府的这一举措使得他们同意继续观察局势，随机应变。一直以来支持法国的杰弗逊也开始反对美国加入战争，他希望这件事情能够得到和平的解决。但是对于美国的民众来说，此时放弃参战的想法似乎有些困难，他们的激情还没有消退。法国人在美国东部的宣传活动并没有停止，他们依然在鼓动美国人民，希望能够让美国加入战争；但是华盛顿又岂会被轻易影响，既然已经决定中立了，这一政策就不会再改变。

法国在召回热内的时候，提出了相应的条件，要求美国将莫里斯召回，理由是他的做事方式太过贵族化。在正式通知莫里斯这一事情之前，华盛顿已经通过私人信件的方式将这件事情告诉了莫里斯。他表示对莫里斯的工作感到十分满意，他希望朋友能够一切都好。在莫里斯被召回之后，詹姆斯·门罗将会接替莫里斯的职务，他在巴黎受到了人们的欢迎，随着罗伯斯庇尔被处决，法国终于不再被恐怖主义笼罩了，美国和法国之间的关系也得到一定的改善。但是，华盛顿还面临着一个问题，那就是人们对他威信的挑战。近来，华盛顿提出的议案几乎都遭到了反对，华盛顿的事业在不断下滑，但他对这样的状况毫无办法。在给莫里斯的信中，华盛顿直言自己内心的忧郁，他感觉美国人民和他认识的不太一样了，很多人开始变得粗鲁、猜疑，甚至黑白不分。这么多年来，华盛顿为了国家夜以继日地工作着，从来没有做过不利于美国或不利于人民的事情，他的爱国之心不应该受到质疑。然而不少反动派不断散播谣言，美国的一些人民已经被误导了，他们开始站在敌人的队伍之中怀疑自己的国家。面对美国大众的愚昧和无常，他感到十分伤心失望，然而事情却在不断恶化。3个星期后，宾州发生大暴乱，国会为了能够解决这场暴乱，迅速通过了一项处置叛乱者的法规。但是执行者在去宾州的路途中被劫持了，无奈之下，他只能辞去大元帅一职，同时，叛乱者还攻击了列维尔将军的住所，虽然最终没有成功，警卫部队将叛乱者赶走，但是将军府的众多人员还是被吓着了。叛乱者的队伍在不断壮大，情况越来越糟糕，地方官员对此敢怒不敢言，他们害怕自己的生命安全受到威胁。叛乱者希望政府能够满足他们的一些要求，但这是不可能的，于是他们火烧政府，面对如此猖獗的行为，警卫部队在无奈之下只好投降。而被俘虏的大元帅则想尽办法回到费城，将叛乱者的情况进行详细的汇报，华盛顿对他们的行为痛恨至极，他表示一定要严惩这一次的叛乱者，否则国家安全会受到严重的威胁。就当时的情况来说，想要平息这场叛乱，至少需要7000人的部队，而且行动必须迅速，不然事情会更加严重。8月7日，华盛顿发表公开声明，希望叛乱者立刻解散，如果9月1日还不解散，政府会采取强制性的举措。同时，华盛顿下令新泽西州、宾夕法尼亚州、马里兰州和弗吉尼亚州每个州派出一支部队，共同组成讨伐部队。没过多久，讨伐部队人数已达1.5万人。华盛顿在给弗吉尼亚州州长的信中分析了叛乱的原因：这是民主公社早熟的结果，但由于这样的结果必然决定它会灭亡；民主公社创立者的目的并不单纯，他们的根本目的就是让人们不再信任政府，使人民与政府的关系不断恶化，最终对立；这实际上和热内曾经的举动有很大的关系，如果不能及时制止，必然会对美国造成更为严重的影响。虽然华盛顿已经发出警告，但这没有影响到叛乱者，反倒使更多的人又加入了叛乱者的行列。9月25日，华盛顿再次表示政府会有效制止这场叛乱，这一次的语气更加强硬。之后，华盛顿亲自带领军队到前线镇压叛乱者。

华盛顿离开费城没几天，摩根将军的信便到了。华盛顿发表的两次声明让这位爱国之士再也坐不住了，他已经带领一支弗吉尼亚的军队在李将军的指挥下赶往西部，一定会配合华盛顿此次镇压叛乱者的行动。对此，华盛顿十分感动，华盛顿在回信中表示："作为总统，我对这次的叛乱感到十分抱歉，但是能够得到你的支持，我十分感动，终于有机会可以再次并肩战斗了，我感到很兴奋。"然后，两人约定在坎伯兰堡会师。军队会师后，华盛顿会带着军队到贝德福德，之后，华盛顿会根据情况安排接下来的活动，也许会留下来参战，也可能赶回费城参加第三次国会。在摩根将军带领的军队中，有一个身份特殊的人，他的加入使华盛顿感到十分满意，这就是他的外甥劳伦斯·刘易斯，他是军队中的副官。9月10日，宾州的地方军出发了，他们从卡莱尔赶到贝德福德。军队会合后，华盛顿向威廉斯港出发，最后前往目的地坎伯兰堡。10月16日，华盛顿到达此地，这里的美国军队人数已经有2万人了，华盛顿在贝德福德的时候就已经制订出作战方案。弗吉尼亚、宾州和马里兰的地方军由他们的州长负责，而所有的部队都由李将军指挥，在安排完这一切之后，华盛顿便准备回到费城。走之前，华盛顿与李将军进行了交谈，他指明平息这次的叛乱要达到两个目标：一方面彻底打击那些危害国家安全的叛乱者；另一方面则是希望地方政府能够对叛乱者采取措施，将他们完全制服。交代完这些之后，华盛顿便出发了。他把镇压西部边境叛乱者的任务交给李将军来处理，叛乱者很快就被镇压了。但是在叛乱结束之后，军队并没有马上撤离，他们在这里驻扎下来，准备就地过冬。汉密尔顿也随军驻扎，华盛顿虽然回到了费城，但对前线的状况十分牵挂，在给摩根将军的信中，他表达了自己最真挚的感谢。

11月9日，国会开幕了，华盛顿进行演讲。在演讲中，谈到西部边境叛乱一事，对于发起这场叛乱的人，华盛顿严厉抨击。华盛顿坦言："宾州的这次叛乱，使整个国家蒙羞，这次叛乱严重侵害了国家的利益，威胁着国家的安全，对人民的生活产生了巨大的影响。事实再一次证明，想要建立一个繁荣昌盛的国家，必须有一个安全和谐的环境，无论是社会环境，还是政治环境，都是如此。想要实现人民的民主和自由，安稳和平是基础。因为他们对国家造成了危害，他们必须承担相应的后果，接受法律的制裁。就像我们个人的利益不容侵犯一样，美国的法律也绝对不允许任何人侵犯，美国人民不可能同意任何人践踏我们的法律。在此，我再次表达我对人民军队的感激之情，是他们的英勇无畏，保证了国家的安全，为我国的和平发展营造了良好的环境，这也再一次证明美国选择共和体制的正确性。现在叛乱已经平定，国家的未来依然是和平稳定的，希望我们每一个人都能够学会珍惜现在的成果，希望每一个美国人都能够团结在一起，为国家的繁荣昌盛努力奋斗。"华盛顿充满激情的演讲，在气势上战胜了叛乱者，但同时也加深了他们对总统和政府的恨意。对于华盛顿这样的说话方式，参议院中是存在争议的，但他们绝对支持华盛顿提出的议案，因此，华盛顿的议案很快便通过了。在众议院中，反对派占有优势，他们以沉默对抗，发泄着自己的不满；但不得不承认，这次的行动严厉打击了民主社团，他们再也无法得到更多人的支持，不久后便解散了。韦恩将军解决了俄亥俄西部印第安人的叛乱。

1794年春，韦恩将军领军深入敌人腹地，将这些野蛮人的营地连根拔除，在战争中，不少印第安人被彻底歼灭，周边的环境安全由此得到保护。同年8月，韦恩将军又带领军队南下，到达迈阿密，这里居住着众多的西印第安人。韦恩将军下令再次修建防御工事，称其为“挑战堡”。韦恩将军在迈阿密扩充军队，1100名志愿军加入韦恩将军的部队，在兵力上已经战胜了印第安人。不足2000人的印第安人就驻扎在迈阿密堡，与其相距30英里左右，这是英国军队修建的防御工事，他们正是准备得到英国军队的支持后，和美国军队大战一场。韦恩将军的部下都十分激动，希望能够在最短的时间内开战，但是韦恩并没有让冲动左右自己的判断，他依然记得华盛顿的指示，需要理智应对。于是他下令让所有士兵原地驻扎，不得抗命。在给华盛顿总统的汇报中，韦恩表示：“虽然已经准备好了，但是我还是希望能够采取和平的方式解决问题，然而喜欢战争的野蛮人未必这么想。”20日，韦恩一声令下，美国军队开始向迈阿密堡进军。他们在相距不足3英里的地方被伏击，韦恩命令军队撤退。之后，双方展开激战，在密集的丛林中大战三天三夜，印第安人在兵力上本就处于劣势，此时只能投降。

第四章　回归山庄，安度晚年

杰伊被华盛顿派去英国，就之前两国之间的种种问题进行交涉，希望能够达成共识，和平解决问题。他很清楚这次出使的意义，这不仅和自己的名声牵扯在一起，很有可能会影响到整个国家命运。1794年8月5日，杰伊告诉华盛顿，英国内阁主张采取宽大政策处理两国的矛盾。但是对于这个宽大的政策，谁也不敢擅自作出解释。华盛顿并没有指望事情经过一次会谈就能够彻底解决，但是他推测英国政府最起码会作出让步。现在美国的激进分子让华盛顿焦头烂额，他没有时间解决与英国的矛盾，因此，他希望这次的谈判能够快速结束。让华盛顿头疼的事情还有百慕大海域发生的事情，美国的商船在那里被劫持了，而且还不止一次。1795年3月7日，国会结束的第四天，杰伊和英国的谈判有了进展，谈判条约已经送来了，一起送来的还有一封信，杰伊在信中表示："英国政府不可能再作出让步了。"华盛顿仔细研究了条约的内容，部分条款还是令人满意的，但另外一部分条款就有些让人不如意了。但从整体出发，这次的结果还是很不错的，已经让华盛顿感到惊奇，如果国会的议员不反对的话，华盛顿将批准这些条款。为了防止不必要的麻烦，华盛顿一直将条约一事保密着，但是不知什么原因，消息泄露了。公众认为华盛顿刻意隐瞒条约，对此感到十分不满，这又使得一些激进分子有借口来斥责总统的做法。5月28日，杰伊返回美国，这时他才知道家乡的人们已经将他选为纽约州的州长，这是对他的信任，陪同他回去的还有爱德先生，法国政府任命他为驻美公使，接任福谢先生的职位。

6月8日，国会开始，主要是为了讨论在前一段时间制定的条约，这次的会议严格保密，参议院的议员们对每一条议案都严密审查，其中，争议最大的是第十二条。这一条规定，允许美国和英属西印度群岛进行直接的贸易往来，但有一定的限制，英国商船在运送美国或者西印度群岛的产品时，总吨位必须在70吨以下，且不允许运送食糖、糖浆、咖啡、可可、棉花等。实际上，这是对美国自由贸易的约束。杰伊在谈判的时候可能忽略了这样一个事实，美国南方的出口商品中棉花占有很大的比例，这一条款严重损害了美国的利益，对南方的经济发展十分不利。关于所有条款的讨论大概花费了半个月的时间，6月24日，杰伊经过谈判的条约基本通过，三分之二的议员表示同意，但是对于其中的第十二条，大多数人认为需要商量，关于这一条款的内容还需要继续和英国进行协商。且公众对这一条款也感到十分不满，一些阴谋家也趁机挑事，将这一事件上升到政体的高度，抨击国家政体。他们认为政府这一做法有问题，无论是什么事情，只要是跟国家有关的，都应该告知民众。为了安抚人民群众的情绪，6月29日，反对党的一家主要报纸刊登了一些条约的内容，但民众的反对声音依旧很多。一些内阁成员也掺和进来，在波士顿、纽约、巴尔的摩、查尔斯顿都出现了群众聚集闹事的现象，人们十分不满条约的内容。一些小城市也随波逐流，反对的呼声不断高涨。在纽约，甚至有人在政府门前将条约副本烧毁。全国上下都在逼着华盛顿就此事让步，华盛顿很清楚，这是反对党从中作梗的结果。先抛开这些不说，条约本身确实存在一些问题，华盛顿本人对条约也有众多的不满，但从美国目前的形势来看，签订这些条约是明智的选择。这一问题还没有解决的时候，新的问题又产生了，英国政府重新启动了1793年6月8日制定的草案，这一草案中规定所有开往法国的船只都会被扣押，华盛顿十分反对，他建议国会起草备忘录，反对英国这一举措，这项草案促使华盛顿作出决定。对于之前的议案，华盛顿有了主意。因为在准备备忘录的这段时间，华盛顿回到自己的家乡，在回弗农山庄的途中，华盛顿听到人们对议案各种各样的看法，人们对议案存在着诸多的猜疑，这让华盛顿十分忧虑，因为人们的反对情绪已经超过了他的想象。反对党这么做仅仅是想借助民意实现自己的某些政治目的。美国目前的状况十分危险，这个时候，华盛顿需要稳住大局，无论民众如何反对，都不能影响华盛顿理智处理问题，他说："我们除了追求真理之外无路可走，我们必须在这条道路上一直走下去。"

1796年2月，杰伊的条约得到了英国的批准，并快速传回美国。2月28日，华盛顿公开表示条约生效。参议院对总统的这一做法感到十分不满，因为总统没有权力在参议院还没批准的情况下宣布条约生效，于是参议院希望总统能够将所有的文件交给众议院。而华盛顿则表示众议院没有权力对自己提出这样的要求，因此他没有同意，并且在司法部的帮助下起草文件，转交给众议院，这算是一种回应。在这份文件中，华盛顿从法律的角度证明自己公布条约的合理性，并表示批准条约有着众多的理由，众议院对此也没有任何办法。

眼看着华盛顿的任期就要结束了，对于第三届总统的选举，华盛顿是否会继续参加呢？人们对这一问题十分关注，大家的观点都是否定的，因为华盛顿在处理国家事务上，已经表现出明显的力不从心。但也有一部分人认为美国现在的处境十分艰难，面对这样的状况几乎没有人比华盛顿更适合担任总统一职。但是华盛顿已经下定决心，无论民众怎样看自己，他都不会再参加第三届总统的选举，华盛顿最终决定以一篇演讲来为自己的政治生涯作一个了结。这就是众所周知的《告别演说词》，华盛顿从一开始便表明自己对第三届总统的选举没有任何兴趣："美国政府的行政工作将会交给一位新人处理，大家应当发挥自己的聪明才智找到这位合适的人选。在此，我郑重表示，我不会再参加这一届总统的选举，也希望大家不要将我列为候选人之一，这样的声明可以让大家的选举更加有效。”华盛顿在这篇演讲词中表达了对美国民众的感谢和热爱，但同时也指出美国正处于困境之中，未来令人担忧。他没有大肆宣扬自己对美国作出的贡献，而是希望美国各州人民能够团结在一起，共同促进美国的发展，就像他在演说词里说的那样：“因为出生地或者是地域的规划，我们成了美国的公民，因此，美国是我们情感的纽带，它的名称是人们赋予的，属于全国人民。相信这个名字对于每个美国人来说都是不一样的，人们对它有着特殊的情感。当然，我们之间也存在着一些差别，但是我们的宗教信仰、礼仪习惯和政治原则是一致的，我们为了同一个目标奋斗过，并且取得了胜利。我们现在拥有的民主、自由和平等是大家共同努力的结果，是全体人民智慧的结晶。”这一演说沉重打击了反对党，他们之前对华盛顿的各种猜疑成了一个笑话，他们曾经因此对华盛顿进行的人身攻击变得毫无意义，华盛顿这篇演讲词被媒体广泛宣传，人们十分理解华盛顿对美国的良苦用心，同时也看清了反对党的真实面目。1796年12月5日，国会第一次会议开幕。7日，华盛顿和参议院以及众议院的议员们见面，这也是他们最后一次见面。华盛顿在这次会见中提出很多建议，对于美国发展而言十分有用。他提议在美国设立改进农业的机构，创办军事院校和全国性的大学，扩大海军的规模。对于美国与法国之间的冲突，华盛顿表示：“美国和国外的一些矛盾已经缓解，得到了有效的解决，但没有完全解决，两者之间依然存在很多问题。我国在西印度群岛的一些贸易因为法兰西共和国的举措受到严重的干扰，极大地损害了我国的经济利益，因此美国应当尽力保持与法国的友好关系，为我国商业贸易的发展创造和平稳定的环境。”国会两院对华盛顿的这一说法十分认可，但一想到这位总统即将离任，内心不免有些感伤。为了感激华盛顿在任期对美国人民作出的贡献，国会代表发表了一封感谢信，大多数人对华盛顿的离职都感到十分遗憾。但是弗吉尼亚的吉尔斯议员则表示华盛顿能够就此隐退是一件值得高兴的事情，因为美国的根本是人民，他们才是实现美国民主共和的基础；而想要实现真正的民主应该抛弃政府，将国家交到全体人民的手中，而不是任何一个人手中。虽然华盛顿对美国有着巨大的贡献，但是像他一样睿智聪慧的人在美国一定还有很多，他们也可以管理好国家，此时的美国应该给予人民足够的信任，相信他们会选出一位有能力的领袖。在众人为华盛顿的离职感到遗憾的时候，这位议员并没有因此难过，他只是希望华盛顿去追求自己想要的生活，安度晚年。这篇演讲发表之后，12名议员表示应该删除，其中包括来自田纳西州的安德鲁·杰克逊，虽然他只有29岁，还很年轻，全国人民对他知道得也很少，但是他在政治上已经表现出一定的能力。杰克逊十分佩服华盛顿，对其充满尊敬和仰慕，他表示大家应该敬畏这位伟大的英雄，但绝不是个人崇拜，华盛顿对美国所做的一切都值得人们以感恩之心待他。

在国会开始之前，华盛顿一直在忙一件事情，他希望能够通过自己的努力实现美国与法国之间的和平共处，为美国尽自己最后一点儿力量。11月，国务院收到爱德先生的一封信，这位法国公使在信中写了很多他和前任长官对美国的不满，对美国政府保持中立的决定更是大力抨击，认为这是胆小怕事的表现。其实，他的真正目的在于即将到来的美国总统大选，他想要通过这次的选举实现自己某些目的。而华盛顿则命令皮克林先生将这封信转交给美国驻法公使皮克尼，同时写了一封信希望公使能够对这一事件作出解释。并且华盛顿再三嘱咐这件事情一定要得到妥善的处理，不然会影响美法关系，继而严重影响美国的未来。2月，总统大选结束，当选者为亚当斯，而副总统为杰弗逊。3月4日，他们将正式上任，任期4年。现在，华盛顿只盼着离职的日期赶紧到来。3月3日，告别仪式举行，华盛顿及其夫人邀请各国使节及其夫人参加，其中就有亚当斯夫妇、杰弗逊夫妇等各界名流。3月4日，杰弗逊宣读就职誓词，然后带领参议院和众议院的代表们到众议院礼堂，那里早已人山人海，华盛顿在众人的欢呼声中走进来，亚当斯跟随在后面，向人们挥手。在亚当斯就职后，他发表了就职演说，首先肯定华盛顿对美国作出的贡献，向他表达美国人民最诚挚的感谢。在就职仪式结束之后，华盛顿准备离开，可是门口挤满了人，他们用泪水表达对总统的不舍，但华盛顿还是走了，仍然保持着他那常见的亲民的笑容，只不过现在已满头白发，他与人们挥手告别，泪水停留在眼角，不断地说着“谢谢”。这一幕感动了无数人，人们对他的极力挽留证明了人们对华盛顿的支持与拥护。当天晚上，费城的圆形剧场中举行了一场盛大的晚会，这是为华盛顿举办的，参加宴会的都是来自各国的使节，军界、政界和商界的众多人士都来了。剧场最显眼的应该就是那幅巨大的油画了，那是弗农山庄，是华盛顿的故乡。

在结束自己的政治生涯后，华盛顿和夫人相伴回到弗农山庄，一起回来的还有柯蒂斯小姐和华盛顿·柯蒂斯，这是华盛顿夫人的孙女和拉斐特侯爵的儿子。回到家的华盛顿希望自己尽快恢复平静的生活，回到山庄，华盛顿要做的第一件事便是修建一座房子，存放那些政治文件和私人信件。这使庄园一下子热闹起来，到处挤满泥水匠、瓦匠、木匠、油漆匠，家里已经没有地方可以坐下来了。虽然这里很小，但华盛顿坚持留在这里。春天来了，弗农山庄充满春的气息，万物复苏，一片生机勃勃的景象。华盛顿给财政部部长奥利弗·沃克特写了一封信，这是他的老朋友了，华盛顿在信中除了简单询问一些国会的情况之外，大多都是在分享自己回来之后的生活状况。华盛顿写道："春风吹来，弗农山庄一片祥和的景象，果树发芽了，松鼠开始活动了，到处都充满了生机。回来之后，我的生活简单了很多，也开心了很多。每天和工匠们打交道，修理自己的老房子，累了就歇会儿，冲杯茶喝，有时候还会去农田里看看庄稼，这才是我想要的生活啊。对于你们这些老朋友，我十分想念，如果有机会，一定要来我的农场坐坐，在葡萄架下，我们泡上新茶，吃着果子，那生活也就完美了！"虽然华盛顿用很大的篇幅来描述乡间生活的美好，但他怎么可能不关心美国的发展呢？他担心那些政治家的活动会毁了美国人民来之不易的美好生活。

闲来无事时，华盛顿便会骑马去山庄的周围走走，那些熟悉的画面让他仿佛回到年轻的时候，但时光荏苒，总不免有些感慨。许多朋友已经不在，现在剩下的只有他了，内心的悲凉涌上心头。华盛顿得知费尔法克斯爵士依然健康，不禁十分高兴，便写信给他说："只要我到了贝弗尔，当年的一切就会出现在眼前，那时的我们多么快乐啊！生活无忧，没有这么多烦恼，我们之间永远和平相处、相互关爱，但现在我们已经步入老年生活了。看着这里的一切，用手去触碰留下来的一切，所有的过往都历历在目。"当然，华盛顿并没有悠闲多久，不少人闻名来到弗农山庄，华盛顿甚至还写信给亨利·诺克斯，希望他能够帮忙解决客人来访的事情。诺克斯认为刘易斯更适合处理这件事情，一方面他曾是诺克斯的副官，有这样的能力，而另一方面则是因为刘易斯是华盛顿的侄子，这在身份上方便很多。于是，华盛顿给侄子写了一封信，希望能够得到他的帮助，但华盛顿在信中也写道："无论你是否愿意帮助我，弗农山庄都十分欢迎你的到来。"而刘易斯接到信后当即同意，随即便搬到山庄，开始帮助华盛顿打理家中的事务。刘易斯的到来，让弗农山庄开始热闹起来，很多年轻人都在这里聚会，给山庄增添了很多生机。在这些年轻人中，华盛顿最喜欢的是柯蒂斯小姐，他对孙女儿的宠爱远远超过了孙子。因为在华盛顿看来，男孩更加叛逆，现在的柯蒂斯小姐可以说是一个大美女，很多年轻人都慕名而来，心怀仰慕。她的成人舞会很好地证明了这一点，虽然华盛顿十分相信孙女的交际能力，但对于如何恋爱的问题还是会时不时给予适当的提醒。柯蒂斯也曾表示，能够让自己动心不是一件简单的事情。但是华盛顿表示："不要过度自信，因为在男性与女性之间产生好感本就是一种十分正常的现象，与其拼命压制，不如自然释放。"这些对话十分有趣，不免让我们想起华盛顿曾经的恋爱史，相比之下，华盛顿简单多了。华盛顿以过来人的身份鼓励孙女自由地追求幸福，但同时也希望保护好她，以免受到不必要的伤害。他说："爱情十分猛烈，它的到来会让我们的内心产生一种幸福感，感到温暖。但我们仍然需要问自己，我爱上的是一个怎样的人呢？我知道多少关于他的事情呢？他是否已经长大了呢？他的工作是什么呢？他有足够的经济能力给我想要的生活吗？除此之外，我们还需要了解一点，那便是我是他的唯一吗？"华盛顿的教导在不久后得到了实践的机会，这也是对柯斯蒂的一个考验。住在弗农山庄的华盛顿·拉斐特已经长大了，十分帅气，长期的相处使二人产生了好感。拉斐特的叔叔也十分看好二人的关系，不论是出于报答华盛顿的想法还是其他，对于二人的发展他们都乐见其成，对于两家来说，这都是一件好事。但是卡罗的出现却给拉斐特带来了巨大的压力，两人差不多同龄，而卡罗是刚刚从欧洲留学回来的，他的谈吐举止都十分优雅，华盛顿夫人对卡罗也十分喜爱，其尤是卡罗还疯狂追求柯蒂斯。柯蒂斯在一段时间内，很喜欢去树林中看月亮，因为那里很安静，在果树之下可以想很多事情，但华盛顿夫人认为这很危险，虽然多次禁止，但并没有效果。某天晚上，柯蒂斯又偷偷出去了，但是她回来的时候发现祖母还在桌子旁坐着，能感受到她真的生气了，华盛顿则站在床边，这吓着了柯蒂斯，她连话也不敢说，等着挨骂。在华盛顿夫人教训完之后，柯蒂斯回到自己房间，但是心情很不好。那也成了柯蒂斯最后一次约会，浪漫的记忆就这样结束了，她最后嫁给了劳伦斯·刘易斯，而也正是这个时候，华盛顿得知拉斐特侯爵被释放的消息，他们正准备前往美国。拉斐特知道后，想要尽快前往巴黎和父母团聚，因为担心和他们错开，华盛顿一边劝阻拉斐特再等等，一边写信确定拉斐特侯爵的出发时间和抵达日期。9月中旬，拉斐特侯爵一家人终于团聚在一起，他们流下了激动的泪水。

华盛顿在回到山庄后不久，便听说了特别国会的消息，这是亚当斯召开的，他希望能够解决美国驻法公使的事情。因为法国政府表示，如果美国不纠正他们的错误，那么法国人民是不会接受美国派人担任驻法大使的。美国也只能召回门罗，由查尔斯·皮克尼接替其职务。但是，法国人没有接受，并且下令让查尔斯离开法国；而且法国的行为越来越过分，他们表示美国如果不改变现在的政策，那么他们就会要求美国的商船在一定时间内离开法国。法国这一系列的行为主要是为了反击华盛顿与英国签订条约的事情。为了解决这一系列问题，5月15日，亚当斯下令召开特别国会，因为法国现在所做的一切明显说明对美国十分不满，但他们的行为欠妥，是对公使和美国的侮辱。法国政府采取了一系列的举措希望美国政府和人民之间的矛盾加剧，让人民误以为政府的所作所为是和民意相对的，如果人民被误导了，就会对政府有所怀疑，那么辛苦建立起来的和平稳定的发展环境必然会遭到破坏。亚当斯认为美国现在必须和法国展开谈判，就双方存在的权益、分歧、责任和尊严等问题进行沟通，同时美国应当加强国防。华盛顿虽然已经回到弗农山庄，但从来没有停止过对美国的关心，他希望美国人民能够获得幸福安稳的生活。在亚当斯的建议下，查尔斯·皮克尼、约翰·马歇尔、艾尔布里奇·格里三名公使被派到了法国，查尔斯和约翰都是联邦党人，民主党人只有艾尔布里奇。他们这次前往法国的目的只有一个，那就是尽量将法国对美国的偏见和分歧消除，使两国之间保持友好关系。华盛顿对此次的任务保持保留的态度，因为在他看来，法国如今很难意识到自己的错误，此时努力消除分歧很难实现。此时，一本名为《法国的政治军事环境》的小册子被送到华盛顿的手中，这是大仲马将军给的，他以前是罗尚波爵士部下的士官，对华盛顿十分敬重，并希望能够为他效力。在这封信中，大仲马将军提到罗尚波爵士，能够再次得到故友的消息，华盛顿十分惊喜。原来在雅各宾派在法国搞恐怖主义的时候，罗尚波爵士被捕了，之后被押往巴黎判处死刑，但是就在行刑之前，发生了政治风暴，罗尚波爵士被赦免，之后他返回家乡。华盛顿对他的状况十分关心，将一封信交给3位即将出使法国的公使，希望他们能够帮自己传递与好友的通信。

1797年10月4日，3位大使来到巴黎，经过一番打听之后，他们才了解到，如果想要完成这次出来的任务，必须打通各层人物关系，这也就意味着他们需要一笔资金，但是这笔钱不是小数，25万对于他们来说太多了，这对美国来说是极大的耻辱。他们准备在法国待一段时间，等着美国政府的其他指示，在这几个月的时间中，法国政府一直没有召见他们，而且他们已经封锁了美国的商船，这使得美国和法国之间的关系十分危险，两国关系就处在爆发战争的边缘上。弗农山庄很快便收到了这个消息，汉密尔顿将这件事情十分详细地告诉华盛顿，希望华盛顿能够回来协助解决这一事情。美国与法国的关系崩溃之后，美国人民都十分希望华盛顿能够带领着美国军队和法国开战。5月28日，亚当斯总统得到了国会的授权，集合10000名士兵当作储备军队，用来应对一些突发状况，对于这样突发的状况，亚当斯不知道该怎么办。6月22日，亚当斯给华盛顿写了一封信，在信中详细描述了美国目前的处境，并表示希望华盛顿能够回来担任军事统帅一职，就此事征求了华盛顿的意见。而华盛顿认为美国目前的形势已经和之前大不一样了，这个时候美国需要的是更加年轻的军队指挥官，需要新的战略思想注入到美国的军队中。于是在回信中，华盛顿表示："我的本意是希望能够在弗农山庄平安度日的，但是我没有想到欧洲的野蛮势力会这么快打破我平静的生活。我保证只要国家和人民需要我，我一定会站出来维护国家的安全。"当然，华盛顿不止对亚当斯这么说，华盛顿也写信对其他人表达自己的这一想法，如果国家的安全需要他的复出，那么他会毫不犹豫地牺牲自己安静的晚年时光。虽然现在的身体状况比不上以前，但是面对国家危难，华盛顿绝对不会因为身体上的一些不适而放弃保卫国家的使命。此时的华盛顿已经作好了为国家奉献一切的准备，个人的身体状况早已不在考虑范围之内。其实在这些信件还没有发出的时候，国会便提议将华盛顿任命为全国部队的总司令。7月4日，国会通过了该提议，国防部长接受命令带着亚当斯的亲笔信去弗农山庄，亚当斯的这一举动给予华盛顿充分的尊重，其实这也是对他的感谢，因为如果不是华盛顿主动退出第三届的竞选，就不会有亚当斯的今天。同时，亨利将军在亚当斯的指挥下开始咨询华盛顿一些关于召集部队的事情。知道自己被委以重任的消息，华盛顿感到巨大的压力，虽然他还有心为国家做些事情，但这并不意味着他还有能力做这些，这让华盛顿的内心有些不安。经过一段时间的讨论，国会最终决定建立军事委员会，汉密尔顿、查尔斯·皮克尼和诺克斯将军都在名单之上。人民希望将副总司令的职位交给汉密尔顿，因为无论从能力还是经验上讲，汉密尔顿都是最合适的人选，华盛顿对此也表示支持。虽然他没有担任过司令，但是现在的美国形势一定可以激发汉密尔顿的军事才能，以他的能力足以统领国家军队。但同时，华盛顿的内心也有一些担忧，因为汉密尔顿有很强的野心，这一方面会成就他的事业，但在一定程度上也会造成安全隐患。华盛顿十分重视诺克斯将军，但是这次他只能屈居于汉密尔顿之下，这对诺克斯而言是一个打击，当然他在给华盛顿的信中表示自己愿意为祖国奉献一切，但内心的失落和不满还是无法掩藏。皮克尼从巴黎回来之后，得到的军衔也比他高，这使诺克斯内心的不满情绪逐渐被放大。23日，他给军事委员会写了一封信，表示任何一名军官都不会受命于比自己军衔小的军官。对皮克尼来说，虽然他之前的军衔高于汉密尔顿，但对于此次的任命他还是欣然接受，而对诺克斯拒绝接受任命的事情，他深表遗憾，总觉得一定有什么事情伤害了他。

1789年11月，华盛顿又离开了弗农山庄，这次前往费城主要是为了和汉密尔顿、皮克尼见面，讨论招募军队的一些事情。国防部已经对此事提出了意见，很多事情都需要尽快解决。为了有效解决这一问题，他们3个人忙了1个多月，就相关问题进行深入的研究。华盛顿每天都需要集中精力处理很多文件，一点儿也不敢松懈；然而费城的冬天就要来了，无奈之下他只能返回弗农山庄，把所有的工作交给诺克斯上将处理。华盛顿回到家没几天，拉斐特的信就到了，他在信中更多提到的是儿子乔治会经常提起弗农山庄，对于许久不见的老朋友，拉斐特表达了最深的思念和感谢。而对于法国目前的状况，拉斐特表示，目前法国大多数的贵族希望和美国保持良好的合作关系，民众也不希望两国陷入战争。他希望华盛顿能够利用自己的名望来化解与法国的矛盾。如果这件事情能够得到和平的解决，那么两国人民都会十分感激华盛顿。25日，华盛顿给侯爵写了回信："我能感受的你的仁爱，当然我也会尽我所能解决这场危难，但是就目前的状况来看，法国政府确实存在不讲信用的事实，如果他们真有和解之意，那么就做些有意义的事情吧。如果仅仅停留在语言表达的层面，是不会起到任何效果的。对于法国如今的政治状况，我什么也不想说，但是我希望每个国家之间都保持平等的关系，以一颗博爱之心对待他国，如果一味强势，想要俯视所有的国家，那是最无知的做法。我的想法很简单，每个国家的现实情况不同，他们有权选择哪种政体更适合国家的发展，这是国家内部的事情，也是每个国家的权力和自由，任何国家都不应当对此进行干涉，更不要以此作为侵略的理由。"法国如今的野蛮行为已经严重伤害了华盛顿的民族自尊心，华盛顿甚至觉得两国之间的关系已经在崩溃边缘，想要化解这场灾难的关键在于法国，只要他们改变自己的态度，一切就有商量的余地。

1799年2月22日，华盛顿生日。劳伦斯此时已经是少将军衔了，华盛顿邀请他带着自己美丽的新娘来弗农山庄做客。在这段时间内，华盛顿一直和汉密尔顿保持着联系，主要讨论招募军队的事情。这件事情因为各种各样的问题被暂停，进展很慢。实际上，面对美国积极准备战争的现状，法国人在态度上发生了一些转变，他们派公使前往美国，表示希望美国也能够派驻法大使过去，他们会欣然接受。知道这个消息后，亚当斯内心的重压终于放下来一些，他第一时间把这封信交给国会。经过众人的商议，莫里先生被任命为大使派到法国。听到美国和法国关系改善的消息，华盛顿本人十分惊讶，但也很高兴，毕竟他也不希望美国再次陷入战争，在美国刚刚建立起来的这一阶段，最重要的便是保持和平稳定的环境、努力发展经济。

第五章　英雄逝世

虽然冬天来临，弗农山庄越来越冷，但是华盛顿每天都会到户外走走，或者在室内进行一些活动。华盛顿这两年所做的事情就是开垦，从相关的记载来看，华盛顿在步入晚年之后，身体状况还算不错，精神饱满，头脑清楚，对很多事情还怀有激情。他为农场的开垦制定了详细的计划，准备轮流种植各种各样的农作物。华盛顿也经常和侄子一起骑马，和他聊一些关于农场日后的规划，并问问侄子的意见。这份开垦农庄的计划书很长，大概有30页左右，同时，里面还有一份写给管家的信。从客观的角度看，这是一份很好的文件，向我们展示了华盛顿在管理地产方面的才能。华盛顿把这些交给管家的时候，阳光明媚，天气晴朗，但是下午时，天气开始变得很糟糕，黑云压天，感觉马上就会下雨，直到晚上月亮出来的时候，乌云还在。华盛顿在当天的日记中这样写道："月亮的周围都是黑暗的，我感觉应该快下雪了。"12日上午，天气多云，早上起来后，华盛顿给汉密尔顿写了一封信，在信中提到创办军事院校的事情，华盛顿表示："军事院校需要建得广泛、体面，在我担任总统的时候，一直没有机会提出这个计划，导致事情一直被拖延到今天，但是对于美国来说，我们需要创建一所这样的院校，而这项任务可以交给国家的科学人才，我希望我的建议能够得到相关部门的重视。"汉密尔顿在收到这封信之后，将信转交给军事委员会。华盛顿在写完信后，时间还早，上午10点左右，华盛顿跟往常一样出去骑马，顺便看看庄园的情况；下午1点，下起了大雪，正和华盛顿在前一天的日记中所写的一样，紧接着，天降冰雹，华盛顿出门的时候只穿了一件外套，但是他回家的时候已经是下午3点左右了。华盛顿的秘书在请他将信盖好章之后便准备拿出去邮寄，华盛顿在盖好章之后，走到窗前，天气依然很差，于是他对秘书说："算了，信先别寄了。"华盛顿进门的时候，李管家看到他头发上的雪花，感觉他一定淋雨了，但华盛顿表示自己没事："穿的衣服很厚，没事。"晚饭之后，华盛顿还和平常一样，没有任何不对劲儿的地方，大雪一晚上都没有停。第二天，积雪已超过3尺深，这使华盛顿改变日常的活动，因为他不能骑马了。他感觉自己的喉咙不太舒服，想着可能是因为前天晚上着凉了。下午，天气放晴，华盛顿便前往周围的河边散步，但他喉咙痛的状况并没有得到改善，反而有恶化的趋势。到了晚上，华盛顿几乎说不出话。虽然如此，但是在晚饭之后，华盛顿还和夫人、管家聊了一会儿，似乎身体的不适并没有影响他的心情，这一天晚上，华盛顿十分开心。睡觉之前，管家提醒他吃些药，但是华盛顿并没有这么做，这是他多年的习惯，如果只是一点儿风寒，坚持下就过去了，没必要吃药。但是这次的情况似乎没有那么简单，后半夜，华盛顿感觉自己的喉咙越来越疼，甚至已经影响到他的呼吸。于是，他只好叫醒妻子，让她去叫仆人请医生过来。凌晨的时候，李管家来看华盛顿，发现他的呼吸十分急促，已经不能完整地说句话了。华盛顿让仆人去请两位医生过来，一位是亚历山大的克莱克医生，一位是离弗农山庄不远的罗林先生。华盛顿夫人给华盛顿服用了一些止咳的药物，但是华盛顿的喉咙已经肿到很严重的地步了，就连这几片止咳的药物都差点让他窒息。第二天早上6点，罗林先生到了，当时克莱克医生还没有来，罗林对华盛顿进行放血治疗，当看到华盛顿的手臂时，他变得十分紧张，但还是在手臂上划了一道口子，口并不大，但周围的人看到了明显的血喷出来的样子，华盛顿夫人在一边看着十分担心，她害怕这不仅没有治好华盛顿，反而会导致华盛顿失血过多引起休克，她希望罗林医生停止这么做。于是，罗林赶紧找绷带包扎伤口，华盛顿的身体还没有好转，罗林又命令仆人端来了热水，将华盛顿的双脚放在水中浸泡，希望能够缓解他的疼痛感。上午9点，克莱克医生带着两名内科医生到了，他们开始了对华盛顿的治疗，但是采用了多种方法，都没有任何作用，下午4点，华盛顿依然躺在床上，呼吸微弱，他请夫人从书房拿出两封遗嘱。华盛顿看了一遍之后，将其中的一份交给了夫人，让她烧掉，然后将另一份又放回书房中。完成这些事情后，华盛顿夫人走到了床前，坐在那里，紧握华盛顿的双手。华盛顿用几乎听不见的声音跟夫人说："我就要离开了，但我还有很多事情没有完成，我安心不了啊！"华盛顿交代夫人帮忙处理最近的信件，并且管理他的账户，因为对于家中的这些事情华盛顿夫人更加清楚。那天下午，华盛顿的呼吸就没有顺畅过，这使他看起来十分痛苦。李管家一直贴身照顾，希望能够缓解他的不适感，让管家这么照顾着，华盛顿感到有些抱歉。5点，克莱克医生过来了，华盛顿对他说：“我并不害怕死亡，但是死起来真的不好受啊！”听了这句话，克莱克心里十分难受，只能紧握着他的手。6点，医生又进来了，华盛顿什么也没说，只是问了时间。晚上10点，医生再次来看的时候，华盛顿只说了一句话：“我就要走了，3天之后将我安葬，一切从简。”医生听见了，但内心太过悲伤，已经说不出话，只能点点头示意华盛顿自己知道了。华盛顿却以为医生没有听见，又问了一句：“懂了吗？”医生回答：“懂了。”华盛顿听到这句话后才放心，他的手从医生的手中滑了下来，医生的神情瞬间改变，他拽住了将军的手放在自己的胸前，华盛顿就这样去世了，没有挣扎，没有叹息。华盛顿夫人进来，也只是问了句：“将军走了？”医生什么也没有说，把他的手放回了原处。华盛顿夫人只是极其平静地说了一句：“所有的事情都结束了，不久后，我会和他一起离开，这样我们就可以摆脱人间所有的烦恼了。”所有的人都十分伤心，只有华盛顿夫人很平静，但每个人都知道，她的内心十分痛苦。